房地产全流程
税收筹划与风险应对

牛鲁鹏 ◎ 著

中国法制出版社
CHINA LEGAL PUBLISHING HOUSE

序言一

房地产业关乎国计民生，房地产业的财务与税务问题，一直吸引着行业内的实践者，同样也困扰着行业内的管理者。

房地产税收筹划迫在眉睫

据不完全统计，房地产开发企业需要缴纳增值税、土地增值税、企业所得税、个人所得税、契税、土地使用税、印花税、房产税……

税，从捐、赋、贡、徭、役而来，税收具有强制性、固定性、无偿性。纳税人需要根据税收政策的不断变化作出调整与应对。作为企业财税人员，需要未雨绸缪，事前做好税收规划与安排，从业务前端规避风险，而税收筹划就是一种很好的应对策略与操作方法。当前，房地产企业开展合规性税收筹划的重要性不言而喻，而且这种需求也极为迫切。

税收有其规则，税收筹划有其规律。法律框架下的税收筹划不仅能够节税，而且还能为房地产企业创造更多价值。因此，房地产企业高管和财税人员具有税收筹划及风险应对的意识至关重要。

理论融入实践的实务指南

本书作者牛鲁鹏老师长期从事房地产财税咨询、顾问和财税培训工作。他还在读书之时，就洞察到房地产行业的发展，工作后毅然进入房地产财税咨询领域。他曾多年与我共同研究房地产企业财会管理与税收筹划等专业知识，并长期深入一线为房地产企业提供税收筹划服务。后来，他前往深圳，广泛服务粤港澳大湾区的房地产企业。再后来，他创立了自己的咨询品牌九鼎财税，在房地产财税领域不断地深耕细作，长期担任多家房地产企业税务顾问，并受邀为多家商业培训机构和知名房地产企业讲授财税课程。十六年来，他将理论与实践相结合，深度融入房地产企业财税咨询，他对专业的热爱和不倦探索是为大家所称道的一种人生追求。

本书是作者对房地产企业财税管理进行深入思考和总结后所形成的实务操作精华：书中以房地产开发流程为线索，紧密结合业务，解析适用的税收政策，探讨每一个流程中的重要纳税事项与潜在涉税风险，提出应对方法并进行合理的税收筹划；书中的很多观点、方法、方案都是他在长期的实践中逐渐摸索总结出来的，具有很强的实践操作性。我认为，这并非一本传统意义上的房地产财税教科书，而是一本理论与实际深度融合的财税操作指南，是一本对房地产企业全流程税收筹划与风险应对实务进行详细解析的实操性图书，充分体现了实践与思考的魅力。

我特别欣赏作者的这一观点：房地产筹划按照时间节点，可划分为事前筹划、事中筹划和事后筹划，企业启动越早，投入的成本越低，效果也越好。的确如此，凡事预则立，不预则废。本书还有一个重要特点，就是坚持原创研究与实操，这是非常难能可贵的。

本书的出版是作者对房地产财税咨询的工作经验与心得的无私分享，旨在提升广大房地产企业财税人员对于税收政策的领悟和把握，提高税收筹划的实操能力。因此，我乐意向房地产行业会计师、税务师等践行者以及中介机构财税法律从业人员和政府相关房地产监管部门的管理者推荐阅读本书，并希望大家开卷有益，通过本书获得更多房地产财税专业领域的新知与经验。

蔡 昌
中央财经大学教授、博士生导师
中财税收筹划与法律研究中心主任
北京大数据协会财税大数据专委会会长

序言二

2003年8月，国务院发布《关于促进房地产市场持续健康发展的通知》（国发〔2003〕18号），文件明确指出房地产业"已经成为国民经济的支柱产业"。二十年来，房地产业快速发展。房地产业规模大、链条长、涉及面广、带动力强，不仅直接对生产、投资、消费和就业有巨大贡献，还带动了上下游众多关联产业。

公开数据[①]显示，2022年，房地产业增加值占GDP6.1%，房地产的相关贷款占银行信贷的40%，房地产的相关收入占地方综合财力的50%，居民财富60%在住房上，由此可见房地产业的重要性。

近年来，受经济形势下行的影响，房地产业也受到了一定程度的冲击。为了确保房地产市场平稳发展、提振楼市投资信心，国家把房地产调控目标从"稳地价、稳房价、稳预期"调整为"保交楼、保民生、保稳定""推动房地产业向新发展模式平稳过渡"。政策的变化意味着房地产业"高杠杆、高周转、高利润"模式已成为过去，房地产业进入低利润时代。同时，税务系统加大了房地产税收征管和土地增值税清算力度。可以说，税收成本已成为房地产企业的第三大成本，低利润形势下"向税收管理要利润"成为业界共识，房地产开发全周期精细化管理和全程税收筹划成为企业的必然选择。

笔者长期从事房地产税收筹划工作，经历过房地产的发展周期，也见证了

[①]《住房和城乡建设部部长在2023年全国两会"部长通道"答记者问》，载中华人民共和国住房和城乡建设部官网 https://www.mohurd.gov.cn/xinwen/jsyw/202303/20230307_770570.html，最后访问时间为2023年9月13日。

房地产税收管理从乱到治，从粗放走向精准监管的转变。目前，智慧税务开发已基本完成，税务已建成"无风险不打扰、有违法要追究、全过程强智控"的执法新体系。

但是部分房地产企业管理人员对税收征管形势认识不足，仍然心存侥幸，企图通过虚构业务、虚开发票等化解风险、降低税负。在金税工程和大数据功能前，上述处理方法无异于给企业和个人埋下了"定时炸弹"，风险一旦爆发，轻则企业产生滞纳金和罚款，重则企业相关人员面临牢狱之灾、企业走向破产。事实上，企业可以通过合理的税收筹划合法降低风险和税负，实践中已经有房地产企业把"了解税收规则、熟悉税收政策、配合开展税收筹划"作为高级管理人才招聘、晋升的一个考核标准。

税收筹划又称为税收策划，根据《涉税专业服务监管办法（试行）》（国家税务总局公告2017年第13号）之定义，是"对纳税人、扣缴义务人的经营和投资活动提供符合税收法律法规及相关规定的纳税计划、纳税方案"。

税收筹划要达到预期目标，不仅需要有合理的商业目的，而且需要企业上下认同，各部门密切协作，同步从"战略、经营、理财"三个维度展开；更重要的是，房地产税收筹划是一个专业性极强的系统工程，涉及财务会计、税收、法律、经济、企业管理、工程等多个领域的知识与技能，运作人员需要同时具备深厚的知识储备和丰富的实操经验，非财务一个部门能胜任。此外，房地产税收筹划按照启动的时间节点可划分为事前、事中和事后筹划，企业启动越早、投入的成本越低，效果也越好。

笔者长期从事房地产税收筹划工作，深刻了解房地产开发流程和税收筹划原理。本书即按照房地产开发流程展开，首先介绍涉税问题产生的背景，其次分析存在的风险或潜在风险，再次提出解决方案或应对策略，最后指出税收政策或者法律依据。本书力求做到风险防治结合，方案务实落地且行之有效。

本书的阅读对象为：房地产投资人、管理层、财税人员及房地产企业从业人员；税务官员及从事房地产监管的政府人员；从事房地产实务的财税咨询人员、税务师、会计师、律师、投资分析人员；从事房地产财税理论研究的人员与大专院校财税专业的师生。

本书内容为笔者从事房地产税收筹划多年的经历、实践和感悟。为了让图书更加完美，写作过程中曾几易其稿，历时三年终成本书。限于笔者的阅历和学识，书中难免存在不足，恳请读者将发现的问题、疏漏和改进意见反馈于笔者，以便后期修改完善（电子邮箱：18911865366@qq.com），笔者在此表示诚挚的感谢！

牛鲁鹏

目 录

第一章 开发主体设立环节 001

第一节 开发主体的选择 002
一、开发资质的影响 002
二、经营风险的考量 004
三、税收成本的规划 005

第二节 股东身份与股权架构的选择 009
一、股东身份不同的税收差异 009
二、自然人股东的其他风险 012
三、"员工跟投"模式的运用 014

第三节 股权代持的风险与应对 018
一、房地产中股权代持的情形 018
二、股权代持中隐名股东的风险 018
三、股权还原中的税务问题 020
四、企业并购重组时的风险防范 023

第四节 公司注册资本金额的确定 023
一、房地产"资本弱化"的局限性 024
二、注册资本登记过小的风险 024
三、注册资本登记过大的风险 027

四、注册资本登记的应对之策 029

第二章　房地产融资借款环节 031

第一节　当前房地产常用的融资方式与风险 032
一、2016年前银行贷款监管措施 033
二、自2016年以来的融资监管措施 034
三、融资借款相关税收政策 038

第二节　房地产常见融资方式与税务处理 040
一、房地产民间借贷 040
二、企业集团与统借统还 044
三、房地产委托贷款 048

第三节　房地产融资创新与税务处理 050
一、房地产信托的税务处理 050
二、类REITs的税务处理与限制 058

第三章　房地产土地获取环节 067

第一节　"招拍挂"供地模式 069
一、土地出让违约金与利息的问题 069
二、土地使用税的税务处理 072
三、红线外支出的税务处理及应对 077

第二节　"限地价、竞配建"供地模式 080
一、模式简介与处置分类 080
二、配建用房各方式下涉税分析 082
三、"限地价、竞配建"模式风险与对策 087

第三节　旧城改造税务处理与应对 088
一、一级开发的税务处理 088

	二、被拆迁人的税务处理	090
	三、房地产企业的税务处理	092
第四节	项目收购风险与税务应对	097
	一、在建项目转让的条件	098
	二、项目收购的风险提示	098
	三、项目收购的税务处理	100
第五节	股权收购风险与税务应对	104
	一、股权收购的实质	104
	二、股权收购的税务处理	104
	三、股权溢价的合理处理	109
	四、股权收购的风险应对	111
第六节	司法竞拍税务风险与应对	112
	一、司法拍卖中涉税风险	112
	二、竞拍后买受人后续税务处理	118
	三、司法竞拍中其他风险	122

第四章 招标、采购和建筑环节   125

第一节	"营改增"常见涉税风险及应对	126
	一、税率调整的税务风险与应对	126
	二、"三流一致"的处理与应对	127
	三、违约金的税务处理与应对	129
	四、发票备注栏的处理与应对	131
第二节	供材方式的税务风险与应对	133
	一、甲供材的动因与相关规定	133
	二、潜在的风险与应对之策	134
	三、甲供材的测算模型与分析	135

		四、其他影响因素的考虑	138
第三节		招标采购中混合销售的税务应对	139
		一、混合销售的判定	139
		二、混合销售业务风险与应对	139
		三、EPC业务的税务处理与应对	143
		四、"混合销售"的例外情形	145
第四节		成本管理和零星工程的税务应对	146
		一、房地产成本管理的注意事项	146
		二、备案价与招标价不等的风险	149
		三、自然人承包工程税务风险应对	151

第五章　房地产预售、销售环节　　155

第一节		商品房销售模式与税务处理	156
		一、预售证取得前后的税务处理	156
		二、预售合同中交付时间的风险	160
第二节		促销方式与售楼处的税务处理	162
		一、"买一赠一"的税务处理	162
		二、无偿赠送的税务处理	166
		三、"老带新"的税务处理	169
		四、营销设施的税务处理	171
第三节		销售装修房的税务处理	174
		一、销售装修房的发展趋势	174
		二、销售装修房的优势与税务处理	175
		三、装修业务实务应对	178

第六章　房地产三大主税的管理　　185

第一节　增值税的税务管理　　186
一、预缴税款的管理　　186
二、增值税应税行为的确定　　188
三、增值税的计算申报　　191

第二节　企业所得税的税务管理　　194
一、企业所得税的纳税申报　　194
二、收入的税务处理　　197
三、成本费用与计税成本的处理　　198
四、完工年度的票据处理　　203
五、所得税特殊业务应对　　206

第三节　土地增值税的税务管理　　210
一、土地增值税的前期管理　　211
二、土地增值税预征的管理　　224

第七章　土地增值税清算环节　　229

第一节　土地增值税清算前的准备　　230
一、土地增值税清算时点　　230
二、建筑面积间的计算逻辑　　235
三、土地增值税成本分摊方法的适用　　236
四、地下建筑的成本分摊与税务处理　　243

第二节　公共配套设施的税务处理　　246
一、公共配套设施的分类与风险　　246
二、公共配套设施的税务处理　　251
三、公共配套设施建造时间的影响　　256

第三节　车位的分类与税务处理　　257
一、普通车位权属的影响因素与风险应对　　258

二、人防车位权属的影响因素与风险应对　　　　263
　　三、各种车位的税务处理与应对　　　　　　　　268
　　四、地方特殊政策的合理运用　　　　　　　　　279

第四节　土地增值税清算实战博弈　　　　　　　　　281
　　一、清算审核与鉴证的关系　　　　　　　　　　282
　　二、土地增值税清算收入　　　　　　　　　　　283
　　三、土地增值税扣除项目　　　　　　　　　　　286
　　四、核定征收适用与风险应对　　　　　　　　　301
　　五、清算后尾盘管理与退税　　　　　　　　　　308

第八章　开发产品运营环节　　　　　　　　　　　313
　　一、自持物业的处理与运营　　　　　　　　　　314
　　二、开发产品转为自用　　　　　　　　　　　　316
　　三、免租期的合同与税务处理　　　　　　　　　319
　　四、"售后返租"模式风险　　　　　　　　　　321
　　五、尾盘的税务处理　　　　　　　　　　　　　324

致　谢　　　　　　　　　　　　　　　　　　　　　330
推荐语　　　　　　　　　　　　　　　　　　　　　333

第一章

开发主体设立环节

良好的开端是成功的一半。设立房地产开发主体既是房地产开发的前提，也是税收筹划的起点。房地产开发企业（以下简称房地产企业或企业）要做好税收筹划，在确定开发主体时就应启动。

第一节　开发主体的选择

房地产投资人在开发项目前，首先需要确定开发主体[1]，开发主体可以从目前没有业务的项目公司（以下简称空壳公司）中选择，也可以重新设立，新设立时又可选择子公司或者分公司。

投资人确定开发主体时，应充分了解房地产业宏观调控政策和当地相关规定。目前，国家为了促进房地产业良性循环和健康发展，坚持"房住不炒"的定位，通过土地政策、金融政策、财税政策调控房地产市场，地方政府也发布了相应的配套政策。以东莞为例，2021年8月2日东莞市住建局等八部门发布了《关于进一步做好房地产市场调控工作的通知》（东建〔2021〕11号），文件明确规定"非房地产开发企业不得参加住宅用地（含商住用地）竞买"，即住宅用地的开发排除了自然人和非房地产企业。

选择开发主体时，投资人应权衡考虑开发资质、经营风险、税收成本、行政管理要求等因素，选择不同，结果迥异。

一、开发资质[2]的影响

《城市房地产管理法》（2019年修正）第三十条明确："房地产开发企业是以

---

[1] 本书所指的开发主体均为企业，不包括个人。
[2] 2022年3月2日，住房和城乡建设部发布《关于修改〈房地产开发企业资质管理规定〉的决定》（住房和城乡建设部令第54号），将房地产开发资质由四级调整为两级，取消了三、四级资质。载https://www.mohurd.gov.cn/gongkai/zhengce/zhengceguizhang/202203/20220315_765163.html 最后访问时间为2023年6月8日。

营利为目的，从事房地产开发和经营的企业"。房地产企业除了需要办理工商登记外，还需要取得开发资质，《房地产开发企业资质管理规定》（住房和城乡建设部令第54号）规定，"未取得房地产开发资质等级证书（以下简称资质证书）的企业，不得从事房地产开发经营业务"。近年来，各地进一步要求，参与土地联合竞买的联合体各方均须具有房地产开发资质。

知识链接：自然人没有开发资质被取消竞拍资格

2023年，南昌市自然资源和规划局在出让DAGJ2023011号地块国有建设用地使用权时，吉安某能置业有限公司、江西某尚置业有限公司和自然人邓某组成联合体联合竞买。

由于联合体违反了出让方案第二条第二项："竞买人应具备房地产开发企业资质。联合竞买的，联合体各方均应符合开发资质要求"的规定，2023年6月5日，南昌市自然资源和规划局发布公告[①]，主要内容如下：取消其竞得入选人资格，宗地竞得结果无效。参与竞买时提交的竞买保证金（6510万元）不予退还；将其列入失信"黑名单"，两年内不得参加南昌市土地市场公开竞买。

房地产企业与非房地产企业在税收处理上存在显著差别：

1.增值税。

《房地产开发企业销售自行开发的房地产项目增值税征收管理暂行办法》（国家税务总局公告2016年第18号）规定，房地产企业一般纳税人销售适用一般计税方法的开发项目时，土地价款可以从销售额中扣除。然而，这一规定不适用于非房地产企业。

2.土地增值税。

《土地增值税暂行条例实施细则》第七条第（六）项规定："根据条例第六条（五）项规定，对从事房地产开发的纳税人可按本条（一）、（二）项规定计算的金额之和，加计百分之二十的扣除。"相比之下，非房地产企业通常不享有此优

[①] 《关于DAGJ2023011号地块竞得结果无效的公告》，载南昌市自然资源和规划局官网 http://bnr.nc.gov.cn/ncszrzyj/dcjy/202306/8838fcbfa63741dca453c41fcd5fc284.shtml，最后访问时间为2024年1月2日。

惠，例如12366北京中心于2020年12月2日回复纳税人提问时指出，上述政策中"从事房地产开发的纳税人"仅指具有房地产经营资质的房地产开发企业[①]，福建省税务局在2019年12月12日纳税答疑时也持相同观点。

但从融资的角度考虑，由于房地产企业从金融机构融资的难度远大于非房地产企业，如果土地出让方未规定开发主体必须是房地产企业，且开发产品不用于销售时，那么企业可以选择不办理开发资质，即设立为非房地产企业。

二、经营风险的考量

长期从事房地产开发的企业开发完毕后，由于注销程序烦琐，一般有许多空壳公司，且新设公司一时难以取得一、二级开发资质，这时投资人可能会考虑整合利用空壳公司作为新项目的开发主体，尤其是空壳公司存在亏损时，还可以弥补亏损降低企业的税负。但笔者建议，投资人应先分析空壳公司以往的经营行为是否规范、是否存在潜在风险，包括经营风险和税务风险。具体如下：

1. 经营风险。

房地产企业从拿地到建设、到销售、再到清算，周期较长，企业可能存在经营不规范的问题，导致潜在的隐患。例如，企业竞拍土地时存在利益输送的情况，未来有可能被政府有关部门查处，影响新项目开发；企业名下存在未尽的法律诉讼，未来可能波及新的项目；交付的开发项目存在质量问题，以至于企业口碑不佳，可能影响新项目的销售。

2. 税务风险。

在营业税时代，税收征管不够严格，项目公司可能存在隐匿收入，或者多列支出或者虚开发票的问题。当前税务机关以"互联网+监管"为基本监管手段，借助金税工程很容易发现企业偷漏税线索，进而立案查处。根据《税收征收管理法》第五十二条第三款规定，对偷税、抗税、骗税的，税务机关追征其未缴或者少缴的税款、滞纳金或者所骗取的税款，不受规定期限的限制。如某知名开发商北京项目公司偷逃税案。

[①]《从事房地产开发的界定》，载国家税务总局12366纳税服务平台 https://12366.chinatax.gov.cn/nszx/onlinemessage/detail?id=94980dabd7624c4f9983607154ba464f，最后访问时间为2023年9月19日。

如果企业虚开《刑法》第二百零五条规定以外的其他发票且达到一定标准的，根据《最高人民检察院 公安部关于公安机关管辖的刑事案件立案追诉标准的规定（二）》（公通字〔2022〕2号）第五十七条的规定，有可能被立案追诉。

项目公司一旦被税务机关依据《重大税收违法失信主体信息公布管理办法》（国家税务总局令第54号）认定为"重大税收违法失信主体"，将影响新项目的开发进度。

综上，为了规避相应风险，房地产开发一般实行项目制，如果投资人没有特殊的安排或考虑，建议每一个楼盘单独成立一个项目公司①，开发产品销售或者处置完毕后，注销公司。

案例分析：某知名开发商北京项目公司偷逃税案

某知名开发商北京项目公司成立于1994年，所开发项目位于北京中央商务区。2021年12月17日，北京市税务局网站发布信息如下：

经查，北京某房地产有限公司，在某项目（二、三期）土地增值税清算和企业所得税汇算清缴中，违规多扣成本，进行虚假申报，少缴土地增值税和企业所得税1.98亿元。根据《中华人民共和国税收征收管理法》《中华人民共和国行政处罚法》等法律法规的规定，税务部门依法追缴税款、加收滞纳金并处2.5倍罚款共计7.09亿元。

三、税收成本的规划

投资人除了要关注法律和税务风险，还要关注税收成本。这是因为，国有建设用地使用权发生转移时，如果不符合改制重组的要求，则有可能产生税收成本。因此，如果尚未取得国有建设用地使用权，则企业可以从长计议；如果已经取得，则需要关注土地使用权转移可能产生的税收成本。

1.土地转移涉及的税收②。

（1）增值税。在营业税时代投资人以不动产对外投资入股，不征收营业税；但是营业税改征增值税后，按照《营业税改征增值税试点实施办法》（财税〔2016〕

---

① 此处的项目公司主要是指有限责任公司，下同。
② 企业通过并购重组的方式转移土地使用权享受免税优惠，不在本章考虑之列。

36号附件1）规定，土地使用权转移应视同销售缴纳增值税。

（2）土地增值税。按照《关于继续实施企业改制重组有关土地增值税政策的公告》（财政部 税务总局公告2023年第51号）文件精神，土地使用权转移时，任意一方为房地产开发企业的，不适用暂不征收土地增值税的政策。

（3）企业所得税。按照《国家税务总局关于企业处置资产所得税处理问题的通知》（国税函〔2008〕828号）规定，资产所有权属发生改变而不属于内部处置资产，应按规定视同销售确定收入。

（4）印花税。转让方和受让方进行土地使用权交易，根据《印花税法》的规定均应按照"产权转移书据"税目缴纳印花税。

（5）契税。土地受让方办理土地登记时需要缴纳契税。

2.母公司拿地项目公司开发的税收。

当房地产企业拿地后再设立项目公司时，根据《关于明确金融 房地产开发 教育辅助服务等增值税政策的通知》（财税〔2016〕140号）第八条规定，只有同时符合文件规定的三个条件，方可由项目公司扣除土地价款。

需要说明的是，该文件只涉及增值税，未明确土地增值税和企业所得税的处理。尽管有的地方对政策进行了明确，如《四川省土地增值税征管工作指引》（2023年版）第五十五条第（九）项规定，同时符合财税〔2016〕140号文件第八条三个条件时，项目公司可按规定扣除房地产企业向政府部门支付的土地价款。但这不代表国家税务总局的观点，其他地方税务机关也未必认可。

如果读者在实践中遇到该问题，建议提前征询主管税务机关意见，以避免项目公司开发成为既定的事实，但在计算土地增值税和企业所得税时，税务机关不允许扣除土地成本。

知识链接："持有"全部股权是时段而非时点

《关于明确金融 房地产开发 教育辅助服务等增值税政策的通知》（财税〔2016〕140号）第八条中第（三）项规定："项目公司的全部股权由受让土地的房地产开发企业持有。"很多读者对此有困惑，不清楚此处的"持有"是时点要求还是时段要求。在处理时，我们可以借鉴广东省意见：

2017年11月，原广东省国税局和广东省财政厅发布《营改增试点行业纳税遵从指引——房地产业》，其中"销售额确认的涉税风险"一节提到："4.项目公司错误扣除土地价款。项目公司按照财税〔2016〕140号第八条规定，承接了房地产开发企业所支付的土地贷款后，若发生股权转让，使得项目公司的股权不再全部由房地产开发企业所持有，则不符合财税〔2016〕140号第八条的规定，因此房地产开发企业的项目公司在进行纳税申报时，应判断是否同时符合财税〔2016〕140号第八条所规定的三个条件，以确认是否可从当期销售额中扣除对应的土地价款。"

综上所述，"持有"是时段而非时点，即全程均不得转让。如果土地自始在项目公司名下，则不受该条款限制。

3.退税对资金的影响。

投资人选择现有项目公司时，还应关注已售楼盘是否涉及退税。房地产企业在项目运作时，一般会有意控制纳税时点以维系资金正常运转，实现资金价值最大化。当土地增值税清算税率大于预征率需要补税时，一般会控制土地增值税清算时点延迟清算，因此经常出现交房在先、土地增值税清算在后，等到土地增值税清算时，当年只有成本费用发生而没有收入的情况。

这种情况下，按照《关于房地产开发企业土地增值税清算涉及企业所得税退税有关问题的公告》（国家税务总局公告2016年第81号）的规定：（1）当年出现亏损，后续没有开发项目的，可以申请退税；（2）有其他后续开发项目的，亏损应按照税法规定向以后年度结转，用以后年度的所得弥补。

房地产企业从项目启动到完工年度产生利润，快则两三年，慢则五六年，甚至更长时间。如果土地增值税清算后出现亏损当年不申请退税，而是寄希望于新楼盘产生利润弥补亏损，可能会出现以下不利情况：（1）新项目规划用于销售，但是因为产品定位导致滞销，或者受房地产宏观调控影响导致销售不畅；（2）新项目开发产品自始规划用于自运营或者投资性房地产。以上两种情况都有可能导致企业的亏损在五年内不能被全部弥补，届时将成为沉没成本。即使新项目产生的利润可以完全弥补亏损，但是应退未退税款事实上形成了资金占用。因此，如果企业用现有项目公司开发项目时，建议先办理退税。

此外，如果投资人选择新设开发主体，且开发主体选择设立为子公司或分公司时，还应考虑子公司或分公司的特点：

1.潜在法律风险。

《公司法》(2023年修订)[①]第十三条规定:"公司可以设立子公司。子公司具有法人资格,依法独立承担民事责任。公司可以设立分公司。分公司不具有法人资格,其民事责任由公司承担。"因此,如果投资人选择设立分公司,开发过程中一旦出现法律风险,可能波及到总公司。相比之下,子公司可以独立承担责任,一旦发生问题,可以与母公司进行分离,根据需要进行独立应对。

2.项目盈利能力。

当投资人同时开发两个项目且预期一个亏损另一个盈利时,为了降低税负,可以做以下安排:

(1)要么选择由同一个开发主体开发,《企业所得税法》第十八条规定:"企业纳税年度发生的亏损,准予向以后年度结转,用以后年度的所得弥补,但结转年限最长不得超过五年。"

(2)要么选择设立分公司开发,《企业所得税法》第五十条第二款规定:"居民企业在中国境内设立不具有法人资格的营业机构的,应当汇总计算并缴纳企业所得税。"例如,房地产企业为了促销临街商铺,采用了售后返租模式,但是返租而来的商铺很难真正盈利。如果投资人从降低税负的角度考虑,此时选择成立分公司作为返租主体更为合适。

尽管分公司有以上优势,但是笔者仍然建议实务中谨慎使用,因为分公司不具有独立法人资格,有可能出现开发主体和财税主体不一致的情形。如果项目用地在总公司名下,办理五证则需要以总公司的名义,而成本在分公司的名下并以分公司的名义预缴了税款;此时销售合同的签订主体存在不确定性,如果以总公司的名义签订合同并开具发票,有可能出现总公司没有开发成本导致企业多缴纳税款的情况,造成不必要的麻烦。

尽管原河北省国家税务局曾发布《关于全面推开营改增有关政策问题的解答之七》明确:"七、关于分公司是否允许扣除以总公司名义支付的土地价款问题。房地产开发企业分公司在项目发生地作为独立纳税人缴纳增值税的,因总公司与

[①] 本书所引用的《公司法》,为2023年12月29日第十四届全国人民代表大会常务委员会第七次会议第二次修订版本,自2024年7月1日起施行,下同。

政府签订开发合同，土地价款由总公司名义支付，房地产开发企业分公司可凭土地出让金凭证原件按规定扣除土地出让价款。"但是不代表其他省市也同样认可。

综上，兵无常势，水无常形，投资人在选择开发主体时，需要根据公司情况结合项目特点综合规划。

第二节　股东身份与股权架构的选择

投资人如果选择新设立项目公司作为开发主体，还需要设计合理的股权架构。股权架构不同，税负不同。

房地产企业常用的股权架构有两种模式：一种是直接持股，即自然人直接出资并持有项目公司股权，此时股东为自然人股东，当投资人选择股权委托代持时，还需要选择合适的人员出任股东。另一种是间接持股，即投资人先出资设立持股平台，然后再由持股平台出资持有项目公司股权。常用的持股平台类型又分为有限公司、有限合伙企业、资管计划等形式，此时股东身份又可以分为法人股东、非法人股东等。鉴于当前房地产界"跟投"业务中，持股平台主要采用有限合伙企业，因此文中非法人股东以有限合伙企业为例进行分析。

一、股东身份不同的税收差异

投资人投资房地产时，获利方式容易受经济形势影响：当房地产业景气时，投资人主要通过销售开发产品获取利润；而当社会对房地产投资信心不足时，很多投资人会中途转让公司股权以求落袋为安。因此，投资人在选择项目公司股东和架构时，是选择直接持股还是间接持股不能一概而论，应结合项目特点和公司经营规划统筹安排。

（一）长期持有，享受分红

1. 自然人股东。

自然人直接持股时，项目公司销售开发产品，待产品完工后结算计税成本，对应纳税所得额计算缴纳25%的企业所得税，项目公司再向自然人分配利润时，自然人股东应按照"利息、股息、红利所得"缴纳个人所得税，税率为20%。综上，所得税税负合计为40%。

也许读者会说，自然人直接持股时，如果项目公司实现利润后不向自然人股东分配就可以规避个人所得税。需要注意的是，《个人所得税法》增加了第八条反避税条款，即个人实施其他不具有合理商业目的的安排而获取不当税收利益，税务机关有权按照合理方法进行纳税调整。

2.法人股东。

法人股东持股时，与自然人股东持股相同的是，项目公司销售开发产品后，需要对应纳税所得额计算缴纳企业所得税，税率为25%；不同的是，项目公司向法人股东分配利润时，按照《企业所得税法》第二十六条第（二）项的规定，符合条件的居民企业之间的股息、红利等权益性投资收益，属于免税收入，免缴企业所得税。

3.非法人股东。

合伙企业持股时，与法人股东相同的是，项目公司需要缴纳企业所得税，税率为25%。不同的是，合伙企业对外投资取得分红形式的收入，根据《国家税务总局关于个人独资企业和合伙企业投资者征收个人所得税的规定执行口径的通知》（国税函〔2001〕84号）规定，不并入合伙企业的收入，采取"先分后税"的原则按照合伙协议约定的分配比例，以每一个合伙人为纳税义务人。其中合伙人是自然人的，按"利息、股息、红利所得"，适用20%的税率计算缴纳个人所得税；合伙人是法人和其他组织的，缴纳企业所得税。

对比发现，可以得出如下结论：在销售开发产品分配利润时，法人股东持股税收成本最低，自然人股东其次，有限合伙企业持股时法人合伙人成本最高。

（二）股权转让，获利退场

当投资人转让股权时，不同的投资身份和架构，税负又有不同：

（1）自然人股东转让项目公司股权时，按照"财产转让所得"项目缴税，适用20%的比例税率；

（2）法人股东转让项目公司股权时，缴纳企业所得税，税率为25%；

（3）有限合伙企业转让项目公司股权时，由于这里的合伙企业不属于创投企业，股权转让收入属于合伙企业的生产、经营所得，具体处理时应按照"先分后税"原则，根据合伙企业的全部生产经营所得和合伙协议约定的分配比例确定合伙企业各合伙人的应纳税所得额，其中，法人合伙人应缴纳企业所得税，税率为25%；而个人合伙人应根据《个人所得税法》及其实施条例以及《关于个人独资企业和合伙企业投资者征收个人所得税的规定》（财税〔2000〕91号）的规定，按照"经营所得"项目、5%—35%的超额累进税率计算缴纳个人所得税。一般情况下房地产企业的股权价值较高，个人合伙人可以轻松适用35%一档，因此税负较重。

综上对比发现，投资人转让项目公司股权时，自然人直接持股成本最低，法人股东其次，非法人股东成本最高。所以，不同的投资目的税负也不尽相同，投资人应结合经济形势和投资目的，提前规划股权架构。

实践中，部分企业对个人合伙人中途退出应如何纳税不够了解，笔者认为其税务处理可以参照《广州市地方税务局关于印发〈个人所得税若干征税业务指引（2010年）〉的通知》（穗地税函〔2010〕141号）第四条规定，即个人合伙人转让其在企业财产份额，应以其转让收入额减除财产原值和合理费用后的余额为应纳税所得额，按照"财产转让所得"项目适用20%税率缴纳个人所得税；个人合伙人退伙时分得的财产份额，比照前款规定计征"财产转让所得"项目个人所得税，但在计算投资者应纳税所得额时，可扣除被投资企业未分配利润等投资者留存收益中所分配金额。

知识链接：合伙企业出售股票，个人合伙人补个税[①]

2021年12月10日，合肥市税务局稽查局向安徽某投资合伙企业（有限合伙）送达《税务处理决定书》（合税稽处〔2021〕122号）。

其中涉及个人所得税部分的内容显示，该单位持有的限售股解禁后，2016年通过大宗交易全部卖出，18名合伙人（含资产管理人兼法人合伙人1名，持有财产份额0.104167%）可分配利润共计556515387.31元，其中李某等17人应纳税所得额555221683.74元，应纳个人所得税194076839.31元，已代扣代缴个人所得税

[①]《国家税务总局合肥市税务局稽查局关于送达税务处理决定书的公告》，载安徽省税务局官网http://anhui.chinatax.gov.cn/art/2022/5/25/art_9489_973749.html，最后访问时间为2023年6月8日。因案涉人员不服2021年12月10日合税稽处〔2021〕122号税务处理决定，2023年4月18日，合肥市税务局发布《国家税务总局合肥市税务局税务行政复议听证公告》，拟定于2023年4月23日举行听证，截至2023年11月20日，听证结果未公示。

114190918.17元，应补个人所得税79885921.14元。另外，税务机关除责令限期缴纳外，从滞纳税款之日起，按日加收滞纳税款万分之五的滞纳金。

根据计算可以得知，个人合伙人当初应是按照"利息、股息、红利所得"适用20%的税率计算缴纳了个人所得税。

《国家税务总局稽查局关于2018年股权转让检查工作的指导意见》(税总稽便函〔2018〕88号)第一条第(一)项"关于合伙企业转让股票收入分配给自然人合伙人(有限合伙人)征收个人所得税的意见"明确：

"检查中发现有些地方政府为发展地方经济，引进投资类企业，自行规定投资类合伙企业的自然人合伙人，按照'利息、股息、红利所得'或'财产转让所得'项目征收个人所得税，税率适用20%。

"现行个人所得税法规定，合伙企业的投资者为其纳税人，合伙企业转让股票所得，应按照'先分后税'原则，按照合伙企业的全部生产经营所得和合伙协议约定的分配比例确定合伙企业投资者的应纳税所额，比照'个体工商户生产经营所得'项目，适用5%—35%的超额累进税率征税。地方政府的规定违背了《征管法》第三条的规定，应予以纠正。"

本案中，合肥市税务局稽查局即按照"经营所得"适用35%的税率补征了差额，同时补征个人所得税的滞纳金。

二、自然人股东的其他风险

(一)一人有限公司潜在风险

笔者在实践中发现，在自然人直接架构中，很多房地产企业的项目公司自然人股东为同一个家庭的不同成员，如夫妻关系、父子关系或者父女关系等，这种架构存在一定的风险。

在2018年修正的《公司法》第五十七条第二款曾规定，"本法所称一人有限责任公司，是指只有一个自然人股东或者一个法人股东的有限责任公司"，但本书这里所指的是仅有一个自然人股东的公司，不包含一个法人股东的情形。

一人有限公司分为形式意义上的一人公司和实质意义上的一人公司，前者是指该公司有且仅有一个自然人股东；后者是指形式上公司自然人股东多于一个，但实质上只有一人为公司的"真正股东",其余股东仅仅是为了满足法律对公司股东最低人数的要求,或是为了真正股东的利益而持有一定股权的挂名股东而已。

《公司法》第二十三条第三款规定,"只有一个股东的公司,股东不能证明公司财产独立于股东自己的财产的,应当对公司债务承担连带责任。"这一规定与一般有限公司采用的"谁主张,谁举证"原则有所不同,一人公司采用了举证责任倒置的原则,目的是保护公司债权人的权益。在这种背景下,保持股东的财产与公司财产之间的独立性非常重要。

当前房地产企业持续受到宏观调控,消费者购房信心相对不足,房地产企业销售不畅,时有企业爆出资金链出现问题,因此自然人股东需要设置防火墙隔离风险,以避免危及家庭财产。笔者建议可以通过如下措施预防或补救:

(1)对于同一家庭不同成员设立的公司,在项目公司登记时,严格按照规定提交财产分割的书面证明或者协议;

(2)对于真正的一人有限公司,在公司经营过程中,必须建立、健全财务制度,公私分明,不将公司财产与个人财产混同,不将个人账户作为公司账户对外收付款,不用公司账户为个人消费买单。尽可能在每一会计年度终了时编制财务会计报告,并经会计师事务所审计,以证明公司财产独立。

(3)必要时引入新股东,彻底化解一人有限公司的风险;如果注册资本规模较大、不考虑增资扩股的模式时,依据《股权转让所得个人所得税管理办法(试行)》(国家税务总局公告2014年第67号)的规定,可以尝试通过股权转让引入非同一家庭成员的直系亲属作为新股东。

知识链接:低价转让股权视为有正当理由相关条款

《股权转让所得个人所得税管理办法(试行)》(国家税务总局公告2014年第67号)

第十三条 符合下列条件之一的股权转让收入明显偏低,视为有正当理由:

(一)能出具有效文件,证明被投资企业因国家政策调整,生产经营受到重大影响,导致低价转让股权;

(二)继承或将股权转让给其能提供具有法律效力身份关系证明的配偶、父母、子女、祖父母、外祖父母、孙子女、外孙子女、兄弟姐妹以及对转让人承担直接抚养或者赡养义务的抚养人或者赡养人；

（三）相关法律、政府文件或企业章程规定，并有相关资料充分证明转让价格合理且真实的本企业员工持有的不能对外转让股权的内部转让；

（四）股权转让双方能够提供有效证据证明其合理性的其他合理情形。

（二）自然人股东借款的风险

房地产企业属于资本密集型企业，股东和企业间资金往来比较频繁，实践中也经常出现自然人股东从公司无偿借款的情形，投资人不但要关注企业的增值税和企业所得税视同销售风险，还要注意自然人股东的个人所得税风险。

《关于规范个人投资者个人所得税征收管理的通知》（财税〔2003〕158号）规定，纳税年度内个人投资者从其投资企业（个人独资企业、合伙企业除外）借款，在该纳税年度终了后既不归还，又未用于企业生产经营的，其未归还的借款可视为企业对个人投资者的红利分配，依照"利息、股息、红利所得"项目计征个人所得税。

《国家税务总局关于印发〈个人所得税管理办法〉的通知》（国税发〔2005〕120号）进一步强调，"加强个人投资者从其投资企业借款的管理，对期限超过一年又未用于企业生产经营的借款，严格按照有关规定征税"。

实践中，已经有自然人股东因借款未及时归还被追缴税款，如"福州市中级人民法院审理的某传媒公司和当地税务稽查局税务行政管理（税务）纠纷"一案中，（2020）闽01行终351号判决书显示：稽查局认为，不论出借公司是否有利润可分配，并不影响将"股东向其借款在纳税年度内未归还的行为，视为企业对个人投资者的红利分配"的认定。

三、"员工跟投"模式的运用

近年来，"员工跟投"模式在房地产开发领域盛行。投资人和项目公司实施"员工跟投"，可以达到三个目的：(1)通过协议约束和股权激励，提高员工的认同感，减少核心高管、骨干员工的流失，实现公司核心层的稳定；(2)通过改变员工收入性质，把工资变为分红，调动员工的工作积极性；(3)充分利用有限合伙企业的特点，投资人以较小的出资控制较大资产，既减轻了前期的投资压力，又不至于控制权被削弱，具体分析如下。

（一）降低高管税负

我国目前实行综合收入与分类收入相结合的个人所得税税制，工资、薪金所得，劳务报酬所得，稿酬所得，特许权使用费所得四项劳动性所得纳入综合征税范围，适用统一的超额累进税率，居民个人按年合并计算个人所得税，平时预扣预缴、年终汇算清缴。

相对而言，房地产企业从业人员尤其是高管收入较高且全年一次性奖金较为丰厚，尽管当前国家仍然在实施"全年一次性奖金单独计税、不并入当年综合所得"的优惠政策，但是中共中央、国务院于2022年12月印发的《扩大内需战略规划纲要（2022—2035年）》提到，要"扎实推动共同富裕，正确处理效率和公平的关系，完善收入分配格局，构建初次分配、再分配、三次分配协调配套的基础性制度安排"，从共同富裕和税收公平的角度来看，未来年终奖并入综合所得是大的趋势。如果房地产高管年终奖并入综合所得，个人所得税适用税率将很容易达到45%一档，个税压力较大，而借助有限合伙企业持股平台可以合法降低税负。

以某园太仓项目公司为例，其股权架构设置如下：第一步，在上海设立上海某碧投资管理有限公司，作为普通合伙人（GP）；第二步，高管作为有限合伙人（LP）和普通合伙人共同设立长兴某碧投资管理合伙企业（有限合伙）；第三步，有限合伙企业和泰州市某园房地产开发有限公司、某共享投资有限公司共同投资设立项目公司——太仓新城某园置业有限公司，如图1.1所示。

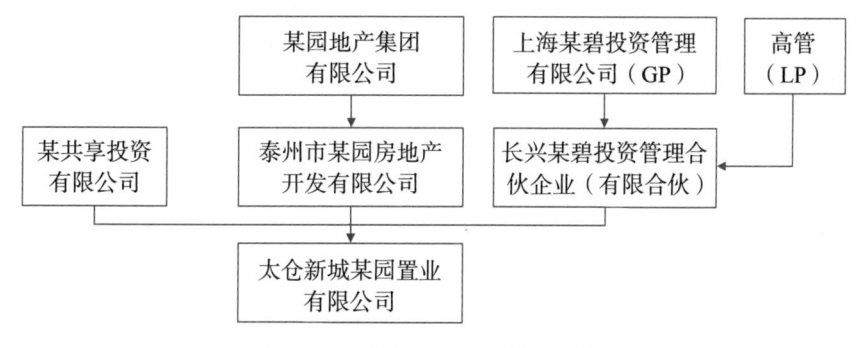

图1.1 某园太仓项目公司股权架构

长兴某碧投资管理合伙企业以合伙企业名义对外投资取得分红时，综合《关于个人独资企业和合伙企业投资者征收个人所得税的规定执行口径的通知》（国税函〔2001〕84号)和《关于合伙企业合伙人所得税问题的通知》(财税〔2008〕159号)规定,不并入企业的收入,应采取"先分后税"的原则,合伙企业以每一个合伙人为纳税义务人。合伙人是法人和其他组织的,缴纳企业所得税,即上海某碧投资管理有限公司作为法人合伙人缴纳企业所得税。

合伙企业合伙人是自然人的,按"利息、股息、红利所得"应税项目计算缴纳个人所得税,适用税率为20%,和"工资、薪金所得"个人所得税最高适用45%的税率相比,税率大幅下降。由此可见,"员工跟投"模式下高管可以通过有限合伙持股平台合法降低个人所得税。需要提示的是,当前全球经济处于下行趋势、房地产业投资信心不足,高管在实务中应避免被"跟投"套牢的风险。

也许有读者会担心《关于权益性投资经营所得个人所得税征收管理的公告》(财政部 税务总局公告2021年第41号)文件出台后的影响,其实该文件调整的是经营所得、打击的是核定征收。而在有限合伙企业持股平台中,房地产高管作为自然合伙人,取得的是股息红利收入,适用20%的比例税率,因此不受影响。

需要补充说明的是,在某园太仓项目公司的案例中,之所以选择由上海某碧投资管理有限公司出任有限合伙企业GP,是因为有限合伙企业合伙人需要由普通合伙人和有限合伙人组成,有限合伙人以其出资额为限承担有限责任,而普通合伙人对合伙企业债务承担无限连带责任。

根据《公司法》第三、四条规定,公司是企业法人,有独立的法人财产,享有法人财产权。公司以其全部财产对公司的债务承担责任。有限责任公司的股东以其认缴的出资额为限对公司承担责任。因此,上海某碧投资管理有限公司可以其认缴的注册资本金为限额承担有限责任。

(二)资金"以小博大"

在有限公司中,股东一般按照出资比例行使表决权,但是有限合伙企业不同,《合伙企业法》第六十七条规定"有限合伙企业由普通合伙人执行合伙事务",即普通合伙人以较少的出资即可控制有限合伙企业、决策合伙企业的事务,其话语权不受合伙份额制约;另外,上海某碧投资管理有限公司分红取得的应税所得,不属于"居民企业之间的股息、红利等权益性投资收益",不享受免税。因此为了降低其税负,应尽力降低其在有限合伙企业中的合伙份额。

在房地产领域，运用有限合伙企业比较成功的案例有某地控股集团股份有限公司，其股权架构设置如下：第一步，以张某良为代表的管理层成员出资10万元成立了上海格某兰投资管理有限公司；第二步，该投资公司出任普通合伙人（GP），管理层成员作为有限合伙人（LP），成立了多达36个有限合伙性质的投资管理中心；第三步，仍然以投资公司出任普通合伙人（GP），众多投资管理中心分别作为有限合伙人（LP），共同成立了上海格某兰投资企业；第四步，上海格某兰投资企业参股某地控股集团股份有限公司，如图1.2所示。

在该架构中，上海格某兰投资管理有限公司作为唯一的普通合伙人，核心人员合法利用了有限合伙企业普通合伙人执行合伙事务的特点，通过双重嵌套式合伙架构集中控制了诸多有限合伙企业的决策权，最终实现了"以有限的出资参与集团公司运营"的目的。

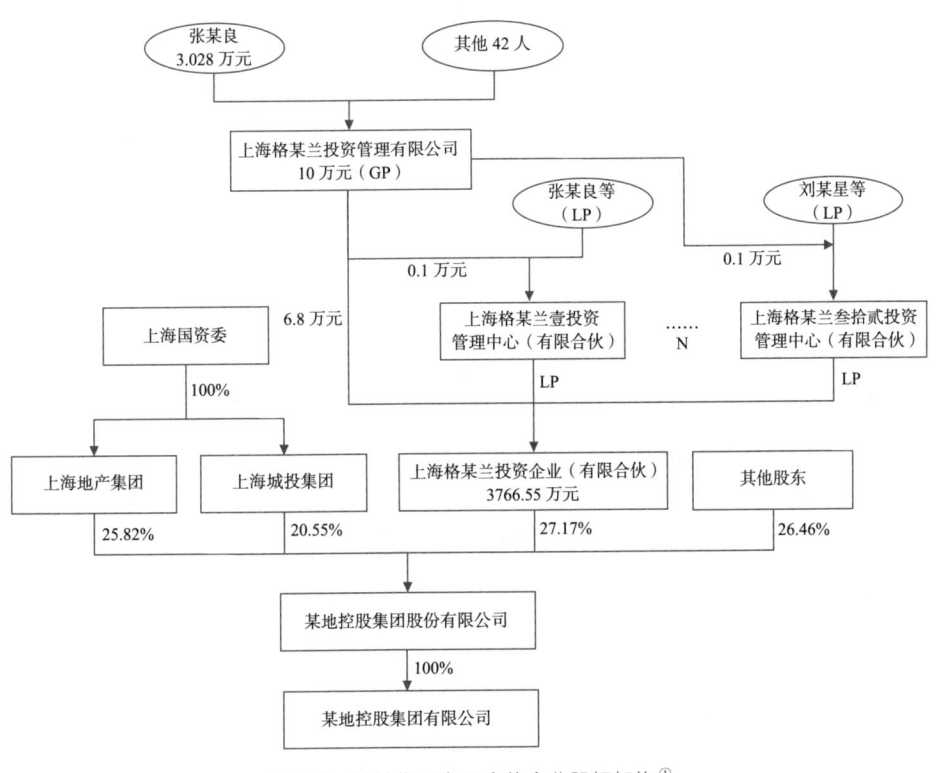

图1.2 某地集团有限合伙企业股权架构[1]

① 数据参见天眼查网站，最后访问时间为2022年9月19日。

第三节 股权代持的风险与应对

股权代持,又称隐名投资或委托持股,是指隐名股东(实际出资人)与显名股东(名义出资人)约定,由显名股东代替隐名股东持有公司股权、履行股东权利与义务的行为。近年来,笔者经常接到股权还原委托,希望笔者协助以最小的税收代价还原股权(股权显名)。

一、房地产中股权代持的情形

房地产领域的股权代持,常见于以下几种情形:

1.特定身份主体。如,为规避有关身份隔离的规定,将股权交由他人代持;境外投资人为了规避国家设定的行业准入限制,而借用他人名义投资入股公司。

需要说明的是,如果隐名股东属于被禁止或限制实施投资行为的投资人,或者其拟投资企业所在行业属于法律或法规禁止或限制投资的特定行业,依据《民法典》第一百四十六条第一款规定,"行为人与相对人以虚假的意思表示实施的民事法律行为无效",其实代持是无效的。类似的案例有最高人民法院审理的(2017)最高法民申2454号"杨某国、林某坤股权转让纠纷案"。

2.名为代持,实际为其他法律行为作担保。比如,房地产企业为了向信托公司进行前端融资借款,双方签订协议,投资人把项目公司的股权转让给信托公司由其代持,待归还借款后,再将股权还原。

3.为节约成本。公司实际控制人为节约相关成本(如税务成本)或隐匿自己的财产收入,将其股权交由他人代持。

二、股权代持中隐名股东的风险

按照《公司法》的规定,有限责任公司的股东以其认缴的出资额为限对公司承担责任,因此,股东的出资以及所持股权比例是股东享有股东权利并承担相应责任的主要依据。但股权代持行为中,隐名股东是以显名股东的名义出资,且隐名股东未记载于股东名册或者工商登记资料,故不具备《公司法》规定的享有股东权利的主体资格。此外,股权代持突破了出资人、股东身份、股权的特定联系,影响交易的安全和公司治理结构的稳定性。

《最高人民法院关于适用〈中华人民共和国公司法〉若干问题的规定（三）》（法释〔2011〕3号，2020年修正，下同）第二十四条规定，"有限责任公司的实际出资人与名义出资人订立合同，约定由实际出资人出资并享有投资权益，以名义出资人为名义股东，实际出资人与名义股东对该合同效力发生争议的，如无法律规定的无效情形，人民法院应当认定该合同有效"。上述规定仅说明司法认可代持协议具有法律效力，规范的是代持当事人内部的民事法律关系，但不属于对《市场主体登记管理条例实施细则》中关于股东出资规定的调整或变化。所以股权代持行为中，隐名股东存在以下潜在风险：

1.未签订股权代持协议，难以主张股东权利。

实践中不乏委托人出于对显名股东的信任，双方只是口头约定、没有签订股权代持协议。一旦发生法律纠纷，隐名股东难以提供完整的证据链证明双方之间具有股权代持的合意，隐名股东将无法证明其实际出资人的身份，也无法主张股东权利，届时有可能给自身带来巨大的财产损失。代表案例有最高人民法院审理的（2014）民二终字第21号"王某与青海珠峰虫草药业有限公司股东资格确认纠纷案"，最高人民法院认为，如果无证据证明隐名股东与显名股东之间达成了合法有效的代持股合意，转款用途亦不明确，即便出资或增资资金来源于"隐名股东"，亦不能就此认定其享有股东权益。

2.隐名股东显名需经其他股东过半数同意。

即使双方签订了股权代持协议，当隐名股东主张股东身份即请求显名时，也存在公司治理结构中的"人合性"障碍。《最高人民法院关于适用〈中华人民共和国公司法〉若干问题的规定（三）》第二十四条第三款规定："实际出资人未经公司其他股东半数以上同意，请求公司变更股东、签发出资证明书、记载于股东名册、记载于公司章程并办理公司登记机关登记的，人民法院不予支持。"因此在隐名股东无法提供公司其他过半数股东同意的相关证据下，即使该隐名股东是股权的实际出资人，其向法院主张成为显名股东或者要求记载于股东名册、公司章程的，仍旧存在障碍。

3.隐名股东主张行使股东权利存在法律障碍。

对于隐名股东与显名股东双方签订的代持股协议，出于尊重当事人意思自治的考虑，如没有法律规定的无效情形，一般应认定为有效。但是，如果公司其他股东事先不知道显名股东背后还有隐名股东的存在，或者知晓后对该隐名股东的身份不予认可的，则代持股协议的约定无法及于公司或公司的其他股东。例如，隐名股东与显名股东之间关于代持股权分红的约定，对公司或其他股东往往无效。

4.隐名股东不能对抗善意第三人。

在股权代持问题上，要区分内部关系和外部关系，对内部关系产生的股权权益争议纠纷，当事人之间的约定可以作为依据；而在对外部关系上不适用内部约定，《公司法》第三十四条规定："公司登记事项发生变更的，应当依法办理变更登记。公司登记事项未经登记或者未经变更登记，不得对抗善意相对人。"《山东省高级人民法院关于审理公司纠纷案件若干问题的解答》中指出："在涉及债权人与股东、债权人与公司等外部法律关系时，应体现商法公示主义、外观主义的要求，保护善意第三人因合理信赖公司登记机关的登记事项而作出的行为的效力。坚持形式要件优于实质要件，即以工商登记材料作为确认股东资格的主要证据。"

如果第三人符合《民法典》第三百一十一条规定的"善意取得"时，应以当事人对外的公示为信赖依据，适用公司的外观主义原则，如果显名股东因自身债务涉及法律诉讼而成为被执行人，其代持股份有可能作为执行财产被冻结、拍卖，隐名股东显名前不能因为股权代持对抗善意第三人。

显名股东代持的股权被执行后，隐名股东可以向显名股东请求损害赔偿，但无法请求法院判定该处分行为无效；如代持人没有偿债能力，风险只能由该隐名股东自行承担。

很多时候，合伙人的重要性超过了商业模式和行业选择，其实显名股东的选择也是如此，隐名股东委托股权代持时应慎重考虑，并设置好预案以防患于未然。

三、股权还原中的税务问题

俗话说，"天下没有不散的宴席"，股权终究要还原至隐名股东。如果涉及的是房地产企业股权，还原日与委托代持时相比，股权一般都实现了大幅增值，价值不可同日而语。而目前实务中对于股权还原是否需纳税，存在两种不同的观点，即"税收法定原则"和"实质课税原则"。

（一）税收法定原则

2020年7月28日，厦门市税务局发布《关于市十三届政协四次会议第1112号提案办理情况答复的函》（厦税函〔2020〕125号），内容显示厦门市税务局支持"税收法定原则"。按照该原则，股权还原时如果产生了股权转让所得则应按照财产转让所得纳税。

1. 显名股东。

《税收征收管理法实施细则》第三条第二款规定："纳税人应当依照税收法律、行政法规的规定履行纳税义务；其签订的合同、协议等与税收法律、行政法规相抵触的，一律无效。"显名股东作为登记在股东名册上的股东，可以依股东名册主张行使股东权利，依据《个人所得税法》《企业所得税法》相关规定，是符合税法规定的转让股权和取得投资收益的纳税人，其取得股权转让所得、股息红利所得，应当依法履行纳税义务。

因此，如果是自然人之间的委托代持，为了降低还原时的税收成本，隐名股东可以合理利用《股权转让所得个人所得税管理办法（试行）》（国家税务总局公告2014年第67号）第十三条第（二）项中关系，提前合理布局。

2. 隐名股东。

首先需要明确的是，隐名股东从显名股东取得所得是基于代持合同关系，并不是股权投资产生的股息、红利所得。

（1）隐名股东为自然人时，隐名股东取得的所得不属于《个人所得税法》第二条列明的九种所得，因此不属于个人所得税应税范围，不缴纳个人所得税。

（2）隐名股东为企业时，隐名股东取得的所得，不属于法定的不征税收入和免税收入；不属于"投资收益所得"，故不符合"居民企业之间的股息、红利等权益性投资收益为免税收入"的相关规定；税法也未规定可以"穿透"作为隐名股东取得权益性投资收益对其免税，因此应当按照企业所得税法规定缴纳企业所得税。换句话说，如果隐名股东是法人时，当前税收征管环境下，将存在重复征收企业所得税的情况。

综上，税收法定原则下，投资人设定股权代持时，应该提前规划好经济、便捷的还原路径。

（二）实质课税原则

实质课税原则认为，股权还原时股权实际持有人未发生变化，因此并非真正意义上的股权转让,故隐名股东不需要纳税。

但税务机关作为行政执法机关无法对代持关系作出认定,而是依据法律形式征税,最高人民法院曾在(2018)最高法行申209号"陈某伟、福建省地方税务局税务行政管理(税务)再审审查与审判监督行政裁定"一案中指出:"税务机关依照法律、行政法规的规定征收税款系其法定职责,在征收税款过程中必然会涉及对相关应税行为性质的识别和判定,而这也是实质课税原则的基本要求。"

因此,隐名股东为实现零成本还原股权,可以借助司法判决或裁定。为了达到这一目的,隐名股东可向法院提出"确权之诉",凭借能够证明股权代持关系的生效裁判文书,向市场监管部门申请变更登记。

隐名股东起诉前,应在公司内部完成显名的必要准备,《最高人民法院关于适用〈中华人民共和国公司法〉若干问题的规定(三)》第二十四条第三款规定:"实际出资人未经公司其他股东半数以上同意,请求公司变更股东、签发出资证明书、记载于股东名册、记载于公司章程并办理公司登记机关登记的,人民法院不予支持。"但是《全国法院民商事审判工作会议纪要》(法〔2019〕254号)也补充规定:"28.【实际出资人显名的条件】实际出资人能够提供证据证明有限责任公司过半数的其他股东知道其实际出资的事实,且对其实际行使股东权利未曾提出异议的,对实际出资人提出的登记为公司股东的请求,人民法院依法予以支持。公司以实际出资人的请求不符合公司法司法解释(三)第24条的规定为由抗辩的,人民法院不予支持。"

山东省高级人民法院曾在《山东省高级人民法院关于审理公司纠纷案件若干问题的解答》之"如何把握实际出资人与名义股东之间的股东资格确认规则?"中指出:"实际出资人与名义股东之间股东资格的确认……在涉及股东与股东之间、股东与公司等内部法律关系时,应贯彻意思自治原则,以是否签署公司章程、是否实际出资、是否享有并行使股东权利等实质要件作为确认股东享有实际权利的主要依据。"如在"金华市某养殖有限公司与吴某尚股东资格确认纠纷"一案中,(2016)浙07民终4622号判决书审理认为:如果隐名股东与显名股东之间的关系已为公司及其他股东所知晓并认可,或者公司已经通过允许其参与公司经营管理或者向隐名股东分配红利等行为承认其股东身份的,则无需再经过其他股东过半数的同意。

法院审理后,隐名股东可以参考《关于企业转让上市公司限售股有关所得税问题的公告》(国家税务总局公告2011年第39号)的规定:"依法院判决、裁定等原因，通过证券登记结算公司，企业将其代持的个人限售股直接变更到实际所有人名下的，不视同转让限售股。"案例有广东省佛山市顺德区人民法院审理的（2016）粤0606民初21679号"崔某某起诉某菱环境案"，法院审理后判定欧某某将代崔某某持有的某菱环境公司股权以原价还原。①

四、企业并购重组时的风险防范

为了坚持"房住不炒"的定位，围绕"稳地价、稳房价、稳预期"的总体目标，2021年，自然资源部和地方政府多次调整土地出让规则，如2021年8月深圳市紧急修改住宅用地"两集中"出让规则，在《国有土地使用权挂牌出让公告》（深土交告〔2022〕37号）规定："同一企业参与本批次用地竞买最多可竞得3宗用地（含联合竞买）。"当地部分开发能力强周转速度快的房地产企业通过一级市场不能拿到足够的土地，只能退而求其次，通过收并购重组方式间接获取土地。

通过股权收购时，如果目标公司存在未经披露的代持股行为，新股东接手后有可能引发纠纷，从而影响项目正常开发。因此，笔者建议投资人重点关注目标公司是否存在代持股权行为。

如果确认存在代持股权，收购方应要求显名股东与隐名股东均对本次交易出具书面认可意见书。但需要说明的是，鉴于股权代持行为的隐蔽性，通过常规动作查阅企业工商登记信息或者公司章程难以发现。为了提前规避风险，收购方可要求转让方先出具《不存在股权代持承诺函》，并在收购协议中设置违约条款：如果转让方刻意隐瞒股权代持行为由此造成股权纠纷的，应承担全部损失并尽赔偿责任。

综上，股权还原税务处理尚存争议，投资人应审慎安排股权代持业务，并提前设计还原路径。

第四节　公司注册资本金额的确定

投资人设立新项目公司时，根据《市场主体登记管理条例实施细则》规定，

---

① 截至2023年9月19日，经查中国裁判文书网，本案经佛山市中级人民法院（2017）粤06民终6295号民事裁定，一审判决自裁定书送达之日起发生法律效力。

需要登记公司注册资本。自2014年3月1日起，我国公司注册资本登记由实缴制变为认缴制，制度的变化让部分投资人误解为市场监管部门放松了监管，以致注册资本登记时虚高或虚低，从而为企业的发展埋下了隐患。

事实上，认缴制下公司股东的出资义务只是暂缓缴纳，而不是永久免除，股东仍应按照公司章程约定的认缴出资额、出资方式和出资期限向公司缴付出资，加上房地产开发行业的特殊性，房地产企业投资人在项目公司申请登记时，需要合理安排注册资本规模。

一、房地产"资本弱化"的局限性

房地产企业作为资本密集型企业，在开发过程中需要大量资金，按照来源可以划分为权益性投资和债权性投资。实务中，时常有投资人利用"资本弱化"原理，通过增加债权性投资加大利息的税前扣除以达到避税目的。

但是资本弱化存在一定的限制，根据《关于企业关联方利息支出税前扣除标准有关税收政策问题的通知》（财税〔2008〕121号）规定，房地产企业接受关联方债权性投资与其权益性投资比例为2∶1，当不符合独立交易原则时，项目公司实际支付给关联方的利息支出，只有不超过债资比和《企业所得税法》及其实施条例有关规定计算的部分准予扣除。

由于当前房地产企业融资难度高企，关联方借款是当前房地产企业重要的资金来源，为了避免利息不能全额扣除，投资人设立项目公司时有必要适当提高注册资本规模。

二、注册资本登记过小的风险

当前国家为了稳定房地产市场，紧紧围绕"土地"和"资金"精准调控。企业不论是拿地、项目开工还是融资贷款，都必须有一定规模的自有资金作保障，而作为新设立的项目公司，注册资本就成为企业自有资金的主要来源。

1.竞买土地有要求。

自2016年开始，国家为了遏制部分城市房价快速上涨，曾对16个重点城市拿地资金提出要求。以广州为例，广州市住房和城乡建设委员会等部门发布《关于对竞买商品住宅用地资金来源核查的通知》（穗建房产〔2016〕2144号）明确：

"一、竞买申请人在参加竞买前,应清楚地知悉商品住宅用地竞买资金(即地价款,含竞买保证金)不得使用银行贷款、债券融资、信托资金、资管计划配资、保险资金,否则将导致竞买失败及竞买保证金损失。"

为了稳地价,2021年8月自然资源部又紧急召开会议,对22个住宅用地出让"两集中"城市的土地竞买规则进行调整,重点是资金来源。以深圳为例,2021年9月18日,深圳市地方金融监督管理局等六部门发布《关于加强商品住房用地土地购置资金来源核查要求的通知》,要求"竞买企业需要说明购地资金来源并承诺为自有资金,提供相应证明,通过银行流水等证明资料进行完整的论证,并对上述要求作出承诺,提交《土地购置资金承诺函》(详见出让公告文件)及会计师事务所提供的审计报告"。并且"购地资金不得直接或间接使用金融机构各类融资资金,不得使用房地产产业链上下游关联企业借款或预付款,不得使用股东、其他自然人、法人、非法人组织的借款,不得使用参与竞买人控制的非房地产企业融资等"。

另外,房地产企业实缴注册资本金是衡量房地产企业整体实力和项目开发风险的重要因素,如果企业注册资本过低,有可能丧失参与竞标拿地的机会。《招标拍卖挂牌出让国有建设用地使用权规定》(国土资源部令第39号)第九条规定招拍挂公告中应包括"投标人、竞买人的资格要求"。而核心城市其政府在出让热门地块时一般会明确"竞买人资格",其中就包括对竞买公司注册资本的要求。

例如,三亚市自然资源和规划局于2019年7月发布《三亚市国有建设用地使用权挂牌出让公告》(三自然资告字〔2019〕7号)规定,参与竞拍的企业注册资本金不少于人民币100亿元。

知识链接:三亚市土地挂牌出让公告(三自然资告字〔2019〕7号)摘录

第二条 竞买事项

(一)竞买人资格:凡在中华人民共和国境内外的法人和其他组织(法律另有规定的除外)均可申请参加竞买,申请人单独申请,不接受联合申请。失信被执行人不得参加本次竞买。根据片区产业规划发展的要求,该宗地拟用于建设三亚总部经济及中央商务区项目,竞买人或其关联企业须与三亚市人民政府签订《战略合作协议》,并在海南省设有区域总部企业,该企业注册资本金不少于人民币100亿元。因该宗地毗邻东岸湿地公园，拟规划建设旅馆项目，竞买人或其关联企业须具备大型城市湿地公园和国家5A级景区的建设和运营管理经验，且获得过"中国饭店金马奖"。

2. 项目资本金有要求。

房地产企业开工前，项目资本金需要到位。《国务院关于固定资产投资项目试行资本金制度的通知》（国发〔1996〕35号）第十条规定："……凡资本金不落实的投资项目，一律不得开工建设。"目前，保障性住房和普通商品住房项目的最低资本金比例为20%，其他房地产开发项目的最低资本金比例为25%。

投资项目资本金是指在投资项目总投资中由投资者认缴的出资额，它是非债务性资金，项目法人不承担任何利息和债务，新设立的项目公司资本金主要来自实缴的注册资本。

3. 企业经营有要求。

《关于进一步加强房地产市场监管完善商品住房预售制度有关问题的通知》（建房〔2010〕53号）规定，房地产企业取得预售许可证前，不得预售商品房，不得向买受人收取任何预订款性质费用，不得以认购、预订、排号、发放VIP卡等方式向买受人收取或变相收取定金、预定款等性质的费用。因此，房地产企业在取得预售许可证前属于净投入，如果企业没有一定规模的自有资金，仅借款利息一项就有可能把企业拖入深渊。

在2019年前，房地产企业还可以通过设计股权结构、以前端融资的方式实现拿地配资，但是随着《关于开展"巩固治乱象成果促进合规建设"工作的通知》（银保监发〔2019〕23号）的发布，前端融资模式几乎被消灭殆尽，因此项目公司自有资金规模某种程度上就成为企业实力的象征。

另外，从销售端来说，房地产企业的产品主要是用于销售，而买受人买房时，除了关注房屋本身之外，还会关注开发商的品牌、声誉和实力，尤其当前房地产企业不断出现债务违约、项目烂尾，买受人更关注房屋能否如期交付；而在大多数人的认知中，注册资本雄厚就是实力的象征。

综上，房地产企业不论在设立时还是拿地时都必须具备一定比例的自有资金，因此公司注册时，可以根据承受能力，适度加大注册资本登记金额。

三、注册资本登记过大的风险

部分投资人认为,项目公司注册资本登记金额大,会让消费者和买受人误以为公司有一定的经济实力,便于销售房产。实际上,加大并不一定意味着过大。根据《公司法》第四十七条第一款的规定:"有限责任公司的注册资本为全体股东认缴的出资额,股东应根据公司章程的规定自公司成立之日起五年内缴足。"[1]如果投资人过于追求注册资本的增加,可能会面临资金紧张和过大的经营压力,可能会带来以下风险。

1.投资人风险增加。

(1)未能足额实缴资金将导致经济损失。在有限责任公司中,股东对公司的责任通常限于其认缴的出资额。股东应按公司章程规定的时间和金额足额缴纳出资。如果投资人追求高额注册资本但未按期足额缴纳出资,将不仅需要向公司补足缺失的出资金额,还可能根据《公司法》第四十九条第三款的规定,承担因此给公司造成的经济损失的赔偿责任。

此外,注册资本一经市场监督管理部门登记,即已形成公司资本,对外具有公示效力,股东可以按出资比例向公司主张所有者权益。对于实缴到位的部分,抽逃注册资本将侵犯公司债权人的信赖利益。因此,股东出资后不能要求抽回、返还,也不得转变为公司的债务计算利息变相抽逃。《公司法》第二百五十三条规定:"公司的发起人、股东在公司成立后,抽逃其出资的,由公司登记机关责令改正,处以所抽逃出资金额百分之五以上百分之十五以下的罚款;对直接负责的主管人员和其他直接责任人员处以三万元以上三十万元以下的罚款。"

(2)提交虚假出资信息将导致法律责任。涉及虚假出资的行为,根据《公司法》规定,公司的发起人和股东提交虚假出资信息、未实际交付或未按期交付出资所承担的法律责任包括公司登记机关责令改正和处以一定金额的罚款。情节严重者,罚款金额会更高。此外,对于股东抽逃出资给公司造成损失的情况,公司

---

[1]《公司法》第二百六十六条第二款补充规定:"本法施行前已登记设立的公司,出资期限超过本法规定的期限的,除法律、行政法规或者国务院另有规定外,应当逐步调整至本法规定的期限以内;对于出资期限、出资额明显异常的,公司登记机关可以依法要求其及时调整。具体实施办法由国务院规定。"

的董事、监事、高级管理人员也应与该股东一同承担连带赔偿责任。

更为严重的是，根据《刑法》第一百五十九条的规定，涉及虚假出资或在公司成立后抽逃出资的投资人，还可能涉及刑事责任。

（3）容易卷入法律纠纷，影响个人及家庭财产。当前房地产市场面临销售困难，回笼资金时间较长。如果企业的注册资本过高，一旦面临资金链断裂，公司可能无法清偿债务。在这种情况下，公司或到期债权人有权要求已认缴出资但尚未到期的股东提前缴纳出资。如果股东滥用公司法人独立地位和股东有限责任逃避债务，严重损害公司债权人利益的，还应当对公司债务承担连带责任。

有些投资人可能考虑通过股权转让来规避责任，然而，根据《公司法》第八十八条的规定，未到期的认缴出资期限内的股权转让将导致受让人承担出资责任，而转让人则承担出资补足责任。未按照章程规定日期缴纳出资的，转让人对受让人出资不足部分承担连带责任。届时投资人可能需要从自己腰包往外支付补足，将导致家庭财产受损。

2.影响股东权益。

未按期足额缴纳出资不仅存在风险，还可能导致股东失去相应的权利。根据《公司法》第五十二条规定，如果股东未按照公司章程规定的出资日期缴纳出资，公司有权催缴出资。如果股东仍未履行出资义务，公司可以合法发出失权通知，此时股东将失去未缴纳出资的股权。

根据《最高人民法院关于适用〈中华人民共和国公司法〉若干问题的规定（三）》，公司可以根据章程或股东会决议合理限制其享有的权利，例如限制其分配利润、新股优先认购权、剩余财产分配权等。如果股东未履行出资义务或抽逃全部出资，公司也可以根据股东会决议解除该股东的股东资格。

如果项目涉及合作开发的，依据《关于审理涉及国有土地使用权合同纠纷案件适用法律问题的解释》（法释〔2005〕5号，2020年修正，下同）第十九条规定："合作开发房地产合同约定仅以投资数额确定利润分配比例，当事人未足额交纳出资的，按照当事人的实际投资比例分配利润。"

3.企业利息不能足额扣除。

《关于企业投资者投资未到位而发生的利息支出企业所得税前扣除问题的批复》（国税函〔2009〕312号）规定，凡企业投资者在规定期限内未缴足其应缴资本额的，该企业对外借款所发生的利息，相当于投资者实缴资本额与在规定期限内应缴资本额的差额应计付的利息，其不属于企业合理的支出，应由企业投资者负担，不得在计算企业应纳税所得额时扣除。

需要提示的是，注册资本金实施认缴制后，在章程约定的认缴时间到期前，企业发生的借款利息不受国税函〔2009〕312号文件限制；但是认缴时间到期后，企业仍未按照章程约定缴纳的，则受国税函〔2009〕312号文件限制，应缴未缴的注册资本对应的利息不属于企业合理的支出。

举例说明，某房地产企业于2022年1月1日设立，公司章程约定：认缴出资2亿元，于2024年1月1日一次性缴清，但公司设立后，始终未实际缴纳注册资本。

项目开发期间，企业共发生了两次融资借款且利率均未超过银行同期同类贷款利率：第一次，2023年1月1日，从某金融机构借入开发贷款3亿元，2023年12月31日还本付息；第二次，2024年1月2日，企业从某信托公司借入经营性贷款1亿元。

根据国税函〔2009〕312号文件规定，第一次借款利息可以税前扣除，第二次则不可以扣除。

四、注册资本登记的应对之策

公司注册资本并不是一成不变的，房地产企业可以根据公司发展、开发规模需要适时调整。《市场主体登记管理条例实施细则》第三十六条规定，公司增加注册资本，有限责任公司股东认缴新增资本的出资和股份有限公司的股东认购新股的，应当按照设立时缴纳出资和缴纳股款的规定执行。公司减少注册资本，可以通过国家企业信用信息公示系统公告，公告期45日，应当于公告期届满后申请变更登记。

实践中，房地产企业股东增资的情况较多，而减资原常见于自然人股东为了规避利润分配之时个人所得税税负较重的情况，但是由于当前房地产开发前景不够明朗，自然人股东为了降低经营风险，也会主动减资。根据《公司法》第二百二十四条第三款规定，"公司减少注册资本，应当按照股东出资或者持有股份的比例相应减少出资额或者股份，法律另有规定、有限责任公司全体股东另有约定或者股份有限公司章程另有规定的除外。"其中自然人股东减资时，个人所得税处理按照《关于个人终止投资经营收回款项征收个人所得税问题的公告》（国家税务总局公告2011年第41号）文件规定，个人因减资取得股权转让收入、违约金、补偿金、赔偿金及以其他名目收回的款项等，均属于个人所得税应税收入，应按照"财产转让所得"项目适用的规定计算缴纳个人所得税。

  需要提示的是，投资人减资时一定要做到程序合法，否则根据《公司法》第二百二十六条规定："违反本法规定减少注册资本的，股东应当退还其收到的资金，减免股东出资的应当恢复原状；给公司造成损失的，股东及负有责任的董事、监事、高级管理人员应当承担赔偿责任。"实务中因投资人未履行法定减资程序引起司法纠纷的不在少数，司法机关一般根据《公司法》相关原则和《最高人民法院关于适用〈中华人民共和国公司法〉若干问题的规定（三）》第十四条规定认定股东的责任。如在最高人民法院（2010）民提字第79号"安徽某集煤电（集团）有限公司与某县农村信用合作联社、上海某德置地有限公司借款合同纠纷案"中，最高人民院认为：减资行为虽不属于抽逃出资，但因公司资产减少降低了公司承担责任能力，直接影响到公司债权人利益，故法律对公司减少注册资本规定了比增加注册资本更加严格的法律程序。股东违反《公司法》规定的减资程序，应认定为名为减资，实为抽逃出资性质，减资股东应在其出资范围内对公司债务承担连带责任。

  综上，为了规避风险，投资人新设项目公司时，注册资本金额登记应结合法律规定、土地竞拍条件、项目规模、企业规划等谨慎决定，适合的才是最好的。

第二章

房地产融资借款环节

众所周知，房地产业属于典型的资金密集型行业，资金犹如企业的血液。房地产投资和消费信心不足导致房地产销售放缓、回款周期拉长，由于资金紧张导致业内出现了交付逾期、项目烂尾，部分企业徘徊在破产的边缘，房地产筹融资管理成为当前部分企业的工作重点。

丰富的资金来源和多元化的融资渠道固然可以提升企业抵御风险的能力，但是融资借款本身的风险也不容小觑：融资成本高企不但增加了企业的偿付风险，还隐藏着税务风险，如企业支付利息后不能取得发票，或取得的发票中超过金融企业同期同类贷款利率的部分不能税前扣除，笔者通过本章进行分析。

第一节　当前房地产常用的融资方式与风险

房地产企业融资方式按照项目开发进度，可以分为前端融资、中端融资和后端融资。前端融资主要是土地获取环节配资，中端融资主要是借助开发贷款、信托、资管产品及产业链融资，后端融资主要是预售资金回笼和利用开发产品抵押融资。

由于房地产市场风险外溢性强，所以经济环境不同时，国家融资监管力度也有所不同。我国最近一波的房价上涨始于2016年，在此之前房地产库存高企、房地产投资下滑，拖累了实体经济增长。为此，相关部门出台了一系列政策刺激房地产消费；到2016年时全国房地产市场迅速升温、房价不断上涨，部分房地产企业为了抢占市场、扩大规模，开始实施"高负债、高杠杆、高周转"策略。但财务杠杆是一把"双刃剑"，如果过度使用有可能引发流动性问题，房地产市场风险外溢甚至有可能引发金融系统性风险。为此，2016年12月中央经济工作会议提出"房子是用来住的，不是用来炒的"的定位，房地产融资监管强度骤然提升，房地产企业融资方式也开始"花样翻新"。

由于资金和财务紧密相关，财税人员有必要了解各个时期的融资方式和监管措施，为了便于介绍，笔者以2016年为界限，把房地产融资监管划分为前、后两个阶段。

一、2016年前银行贷款监管措施

自2003年以来，我国房地产企业使用过的主流融资方式不完全统计如图2.1所示。

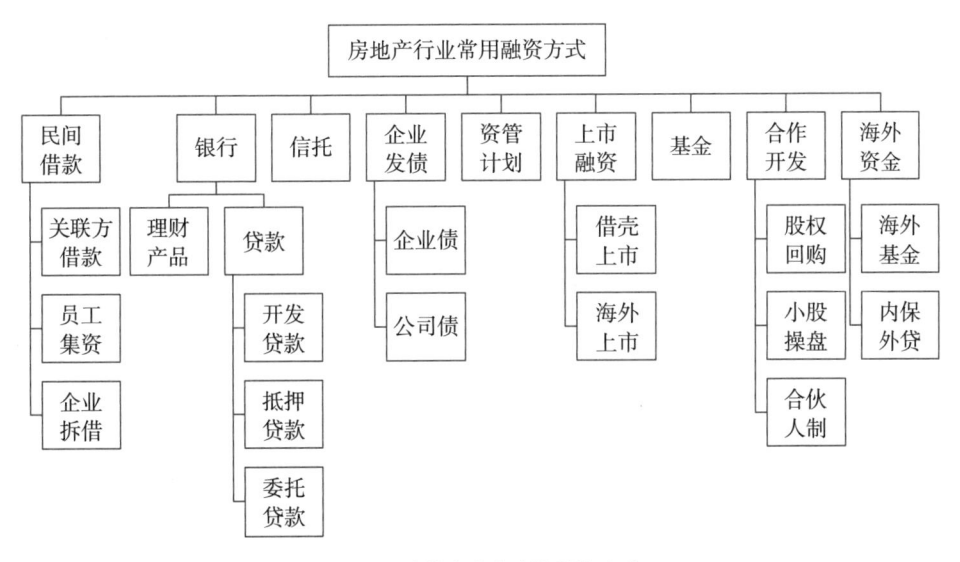

图2.1　房地产企业主流融资方式

在众多的融资方式中，银行房地产业贷款一直处于核心地位，房地产的相关贷款占银行信贷的40%。[①] 根据《商业银行房地产贷款风险管理指引》（银监发〔2004〕57号）第二条第一款规定："本指引所称房地产贷款是指与房产或地产的开发、经营、消费活动有关的贷款。主要包括土地储备贷款、房地产开发贷款、个人住房贷款、商业用房贷款等。"本文的"房地产开发贷款"是指向房地产企业发放的用于开发、建造房地产项目的贷款。截至目前，房地产开发贷款已经形成了成熟的"432"融资监管规则。

---

① 《住房和城乡建设部部长在2023年全国两会"部长通道"答记者问》，载中华人民共和国住房和城乡建设部官网 https://www.mohurd.gov.cn/xinwen/jsyw/202303/20230307_770570.html，最后访问时间为2023年9月13日。

> **知识链接：房地产"432"监管规则**

2003年6月，中国人民银行发布《关于进一步加强房地产信贷业务管理的通知》（银发〔2003〕121号），文件规定：(1)各商业银行对未取得土地使用权证书、建设用地规划许可证、建设工程规划许可证和施工许可证的项目，不得发放任何形式的贷款；(2)房地产开发企业申请银行贷款，其自有资金（指所有者权益）应不低于开发项目总投资的30%。以上两条规定成为"432"监管规则的雏形。

2005年8月，中国银行业监督管理委员会办公厅发布《关于加强信托投资公司部分业务风险提示的通知》（银监办发〔2005〕212号）规定，新开办房地产业务应符合国家宏观调控政策，并进行严格的尽职调查，对未取得国有土地使用证、建设用地规划许可证、建设工程规划许可证、建筑工程施工许可证（"4"即"四证"）的项目不得发放贷款；申请贷款的房地产开发企业资质不低于国家建设行政主管部门核发的二级房地产开发资质（"2"即二级开发资质），开发项目资本金比例不低于35%（"3"即资金不低于35%）。

由此，房地产"432"融资监管规则正式形成，并成为国家调控房地产信贷制度的基石，至今发挥着重要的作用。

二、自2016年以来的融资监管措施

实务中，部分不符合"432"融资监管规则的房地产企业为了拿到资金，经常进行变通处理：或虚构资质，或"绕道"非房地产企业，或借助银行以外的金融企业。为了预防房地产业引发系统性金融风险，自2016年以来金融监管部门围绕"房住不炒"的定位，发布了系列融资监管政策，对房地产融资借款展开了全方位的监管覆盖，不仅从源头上切断违规资金，还同时从"需求端"和"供给端"发力。政策按照时间顺序列示如下。

（一）切断违规资金流向

1.资金穿透管理。

2017年2月1日，中国证券投资基金业协会发布《证券期货经营机构私募资产管理计划备案管理规范第4号——私募资产管理计划投资房地产开发企业、项目》规定，证券期货经营机构设立私募资产管理计划，应履行向下穿透审查义务，

投资于房地产价格上涨过快热点城市普通住宅地产项目[①]的,暂不予备案。

《〈证券期货经营机构私募资产管理计划备案管理规范第4号〉起草说明》明确:"为避免监管套利,《通知》明确私募基金管理人开展私募投资基金业务投资房地产开发企业、项目的,参照《备案管理规范第4号》执行。"

2.整治违规资金。

2019年5月17日,原银保监会[②]发布了《关于开展"巩固治乱象成果促进合规建设"工作的通知》(银保监发〔2019〕23号)文件,以列举的方式将银行、信托为房地产违规提供前端融资的方式一网打尽,要求严格落实政策和风险防范,严查违法违规行为。

2020年11月,银保监会进一步发布《关于开展新一轮房地产信托业务专项排查的通知》,进一步要求按照"实质重于形式"原则强化房地产信托穿透监管,严禁通过各类形式变相突破监管、为资金违规流入房地产市场提供通道,健全房地产信托监管长效机制。

与此同时,银保监会发布《关于保险资金财务性股权投资有关事项的通知》(银保监发〔2020〕54号),其中第四条第(九)项明确要求,保险资金开展财务性股权投资,所投资的标的企业不得直接从事房地产开发建设,包括开发或者销售商业住宅。

3.规范大额现金。

中国人民银行于2020年5月印发《关于开展大额现金管理试点的通知》(银发〔2020〕105号)文件,在河北省、浙江省、深圳市3地展开大额现金管理试点,监测存取端超过规定起点金额[③]的交易。

在此之前,部分房地产企业存在销售行为不规范的问题,具体表现为:(1)房地产企业在取得预售许可证前,通过"茶水费、指标费、代购费"等名义收取大额现金;(2)房地产企业销售价格超过限价标准时,通过价格拆分的方式变通处理;(3)房地产企业预售时为了延迟纳税,通过第三方收取预收款,交房前再以"蚂蚁搬家"的方式存入房地产企业账户。"大额现金管理制度"开始试点后,试点地

[①] "普通住宅地产项目"是指地产开发企业通过出售、出租或售租结合等方式,将房屋提供给使用者用于居住(保障性住宅除外)。

[②] 现为国家金融监督管理总局。

[③] 对公账户金额起点统一设置为50万元。

区税警银三方合作，银行向税务和警方推送包括房地产业在内的重点行业相关资金数据，因此，上述行为受到了限制。

（二）需求端设立"三道红线"

2020年8月20日，为进一步落实房地产长效调控机制，实施房地产金融审慎管理制度，中国人民银行、住房城乡建设部会同相关部门召集了12家重点房地产企业[①]进行座谈，形成了重点房地产企业资金监测和融资管理规则，即设置三个财务指标作为红线，形成"三道红线"和"红、橙、黄、绿"四档，未触线企业归为绿档，有息负债规模年增速最高可放宽至15%，每触一条线，有息负债增速阈值下调5%。财务指标具体为：

剔除预收款后的资产负债率 =（负债÷总资产）× 100% ≤ 70%；

净负债率 =（有息负债 − 现金）÷（股东权益 − 永续债）× 100% ≤ 100%；

现金短债比率 = 货币资产÷年末短期负债 × 100% ≥ 100%

试点房地产企业每月提交如下表格：《试点房地产企业主要经营、财务指标统计监测表》《试点房地产企业融资情况统计监测表》《试点房地产企业表外相关负债监测表》。

（1）《试点房地产企业主要经营、财务指标统计监测表》共统计8项财务指标，分别为剔除预收款后的资产负债率、未剔除预收款的资产负债率、净负债率、现金短债比、权益口径购地金额、权益口径销售金额、近三年经营活动产生的现金流量净额是否连续为负值、有息负债。

（2）《试点房地产企业融资情况统计监测表》统计的融资方式包括银行贷款、信托贷款、境内境外公司债、资产证券化、定向融资债券等，通过对这些指标的监测，可以全面获悉企业资金来源与融资状况。

（3）《试点房地产企业表外相关负债监测表》要求企业填写参股未并表住宅地产项目融资情况、"明股实债"融资等表外负债信息。

随着2021年6月监管部门把试点企业商票数据纳入监测范围，标志着对试点房地产企业全口径融资债务主动监管将成为常态。但"三道红线"仍然存在局限

[①]《涉房资金全线收紧　房企压力难降》，载经济参考报网http://www.jjckb.cn/2021-03/24/c_139831241.htm，最后访问时间2023年9月6日。

性，它仅从资金需求端对房地产企业进行了限制，供给端遏制信贷资金流向房地产领域的监管还需要借助"贷款集中度管理"填补漏洞。

（三）供给端"贷款集中度管理"

2020年12月28日，国家发布《关于建立银行业金融机构房地产贷款集中度管理制度的通知》（银发〔2020〕322号），强制要求在中国境内设立的中资法人银行业金融机构，根据资产规模、机构类型等因素，分档设定房地产贷款余额占比和个人住房贷款余额占比两个上限，这也是我国首次对房地产贷款实施集中度管理。

为了强化监管、巩固治理效果，2021年3月26日国家又印发配套政策，即《关于防止经营用途贷款违规流入房地产领域的通知》（银保监办发〔2021〕39号），从借款人资质核查、信贷需求审核、贷款期限管理、贷款抵押物管理、贷中贷后管理、银行内部管理等方面，督促银行业金融机构进一步强化审慎合规经营，严防经营用途贷款违规流入房地产领域。2021年7月27日，银保监会2021年年中工作座谈会暨纪检监察工作（电视电话）座谈会召开，会议明确指出严格执行"三线四档"和房地产贷款集中度要求，防止银行保险资金绕道违规流入房地产市场。

综上所述，"432"监管原则、"三道红线""银行贷款集中度"共同构成了融资监管体系，和土地管理规则中的"住宅用地出让两集中"制度，共同形成了房地产监管长效调控机制，从根本上管控房地产企业的无序扩张，预防系统性风险的产生。

但是，自2021年开始，受全球经济形势影响，我国房地产业也受到一定的冲击。由于房地产投资、消费信心不足、销售回款放缓，部分房地产企业出现了贷款逾期、债务违约的情况，风险一度向整个行业蔓延。

2022年下半年，部分房地产企业出现了项目逾期交付甚至部分项目烂尾的迹象，为了确保房地产市场平稳发展，房地产调控的主题调整为"保交楼、保民生、保稳定"；为了改善房地产融资环境缓解企业债务压力，提振房地产消费信心，2022年11月，国家先后发布了业界称为"金融十六条"的《关于做好当前金融支持房地产市场平稳健康发展工作的通知》（银发〔2022〕254号）[①]文件，随后房地

[①] 2023年7月10日，中国人民银行、国家金融监督管理总局发布《关于延长金融支持房地产市场平稳健康发展有关政策期限的通知》，对该政策中有适用期限的，将适用期限统一延长至2024年12月31日。

产信贷、债券、股权融资"三箭齐发"。

2023年，为适应我国房地产市场供求关系发生重大变化的新形势，国家陆续发布了系列支持性政策：国务院审议通过《关于在超大特大城市积极稳步推进城中村改造的指导意见》，继续大力改善民生、扩大内需；住房城乡建设部、中国人民银行、金融监管总局《关于优化个人住房贷款中住房套数认定标准的通知》（建房〔2023〕52号），把"认房不认贷"纳入"一城一策"工具箱，支持居民刚性和改善性住房需求；中国人民银行、国家金融监督管理总局出台《关于调整优化差别化住房信贷政策的通知》，意在降低首付比例、下调房地产贷款利率；税收方面，国家发布财政部 税务总局 住房城乡建设部公告2023年第28号文件，延续实施支持居民换购住房有关个人所得税政策。与此同时，部分地方政府与时俱进，陆续解除"限购、限售"、松绑"限价"，推出"房票安置"政策，深圳、北京、上海甚至优化了普通标准住宅标准、取消了总价限制。

2024年，国家将继续支持房地产市场平稳健康发展，如新年伊始，中国人民银行、国家金融监督管理总局就发布《关于金融支持住房租赁市场发展的意见》（银发〔2024〕2号），要求建立健全住房租赁金融支持体系、加大住房租赁开发建设信贷支持力度、支持住房租赁供给侧结构性改革。

三、融资借款相关税收政策

房地产企业除利用自有资金外，只要发生融资借款业务，不论具体采用何种融资方式，三大主税的税务处理原则上都要遵循如下税收规定。

1.增值税。

《销售服务、无形资产、不动产注释》（财税〔2016〕36号附件1之"附"）第一条第（五）项"金融服务"规定：贷款，是指将资金贷与他人使用而取得利息收入的业务活动。各种占用、拆借资金取得的收入，包括金融商品持有期间（含到期）利息（保本收益、报酬、资金占用费、补偿金等）收入、信用卡透支利息收入、买入返售金融商品利息收入、融资融券收取的利息收入，以及融资性售后返租、押汇、罚息、票据贴现、转贷等业务取得的利息及利息性质的收入，按照贷款服务缴纳增值税。

《营业税改征增值税试点实施办法》（财税〔2016〕36号附件1）第二十七条明确，贷款服务的进项税额不得从销项税额中抵扣。《营业税改征增值税试点有关事项的规定》(财税〔2016〕36号附件2)第一条第(四)项补充规定："纳税人接受贷款服务向贷款方支付的与该笔贷款直接相关的投融资顾问费、手续费、咨询费等费用，其进项税额不得从销项税额中抵扣。"

需要指出的是，目前即使通过银行融资，也需要取得合法凭证。2018年8月30日，在"国家税务总局2018年第三季度税收政策解读新闻发布会"中，国家税务总局所得税司负责人提到："对方为已办理税务登记的增值税纳税人，企业支出以对方开具的发票作为税前扣除凭证；也就是，凡对方能够开具增值税发票的，必须以发票作为扣除凭证。以往一些企业（如银行）用利息单代替发票给予企业，而没有按照规定开具发票，本公告[①]发布后，必须统一按照规定开具发票。否则，相关企业发生的利息，将无法税前扣除。"目前实务中仍有一些金融机构试图以利息清单蒙混过关，企业应提高警惕避免取得不合规票据而造成损失。

2.土地增值税。

根据《土地增值税暂行条例实施细则》第七条规定，财务费用中的利息支出，凡能够按转让房地产项目计算分摊并提供金融机构证明的，允许据实扣除，但最高不能超过按商业银行同类同期贷款利率计算的金额。其他房地产开发费用，在按照"取得土地使用权所支付的金额"与"房地产开发成本"金额之和的5%以内计算扣除。凡不能按转让房地产项目计算分摊利息支出或不能提供金融机构证明的，房地产开发费用在按"取得土地使用权所支付的金额"与"房地产开发成本"金额之和的10%以内计算扣除。全部使用自有资金，没有利息支出的，按照以上方法扣除。

需要注意的是，纳税人向金融机构支付的非利息支出以及因逾期还款，金融机构收取的超过贷款期限的利息、罚息等款项，不得作为利息支出扣除。

3.企业所得税。

《关于企业所得税若干问题的公告》(国家税务总局公告2011年第34号)"一、关于金融企业同期同类贷款利率确定问题"规定：

根据《企业所得税实施条例》第三十八条的规定，非金融企业向非金融企业借款的利息支出，不超过按照金融企业同期同类贷款利率计算的数额的部分，准予税前扣除。鉴于目前我国对金融企业利率要求的具体情况，企业在按照合同要

[①] 指《企业所得税税前扣除凭证管理办法》(国家税务总局公告2018年第28号)文件。

求首次支付利息并进行税前扣除时,应提供"金融企业的同期同类贷款利率情况说明",以证明其利息支出的合理性。

"金融企业的同期同类贷款利率情况说明"中,应包括在签订该借款合同当时,本省任何一家金融企业提供同期同类贷款利率情况。该金融企业应为经政府有关部门批准成立的可以从事贷款业务的企业,包括银行、财务公司、信托公司等金融机构。"同期同类贷款利率"是指在贷款期限、贷款金额、贷款担保以及企业信誉等条件基本相同下,金融企业提供贷款的利率,既可以是金融企业公布的同期同类平均利率,也可以是金融企业对某些企业提供的实际贷款利率。

对于"金融企业的同期同类贷款利率情况说明",四川省税务局2019年8月22日在《关于答复省十二届政协二次会议第0475号提案的函》中指出:并不必然是金融机构或其他第三方提供的具有法律效力的证明材料,也可以是企业通过公开渠道获取的信息或私下收集的材料,包括网页截图、金融机构对其他企业的贷款合同复印件等非正式材料。

第二节　房地产常见融资方式与税务处理

当房地产投资、消费信心不足时,房地产销售资金回笼速度放缓,届时房地产企业滚动开发的资金只能来源于自有资金和融资借款。房地产企业背景不同、规模不同、能力不同,融资方式不同;本节主要分析普通房地产企业当前常用的融资方式及相对应的税务处理。

一、房地产民间借贷

民间借贷作为国家正规金融的必要补充,是房地产企业常用的融资方式之一。《关于审理民间借贷案件适用法律若干问题的规定》(法释〔2020〕6号)第一条第一款明确:"本规定所称的民间借贷,是指自然人、法人和非法人组织之间进行资金融通的行为。"

在民间借贷中,按照贷款人的身份可以分为自然人和法人[①],按照贷款人和借

---

① "非法人组织"不在本节探讨之列。

款人的关系可以分为非关联方和关联方。

（一）非关联方借款

实践中，中小型房地产企业在资金紧张时、为了维系项目正常运转，会考虑向非关联方筹集资金。需要提醒投资人注意的是，企业在融资借款时首先应注意规避法律风险，按照《关于审理非法集资刑事案件具体应用法律若干问题的解释》（法释〔2022〕5号）规定，如果企业向社会公众（包括单位和个人）吸收资金的行为，同时具备"非法性、公开性、利诱性、社会性"四个条件的，属于非法集资。但是，"未向社会公开宣传，在亲友或者单位内部针对特定对象吸收资金的，不属于非法吸收或者变相吸收公众存款"。

民间借贷的利率约定属于当事人意思自治的范畴，借贷双方是否约定利息、约定多少利息，均应本着自愿原则并通过借款合同来完成：如果借款合同对支付利息没有约定的，按照《民法典》第六百八十条第二款规定，视为没有利息；如果借款合同约定利息，且不超出司法保护的上限——"合同成立时一年期贷款市场报价利率（LPR）四倍"，不违背公序良俗的，应受到法律保护。

1.向职工等自然人借款。

实务中房地产企业在资金紧张时，为了维系企业运转，会考虑向员工或员工亲属等自然人筹集资金，这个时候企业一般会主动支付利息。

（1）增值税。如果自然人办理了税务登记或临时税务登记，则属于增值税小规模纳税人，提供"贷款服务"将资金贷与他人使用而取得利息收入，当月销售额不超过10万元时免征增值税，超过限额时应就全额计算缴纳增值税，同时缴纳附加税。

房地产企业需要发票的，个人可持借款合同、身份证等相关资料到主管税务机关申请代开增值税普通发票，实务中，税务机关一般有以下处理方法，多数按照"金融服务*贷款服务*资金占用费"开具，少数税务机关按照"金融服务*贷款服务*利息"。

但也有部分税务机关认为自然人未取得"金融牌照"不能从事资金融通服务，因此拒绝为贷款的个人代开发票，其依据是中国人民银行制定的《贷款通则》第二十一条的规定："贷款人必须经中国人民银行批准经营贷款业务，持有中国人民银行颁发的《金融机构法人许可证》或《金融机构营业许可证》，并经工商行政管理部门核准登记。"例如,《大连市地方税务局关于印发2008年涉税业务解答之一的通知》(大地税函〔2008〕36号)[①]第一条第(二)项"企业向个人借款发生的利息处理问题"规定:"企业向个人借款支付的利息,一律不得税前扣除。各基层局不得为贷款个人代开发票。"

需要说明的是,《贷款通则》第二条第一款规定:"本通则所称贷款人,系指在中国境内依法设立的经营贷款业务的中资金融机构。"换句话说,个人提供贷款本不适用该通则,因此不应受其限制。

(2)个人所得税。

房地产企业支付利息的,个人应按"利息、股息、红利所得"缴纳个人所得税,以每次收入额为应纳税所得额,适用税率为20%。需要说明的是,房地产企业在支付利息时负有代扣代缴的义务;即使在税务机关代开发票时已经按照核定税率预扣了个人所得税,只要预扣税率低于20%,则企业只能将其作为预缴税款扣减,不得据此免除代扣代缴义务。

另外,对于支付的利息,法律上认可并不等于税务认可,按照《关于企业向自然人借款的利息支出企业所得税税前扣除问题的通知》(国税函〔2009〕777号)第二条规定:企业向内部职工或其他人员借款的利息支出,其借款情况同时符合以下条件的,(1)企业与个人之间的借贷是真实、合法、有效的,并且不具有非法集资目的或其他违反法律、法规的行为;(2)企业与个人之间签订了借款合同。房地产企业取得利息发票后,不超过按照金融企业同期同类贷款利率计算的数额的部分,准予扣除。

印花税属于正列举税种,《印花税法》"印花税税目税率表"显示,印花税仅对银行业金融机构、经国务院银行业监督管理机构批准设立的其他金融机构与借款人(不包括同业拆借)的借款合同(指书面合同)征收印花税,因此民间借款合同不涉及印花税。

2.非关联企业借款。

如果贷款人为企业的,收取利息后,可以自行开具增值税发票、计算缴纳增

[①] 该条款已经被《大连市地方税务局关于发布失效废止的税收规范性文件目录的公告》(大连市地方税务局公告2018年第6号)文件废止。

值税和企业所得税。

同样，房地产企业凭借利息发票，不超过按照金融企业同期同类贷款利率计算的数额的部分，准予税前扣除。

（二）关联方借款

实践中，房地产企业资金短缺时，一般会优先考虑向股东或关联企业借款，由于借贷双方符合《关于完善关联申报和同期资料管理有关事项的公告》（国家税务总局公告2016年第42号）第二条规定的关系之一、构成关联关系，因此又称为关联方借款。关联方借款按照贷款人是否收取利息又分为无偿借款和有偿借款。

1.无偿借款。

《营业税改征增值税试点实施办法》（财税〔2016〕36号附件1）第十四条第（一）项规定，单位或者个体工商户向其他单位或者个人无偿提供服务应视同销售服务，但用于公益事业或者以社会公众为对象的除外。因此，除了《关于延续实施医疗服务免征增值税等政策的公告》（财政部 税务总局公告2023年第68号）第二条规定的企业集团成员单位间无偿借款的情形之外，关联企业向房地产开发企业无偿提供借款应视同销售"贷款服务"缴纳增值税；但自然人股东不在36号文件附件1第十四条规定之列，无需视同销售，并且自然人股东未取得应税收入，也不缴纳个人所得税。

关联企业提供无偿借款时企业所得税的处理，应按照《税收征收管理法》第三十六条之规定，按照独立企业之间的业务往来收取或者支付价款、费用；否则减少其应纳税的收入或者所得额的，税务机关有权进行合理调整。但《特别纳税调查调整及相互协商程序管理办法》（国家税务总局公告2017年第6号）第三十八条补充规定，实际税负相同的境内关联方之间的交易，只要该交易没有直接或者间接导致国家总体税收收入的减少，原则上不作特别纳税调整。

2.有偿借款。

如果借贷双方约定了借款利息，则税务处理时参照前文的"非关联方借款"的税务处理，除此之外，房地产企业关联方借款还应关注"交易是否符合独立交易原则"和"项目公司注册资本是否实缴到位"两个细节。

（1）独立交易原则。根据《关于企业关联方利息支出税前扣除标准有关税收政策问题的通知》(财税〔2008〕121号)规定，房地产企业向关联单位支付利息时，如果能够证明交易符合独立交易原则或实际税负不高于境内关联方的，则其实际支付给境内关联方的利息支出，在计算应纳税所得额时准予扣除；否则按照不超过债资比2∶1的比例扣除，超过的部分也不得在发生当期和以后年度扣除。

（2）注册资本。《关于企业投资者投资未到位而发生的利息支出企业所得税前扣除问题的批复》(国税函〔2009〕312号)规定，投资者投资未到位而发生的利息支出不得在所得税前扣除，具体处理可参见本书第一章"第四节　公司注册资本金额的确定"中的相关介绍。

二、企业集团与统借统还

前文提到，关联方之间无偿借款时贷款人原则上应视同销售缴纳增值税，为了减轻贷款人的税收风险和税收负担，企业可以尝试借助企业集团的税收优惠政策，解决税收风险问题。

根据《企业名称登记管理规定实施办法》(国家市场监督管理总局令第82号)第五十二条规定："本办法所称的企业集团，由其母公司、子公司、参股公司以及其他成员单位组成。母公司是依法登记注册，取得企业法人资格的控股企业；子公司是母公司拥有全部股权或者控股权的企业法人；参股公司是母公司拥有部分股权但是没有控股权的企业法人。"《企业集团财务公司管理办法》(中国银行保险监督管理委员会令2022年第6号)补充规定：企业集团是指在中华人民共和国境内依法登记，以资本为联结纽带、以母子公司为主体、以集团章程为共同行为规范，由母公司、子公司、参股公司及其他成员企业或机构共同组成的企业法人联合体。

当投资者登记设立企业集团之后，房地产企业从中可以获得两大财务或税务优势：一是可以利用统借统还模式高效地处理融资问题。在企业集团框架下，母公司或者核心企业统一管理资金流和借贷活动，可以有效减少融资成本，提高资金使用效率；二是企业集团架构可以合理利用税收优惠政策，有利于在税务合规的前提下规避关联企业间无偿借款带来的税务风险，消除了出借方视同销售的后顾之忧。

（一）统借统还业务的税务处理

统借统还业务，是指：

（1）企业集团或者企业集团中的核心企业向金融机构借款或对外发行债券取得资金后，将所借资金分拨给下属单位（包括独立核算单位和非独立核算单位，下同），并向下属单位收取用于归还金融机构或债券购买方本息的业务。

（2）企业集团向金融机构借款或对外发行债券取得资金后，由集团所属财务公司与企业集团或者集团内下属单位签订统借统还贷款合同并分拨资金，并向企业集团或者集团内下属单位收取本息，再转付企业集团，由企业集团统一归还金融机构或债券购买方的业务。

1.增值税。

《关于全面推开营业税改征增值税试点的通知》（财税〔2016〕36号）规定，企业集团或企业集团中的核心企业以及集团所属财务公司按不高于支付给金融机构的借款利率水平或者支付的债券票面利率水平，向企业集团或者集团内下属单位收取的利息免征增值税。

企业集团成员单位就各自使用的资金，向统借方支付利息，统借方汇总后再支付给金融机构。金融机构向统借方开具利息发票，统借方再开具免税发票给使用资金的成员单位。根据国家税务总局发布的《减免税政策代码目录》显示，"统借统还业务取得的利息收入免征增值税优惠"减免性质代码为1083917，企业申报享受该项优惠时无需报送附列资料。

但需要注意的是，（1）统借方收取利息时，利率应和外部借入利率一致；（2）为了规避税务风险，尽量要求借款与利息分摊一一对应；（3）当前税务机关认可的口径是一级分拨，即从集团核心企业到第一级分拨单位，如果从核心企业——第一级分拨单位——第二级分拨单位，则第二级分拨单位分摊的利息不适用统借统还增值税政策。

2.土地增值税。

目前，国家层面对统借统还业务中土地增值税处理没有明确规定，只是部分地方税务机关发布过一些口径，并且意见存在分歧，汇总如下：

（1）支持据实扣除。

例如，《青岛市地方税务局关于印发〈房地产开发项目土地增值税清算有关业务问题问答〉的通知》（青地税函〔2009〕47号）第八条指出："企业集团或其成员企业统一向金融机构借款分摊给集团内部其他成员企业使用，并且收取的利息不高于支付给金融机构的借款利率水平的,可以凭借入方出具的金融机构借款的证明和集团内部分配使用决定,在使用借款的企业间合理分摊利息费用,据实扣除。"

在《青岛市地方税务局关于贯彻落实〈山东省地方税务局土地增值税"三控一促"管理办法〉若干问题的公告》(青岛市地方税务局公告2018年第4号)[①]第六条补充规定,房地产开发企业向金融机构贷款使用的借据(借款合同)、利息结算单据等,视同金融机构证明。

天津也支持据实扣除,详见《天津市地方税务局关于土地增值税清算有关问题的公告》(天津市地方税务局公告2015年第9号)[②]第七条规定。

需要说明的是,青岛市地方税务局公告2018年第4号、天津市地方税务局公告2015年第9号文件已经失效,企业在参考时需要注意法律效力。

(2)不支持据实扣除。

根据《大连市地方税务局关于土地增值税征收管理若干问题的公告》(大连市地方税务局公告2014年第1号)第八条规定,对于统借统还贷款或关联企业贷款后转给房地产开发企业使用而产生的利息支出,在计算土地增值税时,不得据实扣除,应按《关于土地增值税清算有关问题的通知》(国税函〔2010〕220号)第三条第(二)项的规定,按"取得土地使用权所支付的金额"与"房地产开发成本"金额之和的10%以内计算扣除。

但笔者认为,能否据实扣除应看资金的性质,《关于中国农业生产资料集团公司所属企业借款利息税前扣除问题的通知》(国税函〔2002〕837号)[③]曾经指出:"集团公司统一向金融机构借款,所属企业申请使用,只是资金管理方式的变化,不影响所属企业使用的银行信贷资金的性质,不属于关联企业之间的借款。"因此,笔者支持据实扣除,为稳妥起见,建议企业征询主管税务机关的意见。

3.企业所得税。

《房地产开发经营业务企业所得税处理办法》(国税发〔2009〕31号)第二十一

[①] 本文件已经于2022年9月20日到期。

[②] 依据《天津市地方税务局关于土地增值税清算有关问题的公告》(天津市地方税务局公告2016年第25号)规定,本法规自2017年1月1日起全文废止。

[③] 该文件已失效废止,具体参见《国家税务总局关于公布全文失效废止和部分条款废止的税收规范性文件目录的公告》(国家税务总局公告2016年第34号)。

条第（二）项规定："企业集团或其成员企业统一向金融机构借款分摊集团内部其他成员企业使用的，借入方凡能出具从金融机构取得借款的证明文件，可以在使用借款的企业间合理的分摊利息费用，使用借款的企业分摊的合理利息准予在税前扣除。"

2022年，我国房地产业经历了前所未有的挑战，为了有效防范化解重大经济金融风险，确保房地产市场平稳发展，2022年8月住建部、财政部及央行明确表示要通过政策性银行专项借款方式支持已售逾期难交付的住宅项目，随后2000亿元专项借款资金启动，"保交楼"资金进入实质性落地阶段。因此，收到专项借款的企业，如果属于企业集团，可以适用上述优惠政策。

（二）无偿拆借资金的税收优惠

在当前房地产销售困难、资金回笼缓慢的背景下，资金对于中小型房地产企业的重要性不言而喻。由于中小型房地产企业无法从金融机构借款或对外发行债券，关联方借款就成为资金的主要来源之一。

俗话说，"一个好汉三个帮、一个篱笆三个桩"。投资人在开发房地产项目时，一般会设立数个上下游公司，常见的有商贸公司、建筑公司、装修装饰公司、物业公司等，这些企业大多拥有流动性资金，但如果无偿借款给房地产企业使用，则出借方应视同提供贷款服务征收增值税和企业所得税，其中风险最大的还是增值税。

而《关于延续实施医疗服务免征增值税等政策的公告》（财政部 税务总局公告2023年第68号）第二条规定："对企业集团内单位（含企业集团）之间的资金无偿借贷行为，免征增值税"，并且该政策执行期限已经延长至2027年12月31日。

众所周知，房地产业能够适用的税收优惠政策较少，而上述政策尤为难得，如果投资人能够有意识的加以利用，则成员单位间无偿拆借资金的增值税风险就会迎刃而解。

（三）企业集团的设立条件

为了给企业提供便利，2018年8月市场监管总局发布《关于做好取消企业集团核准登记等4项行政许可等事项衔接工作的通知》（国市监企注〔2018〕139号）规定，不再单独登记企业集团，不再核发《企业集团登记证》。需要提示注意的是，企业法人组建集团需要注意以下事项：

（1）《企业名称登记管理规定实施办法》（国家市场监督管理总局令第82号）第十七条明确，企业法人组建集团需同时满足以下条件：一是本企业已登记注册；二是本企业法人控股3家以上企业法人。

（2）企业集团名称应当在企业集团母公司办理变更登记时一并提出，《企业名称登记管理规定》第十四条规定，"企业集团名称应当与控股企业名称的行政区划名称、字号、行业或者经营特点一致。控股企业可以在其名称的组织形式之前使用'集团'或者'（集团）'字样。"

（3）企业集团母公司应当将企业集团名称以及集团成员信息通过国家企业信用信息公示系统向社会公示。

需要提醒注意的是，如果投资人对资金实行集中管理时未设立企业集团，则不论资金使用方是否支付利息，出借方均应按照"贷款服务"缴纳增值税。

三、房地产委托贷款

《商业银行委托贷款管理办法》（银监发〔2018〕2号）规定，委托贷款，是指委托人提供资金，由商业银行（受托人）根据委托人确定的借款人、用途、金额、币种、期限、利率等代为发放、协助监督使用、协助收回的贷款。商业银行与委托人、借款人就委托贷款事项达成一致后，三方签订委托贷款借款合同。

在宏观调控背景下，银行向房地产融资借款受表内额度限制，而委托贷款业务是商业银行一项传统的中间业务，银行可以轻松规避表内授信限制，因此委托贷款一度受到青睐，得以快速发展。

但是随着《商业银行委托贷款管理办法》（银监发〔2018〕2号）文件的发布，情况有所变化。该文件第十一条明确规定，"商业银行受托发放的贷款应有明确用途，资金用途应符合法律法规、国家宏观调控和产业政策"。而房地产属于国家宏观调控的行业，因此委托贷款资金流向受到限制。除此之外，2019年7月29日，中国人民银行在北京召开银行业金融机构信贷结构调整优化座谈会，明确"加强对银行理财、委托贷款等渠道流入房地产的资金管理"。

截至目前，仍有房地产企业通过委托贷款进行融资。委托贷款业务的税务处理如下：

1.委托人。

委托人提供资金,由商业银行代为发放、协助收回,委托人属于提供贷款服务,向借款人收取利息时应开具税目为"贷款服务"的增值税发票,同时按照"利息、股息、红利所得"缴纳所得税。

2.借款人。

房地产企业作为借款人,向委托人支付的借款利息及直接相关的投融资顾问费、手续费、咨询费等费用,其进项税额不能抵扣。利息支出不超过按照金融企业同期同类贷款利率计算的数额的部分,凭借发票可以税前扣除。如果借款人与委托人属于关联方,不符合独立交易原则时,还应注意债资比的限制。

在土地增值税清算时,委托贷款一般会被税务机关认定为民间借贷,利息支出不能据实扣除,但部分地方例外,如天津,《关于土地增值税清算有关问题的公告》(天津市地方税务局公告2015年第9号)第七条第(三)项规定:"通过银行取得委托贷款的,允许据实扣除,但最高不能超过按商业银行同类同期贷款利率计算的金额。"此外还有重庆,《关于印发土地增值税等财产行为税政策执行问题处理意见的通知》(渝财税〔2015〕93号)规定:"房地产企业向商业银行支付的委托贷款利息视为金融机构借款利息,按规定予以扣除。"

3.商业银行。

商业银行按照"谁委托谁付费"的原则向委托人收取代理手续费,按照"经纪代理服务"缴纳增值税,税率为6%。

在《商业银行委托贷款管理办法》实施前,商业银行通常向借款人收取手续费,而根据本办法商业银行需向委托人收取代理手续费,实务中委托人会再向借款人收回这笔手续费。当委托人向商业银行支付这笔手续费时,由于商业银行不是贷款人,委托人支付的手续费可以抵扣进项税。当委托人向借款人收取手续费时,属于提供贷款服务的价外费用,一并按贷款服务缴纳增值税并开具普通发票;而借款人属于接受贷款服务,因此其向贷款人支付的与该笔贷款直接相关的手续费,其进项税额不能抵扣。

委托贷款涉税业务中争议最大的是印花税,这是因为委托贷款一般同时涉及两种合同:

第一种是借款合同,即"商业银行与委托人、借款人就委托贷款事项达成一致后，三方应签订委托贷款借款合同"。

根据《关于印花税若干事项政策执行口径的公告》（财政部 税务总局公告 2022年第22号）第一条"一、关于纳税人的具体情形"规定，"采用委托贷款方式书立的借款合同纳税人，为受托人和借款人，不包括委托人"，即仅对商业银行以及借款人征收"借款合同"印花税；委托人与商业银行签订的委托贷款合同，仅作为明确委托、代理关系的凭证，不属于《印花税法》"印花税税目税率表"中的借款合同，不缴纳印花税。

第二种是担保合同。"委托贷款采取担保方式的，委托人和担保人应就担保形式和担保人（物）达成一致，并签订委托贷款担保合同。"担保合同不属于《印花税法》列举的应税凭证，不征收印花税。

第三节　房地产融资创新与税务处理

随着房地产宏观调控的深入，房地产业资金监管力度加大，房地产企业开始探索其他的融资方式，包括房地产信托融资和房地产投资信托基金（REITs）融资；中国人民银行、原中国银行保险监督管理委员会在2022年11月23日发布《关于做好当前金融支持房地产市场平稳健康发展工作的通知》（银发〔2022〕254号），文件明确指出，鼓励信托等资管产品支持房地产合理融资需求、稳步推进房地产投资信托基金（REITs）试点。

一、房地产信托的税务处理

房地产信托属于非标准化债权资产，曾一度成为信托公司非标业务中的"香饽饽"。《中国银监会关于规范商业银行理财业务投资运作有关问题的通知》（银监发〔2013〕8号）规定，非标准化债权资产是指未在银行间市场及证券交易所市场交易的债权性资产，包括但不限于信贷资产、信托贷款、委托债权、承兑汇票、信用证、应收账款、各类受（收）益权、带回购条款的股权性融资等。

房地产信托融资是指信托公司（受托人）设立信托计划，向投资者（委托人）募集资金后，以信托计划的名义投资于房地产企业，进而获得信托收益，并将信托收益分配给信托计划投资者的投融资方式。房地产信托具体可以划分为债权型、股权型、权益型、混合型四种模式，实践中以前两种模式居多。

（一）"明股实债"与税务处理

债权型信托是指信托公司接受投资者的委托，将募集到的资金向房地产企业发放贷款，房地产企业提供资产抵押、股权质押、母公司或投资人担保等，并按约定向信托公司还本付息，信托公司再向投资者返还本金、分配投资收益。债权型信托因为融资期限灵活、操作简单、交易模式成熟，一度是房地产企业前端融资的重要方式。

随着国家加强房地产宏观调控，信托也被纳入房地产融资监管范围，《关于加强信托投资公司部分业务风险提示的通知》（银监办发〔2005〕212号）明确规定，信托公司向房地产企业发放贷款同样需要满足"432"监管规则，债权型信托一度受到了限制。但部分房地产企业为了拿地配资，借助以下方式规避信托资金监管：（1）对不符合规定的开发项目虚构资质；（2）"绕道"非房地产企业、曲线融资；（3）最主要还是通过"明股实债"方式融资。

对于"明股实债"，2017年中国证券投资基金业协会在《证券期货经营机构私募资产管理计划备案管理规范第4号——私募资产管理计划投资房地产开发企业、项目》中给出了定义："投资回报不与被投资企业的经营业绩挂钩，不是根据企业的投资收益或亏损进行分配，而是向投资者提供保本保收益承诺，根据约定定期向投资者支付固定收益，并在满足特定条件后由被投资企业赎回股权或者偿还本息的投资方式，常见形式包括回购、第三方收购、对赌、定期分红等。"

"明股实债"投资模式下，虽然信托资金在资产负债表中以长期股权投资的形式出现，但事实上形成了公司的债务，因此"明股实债"是"假投资、真融资"，增加了房地产企业的流动性风险。最高人民法院在《关于进一步加强金融审判工作的若干意见》（法发〔2017〕22号）中规定，"对以金融创新为名掩盖金融风险、规避金融监管、进行制度套利的金融违规行为，要以其实际构成的法律关系确定其效力和各方的权利义务"。"三道红线"实施后，国家对房地产信托融资实施了强监管措施：（1）2019年5月17日，银保监会发布了《关于开展"巩固治乱象成果促进合规建设"工作的通知》（银保监发〔2019〕23号），文件以列举的方式将信托为房地产提供违规资金的方式一网打尽；（2）2020年11月，银保监会发布《关于开展新一轮房地产信托业务专项排查的通知》，要求按照"实质重于形式"原则强化房地产信托穿透监管，严禁通过各类形式变相突破监管为资金违规流入房地产市场提供通道；（3）2021年11月银保监会发布《关于进一步推进信托公司"两项业务"压降有关事项的通知》，要求"新增融资业务应依法合规，穿透识别底层资产，不得'假投资、真融资'，以投资为名行融资之实，规避额度管控"。四川银保监局于2022年7月14日发布的《行政处罚信息公开表》（川银保监罚决字〔2022〕57号）显示，某铁信托有限责任公司因"通过股权投资方式变相为房地产开发项目提供债务性融资"等违法违规行为，被四川银保监局罚款人民币860万元。

"明股实债"相关的税务处理如下：

（1）流转税，原四川省地方税务局在《关于营业税若干问题的通知》（川地税发〔2010〕49号）第四条中认为："银行、信托投资公司或企业等单位以投资的名义注入资金，名义上'共担风险'，而实际上收取了固定资金占用费或利润，属于贷款业务。经请示国家税务总局，按'金融保险业'征收营业税。"

（2）企业所得税，《关于企业混合性投资业务企业所得税处理问题的公告》（国家税务总局公告2013年第41号）明确，如果混合性投资业务能够同时符合该文件规定的五个条件，被投资企业——房地产开发企业支付的利息可以按税法和《关于企业所得税若干问题的公告》（国家税务总局公告2011年第34号）第一条的规定进行税前扣除。

（3）土地增值税，凡能够按转让房地产项目计算分摊并提供金融机构证明的，允许据实扣除，但最高不能超过按商业银行同期同类贷款利率计算的金额。

知识链接："明股实债"被否决　债权申报被拒绝

某华信托股份有限公司（以下简称某华信托）系首批通过中国人民银行批准获得信托法人机构许可证的信托公司之一；湖州某城置业有限公司（以下简称某城置业）系以房地产开发为主营业务的中外合资企业。

2011年6月，某华信托与某城置业及其股东达成一致，签订了《股权投资集合资金信托计划合作协议》，协议约定：（1）某华信托以"股权投资"的形式提供信托资金，其中部分用于收购某城置业80%的股权，股权转让款用于项目建设；（2）该业务为固定期限融资；（3）某城置业应向某华信托偿还信托资金，并支付信托收益、信托报酬、保管费用、包干费用等。增信措施为：（1）某城置业提供土地抵押担保；（2）原股东以其持有的股权作为质押担保等。其后各方依法进行了工商变更登记。

2015年8月4日，湖州市中级人民法院裁定受理了某城置业破产清算纠纷案，并指定破产管理人和吴兴区人民法院受理该案。某华信托在法定债权申报期限内向管理人申报了债权；但管理人以"股权转让对价不得要求返还，资本公积金不得要求退返"为理由，作出《债权审查通知书》告知不予确认。后某华信托提出债权审查异议，管理人经复审作出了维持不予确认的审查意见，故某华信托于2016年3月21日以"名股实债（明股实债）""让与担保"等主张向当地法院提起诉讼。

法院经审理认为：《股权转让协议》系各方的真实意思表示，合法有效，受法律保护。嗣后各方均已按约履行，且某华信托作为股东已进行了某城置业股东名册记载、公司登记机关登记，对外具有公示效力。

如果某华信托本意是向某城置业出借款项，某城置业从股东会决议来看亦是有向某华信托借款意向的，双方完全可以达成借款合同，并为确保借款的安全性，某华信托可以要求依法办理股权质押、土地使用权抵押、股东提供担保等法律规定的担保手续。如原告在案涉项目上不能进行信托融资的，则应依照规定停止融资行为。某华信托作为一个有资质的信托投资机构，应对此所产生的法律后果有清晰的认识，故某华信托提出的"名股实债""让与担保"等主张，与本案事实并不相符，其要求在破产程序中获得债权人资格并行使相关优先权利并无现行法上的依据，故本院对其主张依法不予采纳。故基于某华信托在某城置业中的股东身份，其出资并获得股东资格后不应再享有对破产企业的破产债权。

一审法院驳回其诉讼请求，某华信托不服，提起上诉。二审期间某城置业管理人与某华信托达成和解协议。笔者想要说明的是，如果某华信托败诉，其对项目公司的债权将无效，所有的担保措施也都将落空，项目公司进入破产程序后，前期投入的巨额信托资金很可能面临覆水难收的局面。

（二）股权型信托与税务处理

"明股实债"信托业务受到限制后，房地产信托融资开始向真股投资——股权型信托转型，即信托公司将募集到的资金以股权收购、增资扩股或者增加资本公积等方式投入项目，通过股权分红、转让或者减资获得投资收益，信托公司再向投资者返还本金、分配投资收益。房地产企业通过股权型信托融资，可以增加自有资金、改善企业资本结构，从而降低资产负债率、提高企业资信等级。

但从税收的角度而言，与债权型信托相比，股权型信托也存在消极的一面。一方面是在股权型信托融资模式下，被投资企业支付的股息不能作为费用在税前扣除，原青岛市地方税务局在《关于进一步加强房地产开发经营业务企业所得税管理有关问题的通知》（青地税发〔2012〕48号）第六条中认为："房地产信托融资，即房地产企业与房地产信托基金签订投资合同，约定房地产信托基金进入和退出房地产企业的时间以及房地产企业在房地产信托基金按约定退出时的股权收购价格，其实质为一种有期限的股权投资，房地产信托基金进入时的成本与退出时的销售价格之间的差额即其投资收益，同时也是房地产企业使用房地产信托资金所付出的代价。因此房地产企业以利息等名义支付给房地产信托基金的代价不能在税前扣除，只能作为支付股息在税后分配处理。"这样一来增加了房地产企业的税收负担。

另一方面，股权型信托基金投资期较长，当前房地产市场低迷，开发项目收益存在不确定性。信托机构为了保证自身的利益，要求被投资企业在投资协议中设置增信措施，由此增加了房地产企业的经营性风险。

（三）"优先股"模式风险与税务处理

以"优先股"模式为例，股权型信托股权投资的运作流程如下：首先，房地产投资人先出资设立特定目的载体（Special Purpose Vehicie，缩写为SPV），由SPV出资设立项目公司用于房地产开发；其次，房地产投资人作为GP，信托机构以信托资金作为优先级LP和其他LP一起，共同投资设立有限合伙企业；最后，有限合伙企业再以货币方式对SPV进行增资扩股获取股权，常见的架构如图2.2所示。

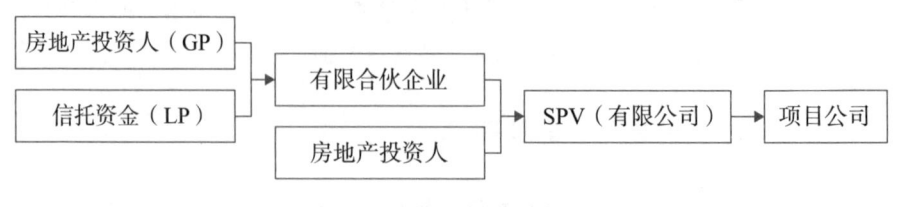

图2.2　房地产信托融资架构

1. 优先股模式下风险。

优先股模式下，信托机构通过设定优先分配权提取基础收益，而基础收益一般通过"预分红"方式来实现。所谓"预分红"是指项目公司在未达到法定分红条件时，将预收房款以收益的方式向信托机构预先分配；但也有观点认为"预分红"是所有投资人对收益分配及公司亏损承担等事项的一个内部约定与安排，属于投资人意思自治的范畴。但不论如何理解，"预分红"都存在如下风险：

（1）不符合法律规定。

房地产真实股权投资的底层逻辑是，公司只有在符合法定条件时才可以分红，《公司法》第二百一十条规定，公司弥补亏损和提取公积金后所余税后利润，方可用于分配。而房地产企业在未结转成本、收入前，公司并没有产生真正的利润，所以不能预分红。

在"某松国际信托股份有限公司与上海某华格胜股权投资合伙企业合伙合同纠纷"一案中，上海市浦东新区人民法院（2020）沪0115民初50862号判决书[①]认为："被告所投资项目现已出现亏损，原、被告均予确认。被告在预计未来可取得投资收益的情况下，在尚未取得可分配现金时，已向原告预先分配了收益，违反了合伙协议第十三条的约定。被告基于投资项目必然盈利的错误认识，而提前履行合伙协议第十三条约定的收益分配义务，现因合伙协议所附收益分配条件未成就，被告实际无需向原告分配收益，被告的给付行为构成误认的非债清偿，符合给付型不当得利的构成要件。如放任上述给付行为的发生，必然有损被告的责任财产，进而侵犯反诉原告债权人的利益，同时侵犯其他合伙人的利益，故应予纠正。"

（2）不符合监管规定。

随着"资管新规"和"两压一降"监管政策的出台，信托业强监管持续进行。2020年7月27日，浙江证监局发布《关于对某银投资管理有限公司采取出具警示函措施的决定》，认定该企业存在"部分基金在底层项目没有回款的情况下向投资者预分红"等行为，违反了《私募投资基金监督管理暂行办法》第四条、第二十四条的规定，决定对企业采取出具警示函的监督管理措施，并记入证券期货市场诚信档案。笔者认为，如果浙江证监局对预分红的监管成为行业惯例，信

[①] 截至2023年9月19日，经查中国裁判文书网，本案无再审和终审。

托机构原则上只能在项目公司真正实现房屋销售和分红后向信托或基金投资人分配收益。

（3）存在涉税风险。

"预分红"的实质是项目公司将预售房款无偿转借给信托机构，形成了信托机构对项目公司的负债，项目公司作为出借人应视同销售处理。

类似的案例有，中国人寿与国开东方城镇发展投资有限公司、国开东方（北京）企业管理有限公司共同出资设立北京国开国寿城镇发展投资企业，其2020年1月的股权架构如图2.3所示。根据投资合伙协议约定，在每个利润分配年度内按照实缴出资额，在预期年度投资收益率税前8%的范围内，中国人寿就合伙企业的分配收益享有优先分配权。对此，国家税务总局发布《关于中国人寿保险（集团）公司等发起设立北京国开国寿城镇发展投资企业相关涉税事宜的通知》（税总函〔2015〕300号）进行了明确：中国人寿以货币资金投资，尽管协议约定从合伙企业取得的是优先分配的收益，但实质上属于收取固定利润或保底利润，属于贷款业务；合伙企业作为股东为项目公司提供贷款并按年收取利息，也属于贷款业务。

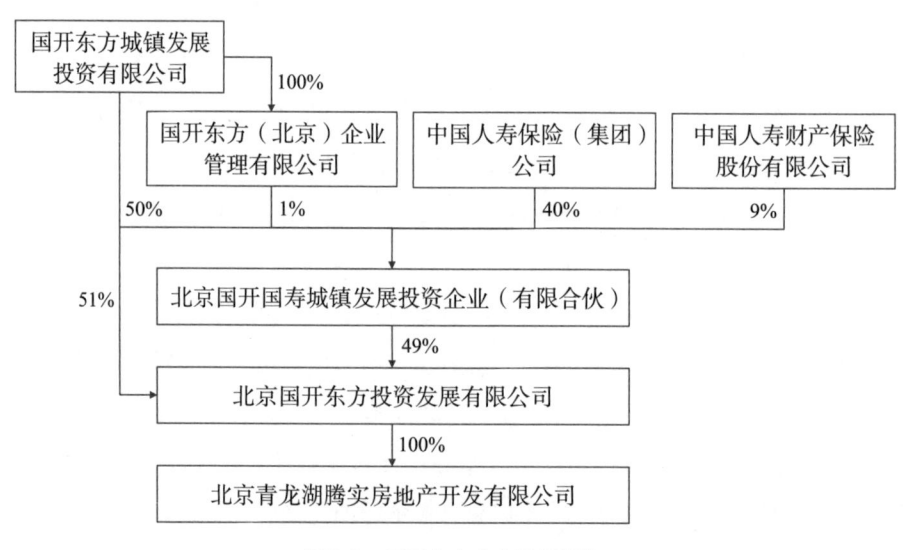

图2.3　国开东方企业股权架构

同理，在房地产股权信托业务中，项目公司向信托机构预分红，税务处理也应参照上述规定处理，视同无偿提供借款征收增值税。

2.信托期间收益解决方案与退出方式。

房地产真股投资模式下，对于投资机构期间分配收益的需求，目前主要有两种方式：第一种是通过投资机构超额募集资金，层层投资后在项目公司预留部分资金用于购买理财产品，通过获得孳息解决期间收益分配或期间利息支付；第二种是合作双方在协议中设置对赌条款或兜底条款，由房地产投资人就预分红问题承担流动性支持、差额补足或体系外支付等义务。

因此，股权信托资金退出的合法方式大致可以分为以下三种：

第一种是信托资金作为真股投资和房地产投资人共进退，项目公司销售全部开发产品后进行利润分配，然后项目公司清算注销；

第二种是项目公司销售部分产品产生了利润，在符合法定分红条件的前提下，向SPV分红，SPV继续向有限合伙企业分红，然后有限合伙企业以转让股权的方式实现退出；

第三种是项目公司未达到法定的分红条件，但是触发了对赌条款，信托机构与投资人通过模拟清算确定SPV的股权价值后，由有限合伙企业转让其持有的SPV股权实现退出。所谓"模拟清算"是指开发项目尚未达到法定清算条件时，合作双方根据协议约定的逻辑、规则、测算模型，模拟项目公司未来注销清算时的情况，通过计算收入、成本、税费等提前确认可供分配利润，进而做出利润分配方案并实现信托资金退出。

房地产信托基于利益最大化的目的，资金需要快速周转，实践中以第二种、第三种退出方式居多。以第二种退出方式为例，相关税务处理如下：

项目公司销售产品产生利润、符合法定分红条件时，按照投资协议向SPV分红；由于SPV为有限公司，取得股息红利可以适用《企业所得税法》第二十六条规定的免税优惠，不缴纳企业所得税。

SPV继续向有限合伙企业分红，由于合伙企业不具有法人资格，有限合伙企业对外投资分得的利息或者股息、红利，不并入企业的收入，采取"先分后税"的原则，以每一个合伙人为纳税义务人，个人投资者按"利息、股息、红利所得"应税项目计算缴纳个人所得税，当合伙人是法人时，由于SPV的分红不属于法人合伙人的直接投资收益，不构成免税收入，需要纳入应税所得额缴纳企业所得税。

当信托以有限合伙企业转让持有的SPV股权的方式退出时，如合伙企业符合《创业投资企业管理暂行办法》（发展改革委令第39号）或者《私募投资基金监督管理暂行办法》（证监会令第105号）的有关规定，并按照上述规定完成备案且规范运作的合伙制创业投资企业（基金），则根据《关于创业投资企业个人合伙人所得税政策问题的通知》（财税〔2019〕8号）的规定，创投企业可以选择按年度所得整体核算，也可选择单一核算方式。如选择按单一投资基金核算的，其个人合伙人从该基金应分得的股权转让所得和股息红利所得，按照20%税率计算缴纳个人所得税。除此以外，均应按照"经营所得"项目、5%—35%的超额累进税率计算缴纳个人所得税；法人合伙人对取得的转让收入纳入应税所得额，缴纳企业所得税。

在股权型信托融资模式下，项目公司支付的股息红利无法作为费用在税前扣除。因此，与债权型信托相比，项目公司的税收负担更重。

此外，股权型信托融资模式下，信托机构有可能全面介入管理，如在前文提到的"某华信托股份有限公司诉湖州某城置业有限公司破产债权确认纠纷"一案中，某华信托在出资后，依法持有了置业公司80%的股份，并依据股权转让协议、股东会决议、新章程、董事会决议等办理了工商信息变更，向项目公司委派了董事，后来某华信托更是接管了港城置业的法人章、合同专用章、财务专用章、预售资金监管专户财务专用章、法人人名章，全面掌控置业公司，原始股东失去对公司的控制权。

综上，房地产企业投资人通过股权型信托融资，虽然能够一时缓解资金之困，但是有可能加重企业的税收负担、增加企业的经营风险，因此投资人若通过股权型信托融资需要提前考量，以避免"甚荒唐，到头来都是为他人作嫁衣裳！"

二、类REITs的税务处理与限制

房地产投资信托基金（Real Estate Investment Trusts，缩写为REITs），是以发行收益凭证的方式汇集特定多数投资者的资金，由专门投资机构进行房地产投资经营管理，并将投资综合收益按比例分配给投资者的信托基金。它与房地产信托不同的是，房地产投资信托基金属于标准化债权类资产。

房地产投资信托基金有多种分类方式：依据资金来源可分为权益型、抵押型和混合型；依据资金募集和流通方式可分为公募型和私募型；依据组织形式可分为公司型、合伙型和契约型；不同组织形式下主要差别对比如表2.1。

表2.1 不同组织形式下主要差别对比

类　　型	公司型	契约型	合伙型
投资者关系	公司股东关系	信托契约关系	合伙人关系
资金性质	公司财产	信托财产	合伙企业财产
资金用途依据	公司章程	信托契约	合伙协议
收益分配依据	股权凭证	收益凭证	协议约定

（一）类REITs的特点

基于监管要求，我国目前开展资产证券化必须以"资产支持专项计划"作为特殊目的载体，将房地产项目公司股权与资产证券化[资产支持债券（Asset-Backed Security，以下简称ABS）]相结合，通过发行资产支持收益凭证募集投资者资金，近似于标准化REITs融资架构的私募类权益型融资，因此又称为"类REITs"，类REITs与公募REITs差异对比见表2.2。

表2.2 类REITs与公募REITs差异对比

项　　目	类REITs	公募REITs
产品载体	ABS	封闭式公募基金
产品实质	大多是债性产品	权益型永续运作产品
交易平台	大宗交易平台	集合竞价交易平台
投资者数量	200人以下	1000人以上
投资者构成	机构	机构+个人
投资门槛	100万元以上	1000元以上
结构化分层	优先/劣后	不分层
投资者退出方式	资产处置为主	场内交易退出

续表

项　目	类REITs	公募REITs
募集资金用途	无具体明确要求	基础设施项目建设
治理机制及分配安排	原始权益人重度参与	基金管理人决定
增信方式	设置增信或优先回购安排	无需主体增信

2018年1月23日，中国证券投资基金业协会召开"类REITs业务专题研讨会"，会议明确指出："私募投资基金是参与类REITs业务的可行投资工具，在私募基金投资端，私募基金可以综合运用股权、夹层、可转债、符合资本弱化限制的股东借款等工具投资到被投企业，形成权益资本"。

因此类REITs主流做法是在资产证券化业务框架下，基于存量房地产中具有稳定现金流的基础资产，采用私募基金构建"股+债"结构实现资产支持专项计划对底层标的物业的控制，构造出"项目公司+私募股权投资基金+资产支持专项计划"的"双SPV"架构，通过发行资产支持收益凭证募集投资者资金。类REITs的"私募基金+ABS"示意图如图2.4所示。

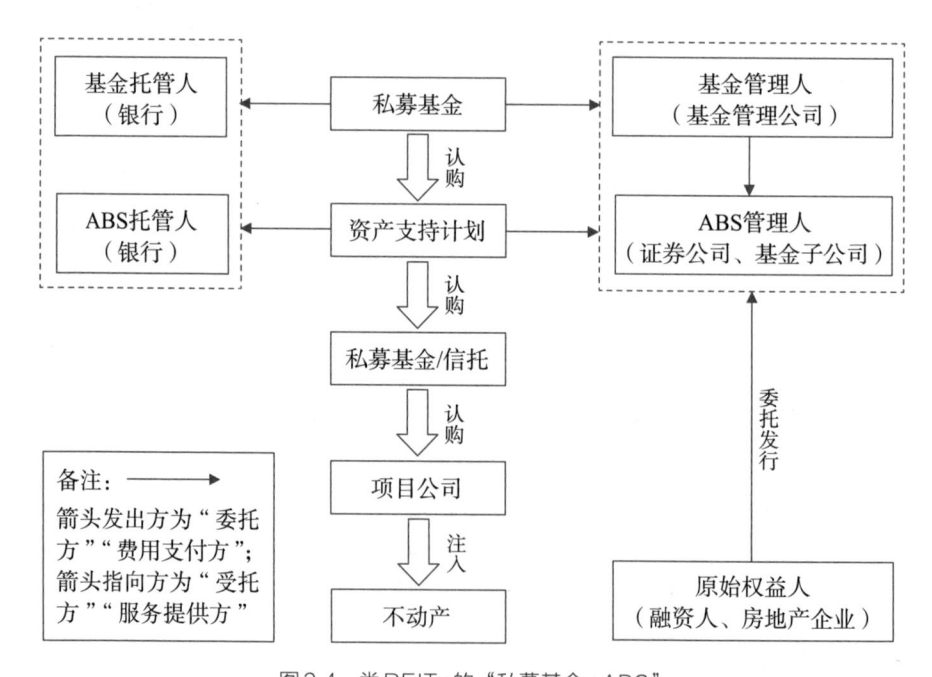

图2.4　类REITs的"私募基金+ABS"

我国目前发行的产品主要是权益型类REITs，2017年12月挂牌上市的"新派公寓权益型房托资产支持专项计划"是国内首单权益型公寓类REITs。该产品采用了目前权益型类REITs产品的典型结构，即原始权益人设立私募基金，由私募基金直接或间接持有项目公司的股权，同时由私募基金向项目公司或项目公司股东发放委托贷款，项目公司持有标的物业。专项计划发行资产支持证券募集合格投资者的资金，用以收购和持有私募基金份额，进而持有项目公司股权及债权，间接享有标的物业产权。该产品的基础资产为私募基金份额，标的物业经营净收益用以分配资产支持证券投资人预期收益；基础资产的处置所得用以分配投资者本金，整体交易结构[1]如图2.5所示。

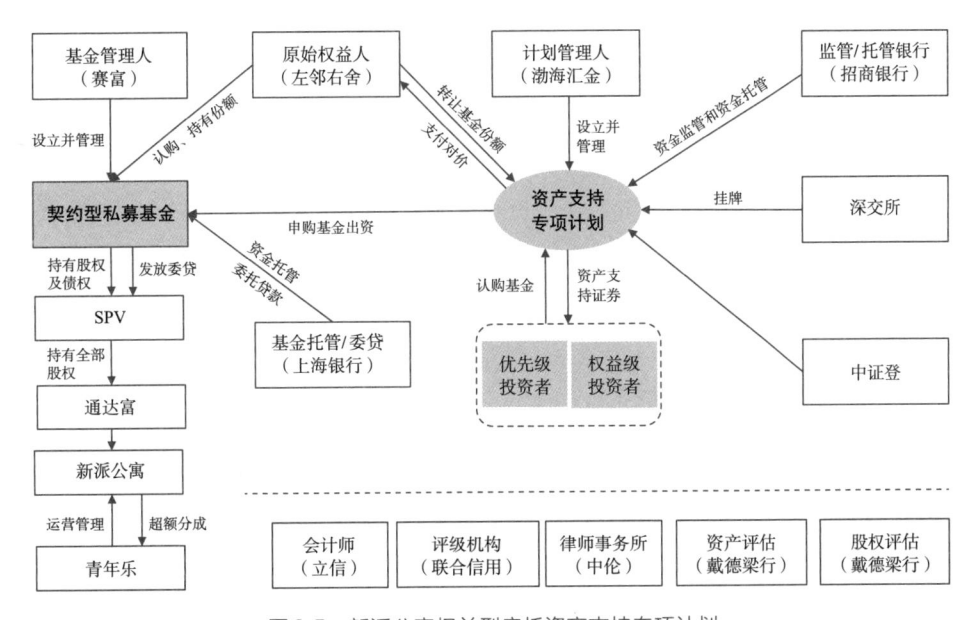

图2.5 新派公寓权益型房托资产支持专项计划

（二）类REITs业务的税务处理

权益型类REITs业务交易结构较为复杂，大致可以分为资产注入、股权转让、资产运营、项目退出四个环节。

---

[1] 详见渤海汇金证券资产管理有限公司官网 https://www.bhhjamc.com/，最后访问时间为2023年9月13日。

1.资产注入环节。

《关于进一步做好基础设施领域不动产投资信托基金（REITs）试点工作的通知》（发改投资〔2021〕958号）规定，发行REITs产品的项目应满足以下条件：土地使用依法合规，项目权属清晰、资产范围明确，发起人拥有项目所有权、项目公司依法持有拟发行基础设施REITs的底层资产。而房地产企业发行的类REITs产品一般要求底层资产以存量房地产为主，如2022年11月28日，证监会新闻发言人答记者问时提出，支持房地产企业股权融资，进一步发挥REITs盘活房地产企业存量资产作用。

房地产投资人作为发起人为了隔离风险，往往需要成立新的项目公司，然后将存量房地产从原项目公司剥离后注入新项目公司以实现资产独立。目前，房地产企业资产剥离的常用方法有不动产投资、企业分立、资产划转等，处理方法不同、税务处理也不同。

（1）不动产投资模式。

房地产企业投资人作为发起人先设立项目公司，然后将目标不动产以投资的方式投入，需要注意的是，不动产投资视同销售房地产，应缴纳增值税、土地增值税、企业所得税，分别适用的税收政策如下：

增值税，《营业税改征增值税试点实施办法》（财税〔2016〕36号附件1）第十条、第十一条。

土地增值税，《关于营改增后土地增值税若干征管规定的公告》（国家税务总局公告2016年第70号）第二条，和《关于房地产开发企业土地增值税清算管理有关问题的通知》（国税发〔2006〕187号）第三条。

企业所得税，《房地产开发经营业务企业所得税处理办法》（国税发〔2009〕31号）第七条；如果开发产品已经转为固定资产的，按照《关于企业处置资产所得税处理问题的通知》（国税函〔2008〕828号）第二条和《关于非货币性资产投资企业所得税政策问题的通知》（财税〔2014〕116号）第二条规定处理。

新项目公司接受不动产投资应办理权属登记，根据《契税法》第二条规定缴纳契税，另外房地产企业和项目公司均应按照"产权转移书据"缴纳印花税。

（2）分立模式。

房地产企业投资人作为发起人，以公司分立方式将不动产剥离至分立企业——

项目公司。

增值税，《营业税改征增值税试点有关事项的规定》（财税〔2016〕36号附件2）第一条第（二）项规定，在资产重组过程中，通过合并、分立、出售、置换等方式，将全部或者部分实物资产以及与其相关联的债权、负债和劳动力一并转让给其他单位和个人，其中涉及的不动产、土地使用权转让行为不征收增值税。

土地增值税，《关于继续实施企业改制重组有关土地增值税政策的公告》（财政部 税务总局公告2023年第51号）第三条规定，企业分立原则上暂不征收土地增值税，但国家为了避免房地产企业以改制重组之名行转让房地产之实，特别明确该条款不适用于房地产转移任意一方为房地产开发企业的情形，因此这里需要征收土地增值税。

企业所得税，根据《关于企业重组业务企业所得税处理若干问题的通知》（财税〔2009〕59号）、《关于促进企业重组有关企业所得税处理问题的通知》（财税〔2014〕109号）规定，适用特殊性税务处理，暂不征收企业所得税。

但企业分立特殊性税务处理需要同时符合"企业重组中取得股权支付的原主要股东，在重组后连续12个月内，不得转让所取得的股权"等五个条件，由于资产专项计划需要短期内通过"股权+债权"的组合方式收购发起人持有的全部私募基金份额以达到持有SPV的目的，时间上难以符合税收规定，有可能会被补征企业所得税。

新项目公司可以根据《关于继续实施企业、事业单位改制重组有关契税政策的公告》（财政部 税务总局公告2023年第49号）第四条规定，"对分立后公司承受原公司土地、房屋权属，免征契税。"

双方的印花税处理，可以根据《关于企业改制过程中有关印花税政策的通知》（财税〔2003〕183号）第一条第（二）项规定的精神，分立方式成立的新企业，其新启用的资金账簿记载的资金，已贴花的不再贴花，仅对未贴花部分和新增加资金贴花。

（3）资产划转模式。

房地产企业作为发起人，出资成立全资子公司作为项目公司，然后双方签订《资产债务人员划转协议》，实施划转。

资产划转模式下，增值税政策和企业分立相同。对于土地增值税，国家层面目前还没有政策明确提到资产划转时税务如何处理，在地方上，原重庆市地方税务局《关于土地增值税若干政策执行问题的公告》（重庆市地方税务局公告2014年第9号）第三条第（一）项规定，"同一投资主体内部所属企业之间无偿划转（调拨）房地产，不征收土地增值税"。但《关于印发土地增值税等财产行为税政策执行问题处理意见的通知》（渝财税〔2015〕93号）又补充规定上述条款不适用于房地产开发企业，即房地产企业将不动产划转到子公司，如有增值应征收土地增值税。

企业所得税适用《关于资产（股权）划转企业所得税征管问题的公告》（国家税务总局公告2015年第40号）第一条第（一）项规定："100%直接控制的母子公司之间，母公司向子公司按账面净值划转其持有的股权或资产，母公司获得子公司100%的股权支付。母公司按增加长期股权投资处理，子公司按接受投资（包括资本公积，下同）处理。母公司获得子公司股权的计税基础以划转股权或资产的原计税基础确定。"

新项目公司根据《关于继续实施企业、事业单位改制重组有关契税政策的公告》（财政部 税务总局公告2023年第49号）第六条第二款规定免征契税。

综上对比发现，无论采用哪种注入模式，发起人均应缴纳土地增值税。

2.股权转让环节。

在该环节，发起人将其持有的项目公司100%股权转让给REITs。股权转让不属于增值税征收范围，不缴纳增值税；但是转让股权时资产评估如有增值，需要缴纳所得税。

对于土地增值税，根据《关于以转让股权名义转让房地产行为征收土地增值税问题的批复》（国税函〔2000〕687号）精神，一次性转让项目公司100%的股权，且这些以股权形式表现的资产主要是土地使用权、地上建筑物及附着物，应缴纳土地增值税。鉴于687号文件的特殊性，纳税人需要向主管税务机关确认当地是否适用。

3.资产运营环节。

项目公司运营过程中，如出租不动产取得租金收入，则需要缴纳增值税、企业所得税、房产税、印花税。

在权益型类REITs模式下，各主体的税务处理如下：

（1）股权投资基金从项目公司取得的收益属于股息、红利，不缴纳增值税；并且股权投资基金不属于企业所得税纳税主体，不缴纳企业所得税。

（2）资产支持专项计划从股权投资基金取得的收益，首先应判断是否"保本"，如果合同中明确承诺到期偿还本金，金融商品持有期间取得的投资收益即属于保本收益，与合同到期后本金是否实际偿还无关。若合同中未明确承诺到期本金可全部收回，则属于"不保本"，此时资产支持专项计划取得的投资收益，根据《关于明确金融 房地产开发 教育辅助服务等增值税政策的通知》（财税〔2016〕140号）第一条规定，不属于利息或利息性质的收入，不征收增值税；资产支持专项计划不属于企业所得税纳税主体，不缴纳企业所得税。

（3）投资者收益。投资者认购资产支持专项计划后将以其出资为限承担风险、分享投资收益，具有股权投资性质，所以取得的收益属于投资收益，无需缴纳增值税；所得税方面，个人投资者需要按照股息、红利所得缴纳个人所得税；而法人投资者是通过"双层SPV架构"投资于项目公司，不属于直接投资，因此不享受《企业所得税法》第二十六条规定的免税优惠，需要缴纳企业所得税。

4.项目退出环节。

当资产支持专项计划期满，发行人行使优先收购权回购项目公司股权并承继私募投资基金对项目公司的债权。股权转让不属于增值税应税范围不缴纳增值税，但投资者取得的投资收益，应缴纳所得税。

如果合同中明确承诺投资者本金到期可以全部收回，根据财税〔2016〕140号文件第一条规定，投资者取得的分配所得应当按照贷款服务缴纳增值税；否则，投资者取得的分配所得不属于增值税征税范围，不缴纳增值税；但无论是否全部收回，均应就收益缴纳所得税。发起人赎回或置换已转让的信贷资产时，可以按照《关于信贷资产证券化有关税收政策问题的通知》（财税〔2006〕5号）的规定处理。

（三）房地产企业REITs融资的局限

近期以来，国家发展改革委为进一步规范基础设施REITS的土地增值税等税收问题处理方式，曾专门进行窗口指导，内容包括：在资产重组阶段，除有非常明确充分的免征依据外,原则上均需缴纳土地增值税。在股权转让阶段,须声明"我们将就发行基础设施REITS过程中土地增值税缴纳问题,向有权管辖的税务部门进行报告,并严格按照有权管辖的税务部门意见进行处理。不得以"股权转让不等同于资产转让"等主观判断或个别实例为依据,作为不需要缴纳的理由。

综上我们可以看出:房地产企业不论通过何种方式将目标不动产注入项目公司,均无法回避高额的土地增值税;股权转让环节如果资产评估增值还需要缴纳所得税,并且土地增值税存在不确定性,成为房地产企业在尝试类REITs融资时的现实障碍,导致很多企业被迫放弃。

尽管2022年1月国家发布的《关于基础设施领域不动产投资信托基金(REITs)试点税收政策的公告》(财政部 税务总局公告2022年第3号)明确了税收优惠政策,即基础设施REITs原始权益人向项目公司划转资产取得项目公司股权适用特殊性税务处理,转让项目公司股权评估增值允许递延纳税;但该文件适用范围有限,只有证监会、发展改革委组织开展的基础设施REITs试点项目才能享受,并且国家发展改革委于2021年6月发布的《关于进一步做好基础设施领域不动产投资信托基金(REITs)试点工作的通知》(发改投资〔2021〕958号)附件的试点项目申报要求中规定,"酒店、商场、写字楼等商业地产项目不属于试点范围,项目土地用途原则上应为非商业、非住宅用地……"而普通的房地产企业由于不符合上述规定,难以享受财政部、税务总局公告2022年第3号文件规定的优惠政策。

因此,房地产企业寄希望借助类REITs产品融资时,应同时关注方案的可行性和税收成本。

第三章

房地产土地获取环节

土地是房地产企业的核心资源。2021年2月，自然资源部贯彻党中央、国务院"房子是用来住的，不是用来炒的"定位及"稳地价、稳房价、稳预期"的决策部署，要求22个重点城市[①]2021年度住宅用地（包括含有住宅用地的混合用地）实现"两集中"公开同步出让，所谓"两集中"，即"集中发布出让公告、集中组织出让活动，一个自然年度内住宅用地公告、出让不能超过3次"。

至此，"三道红线""房贷集中度"和"土地集中出让"形成了房地产长效调控机制的三大利器，随着它们共同发挥作用，2021年下半年房地产业开始降温，有些企业宁愿舍弃竞拍保证金也要放弃土地使用权，部分地区不得不提高保证金门槛，规定了放弃土地使用权的法律责任，企业拿地的风险随之加大。

土地作为房地产的重要成本之一，拿地方式不同，蕴含的风险不同、税务处理不同，更重要的是计入开发成本的金额不同，因此，针对目标地块企业应提前做好投资测算和可研分析，并合理规划拿地方式。

知识链接：土地竞拍需谨慎

企业竞得土地后不签订出让合同，土地竞拍保证金将会被没收。知名的案例如：2021年7月21日，杭州某上市公司某都股份发布《关于放弃竞得土地使用权的公告》称，其全资子公司放弃竞得的土地使用权，5000万元预约保证金不予退还，预计损失占公司近期审计净利润的14.19%。

此外，2022年10月12日，大连市自然资源局普兰店分局公告，大连某源房地产有限公司竞得的四宗土地使用权，因未在规定的时间内签订《国有建设用地使用权出让合同》，被取消竞得人资格，已缴纳的保证金6413万元不予退还。

严重的还有可能涉及法律责任。例如，贵州省兴仁市《兴仁市国有建设用地

---

① 22个城市分别为：北京、上海、广州、深圳、南京、杭州、苏州、厦门、福州、重庆、成都、武汉、郑州、青岛、济南、合肥、长沙、沈阳、宁波、长春、天津、无锡。

使用权出让公告》（仁2022-51-02号）明确规定："签订成交确认书后，竞得人不按规定时间签订《国有建设用地使用权出让合同》的视为违约，出让人有权取消竞得人的竞得资格，保证金不予退还，竞得人还须按成交价的20%向出让人支付违约金，出让人可依法追究法律责任。"

第一节 "招拍挂"供地模式

"招拍挂"供地模式体现了公开、公平、公正的市场经济原则，减少了人为因素对土地配置的干预和影响，是我国目前土地出让的主要方式。企业通过这种方式获取土地相对省心，但并不是说"招拍挂"供地模式就没有税收风险，以下事项同样需要关注。

一、土地出让违约金与利息的问题

（一）土地出让合同违约金

《国有建设用地使用权出让合同》范本"第七章 违约责任"中数次提到土地受让人即房地产企业的违约责任问题。在房地产发展放缓、资金回笼缓慢的背景下，房地产企业通过"招拍挂"获取新的土地时，很有可能因资金的原因违反土地出让合同约定而产生违约金，如延期支付土地出让金或延期开工。

自然资源局具有土地所有权代表人和土地管理人双重身份，以致土地受让人难以准确界定土地合同性质，因此常常对违约金的税务处理存在困惑。笔者认为可以从以下角度辨析：

1.合同出让目的。

自然资源局签订土地出让合同时，是以国有土地所有权的代表人身份，合同签订目的是确立土地用益物权，规范土地出让方和受让方之间的权利义务关系，从合同目的以及合同调整的法律关系来看，国有建设用地使用权出让合同不符合行政合同的认定标准，并且出让合同的主要目的不具有公益性，出让合同未成立行政法律关系。

2.相关法律依据。

《最高人民法院关于审理涉及国有土地使用权合同纠纷案件适用法律问题的

解释》明确提出，"为正确审理国有土地使用权合同纠纷案件，依法保护当事人的合法权益，根据《中华人民共和国民法典》《中华人民共和国土地管理法》《中华人民共和国城市房地产管理法》等法律规定，结合民事审判实践，制定本解释"。该司法解释为认定出让合同为民事合同提供了法律依据。

另外，《最高人民法院关于印发修改后的〈民事案件案由规定〉的通知》（法〔2020〕347号）文件显示，"建设用地使用权出让合同纠纷"位列"第四部分：合同、准合同纠纷"之"十、合同纠纷"中第86项"建设用地使用权合同纠纷"中。文件名称即界定了"建设用地使用权出让合同纠纷"属于民事案件，而非行政案件。

综上所述，土地使用权出让合同是民事合同，房地产企业违反合同约定支付的违约金，是按照合同约定支付的违约金，不属于《企业所得税法》第十条第（四）项规定的"罚金、罚款和被没收财物的损失"，因此可以税前扣除，但由于其不属于"纳税人为取得土地使用权所支付的地价款和按国家统一规定交纳的有关费用"，不可以计入土地增值税扣除项目，也不计入契税的计税依据。

当然，土地管理部门作为合同一方的当事人，如果发生合同违约，同样需要承担相应的赔偿责任。原国土资源部政策法规司负责人在2012年6月11日接受记者专访时曾指出，"《闲置土地处置办法》强调了政府与土地使用权人在民事合同关系中的平等地位，规定对因政府原因造成闲置土地，应由政府或者政府有关部门承担违约责任"。基于此，在"四川省广元市某益置业有限责任公司与某苍县国土资源局建设用地使用权出让合同纠纷"一案中，国土资源局因违反合同约定延期交付土地，当地法院在（2018）川0821民初841号判决书[①]中，判决其向企业支付违约金523万元。

> **知识链接：最高人民法院关于合同性质的判定**

最高人民法院在（2017）最高法行再72号判决书中认为，"通说认为，协议的属性应由协议本身客观判断，协议当事人的主观意思并不能作为判断标准。当时生效的《最高人民法院关于适用〈中华人民共和国行政诉讼法〉若干问题的解释》第十一条

---

① 经查中国裁判文书网，四川省旺苍县人民法院（2018）川0821执480号执行裁定书显示，案涉国土资源局已履行完毕给付义务，截至2023年9月19日，本案无再审和终审。

第一款规定：'行政机关为实现公共利益或者行政管理目标，在法定职责范围内，与公民、法人或者其他组织协商订立的具有行政法上权利义务内容的协议，属于行政诉讼法第十二条第一款第十一项规定的行政协议。'据此，认定行政协议的客观标准应当包括以下三个方面：第一，协议的一方当事人是行政机关；第二，协议的内容涉及行政法上的权利义务；第三，协议的目的是为实现公共利益或者行政管理目标"。

（二）分期付款利息

2022年下半年房地产形势曾一度严峻，产品销售慢、融资困难，很多房地产企业资金紧张，地方政府为了帮助房地产企业纾困，纷纷发布政策允许企业分期缴纳土地出让金，例如：

湖北，2020年4月12日，《关于印发促进房地产市场平稳健康发展措施的通知》（鄂政办发〔2020〕13号）规定："4.分期缴纳土地出让金。土地受让人在土地出让合同签订后一个月内缴纳不低于50%的土地出让价款，余款可按合同约定分期缴纳，缴款期限最长不超过一年。"

河南，2022年6月，《河南省自然资源厅关于印发稳经济促增长规划用地政策措施的通知》（豫自然资发〔2022〕29号）规定："九、助力房地产市场平稳运行。住宅用地竞买保证金可按不低于出让最低价的20%缴纳；允许分期缴纳出让金，首次缴纳比例不低于出让价款的50%的前提下，剩余价款可在一年内缴清。"

根据《国有土地使用权出让合同》范本第十条规定，"分期支付国有建设用地使用权出让价款的，受让人在支付第二期及以后各期国有建设用地使用权出让价款时，同意按照支付第一期土地出让价款之日中国人民银行公布的贷款利率，向出让人支付利息"。

房地产企业按照合同约定分期缴纳土地出让金，由此产生的利息能否计入土地增值税扣除项目长期以来存在争议：支持的观点认为，分期付款产生的利息属于资金占用产生的成本，和合同约定的违约金有根本的不同，应该计入扣除项目；不支持的观点认为，它不属于"纳税人为取得土地使用权所支付的地价款和按国家统一规定交纳的有关费用"。

但是近年来，部分省市税务机关纷纷表态予以支持，如《山东省税务局土地增值税清算管理办法》（山东省税务局公告2022年第10号）第二十九条第（一）项中规定："土地出让合同中约定分期缴纳土地出让金的利息，计入取得土地使用权所支付的金额，准予扣除。"青岛市税务局公告2022年第6号、厦门市税务局公告2023年第1号、海南省税务局公告2023年第2号、内蒙古自治区税务局公告2023年第7号均明文支持上述观点。

分期缴纳土地出让金的利好政策让部分融资困难的房地产企业在拿地时看到了一线曙光；不仅如此，对于税负较重的房地产企业，如果能够合理利用该规则，还可以合法降低土地增值税，因此资金充裕的企业也可以考虑合理利用。

案例分析：合理利用税收规则，实现税收价值最大化

三亚市某房地产企业于2022年8月在三亚通过招拍挂方式取得一宗土地，计划开发高档写字楼用于出售，土地出让金合计40亿元，土地管理部门提示企业可以依法选择分期缴纳。

如果分期缴纳，第一次支付50%即20亿元，合同签订届满一年时，缴清剩余50%即20亿元，同时还需按2022年一年期银行贷款利率5%缴纳利息。当地契税税率为3%，企业当前资金充裕，请问企业是否应该考虑分期缴纳？

解析：一次性缴清和分期缴纳土地价款金额分别如下：

（1）如果一次性付清，土地价款=40×（1+3%）=41.2亿元

（2）如果分期付款，土地价款=（20+20+20×5%）×（1+3%）=42.23亿元

根据《海南省税务局土地增值税清算审核管理办法》的公告（海南省税务局公告2023年第2号）第十三条规定："……（六）按照土地出让合同约定分期缴纳土地出让金而支付的利息，允许扣除。"对比发现，分期付款较一次性付清，能够多计入扣除项目1.03亿元。

因该项目开发产品为高档写字楼，预计土地增值税增值率较高、税负较重，因此成本多多益善；如果企业分期缴纳，可以先把20亿元用于理财或者投资，只要收益大于5%，则支持分期缴纳。

二、土地使用税的税务处理

房地产企业在取得土地使用权后，正常情况下需要缴纳土地使用税，但因为

各个项目土地获取方式有所不同，土地使用税的缴纳有所差异。

（一）各种拿地情形下的缴纳策略

1. 正常拿地。

受让人通过招标、拍卖、挂牌方式取得的建设用地，根据《关于通过招拍挂方式取得土地缴纳城镇土地使用税问题的公告》（国家税务总局公告2014年第74号）规定，土地使用税缴纳应按照《关于房产税城镇土地使用税有关政策的通知》（财税〔2006〕186号）第二条规定执行，即"从合同约定交付土地时间的次月起缴纳城镇土地使用税；合同未约定交付土地时间的，由受让方从合同签订的次月起缴纳城镇土地使用税"。

对于耕地占用税问题，《关于〈国家税务总局关于通过招拍挂方式取得土地缴纳城镇土地使用税问题的公告〉的解读》明确："地方土地储备中心征用耕地后，对应缴纳的耕地占用税有两种处理方式，一种方式是由地方土地储备中心缴纳，作为土地开发成本费用的一部分，体现在招拍挂的价格当中；另一种方式是由受让土地者缴纳耕地占用税。"

由于前一种情形中，耕地占用税已经计入了土地出让金，土地受让人无需额外缴纳；而后一种情形中，受让人需要额外缴纳耕地占用税，根据《关于贯彻实施契税法若干事项执行口径的公告》（财政部 税务总局公告2021年第23号）第二条第（五）项规定，契税计税依据为取得土地的全部价款，因此受让人应对缴纳的耕地占用税计算缴纳契税。

2. 预先进场。

在2020年春节之前，房地产行业一路向好，部分企业在"高周转"的驱动下，为了争夺优质地块，往往在土地出让合同签订前即对土地进行平整，形成了实质占用。

这种情况下，房地产企业应按照《国家税务局关于检发〈关于土地使用税若干具体问题的解释和暂行规定〉的通知》（国税地〔1988〕15号）第六条规定，据实申报实际使用面积，计算缴纳土地使用税。

（二）政府延迟交地的应对策略

国家为了避免因为地方政府的原因造成土地闲置浪费，曾专门发布《关于进一步加强房地产用地和建设管理调控的通知》（国土资发〔2010〕151号），文件要求：拟出让地块要依法进行土地调查和确权登记，确保地类清楚、面积准确、权属合法，没有纠纷，不得"毛地"出让。《闲置土地处置办法》（国土资源部令第53号）第二十一条也规定，国土资源主管部门供应土地应当符合下列要求：土地权利清晰；安置补偿落实到位；没有法律经济纠纷；地块位置、使用性质、容积率等规划条件明确；具备动工开发所必需的其他基本条件。

但实践中，为了加快土地出让进度以便收取土地出让收益，有些土地管理部门以"现状土地条件"出让，以致政府收到土地出让金后动迁不及时、不能按时交付土地，但受让人仍然需要缴纳土地使用税，如《海南省地方税务局关于城镇土地使用税有关问题的通知》（琼地税发〔2015〕115号）第一条规定："对政府未按照国有建设用地使用权有偿使用合同约定的期限将土地交付给受让人，但受让人已取得国有土地使用权证的，根据《国家税务总局关于检发〈关于土地使用税若干具体问题的解释和暂行规定〉的通知》（国税地〔1988〕15号）第四条'土地使用税由拥有土地使用权的单位和个人缴纳'规定，受让人应从取得国有土地使用权证的次月起缴纳城镇土地使用税。"

针对上述情况，依据《国有建设用地使用权出让合同》范本第三十八条规定，土地受让人合法利益受损时，有权要求出让人按照规定条件履行义务以维护合法权益。纳税人可以参考《河北省地方税务局关于对地方税有关业务问题的解答》、《海南省地方税务局关于城镇土地使用税有关问题的通知》（琼地税发〔2015〕115号）等文件，选择如下方式中的一种进行补救：（1）与出让人重新签订土地出让合同；（2）与出让人签订补充协议，重新明确交付土地的时间；（3）由当地政府出具有关证明资料，经主管地税机关确认后，可按补充协议或当地政府证明资料的时间确定土地使用税纳税义务发生的时间。

需要说明的是，企业在与政府或者土地管理部门达成一致前，应按时足额缴纳土地使用税，避免造成滞纳，影响企业纳税信用。因此，土地合同签订后，一旦发生延迟交地，企业应及时收集完善证据，第一时间采取行动以维护企业合法权益，把损失降至最低。

对于部分土地已交付且企业已经实际使用的，企业可以按照"实际占用"面积进行缴纳，《城镇土地使用税暂行条例》第三条第一款规定："土地使用税以纳税人实际占用的土地面积为计税依据，依照规定税额计算征收。"实践中已有纳税人维权成功的案例，如山东省淄博市中级人民法院审理的（2018）鲁03行终159号"某市税务局第一稽查局、淄博某达包装印刷物资有限公司税务行政管理（税务）纠纷"一案。

（三）土地使用税缴纳截止时点

《关于房产税城镇土地使用税有关问题的通知》（财税〔2008〕152号）文件规定，"纳税人因房产、土地的实物或权利状态发生变化而依法终止房产税、城镇土地使用税纳税义务的，其应纳税款的计算应截止到房产、土地的实物或权利状态发生变化的当月末"。

需要说明的是，税务总局并未明确"房产、土地的实物或权利状态发生变化"的具体标准，各地税务机关只好自行发布了执行口径，大致分为四类，按照房地产企业的业务先后顺序依次是"办理预售许可证""签订商品房销售合同""约定或者实际交付"和"开具发票"，代表性政策整理如表3.1所示：

表3.1 各地房地产企业土地使用税截止时点汇总

序号	截止时点	地区	文号
1	核发预售许可证	广州	穗地税税一函〔2010〕9号
2	销售合同签订	广西	桂地税字〔2009〕117号
3	约定/实际交付	湖北	鄂地税发〔2014〕63号
4	约定/实际交付	海南	海南省地方税务局公告2017第4号
5	实际交付	青岛	青地税函〔2009〕128号
6	交付使用	安徽	安徽省地方税务局公告2012年第2号
7	交付使用/开具发票	河南	豫地税发〔2006〕84号

在处理土地使用税截止时间的问题时，笔者认为依据《民法典》第三百五十七条规定的"地随房走"原则，如果企业按照《商品房买卖合同》的约定时间交付或者提前交付房屋的，可以把实际交付作为截止的标志，自交付次月起扣减土地面积；但从资金成本的角度考虑，土地使用税作为支出截止时间越早对企业越有利，因此如果当地已有规定且对企业有利，则可以从其规定；如果当地没有明确规定，纳税人可以选择按照有利原则进行争取。

（四）土地使用税计算方法

《城镇土地使用税暂行条例》第八条规定："土地使用税按年计算、分期缴纳。缴纳期限由省、自治区、直辖市人民政府确定。"房地产企业因为资金压力，实践中通常选择分期开发、分批交房，此时如果按照每半年或者同一分期全部交付时再核减计税面积，则会导致多缴土地使用税。

因此建议房地产企业在主管税务机关认可的前提下，采取按月核减面积按月计税的方法，计算步骤与公式可以参考如下：

（1）核减面积。

房地产企业核减城镇土地使用税应税面积按销售新建商品房建筑面积占该项目地上总可售建筑面积比例计算：

当月核减应税土地面积比例=上月交付使用房屋建筑面积÷项目地上总可售建筑面积×100%

当月核减应税土地面积=总应税占地面积×当月核减应税土地面积比例

（2）应税土地面积。

当月应税土地面积=上月应税土地面积−当月核减应税土地面积

上月应税土地面积=总应税占地面积−截至上月末累计核减应税土地面积

（3）应纳城镇土地使用税。

当月应纳城镇土地使用税=当月应税土地面积×适用税额÷12

当期应纳城镇土地使用税=当期内各月的当月应纳城镇土地使用税之和

综上，计算公式也可以合并为：

每月应纳土地使用税=开发初期应税土地总面积×（1−截至上月末累计销售商品房交付使用的建筑面积÷商品房可售总建筑面积）×土地使用税单位税额标准÷12

房地产企业在计算土地使用税时，经常对项目红线内配建的两类设施占地面积能否扣除存在困惑，笔者在此予以明确：（1）学校、幼儿园。根据《关于教育税收政策的通知》（财税〔2004〕39号）规定，对小区内各类学校、托儿所、幼儿园自用的土地，免征城镇土地使用税，因此可以扣除。（2）广场、绿化地带。

如果开发项目为四至清晰的住宅小区，小区内外界限明确，小区内部的广场、绿化等主要服务对象为小区居民，则不符合《城镇土地使用税暂行条例》第六条规定的"（四）市政街道、广场、绿化地带等公共用地"，故不能扣除。

三、红线外支出的税务处理及应对

红线外支出是指房地产企业在项目建设用地边界外（"红线"外）建设公共设施或其他工程等（统称为"红线外配套设施"）发生的支出。

（一）红线外支出的成因与处理

红线外支出根据成因可分为两种情形：一是房地产企业为了提升红线内楼盘品质，自发地在红线外建造的建筑物或基础设施，如景观、道路、凉亭等；二是作为企业"招拍挂"拿地的附带条件，政府要求在红线外配建指定的公共配套设施或者工程。

无论红线外配套设施属于以上哪种情形，其成本费用的增值税和企业所得税处理，税企理解目前基本一致：

增值税，由于红线外支出不符合《营业税改征增值税试点实施办法》（财税〔2016〕36号附件1）第二十七条的规定，因此，只要企业能够取得增值税专用发票，均可进项抵扣。

企业所得税，《企业所得税法》第八条规定："企业实际发生的与取得收入有关的、合理的支出，包括成本、费用、税金、损失和其他支出，准予在计算应纳税所得额时扣除。"因此，只要企业能提供相关材料，证明该项支出确为企业生产经营所必须发生的合理支出，就可以税前扣除。

（二）土地增值税的争议焦点

对于以上第二种情形的红线外支出，其土地增值税处理在实务中存在争议：企业认为，红线外支出是企业获取土地的附带条件，并且红线外公共配套设施的建设完善了小区周边的配套、提升了小区品质，推高了产品售价，与土地增值税收入正相关，因此应计入土地增值税扣除项目。但部分税务机关对此持否定意见，代表性省、市及政策规定如下：

（1）山西，《关于发布〈房地产开发企业土地增值税清算管理办法〉的公告》（山西省地方税务局公告2014年第3号）明文规定"土地红线外的绿化、修路、配套等支出，不得扣除"。

（2）南昌，南昌市税务局于2020年7月2日在《对市十五届人大六次会议第98号建议的答复》中认为，《土地增值税暂行条例实施细则》第七条第（二）项规定，"基础设施费，包括开发小区内道路、供水、供电、供气、排污、排洪、通讯、照明、环卫、绿化等工程发生的支出"；而红线外支出理论上不属于《土地增值税暂行条例实施细则》中规定的"本开发小区内"支出，因此，房地产企业发生的红线外支出不列为土地增值税清算扣除项目，不予扣除。

（三）计入扣除项目的有利依据

更多的税务机关认为，只要企业能够提供充分的证据，能够证明红线外支出与项目相关，即可以计入土地增值税扣除项目，如《广州市地方税务局关于印发2014年土地增值税清算工作有关问题的处理指引的通知》（穗地税函〔2014〕175号）第三条"关于项目建设用地红线外支出的扣除总问题"规定："纳税人为取得土地使用权，在项目建设用地红线外为政府建设公共设施或其他工程发生的支出，根据《国家税务总局关于房地产开发企业土地增值税清算管理有关问题的通知》（国税发〔2006〕187号）第四条第（一）项确定的相关性原则，纳税人如果能提供国土房管部门的协议、补充协议，或者相关政府主管部门出具的证明文件的，允许作为取得土地使用权所支付的金额予以扣除。"

除广州外，支持扣除的省、市不完全统计名单如表3.2所示：

表3.2 红线外成本费用可以扣除地区不完全统计

序 号	区 域	文件编号
1	湖北	鄂地税发〔2013〕44号
2	广州	穗地税函〔2014〕175号
3	重庆	渝财税〔2015〕93号
4	广西	广西地方税务局公告2018年第1号

续表

序　号	区　域	文件编号
5	广东	广东省税务局公告2019年5号
6	青岛	青岛市税务局公告2022年第6号
7	厦门	厦门市税务局公告2023年第1号
8	海南	海南省税务局公告2023年第2号
9	宁波	宁波市税务局公告2023年第3号

综合上述文件规定，企业只要能证明红线外支出与开发项目立项或项目用地或清算项目三者中的任何一项相关，即可计入红线内房地产的土地增值税扣除项目。为了便于顺利扣除，房地产企业需要准备与之相关的证明资料，包括但不限于：

（1）土地挂牌出让公告或土地出让合同；

（2）企业与土地、房管部门签订有协议、补充协议；

（3）《规划设计条件通知书》相关规定；

（4）政府相关主管部门出具的会议纪要或者其他文件。

另外，《中国税务报》于2019年8月16日版曾刊登《广州市南沙区复杂涉税事项税收事先裁定入选广东省自贸办创新案例事先裁定："南沙样本"有何借鉴之处》，文章指出，广州市南沙区税务局辖区A企业以BOT（build-operate-transfer即建设—经营—转让）模式竞标某项目，政府要求中标企业必须在竞拍地块外配建其他基础设施，并负责该设施的运营。企业的税务难题是"竞拍地块外配建基础设施的费用，能否在土地增值税清算中税前扣除？"南沙区税务局详细研究了《土地增值税暂行条例》及其实施细则等上位法的相关原则性规定，最终允许计入扣除项目。

综上所述，如果企业开发的项目中涉及红线外支出，但当地没有相关规定的，企业可以引用《土地增值税暂行条例》及其实施细则和国税发〔2006〕187号文件中的相关条款，据理力争以实现计入扣除项目的目标。

但以上都属于亡羊补牢式的补救措施。当前房地产企业投资信心不足，业界获取土地的意愿普遍下降，建议企业在获取新的土地时应审时度势、主动作为，适时向政府提出合理的要求：（1）要么以缴纳全额土地出让金的方式取代在红线外附加配建公共配套设施或者工程，这样一来企业取得全额的土地出让金收据后税务处理时省心、省力；（2）要么退而求其次，在土地拍卖公告和土地合同中明确约定应配建的红线外设施，作为土地成本的组成部分，以便于企业未来能够合法计入土地增值税扣除项目。企业只有未雨绸缪方能把握主动。

第二节 "限地价、竞配建"供地模式

一、模式简介与处置分类

自然资源部门为了配合"房住不炒"的长效调控机制，在土地"招拍挂"出让模式下，住宅用地和住宅混合用地又衍生出"限地价、竞配建"的供地模式。

"限地价、竞配建"供地模式，是指公开出让住宅用地时，地块设定最高价，在最高限价内按价高者得的原则确定竞得入选人，当有两个或两个以上竞买人报价达到最高价时，转入竞报配建用房[①]等面积阶段，并按竞报面积最高者得的原则确定竞得人。

目前财政部、国家税务总局未明确"限地价、竞配建"供地模式的税务处理，因此实务中税企经常存在分歧。为了公平税负减少矛盾，部分省市发布了地方政策，如广东（含广州）、山东、上海、宁波和南宁等，也有些地方通过纳税答疑的方式进行了明确，如厦门市、三明市等。

其中《广东省"三旧"改造税收指引（2019年版）》（粤税发〔2019〕188号）文件对"限地价、竞配建"的税务处理进行了系统性的分析，并把配建用房分为以下三种处置模式：

1.无偿移交模式，指政府指定接收单位与房地产企业签订不动产无偿转让协议，配建房权属首次登记在房地产企业名下，再通过转移登记将权属办理至政府指定管理部门名下。

[①] 配建用房一般用于人才、公租、养老等，配建用房用途不同，将影响税务处理，企业拿地时需要关注配建用途。

需要说明的是，由于各地土地管理部门与企业达成的约定不同，实务中移交的除了有能办理产权的配建房，有时还包括学校、幼儿园等公共配套设施。

2.直接移交模式，指土地管理部门出让土地时，将配建房建设用地和商品房用地合并供地，但土地出让合同中注明直接将配建房用地土地使用权（可共用宗地）以出让方式首次登记到政府指定的管理部门，未来配建房交付时其权属首次登记也办理至上述部门名下。

3.政府回购模式，指政府指定回购单位与房地产企业按约定价格（不低于成本价的情形）签订商品房买卖合同，不动产权属登记首次登记在房地产企业名下，再通过转移登记将权属办理至政府指定的回购单位名下。

土地权属登记主体不同、配建房用途和首次权属登记主体不同、税务处理有着根本性的差异；即使相同的业务，由于各地经济发展水平不同、财政收入存在差异，所以不同的省、市税务处理规定也有所不同，其中无偿移交模式下土地增值税的处理最有代表性。笔者结合各地规定，整理税务处理示意图（如图3.1所示），并以广东省税务处理为蓝本，对三种模式展开分析。

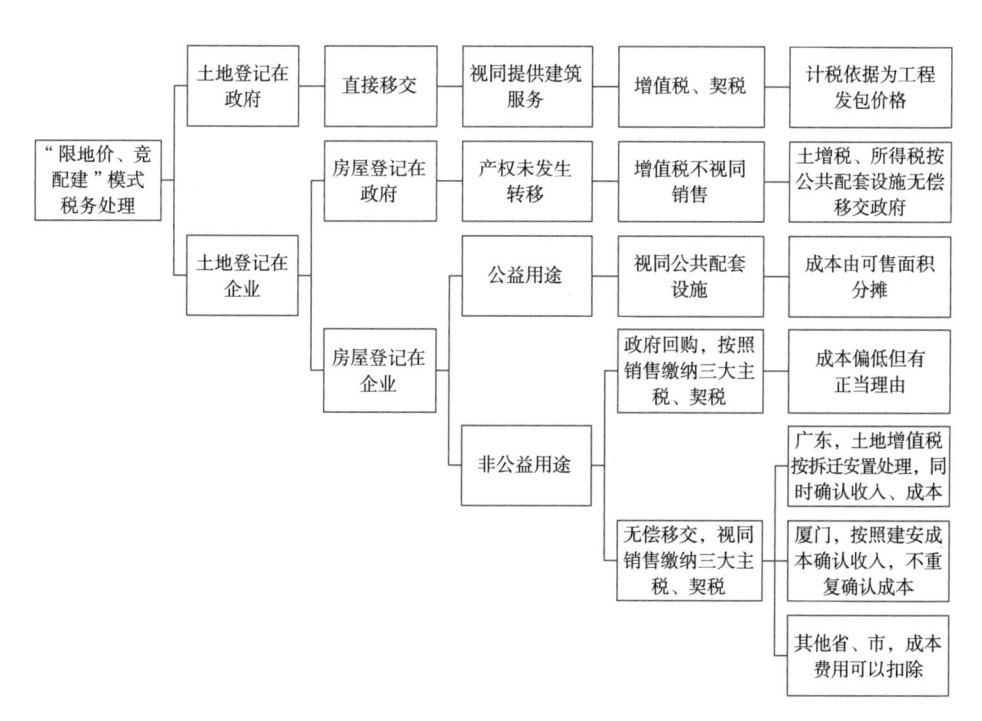

图3.1 "限地价、竞配建"供地模式主流税务处理

二、配建用房各方式下涉税分析

（一）无偿移交政府模式

无偿移交模式下，税务如何处理根据配建房是否计入可售面积以及其最终用途决定。南宁市自然资源局曾分别发布《关于我市近期国有建设用地使用权公开出让竞配涉及产权移交住房问题有关意见的通知》（南国土资发〔2017〕407号）、《南宁市自然资源局关于南宁市2019年第三十八期国有建设用地使用权公开出让有关问题答疑的通知》（南自然资发〔2019〕256号），根据用途配建用房可划分为非公益用房和公益用房。

1.非公益用房。

如果土地出让合同中约定企业无偿移交的配建房属于可售面积并且可以办理产权证，则属于商品房，此时应视为房地产企业以商品房换取政府出让的土地，即配建房是企业为获取土地而支付的对价。虽然形式上是无偿移交，但实质上是有偿提供，不论企业是否向政府有关部门开具发票，均应视同销售处理，结合粤税发〔2019〕188号文件相关规定，相关税务处理如下。

（1）增值税，根据《营业税改征增值税试点实施办法》（财税〔2016〕36号附件1）第十四规定，单位向其他单位无偿转让不动产，应视同销售。

（2）土地增值税，根据《关于房地产开发企业土地增值税清算管理有关问题的通知》（国税发〔2006〕187号）第三条第（一）项规定，企业无偿移交配建房，视同企业为获取土地而支付的对价，所有权发生转移时应视同销售。

无偿移交模式下土地增值税的成本处理一直属于老大难问题，困扰着纳税人，但笔者认为其实有迹可循，大致可分为以下两种：

第一种，视同销售，确认的收入金额不得同时确认为成本。例如，厦门市税务局在2020年7月23日答复纳税人提问时明确：《关于市土地管理委员会2017年第三次会议的纪要》（厦门市土地管理委员会专题会议纪要〔2017〕3-2号）以及《土地增值税暂行条例》第九条第（三）项规定，纳税人办理土地增值税清算时，无偿移交给政府部门或其指定的单位的开发产品按照建安成本确认转让房地产取得的收入，但按照视同销售确认的收入金额不得同时作为"取得土地使用权所支付的金额"或"房地产开发成本"。此处"建安成本"是指经税务机关清算审核或税务检查后确认的单位可售建筑面积建筑安装工程费。

需要补充说明的是，"按照建安成本确认转让房地产取得的收入"属于厦门税务局的特殊规定；其他地区确认无偿移交的配建房收入时，应按《关于房地产开发企业土地增值税清算管理有关问题的通知》（国税发〔2009〕187号）第三条第（一）款规定。

第二种，视同销售，但确认的收入金额可以同时确认为成本，《广东省"三旧"改造税收指引（2019年版）》（粤税发〔2019〕188号）规定，无偿移交配建房时，"应视同销售确认收入，同时将此确认为取得土地使用权的成本，在计算土地增值税时予以扣除"；在这里，广东税务机关把企业无偿移交配建房等同于《关于土地增值税清算有关问题的通知》（国税函〔2010〕220号）第六条第（一）项所规定的"房地产企业用建造的本项目房地产安置回迁户"的情形。尽管厦门和广东省的两个口径均属于优惠政策有利于企业减轻税收负担，但由于是地方口径，其他区域的企业不能直接适用。

另外，未来归集成本时，配建房作为企业为获取土地而支付的对价，原则上与配建房相关的所有成本均应计入土地成本，例如，《宁波市税务局关于土地增值税清算若干政策问题的公告》（宁波市税务局公告2023年第3号）第三条第（二）项明确："房地产开发项目内实物配建房，在土地出让合同（合同附件、补充合同）中写明与土地使用权取得相关联且由房地产开发企业无偿建设的，相应成本费用归入取得土地使用权所支付的金额。"

（3）企业所得税，根据《房地产开发经营业务企业所得税处理办法》（国税发〔2009〕31号）第七条规定，企业将开发产品换取其他企事业单位和个人的非货币性资产等行为，应视同销售，配建房的相关支出可以在税前扣除。

确认视同销售价格时，《广州市城市更新税收指引（2021年版）》（穗税发〔2021〕93号）规定，"同类开发产品指政府保障性住房类产品。同时可按照《国家税务总局关于印发〈房地产开发经营业务企业所得税处理办法〉的通知》（国税发〔2009〕31号）第三十一条的规定，确认为移交开发产品的土地成本"。广州按照保障房确认视同销售收入同样属于优惠政策。

（4）契税，根据《契税法》有关规定，"限地价、竞配建"下，契税的计税依据为土地合同确定的成交价格；配建房应根据《关于贯彻实施契税法若干事项执行口径的公告》（财政部 税务总局公告2021年第23号）第二条第（五）项规定作为计税依据，缴纳契税。

江苏某上市公司在2022年度年报中披露，旗下子公司泰兴市某地产有限公司收到税务局《税务处理决定书》（泰兴税处〔2009〕02号），内容显示：该公司2013年6月3日与国土资源局签订《国有建设用地使用权出让合同》取得土地使用权，只按实际支付的土地出让金申报缴纳了契税，对附带无偿配建安置住宅用房及商业用房部分未作为成交价格申报缴纳契税。经税务机关委托评估，房产评估价合计786789629元，以出让合同签订日为基准日，核定征收契税23603688.87元。

2. 公益用房。

如果配建用房不计入可售面积且用于公益性物业，则为公益用房，即公共配套设施，如学校、幼儿园等，其税务处理如下：

（1）增值税，企业无偿移交配建房用于公益事业或者以社会公众为对象，根据《营业税改征增值税试点实施办法》（财税〔2016〕36号附件1）第十四条规定，不视同销售。

上海市税务局于2018年7月17日发布的《关于配建的保障性住房相关税收问题的政策操作口径的通知》中曾明确规定，如果配建权属首次登记直接办理至政府指定管理部门名下，此时房屋产权未发生转移，企业不开具发票，不视同销售不动产或提供建筑服务。

房地产企业为增值税一般纳税人适用一般计税方法时，企业在配建房建设过程中取得的增值税专用发票可用于进项抵扣。

（2）土地增值税，企业把配建用房无偿移交给政府、公用事业单位用于非营利性社会公共事业时，作为公共配套设施处理，根据《关于房地产开发企业土地增值税清算管理有关问题的通知》（国税发〔2006〕187号）第四条第（三）项规定，其成本可计入土地增值税扣除项目。

（3）企业所得税，配建房属于非营利性且无偿赠与地方政府、公用事业单位的，《房地产开发经营业务企业所得税处理办法》（国税发〔2009〕31号）第十七条第（一）项规定，可将其视为公共配套设施，其建造费用按公共配套设施费的有关规定进行处理。

（4）其他税种，如果土地出让合同中约定配建房属于公租房，根据《关于进一步规范发展公租房的意见》（建保〔2019〕55号）第五条第（二）项规定，相关企业可以对土地使用税、印花税等税种申请税收减免优惠。

> **知识链接：上海关于配建的保障性住房税务口径**

上海市税务局于2018年7月17日发布了《关于配建的保障性住房相关税收问题的政策操作口径的通知》，明确了配建的保障性住房无偿移交保障房管理机构税收政策口径，大致内容如下：

房屋建成后，大产证直接办理至保障房管理机构名下的，房地产开发企业不开具发票，增值税上不视同销售不动产或提供建筑服务。

凡企业与政府签订的土地出让合同中明确需配建一定数量的保障性住房无偿提供给政府或保障房管理机构的，则企业配建的保障性住房实际发生的支出，企业所得税可按照国税发〔2009〕31号文件中的公共配套设施进行所得税处理。

符合上述条件的，土地增值税项目清算时，可参照国税发〔2006〕187号第四项第三款的规定处理。

（二）直接移交模式

直接移交模式下，配套建设地块和经营性地块合并供地，但土地管理部门直接以出让方式把配套建设地块国有建设用地使用权登记到配建管理单位；不动产登记部门依法依规将配套建设首次登记到配建管理单位，未发生产权转移，房地产企业税务处理如下。

1.增值税，不动产登记部门直接将配套建设首次登记到配建管理单位，相当于房地产企业为政府部门提供建筑服务，应按照视同销售缴纳增值税。建筑服务的计税依据一般按照房地产企业发包配建房的合同价格进行处理，计入开发产品计税成本。

2.企业所得税，按照《房地产开发经营业务企业所得税处理办法》（国税发〔2009〕31号）规定，配套房的相关支出应作为取得土地使用权的成本，计入开发产品计税成本。

3.其他税种。契税处理同无偿移交模式；由于直接移交模式不属于转让不动产业务，不涉及土地增值税，但配建房工程发包价格可以作为土地成本在土地增值税清算时予以扣除。

（三）政府回购模式

政府回购模式下，政府指定回购单位与房地产企业按约定价格（不低于成本价）签订商品房买卖合同，不动产权属登记首次登记在房地产企业名下，再通过转移登记将权属登记至政府指定配建管理单位名下。政府回购模式下，属于房地产企业销售开发产品。

《税收征收管理法》第三十五条第一款第（六）项规定，纳税人申报的计税依据明显偏低，又无正当理由的，税务机关有权核定其应纳税额。具体到该业务，企业在签订土地出让合同时，已经与政府约定了未来配建房移交时的价格，尽管价格偏低，但有正当理由。

因此，不论是增值税、土地增值税，还是企业所得税，均应按照政府回购价格确认收入并作为计税依据，计算缴纳。另外，房地产企业低价销售配建房时无须再缴纳契税。

案例分析："限地价、竞配建"涉税分析

某房地产企业位于某三线城市，是增值税一般纳税人，当地政府拟定于2022年12月通过"限地价、竞配建"出让一块纯住宅用地，邀约该企业参与竞拍。

资料显示，该项目用地面积为5万平方米，土地出让金11000万元；总建筑面积为11万平方米，其中无偿移交配建房1万平方米；当地契税税率4%。

企业估算如下：如果拿地，应缴纳政府规费2200万元，可以取得非税收入票据，支付设计费330万元，取得增值税专票，税率为6%；工程采用总承包模式，可以取得税率为9%的增值税专票44000万元，资金全部为自有资金。销售时预计售价为1万元/平方米，附加税率为10%（不考虑印花税和开发费用），当地成本利润率为15%。

因当地对"限地价、竞配建"业务没有相关规定，税务机关承诺认可企业举证的其他地方口径。现在企业拟分别采用上海口径（配建房首次登记在政府管理部门名下）、广东口径测算该项目税负和净利润，然后与政府就土地出让合同中配建房相关条款展开谈判。假定您作为财务负责人，请试测算并给出合理化建议。

分析：测算过程略，结果汇总如表3.3所示：

表3.3 "限地价、竞配建"无偿移交方式纳税对比

单位：元

项　　目	上海口径	广东口径
货币收入	917431193	917431193
视同销售收入	0	91743119
增值税	36969171	45226052
附加税	3696917	4522605
契税	4400000	4400000
土地增值税	65003710	56177104
增值率	30.53%	22.53%
企业所得税	78657551	103593560
综合税负	151758177	168693269
账面净利润	235972652	310780679
实际净利润	235972652	241973340

上海口径下，配建房首次登记在政府管理部门名下，房屋产权未发生转移，不视同销售不动产或提供建筑服务，不涉及增值税，企业发生的配建房支出，在计算企业所得税和土地增值税时，均按照公共配套设施处理。而广东口径下无偿移交，则三大主税均视同销售，此时综合税负（不含增值税）高于上海口径，但是实际净利润也相对较高。

但广东口径下，移交的配建房土地增值税可以按照拆迁还房业务处理，确认收入的同时确认成本，因此广东口径下土地增值税增值率低于上海口径，当按照1万元/平方米的价格销售时，增值率分别为22.53%、30.53%，对比可以发现，广东口径更接近于土地增值税免征临界点（20%）。

如果企业能够适当下调售价，则广东口径有可能免征土地增值税，但上海口径仍然需要缴纳，这时上海口径整体税负高于广东口径。因此，企业采用哪个口径，应结合产品售价统筹考虑。

三、"限地价、竞配建"模式风险与对策

"限地价、竞配建"供地模式下，由于房地产企业要无偿或者低价向管理部

门移交配建房，导致企业的利润降低、风险加大。另外，当前房地产企业由于销售放缓、融资困难，整体上比拼的是资金周转速度，如果政府出让土地时在"限地价、竞配建"的基础上再增加"竞自持"的要求，将造成企业部分开发产品长期不能销售导致资金占用，一旦资金无法高效周转，轻则企业将无力拿地，重则可能导致企业出现经营性风险。

例如，《关于杭州市企业自持商品房屋租赁管理有关问题的通知》（杭土资发〔2017〕15号）第三条规定："企业自持商品房屋应全部用于对外租赁，不得销售或转让。企业持有年限与土地出让年限一致，对外出租单次租期不得超过10年。"

尽管《关于做好当前金融支持房地产市场平稳健康发展工作的通知》（银发〔2022〕254号）强调"稳定房地产开发贷款投放。坚持'两个毫不动摇'，对国有、民营等各类房地产企业一视同仁"，但民营房地产企业融资难度要远高于国有企业。因此，"限地价、竞配建"供地模式下，企业出手拿地前应准确测算项目投资回报，避免因一时冲动使其成为烫手的山芋。

第三节　旧城改造税务处理与应对

近年来，由于城镇化高速发展，城市中能够用于出让的净地所剩无几，这种情况下，为了改善居民生活条件、提升城市形象，针对存量土地，国家倡导旧城改造和城市更新，常见的有旧城改造和城市更新模式。

实践中，旧城改造和城市更新模式众多，本节以"政府招标一级开发、企业受托平整"和"政府毛地出让、开发企业自行拆迁"两个场景为例，分析相关税务处理。

一、一级开发的税务处理

土地一级开发，是指政府通过下属土地储备机构或者委托具备开发资质的房地产企业，按照土地利用总体规划、城市总体规划及控制性详细规划和年度土地储备开发计划，对确定的存量国有土地、拟征用和农用地转变为建设用地，统一组织进行征地、拆迁和基础设施建设的行为，使土地达到建设条件再进行有偿出让或转让，又称"生地做熟、毛地做净"。

目前旧城改造常见的模式是存量委托开发，即土地储备部门负责土地一级开发的企业招投标工作，与中标房地产企业签订旧城改造委托协议，中标企业接受委托，按照协议约定展开工作，大致包括筹措资金、办理规划、项目核准、征地拆迁和大市政建设等。

参照《关于纳税人投资政府土地改造项目有关营业税问题的公告》（国家税务总局公告2013年第15号）、《关于政府收回土地使用权及纳税人代垫拆迁补偿费有关营业税问题的通知》（国税函〔2009〕520号）相关规定，房地产企业与地方政府合作进行一级开发时，可以分为以下业务：

（1）如果向土地改造项目投入资金，待政府将该地块进行挂牌出让后自行承担项目风险和损益的行为，属于投资行为，不属于增值税征税范围。

（2）如果向土地改造项目投入资金，但收取固定利润或者保底利润，实质属于提供资金融通服务，取得的收益属于利息收入，应按照"贷款服务"缴纳增值税。

（3）如果房地产企业受托进行建筑物拆除、平整土地并代委托方向原土地使用权人支付拆迁补偿费，其提供建筑物拆除、平整土地劳务取得的收入应按照"建筑服务"缴纳增值税。

（4）如果需要代委托方向原土地使用权人支付拆迁补偿费，营改增后是否纳税以及如何纳税，目前存在争议。

北京市税务机关认为，该业务属于"受托代付"业务，不属于增值税征收范围，《北京市规划和国土资源管理委员会 北京市国税局 北京市地税局 北京市财政局关于土地一级开发项目涉及增值税发票等有关问题的通知》（市规划国土发〔2017〕186号）规定，"政府储备机构须使用受托企业开具的收据和储备机构开户银行回单作为记账凭证。受托一级房地产企业代为支付的款项不属于增值税征收范围或最终收款方不能自行开具发票的，受托一级房地产企业可以取得收据，并以收据和开户银行回单作为资金往来凭证"。

而河北省税务机关则认为，代委托方向原土地使用权人支付拆迁补偿费的行为属于"经纪代理"业务。笔者认为，受托房地产企业并没有从受托代付中获取收益，所以如果按照河北的"经纪代理"业务纳税，对企业来说有失公平。

二、被拆迁人的税务处理

拆迁分为商业性拆迁和政策性拆迁，商业性拆迁属于商业经营性行为，被拆迁人也即我们常说的拆迁户，应按照转让不动产处理，不适用税收优惠政策；政策性搬迁，是指由于社会公共利益的需要，在政府主导下进行搬迁或者腾退，如果符合《企业政策性搬迁所得税管理办法》（国家税务总局公告2012年第40号）第三条规定的原因并能提供相关文件证明资料的，属于政策性搬迁，政策性拆迁收到的腾退补偿适用优惠政策。

对于"相关文件证明资料"，《关于政府收回土地使用权及纳税人代垫拆迁补偿费有关营业税问题的通知》（国税函〔2009〕520号）明确规定为："《国家税务总局关于土地使用者将土地使用权归还给土地所有者行为营业税问题的通知》（国税函〔2008〕277号）中关于县级以上（含）地方人民政府收回土地使用权的正式文件，包括县级以上（含）地方人民政府出具的收回土地使用权文件，以及土地管理部门报经县级以上（含）地方人民政府同意后由该土地管理部门出具的收回土地使用权文件。"

在政策性拆迁中，拆迁户取得的费用按照性质可以划分为拆迁补偿费、停产停业损失补偿费（经营性补偿），税务处理如下：

1.增值税。

根据《营业税改征增值税试点过渡政策的规定》（财税〔2016〕36号附件3）第一条第（三十七）项规定，土地使用者（拆迁户）将土地使用权归还给土地所有者时，收取的拆迁补偿费免征增值税；其收取的与土地相关的有形动产、不动产补偿费，根据《关于明确无偿转让股票等增值税政策的公告》（财政部 税务总局公告2020年第40号），也免征增值税，此时拆迁户可以开具增值税免税发票。

如果拆迁户为农村集体经济组织，其申请将集体土地转为国有建设用地并交由政府出让，属于土地使用者将土地使用权归还给土地所有者，按规定可免征增值税。

如果拆迁户收取的是停产停业损失补偿费，则不属于增值税应税范围。

2.土地增值税。

拆迁户如果属于因城市实施规划、国家建设的需要而被政府批准征用房产或收回土地而搬迁，可以免征土地增值税。

因"城市实施规划"而搬迁，是指因旧城改造或因企业污染、扰民（指产生过量废气、废水、废渣和噪声，使城市居民生活受到一定的危害），而由政府或政府有关主管部门根据已审批通过的城市规划确定进行搬迁的情况；因"国家建设的需要"而搬迁，是指因实施国务院、省级人民政府、国务院有关部委批准的建设项目而进行搬迁的情况。

符合上述免税规定的单位和个人，须向房地产所在地税务机关提出免税申请，经税务机关审核后，免予征收土地增值税；但停产停业损失补偿费不属于土地增值税应税范围。

需要注意的是，《土地增值税暂行条例》仅对国有土地征收土地增值税；但是《土地增值税法（征求意见稿）》扩大了征收范围，不再区分国有土地和集体土地，只要在我国境内"转移房地产①并取得收入"，就属于土地增值税应税范围。

3. 所得税。

（1）企业。

如果拆迁户属于企业，依据《企业政策性搬迁所得税管理办法》（国家税务总局公告2012年第40号）规定，可适用政策性搬迁的相关规定进行处理：企业在搬迁期间发生的搬迁收入和搬迁支出，可以暂不计入当期应纳税所得额，而在完成搬迁（不超过五年）的年度，对搬迁收入和支出进行汇总清算，缴纳企业所得税。停产停业损失补偿费应计入企业所得，计算缴纳企业所得税。

企业搬迁完成当年，向主管税务机关报送企业所得税年度纳税申报表时，应同时报送《企业政策性搬迁清算损益表》及相关材料。对于发生政策性搬迁纳税调整项目的企业，应在完成搬迁年度及以后进行损失分期扣除的年度填报年度申报表（A类）的附表A105110《政策性搬迁纳税调整明细表》。

需要注意的是，企业应就政策性搬迁过程中涉及的搬迁收入、搬迁支出、搬迁资产税务处理、搬迁所得等所得税征收管理事项，单独进行税务管理和核算。

（2）个人。

如果拆迁户属于个人，根据《关于城镇房屋拆迁有关税收政策的通知》（财税〔2005〕45号）规定，"对被拆迁人按照国家有关城镇房屋拆迁管理办法规定

---

① 不含土地承包经营权流转。

的标准取得的拆迁补偿款，免征个人所得税"。

需要说明的是，上述政策未明确超标准部分是否征税以及如何征税？笔者认为，相关企业可以参照下列政策或口径：

《大连市地方税务局关于明确动迁补偿收入征收个人所得税等若干政策问题的通知》（大地税函〔2008〕253号）第一条补充规定，"个体工商户、个人独资企业和合伙企业取得的政府规定标准内的动迁补偿收入免征个人所得税，超标准的部分计征个人所得税"。

《广州市地方税务局关于印发〈个人所得税若干征税业务指引（2009年）〉的通知》（穗地税发〔2009〕148号）第五条进一步明确："对被拆迁人取得超过上述规定标准的部分应按'财产转让所得'项目征收个人所得税，且不得扣除房产原值。"

2022年10月28日，浙江省税务局在纳税答疑时指出，"被拆迁人"包括自然人、个体工商户、个人独资企业和合伙企业。但"拆迁补偿款"不包括对个体工商户、个人独资企业和合伙企业的经营性补偿。

《关于明确个人所得税征收管理若干具体问题政策适用的通知》（大地税函〔2009〕211号）第四条明确，"个人、个人独资企业和合伙企业因搬迁等原因取得的对生产经营收益性质的补偿金，属于经营性所得，应当按照'个体工商户生产、经营所得'项目征收个人所得税"。

三、房地产企业的税务处理

前文提到，政府原则上应出让具备建设条件的净地，即土地经过收储、平整符合出让条件后，土地管理部门才能以"招拍挂"的方式出让。但实践中很多地方政府为了加快土地出让进度、提前利用社会资金，有可能"现状出让"，这种情况下土地受让企业就要涉及拆迁补偿。

《国有土地上房屋征收与补偿条例》规定，"被征收人可以选择货币补偿，也可以选择房屋产权调换"。实践中，拆迁补偿分为货币补偿、回迁安置两种方式。

（一）"货币补偿"税务处理

货币补偿也叫"货币化安置"，具体是指房地产企业在取得土地时，向拆迁户包括个人或其他单位支付货币进行补偿的行为。货币安置时税务处理如下：

1. 增值税。

支付货币补偿时，房地产企业一般纳税人适用一般计税方法的，根据《关于明确金融 房地产开发 教育辅助服务等增值税政策的通知》（财税〔2016〕140号）规定，允许计入土地价款在计算销售额时扣除；企业应提供拆迁协议、拆迁双方支付和取得拆迁补偿费用凭证等能够证明拆迁补偿费用真实性的材料。

2. 土地增值税。

企业支付的货币补偿，按照《关于土地增值税清算有关问题的通知》（国税函〔2010〕220号）第六条第（三）项规定计入拆迁补偿费，可以计入扣除项目；拆迁户因调换面积支付的补差价款，应抵减本项目拆迁补偿费。

（二）"回迁安置"税务处理

回迁安置也称为产权调换或者拆迁还房，即实物补偿，如"拆一还一"等。营业税改征增值税后，因为增值税没有明文规定，导致回迁安置模式下增值税销售额与土地增值税纳税义务发生时间一直是税企博弈的重点。

1. 增值税。

《关于个人销售拆迁补偿住房征收营业税问题的批复》（国税函〔2007〕768号）规定："房地产开发公司对被拆迁户实行房屋产权调换时，其实质是以不动产所有权为表现形式的经济利益的交换。房地产开发公司将所拥有的不动产所有权转移给了被拆迁户，并获得了相应的经济利益。"

营业税改征增值税后，该业务"以不动产所有权为表现形式的经济利益的交换"的性质并未发生变化，房地产企业向拆迁户无偿转让回迁房所有权的行为，应按照《营业税改征增值税试点实施办法》（财税〔2016〕36号附件1）第十四条之规定，视同销售不动产征收增值税；而不能参照货币补偿，直接从销售额中扣除。

对于回迁房的销售价格确认方法，营业税改征增值税后，各地税务机关陆续发布了税务指引，以河北为例，原河北省国家税务局于2017年6月发布的《关于全面推开营改增有关政策问题的解答（之八）》第十一条"关于房地产开发企业向被拆迁业主交付回迁房如何计税问题"规定，应以房地产企业是否承担土地价款为标志分为两种情形：

第一种，如果房地产企业承担土地价款的，根据《营业税改征增值税试点实施办法》（财税〔2016〕36号附件1）第四十四条的规定，销售额按下列方法和顺序确定：

（1）按照本企业最近时期销售同类房产的平均价格确定。

（2）按照其他房地产企业最近时期销售同类房产的平均价格确定。

第二种，如果房地产企业不承担土地价款的，其销售额按组成计税价格确定。组成计税价格公式为：组成计税价格＝成本×（1+成本利润率）

而山东、河南等地规定，应按照上述第二种方法确定销售额。除此之外，实务中还存在其他的确认方法，如《深圳市全面推开"营改增"试点工作指引（之四）——房地产业》中明确，在房地产企业不承担土地价款的前提下，实际回迁面积未超过拆迁补偿协议约定面积的，销售额按照组成计税价格确定；超过的面积，按照《营业税改征增值税试点实施小法》（财税〔2016〕36号附件1）第四十四条的规定确定销售额并计算缴纳增值税，即参照房地产企业承担土地价款的情形处理。

2. 土地增值税。

回迁房土地增值税处理，依据《关于土地增值税清算有关问题的通知》（国税函〔2010〕220号）第六条规定，房地产企业用建造的本项目房地产安置回迁户的，安置用房视同销售处理。按《关于房地产开发企业土地增值税清算管理有关问题的通知》（国税发〔2006〕187号）第三条第一款规定确认收入，同时将此确认为房地产开发项目的拆迁补偿费。房地产开发企业支付给回迁户的补差价款，计入拆迁补偿费；回迁户支付给房地产开发企业的补差价款，应抵减本项目拆迁补偿费。

房地产企业采取异地安置时，如果异地安置的房屋属于自行开发建造的，房屋价值按国税发〔2006〕187号第三条第一款的规定计算，计入本项目的拆迁补偿费；异地安置的房屋属于购入的，以实际支付的购房支出计入拆迁补偿费。

3. 企业所得税。

原青岛市地方税务局《关于印发〈2009年度企业所得税业务问题解答〉的通知》（青地税函〔2010〕2号）文件第二十六条明确如下：对于房地产企业，如果被拆迁户选择货币补偿方式，该项支出作为"拆迁补偿费"计入开发成本中的土地成本；如果被拆迁户选择就地安置房屋补偿方式，对补偿的房屋应视同对外销售，相当于被拆迁户用房地产企业支付的货币补偿资金向房地产企业购入房屋，视同销售收入应按其公允价值或参照同期同类房屋的市场价格确定，同时应按照同期同类房屋的成本确认视同销售成本。另外，要确认土地成本中的"拆迁补偿费支出"，即以按公允价值或同期同类房屋市场价格计算的金额以"拆迁补偿费"的形式计入开发成本的土地成本中。

需要说明的是，如果房地产企业将开发产品全部用于销售并且销售完成，则扣除的成本和确认的收入一致，否则扣除的成本将小于确认的收入。

4.契税。

根据《关于贯彻实施契税法若干事项执行口径的公告》（财政部 税务总局公告2021年第23号）第二条第（五）项规定："土地使用权出让的，计税依据包括土地出让金、土地补偿费、安置补助费、地上附着物和青苗补偿费、征收补偿费、城市基础设施配套费、实物配建房屋等应交付的货币以及实物、其他经济利益对应的价款。"因此，不论是货币补偿还是实物补偿，均应作为契税的计税依据。

对于拆迁户，如果选择回迁安置的，《契税法》第七条规定："省、自治区、直辖市可以决定对下列情形免征或者减征契税：（一）因土地、房屋被县级以上人民政府征收、征用，重新承受土地、房屋权属。……前款规定的免征或者减征契税的具体办法，由省、自治区、直辖市人民政府提出，报同级人民代表大会常务委员会决定，并报全国人民代表大会常务委员会和国务院备案。"

以北京为例，《北京市人民代表大会常务委员会关于北京市契税具体适用税率等事项的决定》（2021年7月30日北京市第十五届人民代表大会常务委员会第三十二次会议通过）第二条规定："（一）因土地、房屋被县级以上人民政府征收、征用，重新承受土地、房屋权属，其成交价格没有超出土地、房屋补偿费、安置补助费的部分"，免征契税。

（三）纳税义务发生时间与销售价格的确定

在实践中，房价经常随着经济形势发生变化，同一个开发项目，不同年份不同月度价格差异较大，视同销售价格是按照签订拆迁协议之时还是按照移交回迁房之时的价格，影响着企业的税收。

在以往房价不断攀升的情况下，企业倾向于按照《房屋拆迁安置补偿协议（产权调换）》合同签订的时点，而税务机关会倾向于交房的时点，而笔者更支持企业的观点，理由如下：

第一，《国有土地上房屋征收与补偿条例》第十九条第一款规定："对被征收房屋价值的补偿，不得低于房屋征收决定公告之日被征收房屋类似房地产的市场价格。被征收房屋的价值，由具有相应资质的房地产价格评估机构按照房屋征收评估办法评估确定。"《国有土地上房屋征收评估办法》（建房〔2011〕77号）第十条规定："被征收房屋价值评估时点为房屋征收决定公告之日。用于产权调换房屋价值评估时点应当与被征收房屋价值评估时点一致。"

第二，《关于个人销售拆迁补偿住房征收营业税问题的批复》（国税函〔2007〕768号）第一条"关于拆迁补偿住房取得方式问题"规定："房地产开发公司对被拆迁户实行房屋产权调换时，其实质是以不动产所有权为表现形式的经济利益的交换"。在企业与拆迁户双方达成一致、签订《房屋拆迁安置补偿协议（产权调换）》时，即锁定了拆迁房的价值。否则，只锁定了拆迁户的房屋价格，而房地产企业用于还房的价格存在不确定性，回迁安置时吃亏的一方有可能要求对方补偿损失，将成为社会不稳定因素。

第三，安徽省税务局在2018年12月4日回复纳税人提问时明确指出："拆迁安置视同销售土地增值税纳税义务发生时间应为签订拆迁协议之日，销售收入按拆迁协议签订时同期同类房地产价格确定。"[①]

前文提到，房地产企业用本项目就地安置的，安置用房在视同销售确认收入的同时，还应将此确认为房地产开发项目的拆迁补偿费。鉴于土地增值税扣除项目可以加计扣除，当开发项目需要缴纳土地增值税时，如果适当地提高视同销售的价格，则可以有效降低土地增值税，因此，原则上土地增值税中确认的收入价格越高，对企业越有利。

但是，企业不能无节制地提高价格，一是要兼顾本企业销售商品房的现实情况，二是要统筹考虑与其他税种的协同比对。根据《关于纳税人开发回迁安置用房有关营业税问题的公告》（国家税务总局公告2014年第2号）有关规定，房地产企业是否承担了土地价款，决定了回迁用房能否适用组成计税价格；以简易计税为例，当回迁安置用房不适用组成计税价格时，则增值税收入需要等同于土地增

[①]《关于房地产企业土地增值税拆迁视同销售时点确认的有关咨询》，载安徽省税务局官网 http://anhui.chinatax.gov.cn/jact/front/front_mailpubdetail.action?transactId=72790&sysid=23，最后访问时间2023年6月8日。

值税收入，此时提高回迁房的销售价格势必会连带影响增值税和契税的税负，否则企业将存在税种比对不一致的情形，引发税务风险。

当然，特殊情况下企业也可以降低销售价格，如项目公司中普通标准住宅为主力产品，财务部通过土地增值税模拟清算计算出普通标准住宅的土地增值税增值率略高于20%，如果不做干预则清算时需要缴纳巨额的土地增值税，这种情况下，企业就有必要适当降低视同销售的价格。实务中企业需要根据税负测算，通过敏感性分析找出安置用房视同销售的最优价格。

（四）政府回购的税务处理

在实践中还有一种情况，即房地产企业受托进行一级土地开发后，土地成为"净地"；土地管理部门按照政府要求，通过邀标的方式低价出让给房地产企业，但企业需要按照限定价格向政府提供指定面积的开发产品，由政府用于安置、分配。

实践中，为了提振楼市行情、促进房地产市场健康发展，从2022年7月开始，已经有多地政府直接出手低价回购新建商品房用于扩充保障房房源，此举加快了房地产企业资金回笼、稳定了当地的房地产市场等。

上述情况即属于房地产企业按照政府指导价或限价等非市场定价方式销售，此时企业应按照回购价作为各个税种的计税依据，尽管售价偏低，但是属于有正当的理由，具体可参照本书第三章第二节"（三）政府回购模式"相关内容。

拆迁安置业务相对普通开发业务更为复杂，企业涉及此类业务时，需要与税务机关加强沟通，避免误用政策埋下涉税隐患。

第四节 项目收购风险与税务应对

土地是房地产企业的核心生产资料。但部分企业可能受制于土地出让规则的限制而明显"吃不饱"，如深圳市在2021年8月土地出让规则调整后明确要求"同一企业及其控股的各个公司，参与本批次用地竞买最多可竞得3宗用地（含联合竞买）"。

针对上述情况，部分房地产企业只能通过企业并购重组方式从二级市场获取土地，其中常用的重组方式包括资产收购和股权收购。

一、在建项目转让的条件

国家为了抑制炒作"地皮"牟取暴利的投机行为,《城市房地产管理法》规定,对以出让方式取得的土地使用权首次转让时,已投资额须达到开发投资总额的百分之二十五以上的条件,即转让房地产时只能转让在建项目不能直接转让国有建设用地。以南京为例,《南京市国有建设用地使用权转让、出租、抵押二级市场管理办法》(宁规划资源规〔2021〕7号)第九条规定,符合下列情形之一的,可认定已达到开发投资总额的25%以上:

(一)以净地方式受让土地的
1. 工程建设已全部开工并已达到正负零;
2. 工程建设虽部分开工,但地上在建工程所占土地面积不小于50%;
3. 工程建设虽部分开工,但已完成的地上建筑面积不小于总建筑面积(不含地下)的三分之一。

(二)以毛地方式受让土地的,已完成房屋征收形成建设用地条件。

(三)具有资质的审计(评估)机构出具开发投资额度(不含土地出让金)已达到25%以上的审计(评估)报告。

这里的"在建项目"是指已立项投入建设但尚未完工的房地产项目或其他建设项目。在建项目转让,则是指转让方将国有土地使用权及附着于该土地上的未建成的建筑物、构筑物、附属设施一并转让给收购方,并由收购方支付转让价款的民事法律行为。

其中"已投资额""总投资额",根据《闲置土地处置办法》(国土资源部令第53号)规定,均不包含国有建设用地使用权出让价款、划拨价款和向国家缴纳的相关税费。

二、项目收购的风险提示

房地产在建项目收购涉及资金大、风险高,收购方应高度重视、谨慎对待,收购前须成立专项收购团队,并委托专业机构进行尽职调查,全面了解目标项目所在地的营商环境、法律规定、财税政策,以及目标项目的转让动机、公司状况、项目状况、收购中存在的法律障碍和财务障碍等。

收购方应首先了解目标项目所在地的法律规定，避免支付意向金后因"法定不可转让"而造成资金损失或者资金占用，如深圳土地管理部门一般情况下不受理司法拍卖以外的在建项目转让。其次收购方应了解转让方真实的转让动机，并通过尽职调查查明目标项目是否存在诸如以下问题或风险：土地闲置或工程逾期竣工被无偿收回；在建项目存在抵押借款、拖欠工程款；存在预售房地产合同；合同相对方索赔、维权等。

需要说明的是，如果收购时转让方未妥善解决或者合同未约定责任方，项目收购后上述问题造成的经济与法律风险将波及收购方，侵害收购方的利益。

实践中，转让方当资金紧张时经常抵押土地或者在建项目融资，甚至出现"一房多卖"的现象，《最高人民法院关于审理涉及国有土地使用权合同纠纷案件适用法律问题的解释》第九条规定，判断拟转让土地归属的优先顺序为"登记＞占有＞先支付价款＞合同先成立"。当前房地产企业拖欠承包人建设工程款时有发生，《民法典》第八百零七条特别规定了建设工程优先受偿权[①]，因此收购方需要详细了解拟收购项目，避免付款后鸡飞蛋打。

为促进土地要素流通、盘活存量土地，同时提高土地资源利用效率，降低收购方风险，原国土资源部2017年3月印发《关于完善建设用地使用权转让、出租、抵押二级市场的试点方案》（国土资发〔2017〕12号），在全国34个城市进行试点。以宁波为例，2017年8月宁波发布《浙江省宁波市关于完善建设用地使用权转让、出租、抵押二级市场试点的实施方案》，于第三条第（三）项"探索未达到开发投资总额要求的土地有条件转让"中规定：按照"先投入后转让"的原则，允许未完成开发投资总额的百分之二十五以上的国有建设用地使用权，在签订土地二级市场交易合同后，依法办理预告登记，待开发投资总额达到法定要求时，再依法办理不动产登记。国家之所以允许收购方提前介入、垫资开发后再转让，目的是避免在建项目因资金链断裂导致烂尾。

针对"先投入后转让"的情况，收购方可以与转让方签订一揽子合同，约定由收购方派驻项目开发团队带资入场，按照己方思路选择设计单位和施工企业但

---

① 优先受偿范围不包括逾期支付建设工程价款的利息、违约金、损害赔偿金。

以项目公司名义报批报建，待符合转让条件后再办理转移登记。需要说明的是，届时应同时办理五证的变更。

需要注意的是，收购方取得在建项目后，仍然需要符合原土地出让合同相关约定，《国有建设用地使用权出让合同》示范文本第二十二条规定："国有建设用地使用权的转让、出租及抵押合同，不得违背国家法律、法规规定和本合同约定。"

知识链接：项目收购要谨慎，一着不慎将入坑

2022年11月11日，深圳公共资源交易中心发布土地使用权转让挂牌公告深土交告〔2022〕68号，以挂牌方式公开转让T208-0054宗地的使用权及地上建筑物、附着物。

其中交易标的物信息"瑕疵及其他注意事项"提示了重大风险，列示如下：
……

4.本宗地建设项目存在逾期竣工风险，存在被无偿收回土地使用权及地上建筑物、附着物的风险，相关风险事项由竞得人自行评估并承担。

5.本宗地存在被认定为闲置土地的风险，如宗地被认定为闲置土地，按国家和深圳市关于闲置土地相关规定处理，相关风险事项由竞得人自行评估并承担。

6.本宗地建设项目存在包括但不限于临时用地使用期已满、逾期使用欠费、拖欠工程款、合同相对方索赔、维权等问题，存在的经济与法律风险由竞得人自行评估。

三、项目收购的税务处理

（一）转让方税务处理

1.增值税。

项目转让时，增值税处理适用于《房地产开发企业销售自行开发的房地产项目增值税征收管理暂行办法》（国家税务总局公告2016年第18号）文件，即转让方作为增值税一般纳税人适用一般计税方法的，一次性转让尚未完工的在建项目时，应以取得的全部价款和价外费用一次性扣除向政府部门支付的土地价款后的余额计算缴纳增值税；转让方可以向收购方全额开具增值税专用发票。

对于适用的税目，参照《河北省国家税务局关于全面推开营改增有关政策问题的解答（之八）》规定，根据项目开发进展把项目转让分为两种情况：第一种，如果项目转让时已完成土地前期开发或正在进行土地前期开发但尚未进入施工阶段，按"转让无形资产"税目中"转让土地使用权"项目缴纳增值税。第二种，如果项目转让时已进入建筑物施工阶段的，按"销售不动产"税目缴纳增值税。

笔者在实务中发现，投资总额达到25%时，绝大多数的项目已经进入建筑物的实质施工阶段，因此，本文仅分析"销售不动产"这一种情形。

2. 土地增值税。

项目收购业务中，土地增值税如何计算一直存在争议，焦点集中在哪一方可以加计扣除。

一般情况下，转让方适用《国家税务总局关于印发〈土地增值税宣传提纲〉的通知》（国税函发〔1995〕110号）第六条第（三）项规定，"对取得土地使用权后进行房地产开发建造的，在计算其增值额时，允许扣除取得土地使用权时支付的地价款和有关费用、开发土地和新建房及配套设施的成本和规定的费用、转让房地产有关的税金，并允许加计20%的扣除"。即转让方可以加计扣除，也就是"前手"可以加计扣除，这也是业界的主流处理方式。

但是土地增值税也有少数地方规定"后手"才可以加计扣除，如《关于印发土地增值税等财产行为税政策执行问题处理意见的通知》（渝财税〔2015〕93号）规定，"房地产企业转让开发的土地、未竣工房地产项目，其'取得土地使用权所支付的金额'不能加计扣除；承受土地、未竣工项目的房地产企业在完成房地产项目开发，进行土地增值税清算时，其取得土地、未竣工项目所支付的款项，可作为'取得土地使用权所支付的金额'，并适用加计扣除"。

另外，在计算土地增值税时，应注意区分土地增值税分期并关注在建项目的形象进度，如果当期项目尚未竣工封顶，应按照"在建项目"统一计入"其他类型房地产"进行清算；如果当期已经竣工封顶，应按照销售开发产品，适用当地的土地增值税成本对象划分方法，即一分法或二分法或三分法。

3. 印花税。

转让项目时双方需要签订合同，均按照"产权转移书据"缴纳印花税。

4.企业所得税。

转让方为项目建设发生的，与转让收入相关的成本、费用、税费（不含增值税），均可以企业所得税税前扣除。

（二）收购方税务处理

收购方购入项目继续投入，符合销售条件后销售开发产品，其税务处理和其他房地产企业通过"招拍挂"方式获取土地后进行房地产开发没有太大的区别。不同的是，收购方的投入被人为地划分为两部分，即"收购方取得未竣工房地产所支付的价款"和"改良开发未竣工房地产"。

1.增值税。

收购方以接盘等形式购入在建项目继续开发的，根据《房地产开发企业销售自行开发的房地产项目增值税征收管理暂行办法》（国家税务总局公告2016年第18号）第三条规定，适用该文件。

需要注意的是，第一，收购方从转让方处取得增值税专用发票，可以进项留抵；未来再销售开发产品时，应按照取得的全部价款和价外费用计算销项税额，扣除其取得的全部进项税额，计算缴纳增值，即只能进项抵扣而不能按照土地出让金收据扣除土地价款。第二，如果企业收购的是老项目，依据《关于明确国有农用地出租等增值税政策的公告》（财政部 税务总局公告2020年第2号）规定，继续开发后再销售时仍然属于老项目，可以选择适用简易计税。

2.土地增值税。

收购方"取得的未竣工房地产所支付的价款"能否加计扣除，也直接影响着在建项目收购业务的展开。

部分房地产企业由于获取土地较早，土地成本较低，如直接用于开发、销售产品将出现土地增值税税负较重的不利局面。针对这种情况，部分企业一度通过关联交易构建"项目转让"，利用前、后手均可以对"取得未竣工房地产所支付的价款"加计扣除进行避税。

税务机关为了打击上述投机避税的行为，纷纷对政策进行了完善，当前大多数税务机关允许对"改良开发未竣工房地产"的增量部分加计扣除，但不允许对"收购方取得未竣工房地产所支付的价款"二次加计。

例如，《海南省税务局土地增值税清算审核管理办法》（海南省税务局公告2023年第2号）第二十一条规定，纳税人整体购买未竣工房地产开发项目后，取得规划许可，继续投入资金进行后续建设，完成后进行销售的，其购买未竣工房地产所支付的价款及税金允许扣除，但不得作为"财政部规定的其他扣除项目"计算的基数。

山东更是规定"收购方取得未竣工房地产所支付的价款"不能作为开发费用的基数，《山东省税务局土地增值税清算管理办法》（山东省税务局公告2022年第10号）第三十三条规定："房地产开发企业购买在建项目后，继续投入资金进行后续建设，在清算时，其购买在建项目所支付的价款和契税允许扣除，但不得作为房地产开发费用按比例计算扣除以及加计20%扣除的基数。后续建设支出的扣除项目处理按照土地增值税清算的有关规定执行。"

但前文也提到，重庆规定"后手"可以加计扣除，类似的还有新疆，《关于修订土地增值税若干政策问题部分条款的公告》（新疆维吾尔自治区地方税务局公告2015年第4号）第六条第（二）项规定，"房地产开发企业购买在建房地产开发项目后，继续投入资金进行后续建设，达到销售条件进行商品房销售的，其购买的在建项目所支付的价款允许加计20%扣除"。此外还有厦门，具体可参见《厦门市房地产开发项目土地增值税清算管理办法》（厦门市税务局公告2023年第1号）第二十七条相关规定。

3. 契税。

收购方购入项目，需要办理不动产变更登记，应缴纳契税。

4. 企业所得税。

收购方购入项目时，取得的专票中不含税价款以及支付的契税、印花税，可以在企业所得税前扣除。

另外，如果收购方购入的在建项目不符合企业的规划、设计要求，需要拆除重建，则要注意相应的税务处理：

（1）在建工程拆除不属于增值税中的"非正常损失"，其对应的进项税额可以从销项税额中抵扣；企业支付拆除费用后如果能够取得建筑服务增值税专用发票，进项可以抵扣。

（2）拆除的在建工程和拆除费用能否计入土地增值税扣除项目，目前还存在很大争议：目前，只有少数地区明文规定可以计入，如《海南省税务局土地增值税清算审核管理办法》(海南省税务局公告2023年第2号)第十四条第(二)项规定:"购入不动产,后续将不动产拆除再次开发房地产的,原有不动产的购入成本及缴纳的契税、拆除原有房产发生的拆迁费用,允许扣除。"但是大多数地方不支持计入扣除项目,因此企业在测算投资收益时应加以考虑。

(3)在建工程因改建而拆除属于非货币资产下的固定资产报废、毁损损失,拆除部分的净支出会计上应作为"营业外支出"处理,依据《企业资产损失所得税税前扣除管理办法》(国家税务总局公告2011年第25号)第三十条规定,按规定的程序和要求向主管税务机关申报后可以在税前扣除。

需要注意的是,这里因改建而拆除的在建工程需要是合法建筑,如果本身属于违法建筑,如转让方在项目用地红线外违规建设的建筑,已经被城乡规划局下发《限期拆除整改通知书》,收购方收购后拆除形成的损失属于违法支出,按照《企业所得税法》及其实施条例的精神不得税前扣除。

第五节　股权收购风险与税务应对

一、股权收购的实质

房地产股权收购是指收购方通过购买转让方的股权,以实现控制被收购企业,进而实现房地产开发的目的。当被收购房地产企业股权发生转让时,股东基于股东地位而对公司所发生的权利、义务关系同时转移至收购方,而作为公司资产的建设用地使用权或者开发项目仍登记在该公司名下,土地使用权的公司法人财产性质未发生改变,收购方不需要对土地或者在建项目办理转移登记或者五证的变更。股权收购中当事各方,指收购方、转让方及被收购企业。

二、股权收购的税务处理

(一)转让方的税务处理

1.增值税。

非上市公司股权转让不属于增值税应税范围,因此转让方不缴纳增值税。

2.土地增值税。

房地产企业之所以收购股权，最终目标不是股权，而是目标公司名下的土地使用权。对于这种以转让公司股权名义转让土地使用权（以下简称明股实地）行为，按照《关于以转让股权名义转让房地产行为征收土地增值税问题的批复》（国税函〔2000〕687号）规定，如果转让方一次性单独或者共同转让目标公司（被收购企业）100%的股权，且以股权形式表现的资产主要是土地使用权、地上建筑物及附着物时，被收购企业应缴纳土地增值税。实践中，"明股实地"行为是否应征收土地增值税，存在两种截然不同的观点，具体如下。

观点一：应该按照实质课税原则对股权转让穿透征税。

尽管土地使用权仍然在被收购公司名下，但公司控制权已事实上转移至收购方，双方通过股权交易规避了土地增值税，造成了国家税款的流失。《公司法》第二十条强调股东"不得滥用公司法人独立地位"，即公司人格否认制度，其本质是当法人运用背离法律赋予法人人格的原始初衷（公平、平等、正义）而为他人控制和操纵，已不再具有独立性质，法律将无视法人的独立人格而追究法人背后操纵者的法律责任。

近年来，税务总局陆续发布了《关于土地增值税相关政策问题的批复》（国税函〔2009〕387号）、《关于天津泰达恒生转让土地使用权土地增值税征缴问题的批复》（国税函〔2011〕415号）两个文件，对国税函〔2000〕687号文件精神进行了补充。

2015年，湖南省地税局财产和行为税处发布《关于明确"以股权转让名义转让房地产"征收土地增值税的通知》（湘地税财行便函〔2015〕3号）明文规定，对"明股实地"行为依法征收土地增值税。

📑 案例分析

（一）某通实业股权转让案

2019年9月30日，湖南岳阳上市公司——某立实业发布《关于转让岳阳某通实业有限责任公司股权转让完结后续会计核算的公告》，内容显示该公司分两次转让了子公司某通实业的全部股权：2016年11月，将80%股权作价23280.80万元转让给长沙某泽房地产咨询有限公司；2017年7月，将20%股权作价5820.20

万元转让给长沙某明房地产有限公司。主管税务机关对此认定为：企业以转让股权的名义转让了土地使用权，应征收土地增值税；企业最后缴纳土地增值税3314.63万元。

（二）某翠公司"偷税"案

在"苏州某翠国际社区置业有限公司（以下简称某翠公司）因诉主管税务局、园区管委会税务行政处理"一案中，一审法院经审理认为：某翠公司转让所持有的全部股权（20%），获得"股权溢价款"133033923元，计算方式为：314501平方米（73046号地块面积）×1.8（容积率）×235元/平方米。该企业虽未办理土地使用证，但实际占有并处分了该土地，且获得了相应经济利益，从"股权溢价款"的计算来看，翡翠公司实质上构成土地使用权转让。

该公司以"股权转让"之名隐瞒土地转让之实，未将其土地转让收入在账簿上列出，规避了土地转让过程中应缴纳的各项税款，属于上述法律条文规定的在账簿上"不列收入"情形，构成偷税，税务机关有权依法追缴。

企业不服，向当地中级人民法院提出上诉，法院二审作出（2016）苏05行终124号行政判决，驳回上诉，维持原判；企业又向高级人民法院提出再审申请，（2018）苏行申626号行政裁定书驳回再审申请。

国家税务总局财产和行为税司负责人曾在《加强调研 细化措施 不断提高税政执行力》一文中指出，"政策规定是概括性的，而现实情况是纷繁复杂、千差万别的，基层在执行政策时，当许多具体情形'套'不上现行规定时，切忌简单化。政策执行水平，关键取决于对政策的理解力，要始终坚持'实质重于形式'的原则，了解政策制定的初衷，把握政策的主要内容，吃透政策的深刻含义，千万不能把抠政策规定抠成固化的文字、僵化的教条"[①]。

观点二：应该按照税收法定原则。

从税法的角度看，国税函〔2000〕687号文件的法律效力一直存在争议，原因在于：

第一，2010年4月21日，国家税务总局纳税咨询平台在答复纳税人时明确：

---

① 来源：《加强调研 细化措施 不断提高税政执行力》，载《中国税务报》2018年12月26日，第02版。

国家税务总局对某个下级机关的请示进行批复时，如果批复中涉及事项需要其他有关单位执行或周知并抄送有关单位的，该批复对主送单位及被抄送单位均具有约束力；如果批复仅对个别单位作出且没有抄送其他单位，则该批复仅对其主送单位和批复中提及的个别问题具有约束力。

例如，原福建省地方税务局在2012年1月11日答复纳税人时曾指出，"国税函〔2000〕687号文件属个案批复，未抄送我省。按《土地增值税暂行条例》及其实施细则规定，切实属于纯股权转让的原则上不征收土地增值税"。原安徽省地方税务局也持类似观点。

第二，自2012年3月1日起施行的《国家税务总局关于印发〈税收个案批复工作规程（试行）〉的通知》（国税发〔2012〕14号）第二条规定，"税收个案批复是指税务机关针对特定税务行政相对人的特定事项如何适用税收法律、法规、规章或规范性文件所做的批复"。文件同时规定，"第四条 税收个案拟明确的事项需要普遍适用的，应当按照《税收规范性文件制定管理办法》制定税收规范性文件。"

2023年，国家税务总局对其官网"政策法规库"中相关政策进行了重分类，全部政策分为四类，分别是税务部门规章、税务规范性文件、其他文件和工作通知。其中，国税函〔2000〕687号被归类为"工作通知"，由于该文件不属于税务规范性文件、不具有普遍适用效力，原则上税务机关不能直接援引国税函〔2000〕687号作为执法依据，对纳税人作出具体的税务行政行为。

从法律的角度看，股权与土地使用权是完全不同的权利，股权转让与建设用地使用权转让的法律依据不同，两者不可混淆。在"马某泉、马某坚与湖北某尚置业有限公司股权转让纠纷"一案中，最高人民法院在（2014）民二终字第264号判决书中指出，当公司股权发生转让时，作为公司资产的建设用地使用权仍登记在该公司名下，土地使用权的公司法人财产性质未发生改变。尽管公司的资产状况是决定股权转让价格的重要因素，但不等于说股权转让的性质就变成了土地使用权转让。当股权发生转让时，目标公司并未发生国有土地使用权转让的应税行为，目标公司并不需要缴纳土地增值税。"

另外，股权转让环节不征收土地增值税也并未导致税款流失，只是推迟了纳税时间，收购方收购股权后进行房地产开发，被收购公司出售开发产品时仍然要缴纳土地增值税。例如，《重庆市地方税务局贯彻重庆市人民政府办公厅关于落实涉企政策促进经济平稳发展意见的通知》（渝地税发〔2016〕20号）在第一条第（六）项中明确规定，"企业发生股权变动，未导致房地产权属转移，不征收土地增值税，企业后续转让房地产，按土地的历史成本确认土地增值税扣除项目"。

综上，在企业股权并购实务中遇到该问题时，应了解项目所在地税务机关的征管要求，并结合股权并购合同中税收承担条款的约定合理应对。

3. 印花税。

股权转让时，转让方应对股权交易合同按照《印花税法》"印花税税目税率表"中"产权转移书据——股权转让书据"税目缴纳印花税。

根据《关于印花税若干事项政策执行口径的公告》（财政部 税务总局公告2022年第22号）第三条第（四）项规定："纳税人转让股权的印花税计税依据，按照产权转移书据所列的金额（不包括列明的认缴后尚未实际出资权益部分）确定。"需要说明的是，如果被转让企业认缴的注册资本尚未全部到位时，股权转让合同中把股权转让对价拆分为实缴出资部分和未实缴出资两部分，即未实缴出资部分不需要缴纳印花税。

4. 所得税。

转让方根据自身身份对股权溢价部分缴纳所得税，自然人缴纳个人所得税，法人缴纳企业所得税。

（二）收购方的税务处理

由于股权转让不属于增值税应税行为，收购方支付股权对价后不能取得发票，作为企业可以凭借交易合同、付款凭证、转让方开具的收款证明入账，会计处理时计入"长期股权投资"。

如果股权并购合同约定税款各自承担，则收购方在股权交易中仅涉及印花税，税目同于转让方。

另外，当转让方为自然人时，收购方支付股权对价时，应依法代扣代缴个人所得税。近年来，税务局与市场监督管理局对于自然人股权转让实施信息自动交互机制，即个人转让股权在向市场监督管理部门办理变更登记前，扣缴义务人、纳税人应依法在被投资企业所在地主管税务机关办理纳税申报，市场监督管理部门确认个人转让股权行为已完成纳税申报后,依照相关规定为被投资企业办理股权变更登记,如《深圳市税务局 深圳市市场监督管理局联合发布关于进一步规范个人转让股权办理变更登记工作的通告》(2021年第7号)。

综上所述,如果从税负的角度分析,与前文提到的"项目收购模式"相比,"股权收购模式"在股权交易环节,不论是转让方还是收购方税负均有明显的下降,这一点显示出股权收购在降低税负方面的优势。"

然而需要注意的是,虽然转让方在股权交易环节能够节省一定的税款,但实质上是把税负转嫁给了收购方,收购方在未来的资产转让中可能需要支付更高的税费。因此这种情况实质上是税收利益在不同参与者间的重新分配,本质上构成了一种零和博弈。

因此,投资者在制定税务策略时,应采取全局视角,综合考虑税务安排对所有参与方的影响,以及对整体交易结构的长期影响,通过理解和平衡各方的税收利益,可以更有效地实现税务双赢的目标。

(三)目标公司的税务风险

被收购企业作为交易标的,股权交易需要办理股权变更、公司章程变更登记;如果属于"五证合一"的企业,无需再单独办理税务登记手续。

被收购企业作为一般纳税人适用一般计税方法的,可以从销售额中扣除土地价款。但是如果被收购企业属于"母公司支付土地价款、项目公司开发"情形中的项目公司,其股权一旦发生变更,则不再符合《关于明确金融 房地产开发 教育辅助服务等增值税政策的通知》(财税〔2016〕140号)第八条第(三)项"项目公司的全部股权由受让土地的房地产开发企业持有"之规定。即被收购企业计算缴纳增值税时,土地价款不能从销售中扣除,企业将多缴纳增值税金额为土地价款的8.26%。

三、股权溢价的合理处理

优质的建设用地永远属于稀缺资源,转让方转让股权时也会待价而沽,但股权转让不属于增值税应税行为,收购方通过股权收购无法取得发票、不能计入项目成本,以至于实践中经常出现这种现象:被收购企业销售开发产品后结转收入、成本时会计利润十分丰厚，但收购一方实际上却无利可图。

因此，如何消化股权溢价也成为股权收购模式下无法回避的难题。有些企业曾尝试借助非法手段取得诸如"材料费""建筑服务费"发票后计入成本，或者通过签订"阴阳合同"降低计税价格避税，但随着金税工程功能不断提升，上述避税手段将不堪一击，甚至给交易双方带来潜在的涉税风险。

案例分析："阴阳合同"避税行不通

案例一　2021年8月，国家税务总局宁德市税务局第一稽查局送达宁税一稽罚告〔2021〕6号税务行政处罚事项告知书，内容显示，自然人林某某2014年在转让持有的宁德市某房地产开发有限公司股权时，与收购方通过签订"阴阳合同"避税。税务机关利用金税三期大数据功能检索到福建省福州市中级人民法院审理的（2018）闽01民初60号民事判决书，查明双方签订有《补充协议》，转让方隐瞒股权转让所得6000万元，经税务机关通知申报而拒不申报，属偷税，根据《税收征收管理法》第六十三条规定，拟处罚款6012000.00元。

案例二　2022年5月，国家税务总局海南省税务局第一稽查局送达琼税一稽处〔2022〕50号税务处理决定书显示，武信某海旅业开发有限公司于2009年7月22日与海南某博房地产开发有限公司签订《土地使用权转让合同书》转让土地，土地成交价款为106560000.00元，双方为了降低交易税费引入第三方签订《咨询顾问服务协议》，将其中的59389440.00元土地使用权转让款作为咨询服务费。当地税务局通过金税工程检索到海南省第一中级人民法院作出的（2020）琼96民初461号民事判决书，发现了转让方的避税行为，向稽查局推送案源。稽查局要求转让方补缴相应税款，并按日加收万分之五的滞纳金。

为了正确对待股权溢价问题，交易双方应正确看待房地产发展形势，当前形势下均应降低利润预期，体现在商务谈判中应适当降低交易价格，以便为收购方保留利润空间。

在交易模式上，可以尝试利用不对等分红的方式消化处理，法律依据可参见《公司法》中相关规定：（1）第二百二十七条第一款："有限责任公司增加注册资本时，股东在同等条件下有权优先按照实缴的出资比例认缴出资。但是，全体股东约定不按照出资比例优先认缴出资的除外";(2)第二百一十条第四款:"公司弥补亏损和提取公积金后所余税后利润,有限责任公司按照股东实缴的出资比例分配利润,全体股东约定不按照出资比例分配利润的除外"。但需要注意的是,企业有责任举证证明不对等分红的合理性,否则税务机关有权纳税调整。

四、股权收购的风险应对

在项目收购中,收购方仅需要关注目标资产是否存在风险即可,而股权收购下,收购方需要同时关注目标股权、被收购企业和目标土地或项目中存在的瑕疵与风险。

这是因为或有负债、债务担保有可能给收购方带来法律风险和债务纠纷,股权瑕疵将影响目标股权的转让价格,土地瑕疵直接决定项目未来能否顺利开发以及项目的价值,如果项目存在土地闲置甚至被政府无偿收回,将给收购方造成重大资金和财产损失,因此尽职调查时应覆盖以下几个方面:拟收购股权本身是否存在权利瑕疵;出让方原始出资;主体资格;主要财产和财产权利风险;重大债权债务风险;诉讼、仲裁或行政处罚风险。

除此之外,尽职调查时还需要关注税务风险,如被收购企业以往是否存在未尽的税务问题或者虚开发票行为。根据《重大税收违法失信主体信息公布管理办法》(国家税务总局令第54号)第六条规定,如果被收购企业涉嫌"虚开增值税普通发票100份以上或者金额400万元以上的"可以被确定为重大税收违法失信主体,税务机关可以将失信信息通报相关部门实施监管和联合惩戒,届时将影响企业的信誉和正常运营。更严重时,根据《最高人民检察院 公安部关于公安机关管辖的刑事案件立案追诉标准的规定(二)》(公通字〔2022〕12号)第五十七条:"〔虚开发票案(刑法第二百零五条之一)〕虚开刑法第二百零五条规定以外的其他发票,涉嫌下列情形之一的,应予立案追诉:(一)虚开发票金额累计在五十万元以上的;(二)虚开发票一百份以上且票面金额在三十万元以上的;(三)五年内因虚开发票受过刑事处罚或者二次以上行政处罚,又虚开发票,数额达到第一、二项标准百分之六十以上的。"

为了对冲税务风险,建议收购方在收购合同中增加税务违约条款,以对股权转让前发生的欠税、偷逃税款以及衍生的风险责任进行界定,如在"上海某地控股集团有限公司与上海市某业投资有限公司、上海某达莱置业有限公司等股权转让纠纷"一案中，被收购企业在股权转让前曾存在"明股实地"交易行为，在股权交易多年后才被税务机关发现并罚款，但由于股权收购合同中收购方对股权瑕疵提前进行了防范，股权收购合同约定严谨，最终由转让方承担了损失。

根据中国裁判文书网显示，"某地控股集团有限公司（以下简称某地集团）与上海市某业投资有限公司、上海某达莱置业有限公司等股权转让纠纷"一案中，2010年某地集团通过股权收购的方式取得了苏州某翠国际社区置业有限公司（以下简称某翠公司）的所有权，交易双方签订的《产权转让合同》第十四条"甲、乙双方的承诺"约定："1.甲方向乙方承诺拥有完全的权利能力和行为能力进行产权转让，本次转让的产权属真实、完整，没有隐匿下列事实：……（5）影响产权真实、完整的其他事实。"

2014年税务机关检查时认为某翠公司在本案系争股权转让前（2007年）存在"明股实地"交易行为，最终处以税务罚款6677575.59元。某地集团认为转让方未全面如实履行披露义务、隐瞒异常经营行为等违反了合同约定，交付的产权存在瑕疵，系争税务罚款应当由转让方承担，因此提起了司法诉讼。

法院经过审理，最终认可了某地集团的意见，判决转让方向项目公司进行赔付。

综上，当房地产开发项目低利润成为业务的常态时，投资人在股权收购前应全面评估风险、精确测算收益，对于不符合企业预期收益和风控标准的目标项目，要果断学会"断舍离"。

第六节　司法竞拍税务风险与应对

司法拍卖是指人民法院在民事案件强制执行程序中，依法委托拍卖机构公开处理债务人的财产，以清偿债权人债权的行为。

一、司法拍卖中涉税风险

自2022年下半年起，受经济形势下行拖累、房地产业投资信心不足，房地产企业产品滞销严重、销售回款放缓。而部分依靠"高周转"使用财务杠杆的房地产企业由于债务到期，一时陷入了资金流动性危机，当债权人向法院申请强制执行时，这些企业的开发项目或产品就存在被司法竞拍的风险。

如深圳市某知名多元化集团公司，在向某银行深圳分行办理融资借款时，把旗下位于深圳南山区的顶级豪宅楼盘——某城花园项目用于抵押；当借款到期后因未按时还款，在广东省高级人民法院审理的（2022）粤民初2号民事调解书发生法律效力后，仍未能如期履行法定义务。债权人申请强制执行后，抵押物某城花园项目部分产品于2022年6月首次被深圳市中级人民法院强制执行，并被公示在某司法拍卖网，一时引起了市场的高度关注。

但由于《拍卖公告》中税费负担约定为"买受人承担"，后来被执行法院撤回，2022年11月10日第二次公示时税费约定修改为，"司法拍卖、过户过程中产生的税费，由相应主体依法各自承担；但原产权人承担的相关税、费，由买受人垫付"。

实务中，通过司法竞拍获取土地或者在建项目，是房地产企业曲线获取开发用地的有效途径之一，尤其是在土地竞争激烈的城市，如北上广深等。但不可忽视的是，部分司法竞拍项目隐藏着较重的税收负担和较高的法律风险，房地产企业竞拍前应进行有效的识别和防范。

需要注意的是，由于涉及不动产的司法竞拍标的物市场价值较高，尤其是涉及土地或者在建项目时，买受人的资金压力较大；如果拍卖公告中再约定买受人需要垫付税款甚至直接代转让方承担税款时，竞拍人应提前评估资金调度与承受能力，因此在上述某城花园项目第二次司法竞拍时，深圳市中级人民法院在竞买公告中特意提示，"本标的需垫付的税费可能较高，竞买人须自行向相关部门核实，并谨慎参拍"。

因此，如果竞买公告约定"所涉及的税、费均由买受人承担"，那么竞拍人竞拍前需要详细分析、准确测算需要代被执行人承担的税费种类及金额。

（一）被执行人的相关税费

竞买公告是拍卖人向社会公众发布拍卖信息的一种法定形式，是介绍将要进行某项拍卖活动的意思表示，按照《民法典》第四百七十三条规定，拍卖公告属于"要约邀请",如果《竞买公告》中已经明确约定:"标的物过户登记手续由买受人自行办理。所涉及的税、费以及标的物可能存在的物业费、水、电等欠费均由买受人承担。本院不作过户的任何承诺,不承担过户涉及的一切费用。因标的物现状及存在瑕疵等原因不能或者延迟办理过户手续及办理二次过户造成的费用增加等后果,均由竞买人自行负担。"在此前提下,竞买人一旦参与竞买,即表明已完全了解并接受标的物的现状和一切已知及未知的瑕疵,且对拍卖公告中内容认可;一旦拍卖成交确认后,合同即成立并依法生效,买受人自然应按照拍卖公告约定执行,包括垫付或者代为承担税款的约定。

司法竞拍中被执行人身份多样、标的物种类繁多,由于文章篇幅有限,本文主要分析房地产企业作为债务人时,其抵押物——开发产品或在建项目(以下简称开发项目)被强制执行的情况。竞拍人在竞拍前应提前与不动产所在地主管税务机关明确确认:需要代被执行人承担哪些税种,是否包括被执行人以前欠缴的土地使用税、房产税等,以避免竞买成功后因为税费承担问题,竞买人与税务机关产生涉税纠纷进而影响产权转移登记的办理。

类似的案例有"成都某盟公司与某华康复医院拍卖合同纠纷案"。成都某盟公司通过司法拍卖网络平台竞得了成都市郫都区法院所执行拍卖的某华康复医院名下土地及设备。案涉医院作为转让方根据司法拍卖竞买公告中包税条款,要求买受人某盟公司承担所有税款,包括土地使用税,买受人拒绝。转让方遂向法院起诉,在一审、二审中均获得了当地法院的支持。

买受人不服并向最高人民法院申请再审。(2022)最高法民再59号判决书显示,最高人民法院在审理中,综合运用文义解释、体系解释、交易规则或习惯等多种方法,明确了司法拍卖中税费转嫁的边界,即在约定不明的情况下,包税一方只需承担与权属转移有关的税费,而不必承担与权属转移无关的税费,最后判决某盟公司仅须承担除城镇土地使用税之外的税款。尽管某盟公司最后赢得了结果,但是在整个诉讼过程中却牺牲了大量宝贵的时间和精力成本,影响了企业的正常经营。

需要明确的是,司法拍卖中执行法院并不是不动产处分行为的纳税人,根据《关于人民法院强制执行被执行人财产有关税收问题的复函》(国税函〔2005〕869号)规定,"一、人民法院的强制执行活动属司法活动,不具有经营性质,不属于应税行为，税务部门不能向人民法院的强制执行活动征税。二、无论拍卖、变卖财产的行为是纳税人的自主行为，还是人民法院实施的强制执行活动，对拍卖、变卖财产的全部收入，纳税人均应依法申报缴纳税款……"

根据国税函〔2005〕869号文件规定，被执行人抵押物被强制执行，税务处理上应认定为被执行人转让开发产品或在建项目，其涉及税费分析如下。

1.增值税及附加。

房地产企业增值税一般纳税人作为被执行人时，应首先判定标的物属于新项目还是老项目；按照当前的税法规定，新项目适用9%的税率，如果属于老项目则根据《房地产开发企业销售自行开发的房地产项目增值税征收管理暂行办法》（国家税务总局公告2016年第18号）第八条规定，"一般纳税人销售自行开发的房地产老项目，可以选择适用简易计税方法按照5%的征收率计税……房地产老项目，是指：（一）《建筑工程施工许可证》注明的合同开工日期在2016年4月30日前的房地产项目；（二）《建筑工程施工许可证》未注明合同开工日期或者未取得《建筑工程施工许可证》但建筑工程承包合同注明的开工日期在2016年4月30日前的建筑工程项目。"

竞拍人以最高应价胜出后即竞拍成功，司法拍卖平台自动生成网络竞价成功确认书，根据《最高人民法院关于人民法院网络司法拍卖若干问题的规定》（法释〔2016〕18号）第二十二条第二款规定，"拍卖财产所有权自拍卖成交裁定送达买受人时转移"。竞买人收到拍卖成交裁定时，即为转让方的增值税纳税义务发生时间。

2.土地增值税。

在土地增值税的范畴中，标的物可以分为新建房、在建项目和旧房三种类型。不论房地产企业转让哪种类型，税务机关当前掌握的土地增值税清算原则是，"坚持查账征收为原则，核定征收为例外"。

原因在于，根据《关于加强土地增值税征管工作的通知》（国税发〔2010〕53号）文件规定：核定征收必须严格依照税收法律法规规定的条件进行，任何单位和个人不得擅自扩大核定征收范围，严禁在清算中出现"以核定为主、一核了之""求快图省"的做法。因此当前很少有税务机关允许房地产企业按照核定方式征收土地增值税。

司法竞拍中涉及不动产时，由于竞拍人不了解目标资产的情况，很难在短时间内通过查账征收的方式准确计算出应代为承担的土地增值税税负。为避免因为调动资金不足的原因出现悔拍的情形，竞拍人应从高评估土地增值税税负。

3. 所得税。

如果《竞买公告》约定税款全部由竞拍人承担，买受人是否应该代被执行人承担所得税，目前实务领域一直存在争议。笔者认为应根据被执行人的身份而定，身份不同，处理不同。

（1）被执行人是法人时，根据《企业所得税法》及其实施条例规定，企业所得税征管实行"按期预缴，年度汇算"的方法，作为转让方应将拍卖收入计入应税收入总额，按规定计算、申报缴纳企业所得税；买受人作为竞拍资产的受让人，无需就该交易缴纳企业所得税，也没有代转让方缴纳企业所得税的义务。

如在徐州市中级人民审理的（2017）苏03行终113号"杨某一、杨某二与某地方税务局第一税务分局、某区人民政府行政管理及行政复议"一案中，买受人在竞拍大鸭林酒店的办公用房时，尽管税费约定为"涉及的相关税费，全部由买受人承担"，但税务机关仅要求买受人代缴营业税、土地增值税、印花税，并未要求代缴企业所得税。

（2）被执行人是自然人时，需要代为承担。从法理上，买受人在支付"财产转让所得"时应代扣代缴个人所得税，并按照《个人所得税扣缴申报管理办法（试行）》（国家税务总局公告2018年第61号）精神，实行个人所得税全员全额扣缴申报。

在办证程序上，当前税务机关对存量房交易环节所涉及的税收实行"一窗式"征收，《关于实施房地产税收一体化管理若干具体问题的通知》（国税发〔2005〕156号）规定，在房地产交易场所设置的征收窗口既负责办理契税的征收事项，又负责办理营业税及城市维护建设税和教育费附加、个人所得税、土地增值税、印花税等相关税种的征收事项，由此可以看出该文件明确包含了个人所得税。

实践中亦是如此，在"上诉人宁某与被上诉人某市税务局第二税务分局、南京市税务局税务行政管理及行政复议"一案中，南京市中级人民在（2019）苏01

行终474号行政判决书中明确指出，买受人需要代为承担个人所得税。

如果买受人不确定不动产原值、不能准确计算出转让方应缴纳个人所得税金额时，税务机关可以核定征收，《关于个人住房转让所得征收个人所得税有关问题的通知》（国税发〔2006〕108号）第三条规定，"纳税人未提供完整、准确的房屋原值凭证，不能正确计算房屋原值和应纳税额的，税务机关可根据《中华人民共和国税收征收管理法》第三十五条的规定，对其实行核定征税，即按纳税人住房转让收入的一定比例核定应纳个人所得税额"。

4. 印花税。

司法拍卖属于转让不动产，交易双方均应按照"产权转移书据"缴纳印花税，税率为0.05%。

（二）买受人过户的税务处理

竞拍人成功竞得目标资产后，其身份转变为买受人，其自身涉税问题分析如下。

1. 增值税。

如果买受人能够从被执行人处取得增值税专用发票，根据《关于深化增值税改革有关政策的公告》（财政部 税务总局 海关总署公告2019年第39号）文件第五条规定，进项可以一次性抵扣。

实践中，转让方被强制执行时会比较抗拒，很少会主动为买受人开具增值税专用发票；囿于当前的税法规定，税务机关也无权代增值税一般纳税人"正常户"开具增值税专用发票，这样一来买受人无法取得发票，不但无法抵扣进项，后续再转让时，也可能因为没有合规的成本票据导致土地增值税和企业所得税税负加重。针对这种情况，国内部分地区开展了有益的尝试，例如：

（1）2020年9月，吴江区法院与吴江区检察院、吴江区税务局通过三方协调、升级协作机制、引入检察监督，由区法院向区税务局发出协助执行通知书，再由区税务局协助开具增值税专用发票；苏州市吴江区"法税检"三家共建的司法拍卖涉税协作机制，改变了国内司法拍卖难以开具增值税专用发票的历史，在全国尚属首创。

（2）2021年8月，湖南省税务局、湖南省高级人民法院联合印发《关于进一步优化不动产司法拍卖涉税事项办理的意见》（湘税发〔2021〕54号），其中第二条第（七）项明确规定："税（费）凭证及发票取得。不动产拍卖环节税费缴纳后，税务机关应当即时开具完税（费）凭证。被执行人应当按照《中华人民共和国发票管理办法》的规定向买受人开具发票或申请代开发票。被执行人被认定为非正常户的，应向税务机关办理解除非正常户手续，税务机关在解除非正常户后应为其提供发票或代开发票。被执行人拒不配合开具发票或申请代开发票的，由买受人凭《人民法院协助执行通知书》《执行裁定书》、完税（费）凭证向不动产所在地主管税务机关申请代开发票。"

需要注意的是，如果被强制执行的是破产清算企业，根据《关于税收征管若干事项的公告》（国家税务总局公告2019年第48号）规定，从人民法院指定管理人之日起，管理人可以企业名义办理纳税申报、申领开具发票或代开发票。

2.契税。

买受人办理不动产权登记时，应缴纳契税。买受人按照拍卖公告缴纳税款后，即使不能取得发票，也不影响目标资产的产权登记，按照《关于契税纳税申报有关问题的公告》（国家税务总局公告2015年第67号）文件规定，"根据人民法院、仲裁委员会的生效法律文书发生土地、房屋权属转移，纳税人不能取得销售不动产发票的，可持人民法院执行裁定书原件及相关材料办理契税纳税申报，税务机关应予受理"。

二、竞拍后买受人后续税务处理

前文提到，司法竞拍中买受人很难取得增值税发票，房地产企业作为买受人成功竞拍到土地或者在建项目，目的是续建后转让开发产品，因此竞拍前应关注未来的税务处理。

（一）买入后无票的税务处理

1.增值税。

房地产企业通过司法竞拍取得在建项目后，续建竣工后销售开发产品。当增值税纳税义务发生时，应计算缴纳增值税。如果被执行人转让的是老项目，根据《关于明确国有农用地出租等增值税政策的公告》（财政部 税务总局公告2020年

第2号）第二条规定，"房地产开发企业中的一般纳税人购入未完工的房地产老项目继续开发后，以自己名义立项销售的不动产，属于房地产老项目，可以选择适用简易计税方法按照5%的征收率计算缴纳增值税"。

2.土地增值税。

如果买受人不能取得发票，再转让计算土地增值税时，建议借鉴部分地区特殊政策以争取将买价计入土地增值税扣除项目。以海南为例，《海南省地方税务局关于明确土地增值税若干政策问题的通知》（琼地税函〔2007〕356号）第四条明确，"经法院裁定（判决）取得的房地产，再转让计算土地增值税时，根据法院裁定（判决）书确定的金额，确认房地产的购置成本"。

3.企业所得税。

如果被执行人属于正常企业，根据《企业所得税税前扣除凭证管理办法》（国家税务总局公告2018年第28号）第九条规定，企业在境内发生的支出项目属于增值税应税项目的，对方为已办理税务登记的增值税纳税人，其支出以发票（包括按照规定由税务机关代开的发票）作为税前扣除凭证。

国家税务总局在第28号文件官方解读第三条中明确："（四）税前扣除凭证与相关资料的关系。企业在经营活动、经济往来中常常伴生有合同协议、付款凭证等相关资料，在某些情形下，则为支出依据，如法院判决企业支付违约金而出具的裁判文书。以上资料不属于税前扣除凭证，但属于与企业经营活动直接相关且能够证明税前扣除凭证真实性的资料，企业也应按照法律、法规等相关规定，履行保管责任，以备包括税务机关在内的有关部门、机构或者人员核实。"据此法院的裁判文书属于证明业务真实性的相关材料，但不属于税前扣除凭证，税前扣除仍然需要转让方开具的发票。

而如果被执行人属于非正常户，如转让方因注销、撤销、依法被吊销营业执照、被税务机关认定为非正常户等特殊原因，买受人作为一般纳税人不能取得发票时，则可以按照第28号文件第十四条规定，凭相关资料证实支出真实性后，其支出允许税前扣除或计提折旧。

（二）代为承担的税费处理

《最高人民法院关于人民法院网络司法拍卖若干问题的规定》（法释〔2016〕

18号)第三十条规定:"因网络司法拍卖本身形成的税费,应当依照相关法律、行政法规的规定,由相应主体承担;没有规定或者规定不明的,人民法院可以根据法律原则和案件实际情况确定税费承担的相关主体、数额。"

实践中,司法竞拍公告中关于税费承担的约定,从买受人的角度可以分为三种:

第一种,依法各自承担。相关约定如"标的物转让登记手续由买受人自行办理,因网络司法拍卖本身形成的税费,应当依照相关法律、行政法规的规定,由相应主体承担"。

此种情形下,拍卖成功后产权人应承担的税款,根据《税收征收管理法》第五条规定,由人民法院协助税务机关依法从转让不动产收入中扣除。

第二种,依法各自承担,但需买受人先行垫付。如前文提到的某城花园项目第二次发布的《竞买公告》约定,"司法拍卖、过户过程中产生的税费,由相应主体依法各自承担",但"原产权人承担的相关税、费,由买受人垫付"。

此种情形下,竞拍人参与竞拍前,需要筹备足够的资金,用途包括缴纳竞拍保证金、竞买成功后补缴余款、办理过户登记己方应承担的税款、代转让人垫付的税款;此外,买受人还须及时申请退回垫付的税款,如逾期有可能成为沉没成本,如在成都市锦江区人民法院执行的(2021)川0104执恢1661号之《竞买公告》中明确约定:"应由被执行人承担的过户税费由买受人在办理手续时先行垫付,自拍卖成交过户裁定送达买受人后15日内向本院提交退款申请,并附上有关缴费凭证原件,本院审核后退还买受人,逾期未申请的,该笔费用由买受人自行承担。"

第三种,交易环节所有税费均由买受人承担。如前文提到的某城花园项目第一次发布的《拍卖公告》约定,"十一、拍卖成交时,成交价不包含转让时双方的一切税、费、应补地价、土地使用费等;与本次过户相关的双方需缴纳的一切税、费(包括但不限于所得税、土地增值税、营业税及其附加、印花税、契税等)、应补地价、土地使用费等均由买受人承担"。

对比发现,如果说第二种情形中买受人代转让方垫付税款,资金压力只是暂时的,那么第三种情形中买受人代为承担的税款,在付出真金白银后断无收回的可能。

需要说明的是,尽管《税收征收管理法》第四条第一款规定"法律、行政法规规定负有纳税义务的单位和个人为纳税人",但是并未禁止其他主体代为缴纳;

税法对于税种、税率、税额的规定是强制性的，而对于实际由谁缴纳税款没有作出强制性或禁止性规定，其他主体可以根据相关约定自愿代为缴纳税款。竞买公告中关于税费负担的约定并不违反税收管理方面的法律法规的规定，属于合法有效约定。如在"山西某和泰房地产开发有限公司与太原某型机械（集团）有限公司土地使用权转让合同纠纷"一案中，最高人民法院在（2007）民一终字第62号判决书中也是如此认定，该判决书还被作为审判范例收录进《最高人民法院公报》中。原深圳市地方税务局《关于发布土地增值税征管工作规程（试行）的公告》（深圳市地方税务局公告2015年第1号）第五十三条第一款也曾规定："房地产转让过程中发生的合理费用可作为扣除项目，具体包括：税收法律法规明确可扣除项目，以及有关法律文书、房地产转让合同、拍卖成交确认书等明确由受让方代缴的税款和费用。"

司法拍卖中买受人代为承担的税费，不仅增加了买受人的经济负担，其后续的税务处理也存在争议：

有的税务机关认为，买受人即便是按照人民法院发布的《拍卖公告》约定，承担了转让方应依法承担的税费，但是转让方作为纳税义务人的法律实质没有改变，纳税申报时依然需要以转让方的名义，况且完税凭证上纳税义务人也是转让方，因此买受人代为承担的税费不能在企业所得税前扣除。

但也有税务机关认为，如果买入的是不动产，买受人代为承担的税费应该资本化，计入取得房产的计税基础。如2020年3月6日，"天津市税务局2019年度企业所得税汇算清缴相关问题解答在线访谈"活动中，有网友提问："我公司通过拍卖方式购得了一项资产，并且按照拍卖公告的约定承担了相关的税费，请问这些税费支出可以进行企业所得税税前扣除吗？"天津市税务局企业所得税处回复："企业在法院拍卖资产过程中竞拍购置资产，凡拍卖公告中约定由买受人承担相关税费才能办理过户手续的，买受人缴纳的税费可计入该资产计税基础，计算折旧或摊销扣除。"

但以上毕竟属于地方口径，其他地区的税务机关是否认可其法律效力存在不确定性。目前为了降低买受人的税收负担，各级法院、税务机关也不断开展探索尝试，有序推进税费各自承担的司法进程，相关努力参考如下：

（1）2017年4月6日，江苏省高级人民法院关于发布《正确适用〈最高人民法院关于人民法院网络司法拍卖若干问题的规定〉若干问题的通知》（苏高法电〔2017〕217号）规定，"四、关于税费负担。因网络司法拍卖产生的税费，按照网拍规定第三十条的规定，由相应主体承担。在法律、行政法规对税费负担主体有明确规定的情况下，人民法院不得在拍卖公告中规定一律由买受人承担"。

（2）2018年江苏省税务局完善税务行政强制工作联席会议制度、涉税信息共享机制，就申请法院强制执行及不动产司法拍卖涉税事项处理与当地法院达成共识，实现了拍卖环节税款提前测算、及时传递、先行垫付、事后退还的征税流程，解决税费负担的主体和征缴问题，提高了人民法院协助税务机关征缴税费及买受人产权过户的效率，尽可能避免因涉税争议引发行政复议和诉讼。

（3）2020年9月2日，国家税务总局在《对十三届全国人大三次会议第8471号建议的答复》中表态：

下一步税务总局将加强与最高人民法院沟通，就查明司法拍卖标的物纳税信息等问题探索建立切实可行的、常态化的沟通协调机制，明确各自权责和工作流程，以提高工作效率，维护国家税收利益和纳税人合法权益。最高人民法院将进一步向各级法院提出工作要求：一是要求各级法院尽最大可能完善拍卖公告内容，充分、全面向买受人披露标的物瑕疵等各方面情况，包括以显著提示方式明确税费的种类、税率、金额等；二是要求各级法院严格落实司法解释关于税费依法由相应主体承担的规定，严格禁止在拍卖公告中要求买受人概括承担全部税费，以提升拍卖实效，更好地维护各方当事人合法权益。

（4）2022年5月，最高人民法院在法明传〔2022〕297号文件中进一步要求：禁止在拍卖公告中载明"当次交易税费由买受人概括承担"或类似内容，争取在拍卖前向竞买人明确交易税费等大致金额，稳定竞买人预期，减少事后争议。

三、司法竞拍中其他风险

除税务风险外，司法竞拍中其他风险也同样应引起竞拍人的关注，笔者选择重点予以提示。

第一，购买资格的风险。

2021年12月19日，最高人民法院发布《关于人民法院司法拍卖房产竞买人资格若干问题的规定》（法释〔2021〕18号）文件，第一条明确指出："人民法院组织的司法拍卖房产活动，受房产所在地限购政策约束的竞买人申请参与竞拍的，人民法院不予准许。"这就意味着法拍房将与各地方的限购政策保持一致，"法拍房不限购"将成为历史。

目前司法竞拍时，一般会在《竞买须知》中特别提醒，如"竞买人参与司法拍卖，在竞买前应清楚知晓且符合相关法律法规及政策要求，否则自行承担相应的风险及法律后果。因不符合条件参加竞买的，由竞买人自行承担相应的法律责任"。常见的是竞拍后因不符合资格竞拍保证金被罚没。更有甚者，竞买人恶意竞拍可能涉及刑事责任。2022年5月，天津市高级人民法院、天津市住房城乡建设委、天津市规划和自然资源局三部门联合发布《关于进一步明确司法拍卖房产竞买人资格有关问题的通知》，文件明确，"因竞买人明知自身不具备购房资格导致司法拍卖无效、虚构购房资格或恶意串通严重影响司法拍卖的，将被罚款、拘留直至追究刑事责任"。

第二，"腾退"的风险。

司法竞拍的不动产所有权以登记为准，但是考虑到房产的根本属性是用来居住或者使用的，所以最高人民法院发布《关于进一步完善执行权制约机制 加强执行监督的意见》（法〔2021〕322号）第十八条明确，"拍卖财产为不动产且被执行人或者他人无权占用的，人民法院应当依法负责腾退，不得在公示信息中载明'不负责腾退交付'等信息"。《关于人民法院民事执行中查封、扣押、冻结财产的规定》第七条补充规定："对于超过被执行人及其所扶养家属生活所必需的房屋和生活用品，人民法院根据申请执行人的申请，在保障被执行人及其所扶养家属最低生活标准所必需的居住房屋和普通生活必需品后，可予以执行。"该规定标志着"唯一住房"同样可以执行。

但实务中，房产的腾退、交付仍然存在困难，个别案件的被执行人或实际占有人拒不配合腾退甚至恶意占有的情况时有发生，房地产企业竞拍前应有竞拍后长期"拿不到""用不上"的预案。

第三，买卖不破租赁的风险。

如果司法竞拍的是已经竣工的房产，竞拍人需要关注房产是否存续租赁合同。《民法典》第七百二十五条规定，租赁物在承租人按照租赁合同占有期限内发生所有权变动的，不影响租赁合同的效力，即"买卖不破租赁"。根据该规定，即便买受人竞拍到房产，如果不能与承租方通过友好协商、提前解除租赁合同，原则上需要等租约到期后才能正常使用，严重影响了买受人的使用权益，因此司法竞拍前，竞买人应了解房屋的真实出租情况，避免出现付款后"为他人作衣裳"的情况。

例如，在"某速递（北京）有限公司与宣化区某大酒店、北京某商务连锁酒店有限公司返还原物纠纷"一案中，案涉速递公司通过司法竞拍以最高价1.52亿元竞得所有权后，要求承租方腾退房屋并支付房屋占用费，承租方拒绝后，速递公司提起司法诉讼。

法院审理认为：（1）在该速递公司取得涉案不动产的所有权之前，案涉两家酒店与原产权人签订有《房屋租赁合同》和补充协议，且租赁合同尚在履行期内。（2）司法竞拍执行法院在司法拍卖公示平台上公示标的物介绍之初，已明确告知法院对拍卖标的上的租赁合同是否有效不予审查，提示意向购买人注意查看租赁合同等资料；执行法院对于竞买人已进行了充分提示注意。（3）根据法律规定，租赁物在租赁期间发生所有权变动的，不影响租赁合同的效力。

因此一审（2021）京02民初46号、二审（2022）京民终65号均认为：买受人要求承租人即案涉酒店腾退房屋并支付房屋占用费，缺乏事实和法律依据，故速递公司两审均以败诉告终。

第四，悔拍的风险。

竞拍人竞拍前，要树立风险意识，充分研读《拍卖公告》，并亲临展示现场实地看样，仔细审查拍卖标的物，调查是否存在瑕疵，认真研究查看所竞买标的物的实际情况和税费承担约定，全面了解拍卖标的物，避免竞拍成功后悔拍放弃。

《最高人民法院关于人民法院网络司法拍卖若干问题的规定》（法释〔2016〕18号）第二十四条规定，"拍卖成交后买受人悔拍的，交纳的保证金不予退还……悔拍后重新拍卖的，原买受人不得参加竞买"。《最高人民法院关于人民法院民事执行中拍卖、变卖财产的规定》第二十二条补充规定，"重新拍卖的价款低于原拍卖价款造成的差价、费用损失及原拍卖中的佣金，由原买受人承担"。如果是恶意悔拍以扰乱拍卖秩序，还有可能会面临罚款甚至构成刑事犯罪。

综上分析，司法拍卖，深藏税务、法律等风险，有的竞拍人谓之"蜜糖"，有的竞拍人谓之"砒霜"。司法竞拍只有未雨绸缪、了然在胸，方有可能从容应对。

第四章

招标、采购和建筑环节

《韩非子·喻老》有云："千丈之堤，以蝼蚁之穴溃；百尺之室，以突隙之烟焚"，意思是如果对细微之事疏忽大意，有可能会铸成大错，造成严重损失。开发成本当前是房地产企业的第二大成本，而招标采购和建筑施工是开发成本的主要来源，也是工程项目管理的重心，其中的财税问题不容小觑。如果房地产企业在项目管理全过程能够融合税收思维，合理合法规划各项业务，则企业节税可以水到渠成。

第一节 "营改增"常见涉税风险及应对

一、税率调整的税务风险与应对

营业税改征增值税后，由于增值税属于价外税，而房地产企业作为增值税一般纳税人，当开发项目适用一般计税方法时，签订的合同价格条款原则上应价税分离，并以不含税价进行议价、计价和核价。

实务中，仍然有部分企业对税收不够重视，对政策不够敏感，对签订的合同价格未进行价税分离。这种情形蕴含的风险是，一旦税率下调，房地产企业支付的合同总价款固定不变，但取得的增值税专用发票适用税率下调，导致增值税进项税额降低，即税率下调带来的红利由收款一方单独享有，双方容易引发合同纠纷。例如，在江西省高级人民法院审理的"九江市新某域置业有限公司和九江市庐山区某建筑工程有限公司建设工程施工合同纠纷案"中，（2020）赣民终955号判决书显示：合同履行期间增值税税率下调，由此产生的税收利益如何分配，是双方产生纠纷的原因之一。

如果房地产企业在签订合同时，有意识地对合同价款进行价税分离，分别列示不含税价款和增值税税款，从税收角度来看，至少有以下两点好处：其一，当税率下调时，房地产企业可以按照新税率支付税额，合法降低了合同支出，从根源上规避了税收利益分配纠纷。事实上，国家近年来已经连续两次下调了增值税税率：2018年5月1日，增值税税率从17%和11%分别下调为16%和10%；2019年4月1日又从16%和10%分别下调为13%和9%。其二，可以有效降低印花税，《印花税法》第五条第（一）项规定："应税合同的计税依据，为合同所列的金额，不包括列明的增值税税款。"

从法律角度来看，价税分离条款系双方当事人之间的真实意思表示，且该约定未导致对方偷漏税、不造成国家税款流失，未损害国家利益、不违反法律法规，根据《民法典》第四百六十五条和第五百零九条之规定，约定合法有效。

在企业销售放缓、融资难度大的背景下，房地产企业应充分重视价税分离、提前防范风险，不但能降低企业的无效成本，还能从源头上规避合同涉税条款产生经济纠纷。

知识链接：付款后不及时取票藏隐患

笔者在实务中发现，有些房地产企业在按照合同节点付款后，未及时索取发票，而收款方为了延期纳税也未及时申报收入。一旦税率下调，当房地产企业再索取原税率发票时，收款方就会产生滞纳金，届时双方很容易产生纠纷。

为了预防类似问题的发生，财务人员应坚持"凭票付款"的原则及时取得发票，主动规避票据纠纷隐患，减轻企业所得税完工后集中索取发票的压力。

二、"三流一致"的处理与应对

"三流一致"，指的是资金流、发票流、货物流（劳务流），三者流向保持一致。《关于加强增值税征收管理若干问题的通知》（国税发〔1995〕192号）规定，纳税人购进货物或应税劳务，支付运输费用，所支付款项的单位，必须与开具抵扣凭证的销货单位、提供劳务的单位一致，才能申报抵扣进项税额，否则不予抵扣。该文件首次提出了"三流一致"的要求，但纳税人自此陷入了"'所支付款项的单位'不知该如何理解"的困扰。

苏轼曾在《题西林壁》中写道，"不识庐山真面目，只缘身在此山中"，其实，纳税人也可以尝试跳出该政策换个角度看问题：

（1）国家税务总局在2016年5月26日总局视频会议政策问题解答中，对"住宿费发票进项税抵扣"问题进行明确：

"现行政策在住宿费的进项税抵扣方面，从未作出过类似的限制性规定，纳税人无论通过私人账户还是对公账户支付住宿费，只要其购买的住宿服务符合现行规定，都可以抵扣进项税。而且，需要补充说明的是，不仅是住宿费，对纳税人购进的其他任何货物、服务，都没有因付款账户不同而对进项税抵扣作出限制性规定。"

（2）在2017年《增值税暂行条例》（国务院令第691号）修订时，第六条中删除了"向购买方"字眼，改为"销售额为纳税人发生应税销售行为收取的全部价款和价外费用，但是不包括收取的销项税额"，即政策弱化了付款人。

（3）2021年3月24日，福建省税务局答复纳税人提问时更是直接指出，"国税发〔1995〕192号文件中提及的'所支付款项的单位'是指收款单位"。

综上所述，判定"三流"是否一致应该按照实质重于形式的原则，发票应开具给真正的购买方或者服务的接受方，与支付人或者支付方式无关。

另外，原山东省国家税务局在2017年9月召开的全省第一次增值税政策研讨会中，就"三流一致的适用范围问题"指出：从营改增后的政策框架看，增值税政策体系分为两大部分，原增值税纳税人对应的是《增值税暂行条例》及其实施细则及其后续文件，营改增纳税人对应的是财税〔2016〕36号文件及营改增后续文件。上述192号文件属于前者，所以"三流一致"的政策仅适用于传统增值税业务以及交通运输服务，其他营改增纳税人并不受该文件的限制。

税务机关之所以坚持强调"三流一致"，是因为如果不符合"三流一致"，就有可能涉嫌虚开发票。根据《刑法》第二百零五条规定，虚开发票达到一定数量或者金额，将涉及刑事责任。"虚开发票"是指为他人开具、为自己开具、让他人为自己开具、介绍他人开具与实际经营业务不符的发票。《最高人民法院关于适用〈全国人民代表大会常务委员会关于惩治虚开、伪造和非法出售增值税专用发票犯罪的决定〉的若干问题的解释》（法发〔1996〕30号）文件第一条规定：

"具有下列行为之一的，属于'虚开增值税专用发票'：（1）没有货物购销或者没有提供或接受应税劳务而为他人、为自己、让他人为自己、介绍他人开具增值税专用发票；（2）有货物购销或者提供或接受了应税劳务但为他人、为自己、让他人为自己、介绍他人开具数量或者金额不实的增值税专用发票；（3）进行了实际经营活动，但让他人为自己代开增值税专用发票。"

需要说明的是，如果纳税人通过虚增增值税进项税额偷逃税款，但对外开具增值税专用发票同时符合《关于纳税人对外开具增值税专用发票有关问题的公告》（国家税务总局公告2014年第39号）规定的三种情形，则不属于对外虚开增值税专用发票，接受方可作为增值税扣税凭证抵扣进项税额。但需要说明的是，国家税务总局公告2014年第39号文件仅界定了纳税人的某一行为不属于虚开增值税专用发票，并不意味着不符合上述三种情形的行为就是虚开；对于不符合上述三种情形的，纳税人证明不属于虚开行为需要承担举证责任。

实务中，经常出现乙方（包括但不限于设计单位、建筑企业、材料供应商等）临时要求房地产企业把合同款项支付至非合同指定账户的情形，房地产企业一定要加以鉴别，除非乙方和甲方另行签订补充合同专门约定或者证明遭遇不可抗力，否则房地产企业应尽力回避，以免日后"东窗事发"引火烧身。

三、违约金的税务处理与应对

违约金，是指合同的一方当事人不履行或不适当履行合同时，按照合同约定，为其违约行为支付的一定数额的金钱。房地产企业在建筑施工环节需要签订大量的合同，由于宏观环境和企业微观环境发生变化，难免出现合同无法履行或者违约的情形，这就会涉及违约金。

《民法典》第五百七十七条规定："当事人一方不履行合同义务或者履行合同义务不符合约定的，应当承担继续履行、采取补救措施或者赔偿损失等违约责任。"从该规定可以看出，违约金可以分为履约违约金和未履约违约金。

1.履约违约金。

根据《增值税暂行条例》及其实施细则规定，销售额为纳税人发生应税行为取得的全部价款和价外费用，价外费用包括价外向购买方收取的违约金、滞纳金、延期付款利息、赔偿金、手续费等。因此销售方收取的履约违约金应计入销售额，税务处理时应进一步区分收取违约金一方的身份。

（1）销售方收取违约金。

在房地产建筑施工环节，房地产企业属于购买方，如发生违约如延期支付工程款，销售方有权根据合同约定收取违约金。因违约金属于价外费用，性质和合同价款相同，其适用税收分类编码相同、发票种类相同、进项税抵扣规则相同。

房地产企业支付的违约金不属于《土地增值税暂行条例实施细则》第七条所列示的项目，因此不能计入土地增值税扣除项目，但可以在企业所得税税前扣除。

在销售商品房时，房地产企业在商品房买卖合同中扮演着销售方的角色，因其转让房地产收取的违约金、滞纳金、赔偿金、分期付款（延期付款）利息以及其他各种性质的经济收益，均属于价外费用。

（2）购买方收取违约金。

购买方收取违约金，不属于增值税应税行为。如在房地产建筑施工环节，由于建筑企业自身因素导致开发项目延期竣工，房地产企业作为购买方按合同约定收取违约金不需要缴纳增值税。

但实务中，房地产企业在收取违约金时经常出现的失误是从工程款中扣减违约金，并"默许"乙方按照扣减后的金额开具发票，即发票金额=甲方应付工程款-乙方应付违约金，这种情况将导致项目的开发成本金额被降低，无形中增加了企业三大主税的税负。

房地产企业在转让房地产时，若因延期交付或房屋质量问题向个人购房者支付违约金，由于违约金不属于《个人所得税法》第二条规定的应税项目，因此个人购房者不需要缴纳个人所得税。

2.未履约违约金。

不履行合同义务的一方需要向守约方支付违约金，即未履约违约金。由于合同未履行，不论购买方还是销售方收取的违约金均不属于增值税应税范围。如因房地产购买方违约，导致房地产未能转让，房地产企业收取的违约金不作为与转让房地产有关的经济利益不属于价外费用。

从所得税的角度分析，收取方是法人时，违约金不属于不征税收入或免税收入范围，需缴纳企业所得税；支付方是法人时，该违约金属于不履行合同义务而应承担的经济责任，不属于行政罚款，因此可以计入营业外支出在企业所得税前扣除。

案例分析：甲方支付违约金的发票示例

某房地产企业（甲方）为增值税一般纳税人，2021年1月开发一新项目时，适用一般计税方法，工程施工合同约定由乙方包工包料。

按照合同约定，甲方应于2022年5月15日向乙方支付工程进度款1000万元，如不能按期支付则需要额外支付延期付款违约金10万元。

甲方由于资金筹措不力，导致拖延到8月才支付了工程款，同时支付了违约金。

乙方开具发票时，应分别列示：

（1）建筑服务*工程服务，1000万元，税率9%；（2）建筑服务*延期付款违约金，10万元，税率9%。

四、发票备注栏的处理与应对

根据《关于营改增后土地增值税若干征管规定的公告》（国家税务总局公告2016年第70号）第五条规定："营改增后，土地增值税纳税人接受建筑安装服务取得的增值税发票，应按照《国家税务总局关于全面推开营业税改征增值税试点有关税收征收管理事项的公告》（国家税务总局公告2016年第23号）规定，在发票的备注栏注明建筑服务发生地县（市、区）名称及项目名称，否则不得计入土地增值税扣除项目金额。"

税务机关要求建筑服务类发票备注的目的，是防范房地产企业在不同项目间相互调配发票操纵成本以侵蚀税收。笔者在实践中发现，目前企业在索取发票时已经有意识地按照上述要求进行发票备注，但是备注不够规范，主要表现在：

1.备注范围扩大化。

国家税务总局公告2016年第23号要求对"建筑服务发票"进行备注。根据《销售服务、无形资产、不动产注释》（财税〔2016〕36号附件1之"附"）规定，建筑服务是指各类建筑物、构筑物及其附属设施的建造、修缮、装饰，线路、管道、设备、设施等的安装以及其他工程作业的业务活动，包括工程服务、安装服务、修缮服务、装饰服务和其他建筑服务。

但是实务中，有的房地产企业要求对取得的所有发票均须进行备注，包括购销发票甚至咨询费发票。事实上，不排除企业管理层对建材和设备远期看涨、提前

"战略囤货",未来再用于其他分期或者项目。如果不分业务种类,一概对票据进行备注,税务机关在土地增值税清算时按照发票备注信息归集项目成本,将出现项目单位开发成本超过当地的"土地增值税核定扣除项目金额标准"的情形,税务机关有权要求企业核定计算四项成本,这样一来企业的土地增值税税负会大幅增加。

如果类似的业务发生在福建省,根据《福建省税务局关于土地增值税清算中工程造价成本核定扣除等问题的公告》(福建省税务局公告2019年第12号)第六条规定:"税务机关在土地增值税清算审核时,调整清算项目工程造价成本扣除金额的,应当按规定相应调整企业所得税计税成本。"如此一来,企业的综合税负将大幅抬升,可谓适得其反。

2.备注过于明细化。

有的房地产企业在发票备注时过于明细,甚至详细注明了该发票为哪个工程或者哪栋楼所发生。备注过于明细,限制了成本调整空间,财务在土地增值税清算时不能发挥主观能动性;再者,《土地增值税清算管理规程》(国税发〔2009〕91号)第二十一条第(五)项规定:"纳税人分期开发项目或者同时开发多个项目的,或者同一项目中建造不同类型房地产的,应按照受益对象,采用合理的分配方法,分摊共同的成本费用。"届时根据票据核算和通过技术方法分摊容易产生差异。

3.备注不够规范化。

国家税务总局公告2016年第23号要求,备注栏应注明建筑服务发生地县(市、区)名称及项目名称,需要指出的是,此处的"县(市、区)名称"为民政部门核准的行政区划名称,"项目名称"为发改委核准的名称。

有的企业将"建筑服务发生地"理解为项目的地理四至,有的企业将"项目名称"理解为企业的自行分期名称。税务机关严格掌握审核标准时,轻则票据不能计入扣除项目,重则会导致税务机关重新调整开发项目的清算单位或分期。

当发票不符合土地增值税要求时,还会波及企业所得税。例如,2022年6月6日,滨州市税务局稽查局公告送达的《行政处罚决定书》(滨州税稽罚〔2022〕10号)显示,在检查2020年度企业所得税时,税务机关发现山东某冶金科技有限公司取得的建筑服务发票备注栏不符合规定,税务机关指出,"《企业所得税税前扣除凭证管理办法》(国家税务总局公告2018年第28号)第十二条规定,企业取得私自印制、伪造、变造、作废、开票方非法取得、虚开、填写不规范等不符合规定的发票，以及取得不符合国家法律、法规等相关规定的其他外部凭证，不得作为税前扣除凭证"。据此认定该单位"2020年存在不符合规定的发票税前扣除的问题"，应调增应纳税所得额4360000.00元。

需要补充说明的是，目前试点的全面数字化的电子发票（以下简称数电票）已经将备注信息改为必填项，如建筑服务类的数电票已经在票面信息中增加了"建筑服务发生地"和"项目名称"，因此建筑服务提供方开票时，无须在备注栏重复备注。总之，房地产企业在填写备注栏时，应严格遵从政策规定，既不能自缚手脚，也不能随心所欲。

第二节　供材方式的税务风险与应对

一、甲供材的动因与相关规定

在房地产《建设工程施工合同》中，房地产企业为发包人（以下简称甲方），建筑企业为承包人（以下简称乙方）。《营业税改征增值税试点有关事项的规定》（财税〔2016〕36号附件2）规定，"一般纳税人为甲供工程提供的建筑服务，可以选择适用简易计税方法计税。甲供工程，是指全部或部分设备、材料、动力由工程发包方自行采购的建筑工程"。而本节所指的甲供工程主要是指甲方自行采购主要建筑材料，简称甲供材。房地产企业之所以在营业税改征增值税后坚持自行供应材料，一般基于以下两种考虑：

第一，甲供材可以有效控制材料的质量和成本，并且甲供材不违反法律规定，法律只是禁止甲方控材，但是不限制甲方供材，《建筑法》第二十五条规定："按照合同约定，建筑材料、建筑构配件和设备由工程承包单位采购的，发包单位不得指定承包单位购入用于工程的建筑材料、建筑构配件和设备或者指定生产厂、供应商。"

第二，甲供材不计入乙方的产值，如2017年12月29日原湖北省国家税务局发布的《湖北省营改增问题集》[①]第十五条曾明确规定："甲供工程的销售额不包含甲供材、甲供动力和甲供设备的价款。"一般纳税人销售建筑材料适用的税率远高于

[①] 荆州税务局官方微信公众号，载https://mp.weixin.qq.com/s/vpOJM6_8wgnUvYjZoR5NSg，最后访问时间为2023年9月13日。

建筑服务适用的税率，甲方自行供材可以取得更多的增值税进项税额，进而可以降低增值税，因此材料采购权也成为甲乙双方博弈的重点之一。

二、潜在的风险与应对之策

实务中，由于甲方处于主导地位，乙方只能遵从甲方为其指定的计税方式。这种情况下，为避免甲方利用优势地位侵犯乙方的税收利益，国家在2017年对甲供材料的税收政策进行了调整，《关于建筑服务等营改增试点政策的通知》（财税〔2017〕58号）第一条规定，"建筑工程总承包单位为房屋建筑的地基与基础、主体结构[①]提供工程服务，建设单位自行采购全部或部分钢材、混凝土、砌体材料、预制构件[②]的，适用简易计税方法计税"。

按照财税〔2017〕58号文件规定，如果房地产企业增值税一般纳税人同时符合以下两种情形，不论自行供应的材料种类和数量，乙方均只能开具征收率为3%的增值税发票：（1）甲方提供了"四主材"；（2）用于房屋建筑的地基与基础、主体结构。目前没有文件对"全部或者部分"的比例、金额等作出具体要求。

2017年9月国家专门发布《关于进一步做好建筑行业营改增试点工作的意见》（税总发〔2017〕99号）文件强调："特别是《财政部 税务总局关于建筑服务等营改增试点政策的通知》（财税〔2017〕58号）规定的建筑工程总承包单位为房屋建筑的地基与基础、主体结构提供工程服务，在建设单位自行采购全部或部分主要建筑材料的情况下，一律适用简易计税的政策，必须通知到每一个建筑企业和相关建设单位，确保建筑企业'应享尽'，充分释放政策红利。"按照该规定，即使合同中约定了建筑总承包单位应提供税率为9%的增值税专用发票，实务中也只能调整为提供征收率为3%的发票。

如果房地产企业在甲供主材的同时，坚持要求乙方提供税率为9%的增值税专用发票，当前税务机关的普遍性做法是要求房地产企业按照进项转出处理。

但从严格的意义上讲，房地产企业此时取得的发票属于不合规发票，《企业所得税税前扣除凭证管理办法》（国家税务总局公告2018年第28号）第十二条规定：

[①] 地基与基础、主体结构的范围，参照《建筑工程施工质量验收统一标准》（GB50300—2013）附录B《建筑工程的分部工程、分项工程划分》中的"地基与基础""主体结构"分部工程的范围执行。
[②] 以下简称四主材。

"……取得不符合国家法律、法规等相关规定的其他外部凭证，不得作为税前扣除凭证",《发票管理办法》第二十条也规定："不符合规定的发票，不得作为财务报销凭证……"届时不但影响增值税的进项抵扣，还影响土地增值税、企业所得税的扣除。

另外，对于多支付的税款，如果房地产企业选择要求乙方签订补充合同，并从工程款中扣除6%的税点以弥补自身的损失，按照《最高人民法院关于审理建设工程施工合同纠纷案件适用法律问题的解释（一）》（法释〔2020〕25号）第二条规定，属于变相降低工程价款，乙方可以依据"补充协议背离中标合同实质性内容"为由请求法院确认无效。

因此可以说，自2017年7月1日起，房地产企业选择甲供主材时，风险将与收益并存，企业需要慎重考虑。

如果房地产企业已经采购了大宗主材，又希望从乙方取得税率为9%的增值税专用发票，可以尝试通过以下方法处理：

第一，转售处理，可以理解为房地产企业在开发、销售不动产的同时兼营建筑材料，房地产企业销售建筑材料时，可以开具税率为13%的材料发票；如果转售给乙方，需要在合同约定中进行技术性处理，以避免形成"甲控材"的事实，从而违反《建筑法》第二十五条规定。

第二，用作他处，如未来用于"房屋建筑的地基与基础、主体结构"以外的部分，如景观工程、精装房的装修装饰中，则乙方计税方式不受财税〔2017〕58号文件的限制。

三、甲供材的测算模型与分析

房地产企业作为发包方在签订《建设施工合同》时处于主导地位，如果坚持自行供应主材，可以主动选择自行供应的材料及供应比例。由于甲供与否直接影响着房地产企业的增值税税负，为了帮助房地产企业科学决策，笔者通过建立两个测算模型进行数据量化分析。

（一）甲供材数量选择测算与分析

1.测算前提。

假设条件如下：房地产企业适用增值税一般计税方法；建筑成本金额一定，且仅考虑劳务和材料，材料中仅考虑"四主材"的影响，不考虑辅材和附加税；市场充分竞争，无论哪方采购主材，价格一致且都可以取得税率为13%的增值税专用发票。

测算过程中，按照四种方案：方案一，甲供全部主材，即乙方清包工；方案二、方案三，甲乙双方同时供应部分主材，只是方案二中甲供材料的比例高于方案三；方案四，甲方零供材即乙方包工包料。

2.测算结论。

测算数据与结果见表4.1《甲供材对增值税税负影响测算模型》。

根据测算结果，可以得出如下结论：

（1）土地价款、建筑成本、产品销售收入均不影响测算结果。

（2）从甲方的角度分析，甲方的增值税额与供材比例大致成反比，甲供全部主材时，取得的材料进项税额最大，因此其增值税额最低，随着甲供材料比例降低、增值税额随之上升；但甲方零供材时情况比较特殊，其增值税额并不是最大值，而是等于甲方供材比例达到某一临界值时的税额，以劳务金额：材料金额=30%：70%为例，甲方零供材和甲供比例为88.86%时其增值税额相等。需要说明的是，临界点数值根据劳务与材料的比例不同而变化，需要测算得出。

因此，如果甲方和乙方为非关联方，并且甲方供材比例低于临界值时，笔者推荐甲方零供材即乙方包工包料，这样反而可以降低增值税额。

（3）从乙方的角度分析，乙方的增值税额与乙方供材比例大致成正比，与甲方供材比例成反比，这是因为甲方的供材方式决定了乙方的计税方式，当甲供主材时乙方适用简易计税，即使乙方采购材料，也不能抵扣增值税进项税额；当甲供全部主材即乙方清包工时，乙方增值税额最低；随着甲供材料比例降低、自身供材比例升高，乙方增值税额也随之升高；但甲方零供材即乙方包工包料时，乙方适用一般计税方法，但其取得的材料进项税额为最大且可以抵扣，因此其增值税额最低。

需要注意的是，如果甲方和乙方为关联方，如隶属于同一集团公司，则需要考虑其整体增值税额（甲方+乙方）。整体增值税额与甲方的变化趋势基本一致，即增值税额与甲方供材的比例大致成反比，随着甲供材料比例降低、增值税额随之升高；但是甲方零供材时和甲供全部主材时，整体增值税额均为最低；因此从集团公司税负最低的角度考虑，甲方要么选择清包工，要么选择乙方总包，不建议甲乙双方同时供应主材。

表4.1 甲供材对增值税税负影响测算模型

金额单位：万元

<table>
<tr><td rowspan="5">假设前提</td><td colspan="7">1.测算模型不考虑辅材；2.假定甲方、乙方采购材料价格均一致；3.材料税率为13%</td></tr>
<tr><td>项目</td><td>金额</td><td rowspan="4">劳务材料比例</td><td>项目</td><td>比例</td><td colspan="2">金额</td></tr>
<tr><td>工程总额</td><td>15000.00</td><td>总计</td><td>100.00%</td><td colspan="2">15000.00</td></tr>
<tr><td>土地价款</td><td>15000.00</td><td>劳务</td><td>30.00%</td><td colspan="2">4500.00</td></tr>
<tr><td>销售收入</td><td>40000.00</td><td>材料</td><td>70.00%</td><td colspan="2">10500.00</td></tr>
<tr><td colspan="2">项目</td><td colspan="2">方案</td><td>方案一</td><td>方案二</td><td>方案三</td><td>方案四</td></tr>
<tr><td rowspan="8">供材模式</td><td rowspan="2">类别</td><td colspan="2">甲方</td><td>全部甲供</td><td colspan="2">甲供部分主材</td><td>甲方不供材</td></tr>
<tr><td colspan="2">乙方</td><td>清包工</td><td colspan="2">乙也供部分主材</td><td>乙方包工包料</td></tr>
<tr><td rowspan="3">供材比例</td><td colspan="2">全部材料比例</td><td>100.00%</td><td>100.00%</td><td>100.00%</td><td>100.00%</td></tr>
<tr><td colspan="2">甲方采购占比</td><td>100.00%</td><td>88.86%</td><td>87.63%</td><td>0</td></tr>
<tr><td colspan="2">乙方采购占比</td><td>0</td><td>11.14%</td><td>12.37%</td><td>100.00%</td></tr>
<tr><td rowspan="7">乙方</td><td rowspan="3">进项</td><td colspan="2">采购材料金额</td><td>0</td><td>1169.70</td><td>1299.38</td><td>10500.00</td></tr>
<tr><td colspan="2">税率</td><td colspan="4">13%</td></tr>
<tr><td colspan="2">进项税额</td><td>0</td><td>0</td><td>0</td><td>1207.96</td></tr>
<tr><td rowspan="3">销项</td><td colspan="2">合同额</td><td>4500.00</td><td>5669.70</td><td>5799.38</td><td>15000.00</td></tr>
<tr><td colspan="2">税率或征收率</td><td>3%</td><td>3%</td><td>3%</td><td>9%</td></tr>
<tr><td colspan="2">销项税额</td><td>131.07</td><td>165.14</td><td>168.91</td><td>1238.53</td></tr>
<tr><td colspan="3">应纳增值税额</td><td>131.07</td><td>165.14</td><td>168.91</td><td>30.57</td></tr>
<tr><td rowspan="7">甲方</td><td rowspan="5">进项</td><td colspan="2">采购材料金额</td><td>10500.00</td><td>9330.30</td><td>9200.63</td><td>0</td></tr>
<tr><td colspan="2">税率</td><td colspan="4">13%</td></tr>
<tr><td colspan="2">采购材料进项</td><td>1207.96</td><td>1073.40</td><td>1058.48</td><td>0</td></tr>
<tr><td colspan="2">从乙方取得进项</td><td>131.07</td><td>165.14</td><td>168.91</td><td>1238.53</td></tr>
<tr><td colspan="2">进项税额合计</td><td>1339.03</td><td>1238.53</td><td>1227.39</td><td>1238.53</td></tr>
<tr><td rowspan="2">销项</td><td colspan="2">税率</td><td colspan="4">9%</td></tr>
<tr><td colspan="2">销项税额</td><td colspan="4">2064.22</td></tr>
<tr><td colspan="3">应纳增值税额</td><td>725.19</td><td>825.69</td><td>836.83</td><td>825.69</td></tr>
<tr><td>合计</td><td colspan="3">双方应纳税额</td><td>856.26</td><td>990.82</td><td>1005.74</td><td>856.26</td></tr>
</table>

（二）甲供材金额占比测算与分析

假设工程建设中，主材价税合计为 X，人工和辅材价税合计为 Y。

当甲供全部主材时，甲方增值税进项税额 = X × 13% ÷（1+13%）+ Y × 3% ÷（1+3%）

当甲方总包时，甲方增值税进项税额 =（X+Y）× 9% ÷（1+9%）

当两种模式下甲方增值税进项税额相等时，可以推导出

X=1.65Y，X ÷（X+Y）=62.26%

根据测算可以得出结论：当主材价税合计占合同总价的比例超过 62.26% 时，推荐选择甲供主材模式，否则推荐选择包工包料模式。

四、其他影响因素的考虑

以上的测算模型只是分析了材料供应方式对房地产企业增值税额的影响，在项目开发实践中，材料供应效果取决于多个因素，诸如采购规模与采购谈判技巧、库房和案场管理等。而企业追求的目标是税后利润最大化，因此应统筹考虑税务因素、商业模式、交易结构、合同安排、工程价格等，企业不能单纯地从税务维度决定材料供应方式。

由于建筑材料一直是税务机关清算审核的重点，不论最终哪方供材，企业在税负测算时均应遵循"真实、合法、合理"的原则计算成本，避免成本统计中出现如下错误——"建设施工合同中约定由甲方供材，但是乙方开具的建筑服务发票中却重复计算了甲供材"，或"建设施工合同中注明了乙方总包，但房地产企业又入账了材料发票"。"掩耳盗铃"式的重复计入，只会制造项目"成本已够、项目税负率较低"的假象，误导管理层放松对成本总额的统筹管理，等到清算时再妄图"亡羊补牢"，往往为时已晚。

知识链接

2022年6月29日，北京市西城区税务局西长安街税务所公示送达《土地增值税清算审核意见书》(京西长税清税（审）2022〔0001〕号），内容显示，北京某房地产开发有限公司开发有"浩洋大厦"项目，企业在拆迁成本中计提了未实际发生的费用 620893801.85 元，税务机关在土地增值税清算审核时，不允许计入扣

除项目金额。最终该项目土地增值税清算应缴税款1084055335.41元，已缴税款78000647.00元，应补税款1006054688.41元。

第三节　招标采购中混合销售的税务应对

一、混合销售的判定

"混合销售"产生于1994年国地税分立之时，当时由于两家税务局需要划分税源，因此企业需要准确划分营业额和销售额；2018年国地税合并后，由于增值税多档税率并存，销售额在不同税率间划分影响着增值税税额，"混合销售"仍然如影随形般存在。

在实务中，部分财务人员经常把"混合销售"与"兼营"业务相混淆，其实两者有着本质的区别。根据《营业税改征增值税试点实施办法》（财税〔2016〕36号附件1）第四十条规定，一项销售行为如果既涉及服务又涉及货物，为混合销售。通过定义可以看出，混合销售应同时符合以下三个条件，缺一不可：

（1）销售业务必须是一项行为；

（2）销售货物、提供服务同时存在；

（3）提供服务是因销售货物而衍生，两个业务密不可分。

综上，混合销售业务有且只有一项销售行为，对应一个购买方，货物和服务适用同一个税率；而兼营行为中存在至少两项销售行为，适用不同税率或者征收率的，应当分别核算；未分别核算的，从高适用税率。

二、混合销售业务风险与应对

财税〔2016〕36号文件附件1第四十条规定，"从事货物的生产、批发或者零售的单位和个体工商户[①]的混合销售行为，按照销售货物缴纳增值税；其他单位和个体工商户[②]的混合销售行为，按照销售服务缴纳增值税。本条所称从事货物的生

---

① 以下简称生产型供应商，作者注。

② 以下简称服务型供应商，作者注。

产、批发或者零售的单位和个体工商户，包括以从事货物的生产、批发或者零售为主，并兼营销售服务的单位和个体工商户在内"。

从上述规定可以看出，在混合销售中，销售主体类型不同，适用的税率不同。房地产企业作为增值税一般纳税人时，选择生产型供应商时可以取得税率为13%的专票；如果选择服务型供应商如建筑企业，则最高可以取得税率为9%的专票。

（一）房地产企业的合理应对

当前及未来一段时间内，房地产业融资困难将成为常态，当开发项目适用一般计税方法时，房地产企业在招标采购中可以合理利用税收规则平衡资金压力，如当投标人销售的货物品类、质量和服务效果均一致时，企业可有以下选择：

当价格形式为含税包干价时，应优先选择开票税率高的供应商，理由是企业付款总额一致，取得的增值税专用发票税率越高，则进项税额越大，未来缴纳的增值税越少。

当价格形式为不含税包干价时，应优先选择开票税率低的供应商。因为以不含税包干价签约时，企业取得的增值税进项税额其实是企业提前垫付的资金，税率越高，资金占用越多；房地产企业一般只有在产品交付时，才能用于进项抵扣，资金丧失了时间价值。

为了缓解留抵税额对企业的资金占用压力，根据《关于深化增值税改革有关政策的公告》（财政部 税务总局 海关总署公告2019年第39号）第八条规定，我国"自2019年4月1日起，试行增值税期末留抵税额退税制度"；到了2012年，随着《关于进一步加大增值税期末留抵退税政策实施力度的公告》（财政部 税务总局公告2022年第14号）的发布，政府进一步加大了小微企业的退税力度。

对于房地产企业来说，能否在预售阶段申请增量留抵退税，取决于企业是否符合小微企业的标准。在《中小企业划型标准规定》（工信部联企业〔2011〕300号）中，主要基于营业收入和资产总额两个指标进行分类，文件第四条规定："（十三）房地产开发经营。营业收入200000万元以下或资产总额10000万元以下的为中小微型企业。其中，营业收入1000万元及以上，且资产总额5000万元及以上的为中型企业；营业收入100万元及以上，且资产总额2000万元及以上的为小型企业；营业收入 100 万元以下或资产总额 2000 万元以下的为微型企业"。不符合条件的企业应谨慎利用优惠政策，以避免在财政紧张的环境下因操作不慎"惹火烧身"。

> **知识链接：江门稽查局利用多种手段查处房企违规留抵退税案**[①]

国家税务总局下发的查处打击留抵退税违法行为线索显示，江门市 F 房地产发展有限公司（以下简称 F 公司）涉嫌骗取增量留抵退税，江门市税务稽查机关依法对 F 公司 2019 年 1 月至 2021 年 3 月的涉税情况实施立案检查。

检查人员利用税收大数据平台、房地产行业数学模型等进行数据分析，发现 F 公司申报增值税销售额与企业所得税申报的收入差异非常大以及进项税额转出不合理两个疑点。

为查实上述疑点，检查人员在对 F 公司进行突击检查，分批赶赴 F 公司的办公场所、销售中心、物业中心进行调查取证后，为进一步查清案件的来龙去脉，固定完整的证据链条，检查人员转向外部调查，前往 F 公司开发建设的楼盘项目进行实地调查，从第三方证人证言上着手谋求突破，通过上门踩点、逐户核对、电话核实等多方求证，成功摸清了 F 公司商品房交付的实际情况：F 公司在 2019 年 1 月至 2021 年 3 月经营期间，已交付商品房两千多套，但没有足额开具增值税发票，并通过少申报销项税额获得了大量的留抵税额。

税务机关最后认定，F 公司 2019 年 1 月至 2021 年 3 月经营期间，隐瞒商品房实际交付情况，推迟确认增值税销售额，应补缴增值税及各项税费合计 5427 万元，依法加收滞纳金；未按规定转出进项税额，取得多退增量留抵税款，依法追缴留抵税额退税款合计 3535 万元。

（二）混合销售的税务风险

实践中，房地产企业为了提高开发产品的市场竞争力，在材料或设备的招标

[①] 《江门市 F 房地产发展有限公司违规留抵退税案》，载江门市税务局官网 http://guangdong.chinatax.gov.cn/gdsw/jmsw_sabgsabg/2021-11/30/content_c5424c5089004c28bdb4e1a0e89add10.shtml 最后访问时间为 2023 年 6 月 8 日，作者对内容有删减。

采购中经常采用"邀请招标"的方式邀约知名品牌供应商参与。当双方以含税包干的价款形式洽商时,供应商为了降低税负有可能会利用自身优势主导交易模式,如将混合销售业务拆分为"销售货物"和"提供服务"两个独立业务。

针对这个问题,2016年7月8日国家税务总局开展"20条服务新举措全面助力营改增"主题在线访谈时,时任货物和劳务税司副司长指出:"按照现行政策规定,混合销售是指既涉及服务又涉及货物的一项销售行为。从事货物的生产、批发或者零售的单位和个体工商户的混合销售行为,应按照销售货物缴纳增值税;其他单位和个体工商户的混合销售行为,按照销售服务缴纳增值税,对一项混合销售行为,无论是否分开核算销售额,均按上述规定执行。"[1]

《营改增后如何判定混合销售》[2]一文中曾披露"因混合销售业务分签合同避税被征收滞纳金案例"的案例,内容节选如下:

甲公司作为增值税一般纳税人,是一家贸易公司,从事货物批发零售和运输服务。其在销售货物时,与客户分别签订货物销售合同与运输合同,在会计上分别核算货物销售收入与运输收入,货物销售收入按照17%税率缴纳增值税,运输收入按照11%税率缴纳增值税。

2016年5月至2017年年底,甲公司取得货物销售收入8000万元(不含税,下同),运输收入600万元,缴纳增值税为8000×17%+600×11%=1426万元。

税务机关认为,甲公司的行为属于混合销售,应统一适用17%税率,即使其签订两份合同,也不能改变混合销售的实质,甲公司应缴增值税为(8000+600)×17%=1462万元,应补缴增值税为1462-1426=36万元,并加收滞纳金。

如果税务机关认为供应商的拆分行为属于避税行为,那么受票的房地产企业就混合销售业务取得两张不同税率的发票也违反了税法规定。根据《企业所得税税前扣除凭证管理办法》(国家税务总局公告2018年第28号)第十二条规定,企业"取得不符合国家法律、法规等相关规定的其他外部凭证,不得作为税前扣除

---

[1] 《税务总局开展以"20条服务新举措 全面助力营改增"为主题在线访谈》,载中国政府网,https://www.gov.cn/xinwen/2016-07/08/content_5089407.htm,最后访问时间2023年9月10日。
[2] 参见马泽方:《如何判定混合销售》,载《注册税务师》2018年第10期。

凭证"。

更坏的情形是，如果供应商的避税行为没有及时得到纠正，并且房地产企业主管税务机关在项目清算审核时查证票据不合规，届时房地产企业不但要调整开发成本，甚至增值税、企业所得税还会产生滞纳金。

但如果项目所在地税务机关专门发布过诸如"混合销售可以分别核算"的口径，建议企业就政策的适用时效征询税务机关意见，避免误用没有法律效力的口径产生涉税风险，例如：

1.原山东省国家税务局在2017年9月召开的全省第一次增值税政策研讨会中，就"关于混合销售与兼营的问题"指出：总局明确混合销售针对的是"一项销售行为"，也就是说取得的是一笔销售收入，合同里是一笔价款打包在一起的，无法分割，但如果合同里对货物和服务分别计价的，则不能强制界定为"混合销售"，应按兼营的原则处理，总的原则是"纳税人已经分开核算了，不能强迫合并；纳税人无法分开的，不能强迫分开核算"。

2.《河北省国家税务局关于全面推开营改增有关政策问题的解答（之一）》第十五条"关于混合销售界定的问题"明确，混合销售的计税依据"按企业经营的主业确定。若企业在账务上已经分开核算，以企业核算为准"，如果不能分别核算，仍然要遵从财税〔2016〕36号文件规定。持类似观点的还有湖北、海南、大连等地。

需要指出的是，如果购销双方能够达成一致，就一项混合销售行为拆分为两个独立业务，并安排两个单独的法人主体（如销售公司和安装公司）与房地产企业分别签订合同提供销售，并分别收款、开具发票的，则符合"三流一致"原则，房地产企业可以合法扣除，原则上不存在税收风险。

三、EPC业务的税务处理与应对

EPC是Engineering-Procurement-Construction的缩写，中文的意思是工程总承包业务；依据《房屋建筑和市政基础设施项目工程总承包管理办法》（建市规〔2019〕12号）规定，EPC是指承包单位按照与建设单位签订的合同，对工程设计、采购、施工或者设计、施工等阶段实行总承包，并对工程的质量、安全、工期和造价等全面负责的工程建设组织实施方式，当前市政基础设施和部分住宅项目为了提升工程建设质量和专业化，采用了EPC模式。

EPC在国内属于新兴事务，税务机关对其税务处理还存在争议，大致分为两种观点：

第一种，混合销售，以深圳等地为代表。例如，《深圳市全面推开"营改增"试点工作指引（之一）》明确："十三、建筑企业受业主委托，按照合同约定承包工程建设项目的设计、采购、施工、试运行等全过程或若干阶段的EPC工程项目，应按建筑服务缴纳增值税"，整体适用税率为9%。

第二种，兼营，以河南、广东、福建等地为代表。例如，《河南国税营改增问题快速处理机制专期十六》指出："EPC业务不属于混合销售行为，属于兼营行为，纳税人需要针对EPC合同中不同的业务分别进行核算，即按各业务适用的不同税率分别计提销项税额。"

《广东省建筑服务增值税纳税遵从指引》（试行V1.0）在第四章第（四）节"建筑行业特殊经营模式"中规定："建筑业营改增后，必须在EPC合同中分别注明勘察设计费用、物资设备采购费用、建筑安装费用，分别核算，否则将会从高适用税率。"

需要说明的是，同等条件下，房地产企业通过兼营方式取得的进项税额高于混合销售方式。因此，房地产企业通过EPC模式发包项目时，如果销售方机构所在地有相关规定的，企业应遵从其规定；如果当地政策不明的，房地产企业应要求选择兼营模式。

按照兼营模式处理EPC业务时，需要注意以下事项：

第一，核算方法，根据《营业税改征增值税试点实施办法》（财税〔2016〕36号附件1）第三十九条规定："纳税人兼营销售货物、劳务、服务、无形资产或者不动产，适用不同税率或者征收率的，应当分别核算适用不同税率或者征收率的销售额；未分别核算的，从高适用税率。"

第二，适用税率，可以参照福建省税务局2018年10月28日发布的《2018年9月12366咨询热点难点问题集》第十六条答复，即"一般纳税人采取EPC模式（合同内容包含设计，施工及机械采购）提供建筑服务时，……应根据具体项目分别核算缴纳增值税。其设计服务适用税率为6%；工程服务适用税率为10%，征收率为3%；销售货物适用税率为16%；未分别核算的从高适用税率。"①

第三，发票开具，发票开具方式可以参照《湖北省营改增问题集》第十三条规定：可以由牵头方统一开具，也可以由参与各方分别开具。

📝 **案例分析：EPC 模式如何选择税务核算方式**

假定某房地产开发有限公司 2022 年拟发包一个房地产 EPC 工程，工程实施包干制，含税包干价 1 亿元，假定设计占 5%，剩余为材料和工程，材料占剩余款项的 70%，且均可以取得税率为 13% 的增值税专用发票；人工占 30%，当地对 EPC 业务未有约定，不考虑财税〔2017〕58 号文件的影响时，请问甲方按照哪种模式索取发票更为有利？

解析：

如果按照混合销售处理，甲方可以取得进项税额=1÷(1+9%)×9%=826 万元

如果按照兼营处理，甲方可以取得进项税额=1×5%÷(1+6%)×6%+1×(1-5%)×70%÷(1+13%)×13%+1×(1-5%)×30%÷(1+9%)×9%=1029 万元

对比而言，按照兼营模式可以取得更多进项税额；但实务中砂石等辅料能否提供增值税专用发票以及开票的税率将影响增值税进项税额。

四、"混合销售"的例外情形

房地产企业在项目开发过程中，由于采购业务种类繁杂，除涉及标准的混合销售外，还有些例外情形，如销售自产货物的同时提供建筑安装服务，销售机器设备的同时提供安装服务，这类业务的税务核算有专门的政策，如《关于进一步明确营改增有关征管问题的公告》（国家税务总局公告 2017 年第 11 号）第一条、《关于明确中外合作办学等若干增值税征管问题的公告》（国家税务总局公告 2018 年第 42 号）第六条等规定。对于混合销售和例外情形，可以整理思维导图如图 4.1 所示：

---

① 《2018 年 9 月 12366 咨询热点难点问题集》，载国家税务总局福建省税务局官网 http://fujian.chinatax.gov.cn/bsfw/nsfwrx/12366wtj_201/201810/t20181028_280803.htm，最后访问时间 2023 年 9 月 10 日。

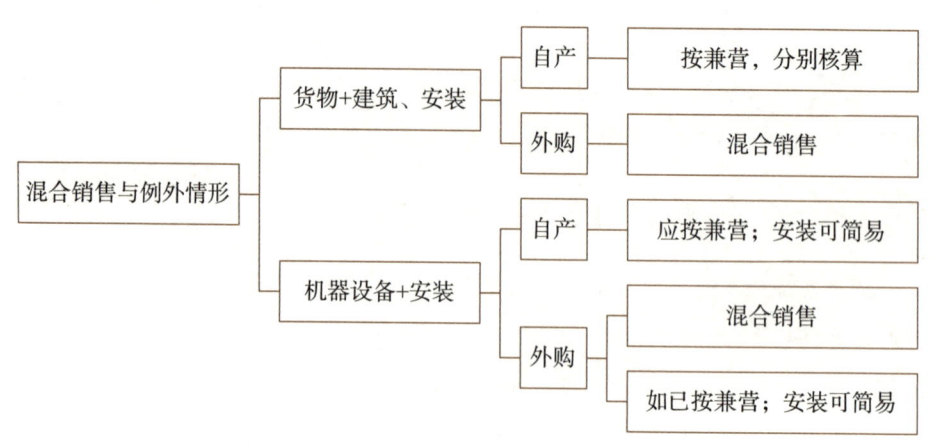

```
混合销售与例外情形
├── 货物+建筑、安装
│   ├── 自产 → 按兼营,分别核算
│   └── 外购 → 混合销售
└── 机器设备+安装
    ├── 自产 → 应按兼营;安装可简易
    └── 外购 → 混合销售
                如已按兼营;安装可简易
```

图4.1 混合销售业务与例外情形税务处理示意图

需要注意的是,如果属于销售机器设备的同时提供安装服务,也可以理解为甲方采购机器设备后,又交给该供货企业负责安装,因此该业务可以理解为"甲供"机器设备,乙方为"甲供工程"提供安装服务时,可以选择简易计税。

很多读者对国家税务总局公告2017年第11号文件第一条规定中"纳税人销售活动板房、机器设备、钢结构件等"的"等"字如何理解比较困惑,笔者认为可以结合上位法《增值税暂行条例实施细则》一起理解,其第六条第(一)项规定,销售自产货物并同时提供建筑业劳务的行为,应当分别核算货物的销售额和非增值税应税劳务的营业额,因此上文中的"等"字在这里属于不完全列举。

总之,混合销售业务较复杂,涉税风险大。房地产企业发生类似业务时,应加以甄别是属于混合销售还是例外情形,以取得正确的票据。随着税收改革的不断深化,未来货物和服务适用相同的税率时,混合销售的难题就自然迎刃而解了。

第四节 成本管理和零星工程的税务应对

一、房地产成本管理的注意事项

当前房地产业利润空间不断被压缩,企业不得不将"降本增效"提升到重要位置。不同的是,一部分企业开始通过收缩投资、退出陌生赛道,精简人员架构、调整薪资安排,降低运营成本;而另一部分企业则是强化成本管理、压降成本;

对于后者，由于开发成本与三大主税的税负密切相关，企业应关注成本降低后税负增加的负面效应。

根据笔者的经验，房地产企业可以从以下角度着手提升成本管理：

一是建立全局思维，全员服务成本。成本管理不应局限于预算、招采、工程等有限的部门，而应在管理层统筹下重心前移、扩大范围，从投资端、设计端、成本端、工程端、营销端等全方位着手，做到全周期、全过程精细化管理，争取达到"功能提升，成本不变；功能不变，成本降低"，以有效提高产品价值的目的。

二是建立税收思维，全盘规划成本。房地产税收筹划是一个系统性工程，非财务一个部门能完成，需要多个部门密切协作才能达到预期的效果。当项目销售收入确定的前提下，房地产税收的高低取决于成本，具体来说取决于成本总额和分摊方法。

当成本总额确定时，房地产成本方法分摊影响着项目的税收负担，包括土地增值税和企业所得税。以企业所得税为例，当企业开发产品完工后结转成本时，如果产品滞销并分摊成本过多，则已售产品分摊的成本减少，企业在年度汇算清缴时需要多缴纳企业所得税，这种情况下企业应充分利用有利的税收规则，如《房地产开发经营业务企业所得税处理办法》（国税发〔2009〕31号）第三十三条规定："企业单独建造的停车场所，应作为成本对象单独核算。利用地下基础设施形成的停车场所，作为公共配套设施进行处理。"另外，部分税务机关规定：在建筑施工中，分别签订主体建筑、安装工程施工合同且单独办理工程结算的成本费用，当土地增值税清算时，可以对象化到分期项目或者同一清算单位内不同房屋类型进行扣除。

为了便于税务机关认可上述成本分摊思路，企业在遵从"谁受益谁分摊"的前提下，应在图纸设计、预算编制、合同签订、工程结算等业务中贯彻"高附加值产品多分摊"和"不可租售产品不分摊"的原则。

近年来，部分企业为了管控成本、保证项目利润设定了成本限额标准，要求各职能部门在预算编制、项目定位、产品设计以及招采、施工等各环节中均不得突破。事实上，当项目销售收入确定时，成本总额才真正决定企业所得税和土地增值税的税负。以土地增值税为例，计算公式可以推导如下：

土地增值税税额＝增值额×税率－扣除项目金额×速算扣除系数

＝不含税收入×税率－扣除项目金额×（税率＋速算扣除系数）

从公式中可以看出，在不含税收入一定的前提下，企业适度加大成本投入可以有效降低土地增值税，尤其是普通标准住宅增值率接近临界点20%时，降低的税负金额可能远大于多投入的成本；而当成本不足时，再巧妙的分摊方法也将无能为力。因此，企业成本管控应融合税收思维，管理人员切不可因为机械呆板地执行公司规章制度而因小失大。

三是建立动态税负测算模型，实时监控成本。企业财务人员应结合项目情况，量身设计税负测算模型，根据目标成本和切合实际的预测定价，准确测算项目税负，以及管理层及时应对，保证税负在合理范围内波动。动态成本计算公式如下，其组成如图4.2所示：

动态成本＝已结算合同成本＋未结算合同成本＋非合同成本＋待发生成本

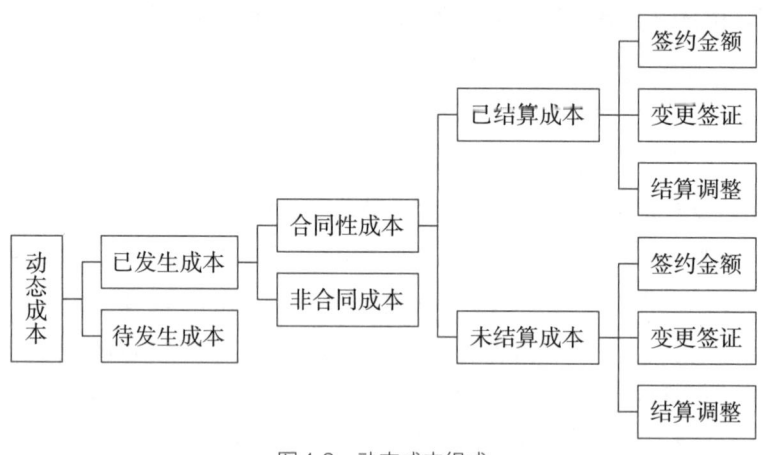

图4.2 动态成本组成

当成本发生异常变化时，成本、工程部门应及时向财务部门反馈，以便及时作出应对。根据《四川省土地增值税征管工作指引》（2023年版）第十四条规定："纳税人在前期工程阶段、基建施工阶段、装饰装修阶段、园林绿化阶段任一节点工程内容发生重大变动，或工程造价超过合同金额或当地平均造价10%（含）以上的，应在30日内向主管税务机关报告，并将相关佐证材料留存备查。主管税务机关应及时跟进，开展调查核实，将调查结果记录在案。纳税人未按规定向主管税务机关报告的，在清算审核时可不予采信。"

此外，为了保证项目税负整体可控，企业还需要注意成本票据的取得时间。《土地增值税清算管理规程》（国税发〔2009〕91号）第二十六条第（一）项规定，"在土地增值税清算中，计算扣除项目金额时，其实际发生的支出应当取得但未取得合法凭据的不得扣除"。为了保证房地产企业能及时取得发票，建议在签订合同时增加如下条款："甲方在相应工程完工后结转成本前或土地增值税清算前,乙方应配合开具合规发票。"

二、备案价与招标价不等的风险

实务中,房地产企业依法经过招投标程序后签订合同时,为了降低工程规费[①],可能会要求中标人压低造价另行签订合同用于备案,这种情形属于签订"黑白合同",房地产企业应注意其中的风险。

1. 法律风险。

房地产企业要求中标人签订"黑白合同"时,如非中标人所愿,双方容易产生合同纠纷。按照《招标投标法》第四十六条第一款规定:"招标人和中标人应当自中标通知书发出之日起三十日内,按照招标文件和中标人的投标文件订立书面合同。招标人和中标人不得再行订立背离合同实质性内容的其他协议。"《最高人民法院关于审理建设工程施工合同纠纷案件适用法律问题的解释(一)》(法释〔2020〕25号)第二条第一款规定,"招标人和中标人另行签订的建设工程施工合同约定的工程范围、建设工期、工程质量、工程价款等实质性内容,与中标合同不一致,一方当事人请求按照中标合同确定权利义务的,人民法院应予支持"。

如果房地产企业利用优势地位签订了"黑白合同",需要重点关注合同结算依据。如《北京市高级人民法院关于审理建设工程施工合同纠纷案件若干疑难问题的解答》(京高法发〔2012〕245号)规定:

15."黑白合同"中如何结算工程价款?

法律、行政法规规定必须进行招标的建设工程,或者未规定必须进行招标的建设工程,但依法经过招标投标程序并进行了备案,当事人实际履行的施工合同与备案的中标合同实质性内容不一致的,应当以备案的中标合同作为结算工程价款的依据。

法律、行政法规规定不是必须进行招标的建设工程,实际也未依法进行招投标,当事人将签订的建设工程施工合同在当地建设行政管理部门进行了备案,备

[①] "规费"是指按国家法律、法规规定,由省级政府和省级有关权力部门规定必须缴纳或计取的费用,主要包括养老保险费、失业保险费、医疗保险费、生育保险费、工伤保险费、住房公积金、工程排污费和其他费用等。

案的合同与实际履行的合同实质性内容不一致的，应当以当事人实际履行的合同作为结算工程价款的依据。

备案的中标合同与当事人实际履行的施工合同均因违反法律、行政法规的强制性规定被认定为无效的，可以参照当事人实际履行的合同结算工程价款。

实务中也存在通过异常低价投标方式合同造假的情形，即房地产企业在招标前即与投标人进行实质性谈判、要求投标人压低价格进行投标。安徽省住建厅在《关于切实加强全省房屋建筑和市政基础设施工程招标投标活动管理的通知》（建市函〔2022〕453号）提到，房屋建筑（不含工程总承包类）投标报价低于招标控制价的90%的为异常低价。

为了打击异常低价投标行为、有效管控合同履行风险，《招标投标法》在修订草案公开征求意见稿中引入了异常低价投标处理程序：投标人需要在合理期限内做出书面澄清或说明，并提供必要的证明材料，不能说明报价合理性的，评标委员会将否决其投标。

2.税务风险。

房地产企业压低合同总额进行备案，除了涉及法律风险外，还可能存在税务风险。当前税务机关依托金税工程，加强了房地产企业完工年度和土地增值税清算时的成本管理。一是对房地产企业取得的大额成本费用票据进行核查，核实业务及发票的真实性。二是通过对上下游行业比对分析，结合建筑安装工程合同对建筑工程支出真实性审核，参照当地的建筑工程定额，查看、衡量成本费用水平是否真实、合理。

尤其是在土地增值税清算审核时，如果项目结算价与当地建筑工程定额差距较大的，企业需要说明具体原因；如果项目结算价高于中标概算价或者高于备案合同价的，还需要提供双方签订的变更合同，说明变更的理由以及变更是否在合理的范围以内；如果企业没有正当理由的，税务机关有权核定四项扣除成本。

令人欣慰的是，由于"施工合同备案制度"不符合政府"减审批、强监管、优服务"的改革方向，2019年住房和城乡建设部发布了《关于修改有关文件的通知》（建法规〔2019〕3号）文件，在修改《住房和城乡建设部关于进一步加强建筑市场监管工作的意见》（建市〔2011〕86号）时，删除了"（八）推行合同备案制度。合同双方要按照有关规定，将合同报项目所在地建设主管部门备案。工程项目的规模标准、使用功能、结构形式、基础处理等方面发生重大变更的，合同双方要及时签订变更协议并报送原备案机关备案。在解决合同争议时，应当以备案合同为依据"，意味着建设工程合同不再强制备案。

三、自然人承包工程税务风险应对

房地产开发过程中经常存在零星工程发包行为，这里的"零星工程"是指在主体图纸之外、造价相对较小、不便于利用计算规则和定额进行计价的单项工程。

因为零星工程对资质不做要求，所以承包人有可能是经国家有关部门注册登记的企业法人，也有可能是自然人。尽管自然人承接零星工程不属于《关于印发建筑工程施工发包与承包违法行为认定查处管理办法的通知》（建市规〔2019〕1号）文件规定的"违法发包"行为，但是仍然需要注意规避如下税务风险。

（一）承包人的税务处理

1. 自然人的增值税。

自然人承包零星工程，增值税纳税方式应根据其是否办理了税务登记确定：如办理了税务登记，则可以按规定享受小规模纳税人月销售额10万元以下的免税政策；如未办理税务登记，或只选择了按次纳税，则应按规定享受按次纳税的起征点政策，当前增值税起征点为每次销售额500元，连续发生销售的自然人，每日累计发生的销售额作为一次。

2. 个人所得税的处理。

自然人承包零星工程，除涉及增值税外，还涉及个人所得税。按照《个人所得税法》及其实施条例和相关规定：如果自然人取得的属于"经营所得"则由承包人自行申报个人所得税，如果属于"劳务报酬所得"则应由支付方代扣代缴个人所得税。因此，房地产企业向对方支付款项时，应准确界定对方的收入项目，"经营所得"和"劳务报酬所得"的区别如下：

"经营所得"，是指有稳定的机构场所、持续经营且不是独立的个人活动而取得的所得；"劳务报酬所得"，一般是指个人独立从事劳务活动而取得的所得，但是有特殊规定的除外，如《建筑安装业个人所得税征收管理暂行办法》（国税发〔1996〕127号）规定如下：

第三条 承包建筑安装业各项工程作业的承包人取得的所得，应区别不同情况计征个人所得税：经营成果归承包人个人所有的所得，或按照承包合同（协议）规定，将一部分经营成果留归承包人个人的所得，按对企事业单位的承包经营、承租经营所得项目征税；以其他分配方式取得的所得，按工资、薪金所得项目征税。

从事建筑安装业的个体工商户和未领取营业执照承揽建筑安装业工程作业的建筑安装队和个人，以及建筑安装企业实行个人承包后工商登记改变为个体经济性质的，其从事建筑安装业取得的收入应依照个体工商户的生产、经营所得项目计征个人所得税。

从事建筑安装业工程作业的其他人员取得的所得，分别按照工资、薪金所得项目和劳务报酬所得项目计征个人所得税。

按照上述规定，自然人如未领取营业执照而承揽建筑安装业工程作业，其取得的收入应依照经营所得项目计征个人所得税，由于127号文件属于特殊规定，所以并不冲突。

新疆纳税服务中心曾分别于2019年8月16日、12月10日答复纳税人提问时指出：自然人（也称个人）取得的经营所得分为三大类：（1）个人销售货物；（2）个人使用自己的车辆提供的交通运输服务；（3）个人承包工程提供的建筑工程服务。除此以外，个人从事的劳务均属于劳务报酬所得。

事实上，根据《个人所得税法实施条例》第六条第一款第（五）项规定，经营所得还包括"个人依法从事办学、医疗、咨询以及其他有偿服务活动取得的所得"，新疆纳税服务中心的答疑缩小了经营所得的范围，但实务中很多基层税务机关在执行类似新疆纳税服务中心的口径。

（二）房地产企业的风险与应对

房地产企业向不属于承包人的自然人支付工程款后，税前扣除时，根据金额分两种情况：（1）未超过增值税相关政策规定起征点的，企业支出以内部凭证作为税前扣除凭证；（2）如果超过起征点的，相关支出仍应以发票作为税前扣除凭证。

房地产企业需要发票时，自然人应委托税务机关代开发票。实务中，税务机关在代开发票时，将在备注栏内注明"个人所得税由支付方依法预扣预缴"。遇到这种情况时，为了规避自身的涉税风险，房地产企业应按照《个人所得税扣缴申报管理办法（试行）》（国家税务总局公告2018年第61号发布）规定，为自然人预扣预缴（或代扣代缴）和办理全员全额扣缴申报个人所得税，并向收款方进行解释。

需要说明的是，尽管当前税法规定，劳务报酬所得应由支付劳务报酬的单位或个人预扣预缴个人所得税，年度终了时并入综合所得，按年计税、多退少补。但实践中，如果要求零星工程施工人去理解复杂的税收规则实在勉为其难，当其不能足额拿到零星工程款有可能会出现"恶意讨薪"的情形，届时将严重影响支付方的办公秩序和形象。房地产企业为了息事宁人，最后要么选择承担风险不代扣代缴个人所得税，要么自认倒霉垫付个人所得税。

为了规避上述涉税风险，建议房地产企业发包零星工程时，在同等价格下优先选择法人或者个体工商户作为承包人；只有在自然人有价格优势，并且愿意按照《关于税收征管若干事项的公告》（国家税务总局公告2019年第48号）第二条规定办理临时税务登记时，方可考虑让其入围。

除此之外，房地产企业向自然人发包零星工程时，还需要考虑合规风险，如《海南省税务局土地增值税清算审核管理办法》（海南省税务局公告2023年第2号）第十二条第（三）项规定，"装饰装修、园林绿化工程由无资质企业、个体工商户或个人施工，造价高于当地工程造价参考指标的"，主管税务机关应按照当地工程造价参考指标核定扣除项目金额。

综上，招标、采购和建筑施工环节决定着工程项目的开发成本，直接影响着项目的税负，因此企业应谨慎应对，避免给税务清算埋下隐患。

第五章

房地产预售、销售环节

当前我国商品房销售时预售、现售两种模式并存。"三道红线"融资政策实施后，房地产企业外部融资明显受阻，预售房地产成为大多数房地产企业筹集资金的主要方式，以2021年为例，当年商品房预售面积比例占全部商品房销售面积的90%。

销售部门作为房地产销售的执行部门，承担着资金回笼的重任。销售从业人员为了完成销售任务，有可能采取非常规的营销方式，就此为后续的税务清算埋下隐患。因此，企业在预售、销售环节应注意防范风险、重视税务应对，避免饮鸩止渴。

第一节　商品房销售模式与税务处理

一、预售证取得前后的税务处理

我国商品房预售实行预售许可制度，所谓商品房预售，是指房地产企业将正在建设中的商品房预先出售给买受人，并由买受人支付定金或者房价款的行为。按照《商品房销售管理办法》（建设部令第88号）规定，未取得《商品房预售许可证》的，不得进行商品房预售，不得向买受人收取任何预订款性质的费用，但房地产企业为了提前蓄客、加速回笼资金，往往通过与意向客户签订《购房意向书》或者《预约登记协议》的方式提前认筹。

（一）"定金"与"订金"的处理

为了保护购买人的权益、防范其资金和财产损失，国家不断规范、约束企业收费行为，如2022年4月13日，衡水市住房和城乡建设局发布《关于加强商品房预售管理的通告》规定，"三、只有取得《商品房预售许可证》的商品房才允许预售，未取得《商品房预售许可证》的商品房项目，房地产开发企业不得以任何形式进行销售，不得以内部认购、预订、排号摇号、招募会员、团购、存款办理

VIP卡等各种形式，违规收取各类定金（订金）或预售款性质的'诚信金'、'意向金'，不得以任何形式发布广告，不得参加任何展销活动。房地产经纪机构和经纪人员不得为不符合销售条件的商品房提供经纪服务"。

需要说明的是，上文中的"定金"和"订金"等在法律上有本质区别，直接影响着税务处理：

（1）"定金"是法律概念，属于法律上的一种担保方式，"定金"具有法律约束力，依据《民法典》第五百八十六条、第五百八十七条规定，当事人可以约定一方向对方给付定金作为债权的担保。债务人履行债务的，定金应当抵作价款或者收回。给付定金的一方不履行债务或者履行债务不符合约定，致使不能实现合同目的的，无权请求返还定金；收受定金的一方不履行债务或者履行债务不符合约定，致使不能实现合同目的的，应当双倍返还定金。

（2）"订金"是习惯用语而非法律概念，目前我国现行法律中没有明确规定，它不具备"定金"的担保性质，当合同不能履行时，除不可抗力外，应根据双方当事人的过错承担违约责任，一方违约，另一方无权要求其双倍返还，只能得到原额，也没有20%比例的限制。

（3）"诚意金"和"订金"一样属于"意向金"范畴。房地产企业收取"意向金"的目的，只是试探购房人的购买诚意及对其有更好的把控，在我国现行法律中不具有法律约束力，收取时计入"其他应付款"科目核算，意向金未转定金之前，无论客户是否违约支付的款项均需返还，并且客户无须承担由此产生的不利后果。

综上，定金、订金、诚意金、意向金中，只有"定金"具有法律约束力，而订金、意向金、诚意金都不是法律概念，无论当事人是否违约，支付的款项均需返还。因此，房地产企业收到购房人的定金，可视同收到预收款应预缴税款；订金、意向金、诚意金，不属于预收款，原则上不预缴增值税。

但凡事都有例外，《河北省国家税务局关于全面推开营改增有关政策问题的解答（之八）》第七条"关于房地产开发企业收取的订金、意向金、诚意金等款项缴纳增值税问题"规定，"房地产开发企业以订金、意向金、诚意金、认筹金等各种名目向购房人收取的款项不同时符合下列条件的均属于预收款性质，应按规定预缴增值税：（一）收取的款项金额不超过5万元（含5万元）；（二）收取的款项从收取之日起三个月内退还给购房人"。

资料显示，某地产2018年5月26日预售深圳某项目第2栋、第3栋时，每套商品房收取了500万元诚意金，如果该业务发生在河北，则大概率是要预缴增值税的，但笔者认为，由"意向金"金额大小决定是否预征增值税，也疑似违背了依法治税的原则。

（二）预售房款的税务处理

《城市商品房预售管理办法》第十条规定，"商品房预售，开发企业应当与承购人签订商品房预售合同。开发企业应当自签约之日起30日内，向房地产管理部门和市、县人民政府土地管理部门办理商品房预售合同登记备案手续"。即企业取得预售许可证后，应及时与买受人签订《商品房买卖合同（预售）》并办理网签、备案。这时房地产企业可以收取商品房预售款，此处的商品房预售款，是指房地产企业预售商品房时，购房人按合同约定支付的全部房款，包括定金、首付款、分期付款、一次性付款和银行按揭贷款、住房公积金贷款及其他形式的购房款等。企业收到上述款项后，应及时预缴增值税、土地增值税，并按计税毛利率预缴企业所得税。

实践中有部分房地产企业因为资金紧张，在正式签订预售合同后仍然以"订金""诚意金"等名义收取房款以达到延迟预缴税款的目的，事实上税务机关按照业务实质课税，不因款项名目或会计分录变化而改变，以地方政策为例：

（1）青岛，《青岛市地方税务局关于转发〈国家税务总局关于印发《房地产开发经营业务企业所得税处理办法》的通知〉的通知》（青国税发〔2009〕84号）规定："二、销售未完工开发产品收入的范围。房地产开发企业销售未完工开发产品收入包括开发产品完工前以各种形式向购买方收取的款项，包括预收款、定金、订金、意向金、预约保证款、合同保证金等。"

（2）安徽，《安徽省税务局关于修改〈关于若干税收政策问题的公告〉的公告》（安徽省税务局公告2019年第3号）文件第七条规定："房地产开发企业转让房地产时收取的定金、诚意金等，应一并计入销售收入预征土地增值税……"

综上所述，企业在判定收取的意向金、诚意金、定金等是否需要预缴税款时，不应拘泥于款项名义，关键是看房地产销售行为是否发生：如果收取款项时，购房者并不确定购买的是哪套房屋，即销售对象尚未确定，则销售行为没有发生，收取的款项也不属于预收款；相反，如果企业已经确定销售的是哪套房屋，则收取的款项应界定为预收款，企业应同步预缴税款。

（三）预收房款发票的开具

房地产企业采取预售方式收取商品房预售资金时，为保证买受人正常办理银行按揭贷款等业务，可以为其开具编码为602"销售自行开发的房地产项目预收款"税率栏为"不征税"的增值税普通发票（以下简称602发票）。

602发票仅作为房地产企业的预收款凭证，不确认纳税义务发生，购房者持该发票可以到房地产管理局及公积金、银行等部门办理相关业务，但不能用于办理契税申报和产权登记手续。

开具602发票大致要求如下，纳税人应根据当地要求进行调整：

1）"名称"栏填写购买单位或者个人名称，购买人应与购房合同中的"买受人"一致，如多个单位或个人共同购买的，可以注明一个单位或个人的名称，后缀"等几个单位"或"等几个人"，其余单位或个人名称在备注栏列明。

2）"纳税人识别号"栏填写纳税人识别号（统一社会信用代码）或者组织机构代码，个人填写身份证号码。

3）"地址、电话"及"开户行及账号"栏应如实填写；个人可不填写"开户行及账号"。

4）"货物或应税劳务、服务名称"栏应规范填写房地产项目名称（应与商品房项目核准名称一致）及房屋产权证书号码（没有的可不填写），须在增值税发票新系统准确选择相应的编码。

5）"规格型号"栏填不动产所在项目的"建筑工程施工许可证号"。

6）"单位"栏填写面积单位"平方米"；"数量"栏填写建筑面积平方数；"金额"栏填写预收款金额；"单价"栏填写"金额"除以"数量"得出的单价。

7）"发票税率"栏应填写"不征税"。

8）"备注"栏还须注明"预收款"，以及项目详细地址和销售房号（应与《合同》项目地址和房号一致），有的地方还要求备注"合同编号""合同总价款"。

另外在实务中，经常有纳税人对602发票是否需要红冲存在疑问。事实上，根据《国家税务总局货物和劳务税司关于做好增值税发票使用宣传辅导有关工作的通知》(税总货便函〔2017〕127号)之附件《增值税发票开具指南》第二章第一节规定：
"十七、纳税人开具增值税普通发票后，如发生销货退回、开票有误、应税服务中止等情形但不符合发票作废条件，或者因销货部分退回及发生销售折让，需要开具红字发票的，应收回原发票并注明'作废'字样或取得对方有效证明。"由于602发票不属于上述文件规定的开具红字发票的情形，当增值税纳税义务发生时，房地产企业应按规定重新开具适用税率或征收率的发票，不需要对602发票收回或者红字冲减。

二、预售合同中交付时间的风险

房地产企业预售商品房时，因为工程尚未竣工交付，开发周期难免存在不确定性，因此企业在签订《商品房买卖合同（预售）》时，需要重点关注交房时间的约定。

现实中，房地产企业较为重视交房时点，但更多的是从工程施工的周期、方便业主收房的时间考虑，而忽略了税务因素，其实开发产品约定的交付时间不仅影响三大主税的纳税义务时点，还涉及延迟交付的违约金，应引起企业的足够重视。

1.增值税。

《营业税改征增值税试点实施办法》(财税〔2016〕36号附件1)第四十五条规定，增值税纳税义务发生时间为："纳税人发生应税行为并收讫销售款项或者取得索取销售款项凭据的当天；先开具发票的，为开具发票的当天。"可见，纳税人发生应税行为是纳税义务发生的前提。鉴于房地产开发企业增值税纳税义务发生时间的判定目前存在争议、情况较为复杂，笔者将在本书第六章"第一节 增值税的税务管理"中专门分析。

2.企业所得税。

《房地产开发经营业务企业所得税处理办法》(国税发〔2009〕31号)文件第三条规定："……除土地开发之外，其他开发产品符合下列条件之一的，应视为已经完工：（一）开发产品竣工证明材料已报房地产管理部门备案；（二）开发产品已开始投入使用；（三）开发产品已取得了初始产权证明。"

以上三个条件中按照孰先原则，符合任意一个即为完工。开发产品完工后，企业应及时结算其计税成本并计算此前销售收入的实际毛利额，同时将其实际毛利额与其对应的预计毛利额之间的差额，计入当年度企业本项目与其他项目合并计算的应纳税所得额，高利润率的开发项目，意味着此时需要缴纳大量的企业所得税。

当前阶段由于经济下行，部分项目也可能存在另外一种情况，即项目整体不盈利，但由于项目开发产品利润不均衡，部分产品销售后需要缴纳大量的企业所得税。例如，某项目开发产品中有住宅、商业、单独建造的地下车位三种业态，住宅和商业高增值，但地下车位负增值；销售时住宅和商业脱销但车位严重滞销。如果住宅和商业达到了完工条件，则结转成本后企业应缴纳企业所得税。

对于以上两种情况，合同交付时点的选择至关重要。实务中，很多三四线城市的商品房购房人属于外出务工人员，房地产企业为了便于业主收房，会特意选择在业主集中回家过年的12月份交付，这种情况下如果交付时间早于工程竣工备案、取得初始产权证明时间，且发生在不同年度，则交付时间就决定了企业所得税的缴纳时间。

对于这种情况，如果房地产企业在签订销售合同时，有意识地把交付时间安排在次年元旦之后，则按照税法规定企业可以延迟一年缴纳企业所得税，相当于企业获得了一笔无息借款，在当前融资困境下也许能帮助企业维系资金运转。

需要注意的是，如果项目出现了烂尾，业主进行自救续建达到交付条件，依据《关于房地产开发企业开发产品完工条件确认问题的通知》（国税函〔2010〕201号）文件规定，同样应视为开发产品已经完工。这种情况下"交付时间"是企业不能左右的，但是换一个角度考虑，项目能够"保交付"对房地产企业来说也是不错的选择。

3.土地增值税。

交付时间还有可能影响土地增值税清算时间。目前部分地方把企业所得税完工时点作为土地增值税竣工时点，如山东、海南、四川、安徽、贵州等地，具体将在第七章"第一节 土地增值税清算前的准备"部分进行分析。此外，房地产企业在确定《商品房买卖合同》中的交付时间时，还要考虑一些特殊因素，如不可抗力、环境保护的要求，这些因素都有可能导致开发项目停工、停产，造成延迟交付。《民法典》第一百八十条第一款规定："因不可抗力不能履行民事义务的，不承担民事责任。法律另有规定的，依照其规定。"房地产企业因受不可抗力影响发生履约障碍时，应及时通知对方当事人，并在合理期限内提供证明；买受人也应及时采取必要措施，防止损失的扩大。

另外，天气原因也是房地产企业应该考虑的因素之一，如南方的梅雨季节和北方的供暖季都有可能影响项目的开发进度，因此，企业需要充分考虑停工对于工期和资金的影响。如果房地产企业预判不足，因自身原因造成房地产开发工作延误、不能按期交房，就需要按照合同约定向买受人支付违约金从而给企业造成资金损失。

例如，2021年2月10日，某禾集团股份有限公司在《关于对深圳证券交易所〈关注函〉的回复公告》中答复"公司地产项目在投资、建设、销售等方面实际进度与计划进度存在重大差异及原因"时就曾提到：受房地产调控政策以及融资环境收紧等因素的影响，公司部分地产项目在投资金额、建设周期、销售回款等方面的实际进度与计划进度存在一定差异，以上因素叠加导致公司个别项目在年度内因疫情或资金原因发生过短期停工现象，部分项目存在全年施工进度晚于年初预计安排的情况，项目建设周期延长。

第二节　促销方式与售楼处的税务处理

前文曾提到，房地产开发属于资本密集型行业，"三道红线"政策实施后企业融资更加困难，房地产企业为了加速资金回笼，犹如八仙过海一般尝试各种可能的营销方式，如"买一赠一"和"老带新"。

一、"买一赠一"的税务处理

房地产企业采用"买一赠一"的方式促销时，赠品有可能是自行开发的房屋附属设施，也有可能是外购的商品，不论赠品来源如何，买受人均是在有偿支付对价的前提下才获得赠品，因此赠品的价格已经包含在支付的房款中，不论是房地产企业还是买受人均无须视同销售。

（一）赠送附属设施的处理

房地产企业经常赠送的房屋附属设施包括地下车位、车库、储藏室、露台或者阁楼等。赠送附属设施时，房地产企业应注意合同和发票、账务的协同处理：

1.合同处理。

房地产企业销售住宅或商铺等主要开发产品时,如果在销售合同中明确注明赠送企业开发的房屋附属设施,且不再就赠送的附属设施另行签订合同、单独开具发票,可视为赠送的附属设施销售额已经包含在销售房地产项目的销售额中;如果在销售合同中未体现赠送的房屋附属设施,则需要签订补充协议或者合同补充条款进行约定,否则赠品将视同销售。

2.账务处理。

房地产企业应按其实际收到的总销售金额申报缴纳增值税,账务处理时根据《关于确认企业所得税收入若干问题的通知》(国税函〔2008〕875号)第三条的规定,将总的销售金额按主产品和附属设施的公允价值的比例来分摊确认各项的销售收入。

3.发票开具。

发票开具有两种方式,第一种是参照国税函〔2008〕875号文件的规定,将主产品和附属设施按各公允价值的比例分摊确认的价格和金额在同一张发票上注明。

需要注意的是,根据《关于折扣额抵减增值税应税销售额问题通知》(国税函〔2010〕56号)的规定,纳税人采取折扣方式销售货物,如果销售额和折扣额在同一张发票上分别注明的,可按折扣后的销售额征收增值税,分别注明是指销售额和折扣额在同一张发票上的"金额"栏分别注明,如果仅在发票的"备注"栏注明折扣额的,折扣额不得从销售额中减除。

但需要说明的是,以上开票方式存在局限性,即如果房地产企业与买受人签订主产品的销售合同时并未约定买一赠一业务,只是因为房价下调后房地产企业通过赠送附属设施弥补买受人的损失,这种情况下主产品的合同金额和发票金额将出现差异,税务机关有可能进行纳税调整,买受人办理不动产权证时也会受到影响。

为了应对这种风险,企业也可以关注第二种开票方式,即开具发票时分别在"金额"栏中注明主产品和附属产品的价格,然后再以折扣的方式全额冲减附属产品,此时企业需要关注企业所得税和账务处理的一致性。

此外,当附属设施市场公允价值较低时,笔者建议企业分别签订主产品和赠品产品的销售合同并分别开具发票，省却了打包销售价格后需要二次分摊的麻烦，也保证了企业财税处理、成本结转及后续清算等的一致性，如2022年上半年时，郑州房地产市场中，有些企业为了加速回笼资金，车位以较低价进行促销，便如此处理。

（二）赠送外购商品的处理

房地产企业常赠送的外购商品有家具、家电（如冰箱、空调、洗衣机、油烟机）等。对于赠送外购商品增值税如何处理，目前实践中有以下两种观点：

1.按照兼营处理。

以买房赠家电为例，可以理解为房地产企业销售开发产品的同时又销售家电，此种情况下税务处理可以参照《营业税改征增值税试点有关事项的规定》（财税〔2016〕36号附件2）规定："试点纳税人销售电信服务时，附带赠送用户识别卡、电信终端等货物或者电信服务的，应将其取得的全部价款和价外费用进行分别核算，按各自适用的税率计算缴纳增值税。"

因此，房地产企业买一赠一时，应将其取得的全部价款和价外费用进行分别核算，分别按照销售不动产、销售货物计算缴纳增值税。

可能会有部分读者认为，如果按照兼营模式处理，房地产企业销售家电则属于超范围经营。其实在我国全面实施营业税改征增值税试点后，超范围经营不再是税务关注的问题，《内蒙古自治区国家税务局营改增期间增值税发票相关问题解答》曾明确："四、增值税发票的开具范围。纳税人的经营业务日趋多元化，在主营范围以外也会发生其他属于增值税应税范围的经营活动。所以纳税人自行开具增值税发票或向税务机关申请代开增值税发票时，不受其营业执照中的营业范围限制，只要发生真实的应税业务均可开具增值税发票。"《增值税发票开具指南》（税总货便函〔2017〕127号）规定："销售商品、提供服务以及从事其他经营活动的单位和个人，对外发生经营业务收取款项，收款方应当向付款方开具发票。"因此，纳税人发生应税行为，除国家有明令禁止销售的外，即使超出营业执照上的经营范围，也应当据实开具发票。

2.参照混合销售处理。

房地产企业营业税改征增值税后，越来越多的税务机关更倾向于参照混合销售处理。例如，原山东省国家税务局发布的《全面推开营改增试点政策指引（七）》

明确,"九、房地产开发企业'买房送装修、送家电'征税问题。房地产开发企业销售住房赠送装修、家电,作为房地产开发企业的一种营销模式,其主要目的为销售住房。购房者统一支付对价,可参照混合销售的原则,按销售不动产适用税率申报缴纳增值税"。目前支持该观点的还有海南、湖北等地的税务机关。

参照混合销售处理时,由于赠品价格已经包含在不动产价格内,不需要再单独对赠品按照货物销售征收增值税;房地产企业适用一般计税方法时如能取得赠品的增值税专用发票,则进项可以抵扣。

综上所述,不论是按照兼营模式还是参照混合销售模式,企业取得的含税收入一致;由于兼营模式下不动产和赠品分别适用不同的税率,销售货物的税率高于销售不动产,因此房地产企业缴纳的增值税额高于混合销售模式,从降低税负的角度考虑,笔者推荐企业参照混合销售模式处理。

在实务中,经常有客户或学员向笔者咨询"买一赠一时能否赠送汽车",笔者不推荐该思路,理由如下:

第一,消费心理。当前市场上汽车品类繁多,按照动力划分,可分为燃油类和新能源类;按照产地划分,可分为国产、德系、美系、日系等;客户背景不同、需求又是多元的,可谓众口难调。如果赠品不能让业主称心如意,反而会影响房地产企业的产品销售。

第二,税务角度。汽车不同于其他电器,不但单价高,而且销售汽车时需要办理注册登记,日后需要定期维护保养。

此种情形下,如果房地产企业向汽车4S店付款后,汽车登记在业主名下,汽车销售发票也开具给业主,则房地产企业税前扣除时票据缺失;如果汽车直接交付给业主但汽车销售发票开具给房地产企业,则存在"三流不一致"的风险;如果企业要求业主拆分部分房款其直接支付给汽车4S店,不但影响业务按揭贷款额度,还存在开发产品售价偏低的风险。

第三,法律角度。如果仅赠送汽车使用权,则房地产企业属于机动车所有人。如果业主使用过程中发生违规驾驶、酿成交通事故或者造成损失,房地产企业有可能因存在过错而承担连带责任。《民法典》第一千二百零九条规定:"因租赁、借用等情形机动车所有人、管理人与使用人不是同一人时,发生交通事故造成损害,属于该机动车一方责任的,由机动车使用人承担赔偿责任;机动车所有人、管理人对损害的发生有过错的,承担相应的赔偿责任。"况且当前部分新能源品牌还存在技术不成熟的问题,赠送不当一旦发生事故,产生法律纠纷反而影响房地产企业的声誉和经营。

(三)买受人的税务处理

买受人通过买一赠一获得赠品,按照《关于企业促销展业赠送礼品有关个人所得税问题的通知》(财税〔2011〕50号)文件规定,企业在销售商品(产品)和提供服务过程中向个人赠送礼品,属于"企业通过价格折扣、折让方式向个人销售商品(产品)和提供服务"的情形,不征收个人所得税。

需要注意的是,如果房地产企业赠送的是开发产品的附属设施,按照《关于贯彻实施契税法若干事项执行口径的公告》(财政部 税务总局公告2021年第23号)第二条第(六)项规定,房屋附属设施(包括停车位、机动车库、非机动车库、顶层阁楼、储藏室及其他房屋附属设施)应纳入契税的计税依据。

> **案例分析:"买一赠一"公允价格分摊的计算**

某房地产企业正常销售时,住房价格为120万元/套,车位30万元/个;该企业为了加速回笼资金,采取了买房赠车位的促销模式,现在只需要支付120万元,即可获得住房一套和车位一个。

解析:

根据《国家税务总局关于确认企业所得税收入若干问题的通知》(国税函〔2008〕875号)第三条规定,按照各项商品的公允价值分摊,计算方法如下:

住房价格=120÷(120+30)×120=96万元,车位价格=120÷(120+30)×30=24万元

从以上分摊金额可以看出,如果车位不能办理产权登记,则买受人不能办理按揭贷款,即买一赠一模式降低了买受人按揭贷款的总额度,有可能影响买受人买房的积极性,当前房地产销售难度较大,企业应提前有所考虑。

二、无偿赠送的税务处理

实践中,房地产企业为了招徕潜在客户看房,还会采用"看房有礼"等促销

方式，常见的场景如下：房地产企业为了邀约客户到售楼处参观看房，对所有到场人员赠送精美礼品一套；重大节假日时，房地产企业除对到场的客户人手赠送一份礼品外，还会在售楼处举行随机抽奖活动，中奖人员可以获赠价值更高的礼品，如手机或者家电等。

以上场景中，受赠人均未发生购买行为也未支付任何对价，因此房地产企业的行为属于无偿赠送，相关税务处理如下：

第一种情形，当赠品为房地产企业外购商品时，按照《增值税暂行条例实施细则》第四条第（八）项"将自产、委托加工或者购进的货物无偿赠送其他单位或者个人"规定，应视同销售；由于这里的无偿赠送不属于交际应酬，故房地产企业采购赠品时如取得增值税专用发票，其进项可以抵扣。

第二种情形，当赠品为企业自行开发的附属设施时，按照《营业税改征增值税试点实施办法》（财税〔2016〕36号附件1）第十四条第（二）项"单位或者个人向其他单位或者个人无偿转让无形资产或者不动产"规定，应视同销售。

无偿赠送时，房地产企业可以按照受赠人的要求为其开具发票；根据《关于增值税若干征收问题的通知》（国税发〔1994〕122号）第三条规定，如果受赠人为一般纳税人，可以根据其要求开具增值税专用发票。

企业所得税中，根据《关于企业处置资产所得税处理问题的通知》（国税函〔2008〕828号）第二条规定，企业将资产移送他人导致资产所有权属发生改变，应视同销售确定收入。外购的赠品按购入时的价格确定销售收入，属于企业自行开发的附属设施，应按企业同期同类销售价格确定销售收入。只是第二种情形还涉及土地增值税。

如自然人作为受赠人，其收到赠品（不含具有价格折扣或折让性质的消费券、代金券、抵用券、优惠券），应根据《关于个人取得有关收入适用个人所得税应税所得项目的公告》（财政部 税务总局公告2019年第74号）第三条规定，按照"偶然所得"项目计算缴纳个人所得税，支付方负有代扣代缴义务，房地产企业应当依法办理全员全额扣缴申报。

当前随着个人隐私保护意识的加强，不排除受赠方因赠品价值低、拒不提供个人身份信息、不配合个税申报的情形发生。在实务中，部分企业为了规避个人所得税代扣代缴风险，直接把赠品支出计入销售费用，相关操作已经引起了税务机关的关注，已被列为重点稽查。

为了应对上述风险，企业可以考虑通过"偶然所得"汇总申报方式进行解决，即企业在税务大厅审核通过扣缴汇总申报设置，然后在申报时，自然人电子税务局扣缴客户端（如图5.1所示）新增"偶然所得"，选择"汇总申报"，同时"备注栏"注明"随机赠送礼品汇总申报"，发放礼品的相关资料留存备查。需要说明的是，这样处理后企业个人所得税不再有风险，但是企业代为承担的税款仍然不能税前扣除。

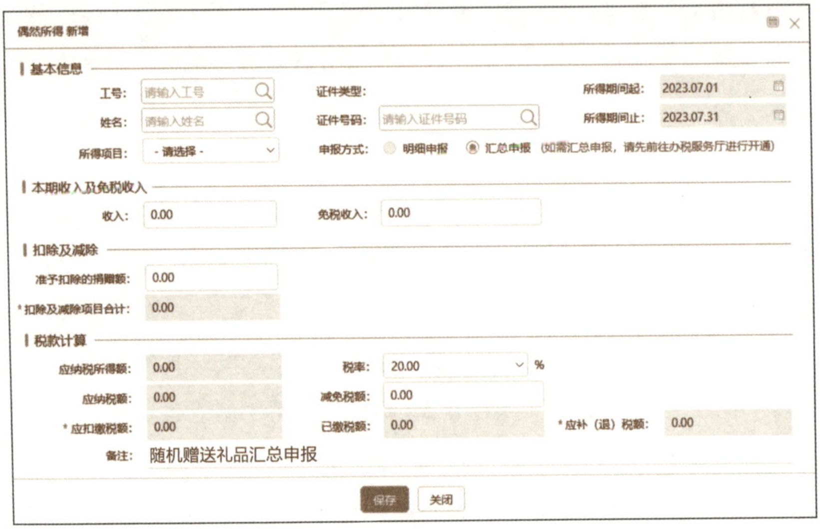

图5.1 "偶然所得"汇总申报

知识链接：交际应酬的增值税进项处理

《营业税改征增值税试点实施办法》（财税〔2016〕36号附件1）第二十七条第一款第（一）项规定，用于简易计税方法计税项目、免征增值税项目、集体福利或者个人消费的购进货物、加工修理修配劳务、服务、无形资产和不动产，其进项税额不得从销项税额中抵扣。纳税人的交际应酬消费属于个人消费。

这里的"交际应酬消费"是指生活性消费活动，不再进入生产流通环节，因此不属于生产经营中的生产投入和支出，而增值税是对消费行为征税的，消费者即负税人。因此，交际应酬消费需要负担对应的进项税额。

实务中，交际应酬消费和个人消费难以准确划分，征管中不易掌握界限，如果对交际应酬消费和个人消费分别适用不同的税收政策，很容易诱发偷税避税行为。

因此，为了简化操作，公平税负，税法规定交际应酬消费对应的进项税额不得抵扣。

三、"老带新"的税务处理

"老带新"是当前房地产企业常用的营销手段，具体是指通过给予老业主一定的利益，调动其积极性，利用口碑传播提升品牌美誉度以实现新客增长，最后达到销售的目的，"老带新"具有企业投入少、传播广、成交快、认同高的优点。

当前激励方式有：（1）老业主推荐新客户成交，老业主单方享受奖励；（2）老业主推荐新客户成交，新、老业主均享受奖励。常见的奖励有现金、实物礼品、物业费等。

（一）老业主的税务问题

1. 增值税。

老业主引荐新客户买房后，收到房地产企业给予的奖励，应按照"商务辅助服务——经纪代理"税目缴纳增值税。

如果老业主未办理税务登记或临时税务登记，则执行《增值税暂行条例》及其实施细则关于按次纳税的起征点的规定，每次销售额未达到500元的免征增值税，达到500元的则需要正常征税；如果办理了税务登记或临时税务登记，可以参照小规模纳税人，享受月度销售额不超过10万元免征增值税的优惠政策。

2. 个人所得税。

根据《个人所得税法实施条例》第八条规定，"个人所得的形式，包括现金、实物、有价证券和其他形式的经济利益；所得为实物的，应当按照取得的凭证上所注明的价格计算应纳税所得额，无凭证的实物或者凭证上所注明的价格明显偏低的，参照市场价格核定应纳税所得额；所得为有价证券的，根据票面价格和市场价格核定应纳税所得额；所得为其他形式的经济利益的，参照市场价格核定应纳税所得额"。

如果老业主办理了税务登记或临时税务登记，取得奖励后按照"经营所得"缴纳个人所得税，房地产企业无需代扣代缴个人所得税；未办理税务登记的老业主可以向税务机关申请为房地产企业代开增值税普通发票，房地产企业在支付奖励时，还需依法代扣代缴个人所得税，具体在随后进行分析。

需要说明的是，如果新客户在老业主的引荐下，买房子的同时获赠了礼品，则该业务转化为了"买一赠一"，新客户无需缴纳个人所得税。

（二）房地产企业的税务问题

1. 企业所得税税前扣除。

房地产企业支付给老业主的奖励，税前扣除时需要扣除凭证。根据《企业所得税税前扣除凭证管理办法》（国家税务总局公告2018年第28号）第九条相关规定：企业在境内发生的支出项目属于增值税应税项目的，对方为已办理税务登记的增值税纳税人，其支出以发票作为税前扣除凭证；对方为依法无需办理税务登记的单位或者从事小额零星经营业务的个人，其支出以税务机关代开的发票或者收款凭证及内部凭证作为税前扣除凭证，小额零星经营业务的判断标准是个人从事应税项目经营业务的销售额不超过增值税相关政策规定的起征点。目前实务中以500元为标准。因此，结合《增值税暂行条例》及其实施细则及《企业所得税税前扣除凭证管理办法》（国家税务总局公告2018年第28号）相关精神，根据金额分为两种情形：

（1）如果金额不超过500元，对方为依法无须办理税务登记的单位或者从事小额零星经营业务的个人，其支出以税务机关代开的发票或者收款凭证及内部凭证作为税前扣除凭证，收款凭证应载明收款单位名称、个人姓名及身份证号、支出项目、收款金额等相关信息。

（2）如果金额大于500元，需要凭借由税务机关代开的发票进行税前扣除。

开发产品滞销、资金回笼困难时，开发商奖励的单次金额往往以千元计，因此房地产企业需要凭借发票才能税前扣除。

2. 个税的代扣代缴。

房地产企业在向未办理税务登记的老业主兑现奖励时，应依照《个人所得税扣缴申报管理办法（试行）》（国家税务总局公告2018年第61号）规定代扣代缴个人所得税和办理全员全额扣缴申报。至于适用的税目，目前税务机关还存在分歧。例如，广东省中山市税务局稽查局2021年10月28日出具的《税务处罚决定书》（中山税稽罚〔2021〕29号）显示，对老业主取得的"老带新"奖励，按照"劳务报酬所得"征税；而广东省某市税务局第一稽查局2022年1月16日向该市某城房地产开发有限公司出具的《税务处罚决定书》显示，对老业主通过"老带新"取得的物业费奖励，按照"偶然所得"征税。

而笔者更支持中山税务局的观点，老业主在"老带新"业务中提供了介绍服务、经纪服务，属于《个人所得税法实施条例》第六条第一款第（二）项规定的"劳务报酬"中规定的情形，应按照"劳务报酬"征税。

如果企业未尽扣缴义务，纳税人也未自行申报，税务机关一旦查实，可以依据《税收征收管理法》第六十九条规定："扣缴义务人应扣未扣、应收而不收税款的，由税务机关向纳税人追缴税款，对扣缴义务人处应扣未扣、应收未收税款百分之五十以上三倍以下的罚款。"如果属于纳税人拒绝扣缴义务人代扣代缴的，扣缴义务人应当及时报告税务机关。

（三）委托代理公司的风险

在"老带新"业务中，有些房地产企业认为，向老业主支付奖金时代扣代缴个人所得税不但程序烦琐，且极易挫伤老业主的积极性，得不偿失。

针对上述情况，部分房地产企业进而委托代理公司全程运作，由其向老业主兑付奖励，企业向代理公司支付费用、取得发票后计入销售费用，目前税务机关已经开始关注此类避税行为，前文提到的汕尾市税务局第一稽查局出具的《税务处罚决定书》显示，案涉单位因"委托其他公司购买各种礼品，在业务宣传活动中向本单位以外的个人赠送礼品，未代扣代缴个人所得税"被处罚。

房地产业作为经济支柱产业，房地产企业也一直是各地的重点税源单位，在金税工程和大数据面前，企业几乎是透明的，因此企业应合理规划业务模式、合法规划纳税，在努力走出营销困境的同时也要关注税务风险，切勿留下潜在的涉税隐患。

四、营销设施的税务处理

在房地产企业，售楼处和样板间统称为营销设施。预售商品房时，客户无法看到未来交付的产品，营销设施的展示起到了重要的促销作用。房地产企业为了招徕客户，会花费巨资优化营销设施建设，因此营销设施的税务处理，也不容忽视。

（一）营销设施的税务争议

实践中，根据来源营销设施可以分为四种情形：第一种，企业在红线内或者红线外临时建设而成；第二种，企业利用原来的不动产装修改造而成；第三种，企业把项目中开发产品临时装修而成；第四种，企业租入不动产后装修改造而成。

1.增值税。

对于前三种情形，如果房地产企业在建设、改造、装修期间取得增值税专用发票，均可以进项扣除；对于第四种情形，房地产企业租入不动产后既用于一般计税方法计税项目，又用于简易计税项目、免征增值税项目、集体福利或者个人消费的，只要房地产企业能够取得出租方开具的增值税专用发票，则根据《关于租入固定资产进项税额抵扣等增值税政策的通知》（财税〔2017〕90号）第一条规定，其进项税额准予从销项税额中全额抵扣。例如，房地产企业租入一栋3层的办公楼，经过装修改造后，一层用作售楼处和样板间，服务于适用一般计税方法的开发项目，二层用作项目人员的办公场所，三层用作项目员工的宿舍和食堂。

营销设施在投入使用期间，需要采购部分家具、家电用于展示；此时不论营销设施来源如何，只要是企业购置后专用于营销设施的软装性资产，如空调、电视机等家具家电，进项税额均可以抵扣。

2.企业所得税。

企业所得税中，根据《房地产开发经营业务企业所得税处理办法》（国税发〔2009〕31号）第二十七条第（六）项规定，营销设施建造费可以计入开发成本；但与软装相关的资产性购置支出不得在销售费用中列支。

3.土地增值税。

营销设施的土地增值税处理相对复杂，应根据其来源分别确定：

（1）红线内、外临时建设的专用营销设施或者租赁而来的营销设施，其发生的设计、建造（或改建）、装修等费用，应计入房地产销售费用。

（2）项目中开发产品临时装修改建而成的营销设施，在使用完毕后有偿转让的，且《房地产买卖合同》明确约定装修价值体现在转让价款中的，其发生的合理的设计、建造、装修等费用，可以计入房地产开发成本。

（3）若营销设施由房地产企业利用规划配套设施改建而成，如会所，则需要根据具体用途按照《关于房地产开发企业土地增值税清算管理有关问题的通知》（国税发〔2006〕187号）第四条第（三）项规定处理。

4.房产税。

房产税分为从租征收和从价征收。对于第四种情形的营销设施，属于租赁而来，房产税由产权所有人缴纳。对于前三种情形的营销设施，其符合《关于房产税和车船使用税几个业务问题的解释与规定》（财税地〔1987〕3号）文件规定的"房产"，日常用于开发产品展览、展示，因此房地产企业一旦交付投入使用，就应根据《关于房产税若干具体问题的解释和暂行规定》（财税地〔1986〕8号）规定计算缴纳房产税，计算公式为：

房产税＝房产原值×（1–30%）×1.2%

无论会计上如何核算，房产原值均应包含地价、建造成本、附属设备和配套设施，其中地价包括为取得土地使用权支付的价款、开发土地发生的成本费用等，但如果营销设施属于红线外临时建筑，土地不属于企业，则不应包含土地成本。

（二）样板间房产税争议

尽管样板间和售楼处同属于营销设施，但是由于分工不同，所以税务争议存在差异，样板间的争议主要集中在"样板间是否应缴纳房产税"。

事实上，样板间分为两种：第一种，如果样板间设置在售楼处中，企业已经就售楼处缴纳房产税，无需重复计税；第二种，样板间是由开发产品改造而成，临时用于展览、展示，未来仍将用于销售。第二种样板间是否应该缴纳房产税，各地税务机关意见不一。

《国家税务总局关于房产税、城镇土地使用税有关政策规定的通知》（国税发〔2003〕89号）第一条规定："……鉴于房地产开发企业开发的商品房在出售前，对房地产开发企业而言是一种产品，因此，对房地产开发企业建造的商品房，在售出前，不征收房产税；但对售出前房地产开发企业已使用或出租、出借的商品房应按规定征收房产税。"

笔者认为，房地产企业把开发产品临时设置为样板间的目的是临时向客户展示企业的开发产品，最终还是要用于出售，并且账务处理上仍然作为库存商品、不属于"已使用"，因此不应缴纳房产税，湖南税务机关在2021年1月21日答复纳税人提问时也持相同观点。

但也不排除部分税务机关得出相反的结论，如贵州省税务局在2020年11月20日答复纳税人时强调："如房产已经使用，用于销售展览，需要缴纳房产税。"对于这种情况，建议企业可以依法举证合法博弈，维护企业的合法权益。

第三节　销售装修房的税务处理

一、销售装修房的发展趋势

如果房地产企业销售的是毛坯房，买受人在投入使用前，需要先投入人力、财力进行装修。如果房地产企业销售装修房，则可以实现多方共赢，具体优势表现在以下三个方面：

第一，从国家角度考虑来看，国家近年来一直倡导房地产企业销售装修房，要求加强对住宅装修的管理逐步取消毛坯房，直接向消费者提供全装修成品房，并数次发布相关政策，如：

《国务院办公厅转发建设部等部门关于推进住宅产业现代化提高住宅质量若干意见的通知》（国办发〔1999〕72号）；

《商品住宅装修一次到位实施细则》（建住房〔2002〕190号）；

《关于进一步加强住宅装饰装修管理的通知》（建质〔2008〕133号）；

《国务院办公厅关于大力发展装配式建筑的指导意见》（国办发〔2016〕71号）；

《住建部关于印发〈"十三五"装配式建筑行动方案〉〈装配式建筑示范城市管理办法〉〈装配式建筑产业基地管理办法〉的通知》（建科〔2017〕77号）；

……

第二，从买受人角度考虑来看，买受人如果购买的是毛坯房，交付后自行装修耗时长、成本高、性价比低。当前城市中生活和工作节奏较快，很多人收房后也少有心思和精力去装修房屋。买受人如果购买的是装修房，在商品房购入和装修装饰投入的总额一定的前提下，办理银行按揭贷款时还能提高授信额度，可以减轻买受人前期的资金压力。

第三，从企业角度考虑来看，房地产企业销售装修房时，一是可以与知名装饰品牌企业强强联合提高企业声誉、塑造项目卖点；二是房地产企业装修房屋时可以规模化采购，压低价格增厚企业利润；三是如果企业操作得当，还可以通过加计扣除的原理合法降低土地增值税。

综上所述，未来房地产企业销售装修房，将是市场发展的一个趋势。

二、销售装修房的优势与税务处理

下面笔者通过案例测算、分析房地产企业分别销售毛坯房和装修房时对应的税负和利润，论证销售装修房的优势。

（一）装修业务优势分析

B集团（以下简称集团公司）分别全资持有装修装饰企业（以下简称装修企业）和房地产开发企业（以下简称房地产企业），（1）房地产企业在2016年1月通过"招拍挂"方式取得住宅用地一宗，自2016年4月起开发建设，2020年年初开始预售，销售单价为12000元/m^2。

2021年年初集团公司为了投资新项目，要求房地产企业须在当年完成全部销售以加速资金回笼，装修企业应无条件提供配合。为此房地产企业设计了五种销售方案：

方案一　销售毛坯房，价格为12000元/m^2；

方案二　由装修企业按照成本价1000元/m^2提供装修，按照13000元/m^2销售装修房；

方案三　由装修企业按照成本价1000元/m^2提供装修，按照14000元/m^2销售装修房；

方案四　由装修企业按照优惠价1500元/m^2提供装修，按照14000元/m^2销售装修房；

方案五　由装修企业按照市场价2000元/m^2提供装修，按照14000元/m^2销售装修房。

已知房地产企业和装修企业均为一般纳税人且适用简易计税；项目土地成本、开发成本折合楼面价为6000元/m^2，期间费用为500元/m^2，均取得了合规票据；装修企业硬装成本为1000元/m^2，市场价为2000元/m^2。

问题：在不考虑附加税的前提下，请通过测算房地产企业、装修企业和集团公司层面三者单位面积的税负和利润，从税收角度论证各方案的优劣。

解析：测算过程略，测算结果汇总如表5.1所示。

表5.1 不同方案对税负和利润影响对比

单位：元/m²

主体	项目	方案一	方案二	方案三	方案四	方案五
房地产企业	装修成本	0	1000.00	1000.00	1500.00	2000.00
	含税价格	12000.00	13000.00	14000.00	14000.00	14000.00
	增值率	46.52%	36.05%	46.52%	36.75%	28.21%
	土地增值税	1088.57	984.29	1270.00	1075.00	880.00
	企业所得税	960.00	974.17	1140.83	1064.58	988.33
	净利润	2880.00	2922.50	3422.50	3193.75	2965.00
	净利润率	25.20%	23.60%	25.67%	23.95%	22.24%
装修企业	含税价格	0	1000.00	1000.00	1500.00	2000.00
	成本	0	1000.00	1000.00	1000.00	1000.00
	企业所得税	0	0	0	114.08	235.44
	净利润	0	−29.13	−29.13	342.23	706.31
	净利润率	0	−3.00%	−3.00%	23.50%	36.38%
集团公司	合计利润	2880.00	2893.37	3393.37	3535.98	3671.31

根据测算结果可以得出如下结论：

1.对比方案一、方案二、方案五可以发现，当商品房销售价格与装修成本的差额保持一致时，销售装修房比毛坯房的土地增值税税负低、利润高；随着装修成本的增加，房地产企业的土地增值税税负随之降低、利润增加，集团公司的合计利润也随之增加。因此，房地产企业销售装修房时可以降低土地增值税税负；当采购关联企业的装修服务时，适度提高采购价格可以增加集团公司的合计利润。

2.对比方案三、方案四、方案五可以发现，装修房的销售价格保持不变，当装修成本增加时，房地产企业的土地增值税税负和利润随之降低，但是集团公司的利润却增加了；因此，当房地产企业采购关联企业的装修服务时，适度提高采购价格可以增加集团公司的合计利润。

3.需要说明的是，在方案二、方案三和方案四中，装修企业为关联房地产企业提供装修服务时，如果价格偏低且没有正当理由，税务机关有权核定其应纳税额，因此建议按照市场价提供装修服务。

综上所述，房地产企业销售装修房时，其硬装成本可以计入土地增值税扣除项目从而降低土地增值税税负；如果按照市场价向关联企业采购装修服务，装修企业还可以获得利润，从而实现集团层面的利润最大化。当前在房地产利润下降的情况下，合法增加利润的方式都值得尝试。

如果商品房买卖合同备案时为毛坯房，需要修改为装修房的，可以通过签订补充合同处理，如《北京市地方税务局土地增值税清算管理规程》（北京市地方税务局公告2016年第7号）第三十三条第（五）项规定，"纳税人销售已装修房屋，应当在《房地产买卖合同》或补充合同中明确约定。没有明确约定的，其装修费用不得计入房地产开发成本"。厦门、海南等地也有类似规定。

（二）装修房的税务处理

房地产企业销售的装修房，其装修部分分为硬装和软装：硬装，是指以房屋为载体、随房屋一同出售的，不可随意移动的附属设备和配套设施，移动拆除后会引起性质、形状改变或者功能受损，如中央空调、固定式衣柜橱柜，以及近年来得以快速发展的新风系统、直饮水入户等，其外购成本可以加计扣除。软装，是指与房地产连接在一起，但可以拆除且拆除后无实质性损害的物品，包括房地产企业自行采购或委托装修公司购买的家用电器（如电视、油烟机等）、可移动家具、日用品、可移动装饰用品（如窗帘、装饰画等）。

由于硬装与软装的特点不同，其在土地增值税和增值税中的处理也有所不同。

1. 土地增值税。

《关于房地产开发企业土地增值税清算管理有关问题的通知》（国税发〔2006〕187号）文件第四条第（四）项规定，房地产开发企业销售已装修的房屋，其装修费用可以计入房地产开发成本。该政策所指装修即为硬装，因此硬装可以计入扣除项目加计扣除，但是软装不可以加计扣除，是否可以计入扣除项目，需要看当地规定。

例如，《广州市地方税务局关于印发2014年土地增值税清算工作有关问题的处理指引的通知》（穗地税函〔2014〕175号）第一条"关于家具家电成本的扣除问题"规定，其他家具、家电（如分体式空调、电视、电冰箱等软装）的外购成本予以据实扣除，但不得作为加计20%扣除的基数。

再如，《青岛市税务局房地产开发项目土地增值税清算管理办法》（青岛市税务局公告2022年第6号）第二十三条第（一）项规定，土地增值税清算时，软装成本不允许计入开发成本，同时在收入中剔除购置成本。

2. 增值税。

房地产企业销售装修房时，装修应作为房地产开发项目的整体，在《商品房买卖合同》中注明的装修费用（含装饰、设备等费用），已经包含在房价中，不应拆分装修部分单独作为一项销售行为，因此不属于税法中所称的无偿赠送，无需视同销售。

房地产企业销售装修房如何开票，一直是实务关注的一个重点。一般情况下，硬装和商品房的开票方法一致，如原湖北省国家税务局于2017年4月28日发布的《湖北省营改增政策执行口径（第五辑）》[①]第十条明确："根据《关于全面推开营业税改征增值税试点的通知》（财税〔2016〕36号），房地产开发企业对其开发毛坯房装修以后销售的，可就房款连同装修款一并开具发票，也可就房款和装修款分别开具发票，但房地产开发企业对其开发毛坯房进行的装修成为所售不动产的组成部分，其随房款收取的装修款应一并按照销售不动产缴纳增值税。"

如果属于软装，目前税务机关对其适用税率存在两种观点，即"参照混合销售"和"兼营"，如山东省销售装修房时增值税即按"参照混合销售"处理，《山东省国家税务局全面推开营改增试点政策指引（七）》第九条明确："房地产开发企业销售住房作为房地产开发企业的一种营销模式，其主要目的为销售住房。购买者统一支付对价，可参照混合销售的原则，按销售不动产适用税率申报缴纳增值税。"

三、装修业务实务应对

（一）装修标准的把控

近年来，税务机关加大了土地增值税的清算力度。为了避免房地产企业虚增成本侵蚀税基，部分税务机关公布了土地增值税扣除项目金额标准，其中包括户内装修标准，如山西省税务局于2023年5月发布的《土地增值税清算审核操作指引（试行）》中，明确了省内户内装修造价参考指标，如表5.2所示。

因此，销售装修房的房地产企业需要关注当地税务机关发布的装修标准，否则税务机关在土地增值税清算审核时发现企业装修成本超标且无正当理由的，可以核定成本，如《关于土地增值税清算中工程造价成本核定扣除等问题的公告》（福建省税务局公告2019年第12号）第二条规定，"税务机关对工程造价委托鉴定的，以鉴定意见作为是否有正当理由的判断依据。因房地产开发企业的原因造成无法进行工程造价鉴定的，视为无正当理由"。

[①] 2017年12月29日原湖北省国家税务局发布了《湖北省营改增问题集》，明确《湖北省营改增政策执行口径》第一至五辑自2018年1月1日起废止。

表 5.2　2013 年度至 2020 年度户内装修造价参考指标

单位：元

装修分类		工程量		2013年		2014年		2015年		2016年		2017年		2018年		2019年		2020年		备注
		数量	单位	单价	合价	单价	合价	单价	合价	单价	合价	单价	合价	单价	合价	单价	合价	单价	合价	
客厅房间	房间门	3	樘	1174	3522	1157	3472	1191	3573	1238	3715	1350	4050	1333	4000	1345	4035	1390	4170	
	筒单吊顶	40	m²	109	4348	107	4286	110	4411	115	4587	125	5000	123	4938	125	4981	129	5148	
	天花、墙面刷乳胶漆	230	m²	27	6100	26	6013	27	6188	28	6436	30.5	7015	30.12	6928	30.39	6989	31.4	7223	
	抛光砖（含踢脚线）	25	m²	172	4305	170	4243	175	4366	182	4541	198	4950	196	4889	197	4932	204	5097	
	窗台板	12.8	m	68	868	67	856	69	881	72	916	78	998	77.03	986	77.71	995	80.31	1028	
	复合木地板（含踢脚线）	40	m²	191	7852	189	7543	194	7762	202	8073	220	8800	217	8691	219	8767	227	9061	
厨房卫生间阳台（中档）装饰 B1	厨房门	1	樘	1277	1277	1258	1258	1295	1295	1598	1598	1468	1468	1450	1450	1463	1463	1512	1512	1.厨柜包括：地柜、吊柜、洗菜盆、水龙头、下水器等；2.洗手台柜包括：镜子、水龙头、下水器等；3.卫浴用具包括：淋浴间、坐便、多功能花洒、卫浴五金挂件等。
	卫生间玻璃门	2	樘	1301	2602	1282	2565	1320	2639	1372	2745	1496	2992	1477	2955	1490	2981	1540	3081	
	铝扣板	14	m²	100	1400	99	1380	101	1420	106	1477	115	1610	114	1590	115	1604	118	1658	
	墙身砖	45	m²	135	6065	133	5979	137	6153	142	6399	155	6975	153	6889	154	6949	160	7182	
	300×300 防滑地砖	18	m²	143	2583	141	2546	146	2620	151	2725	165	2970	163	2933	164	2959	170	3058	
	厨柜	4.2	m	1753	7363	1728	7258	1778	7469	1849	7768	2016	8467	1991	8362	2009	8436	2076	8718	
	抽油烟机、灶具	1	套	2716	2716	2452	2452	2523	2523	2624	2624	2860	2860	2825	2825	2849	2849	2945	2945	
	消毒柜	1	套	1917	1917	1890	1890	2099	2099	2133	2133	2205	2205	2178	2178	2197	2197	2270	2270	
	卫生间洗手台柜	2	套	1985	3971	1957	3914	2014	4028	2094	4189	2283	4566	2255	4509	2275	4549	2351	4702	
	浴霸	2	套	678	1357	669	1337	688	1376	716	1431	780	1560	770	1541	777	1554	803	1606	
	卫浴用具	2	套	2464	4929	2429	4859	2500	5000	2600	5200	2834	5668	2799	5598	2821	5647	2918	5836	

续表

装修分类		工程量			2013年		2014年		2015年		2016年		2017年		2018年		2019年		2020年		备注
		数量	单位		单价	合价	单价	合价	单价	合价	单价	合价	单价	合价	单价	合价	单价	合价	单价	合价	
其他安装	灯具	10	套		104	1044	103	1029	106	1059	110	1101	120	1200	119	1185	120	1196	124	1236	1.开关、插座安装含管线；2.水龙头为阳台、卫生间简易水龙头。
	开关	13	套		42	543	41	535	42	550	44	572	48	624	47.4	616	47.82	622	49.42	643	
	插座	24	套		52	1252	51	1234	53	1270	55	1321	60	1440	59.26	1422	59.78	1435	61.78	1483	
	水龙头	4	套		92	369	91	363	94	374	97	389	106	424	105	419	106	422	109	437	
	给水管	79	m		33	2611	33	2573	34	2648	35	2754	38	3002	37.53	2965	37.86	2991	39.13	3091	
	总计		元/100m²		/	68792	/	67586	/	69703	/	72694	/	78845	/	77867	/	78552	/	81184	
装饰（高档）B2	房间实木门	3	樘		2204	6613	2173	6519	2236	6708	2326	6977	2535	7605	2504	7511	2526	7577	2610	7831	
	造型吊顶	25	m²		123	3087	120	3000	125	3131	130	3257	142	3550	140	3506	141	3537	146	3555	
	电视墙（文化墙）	8.75	m²		2000	17501	1972	17251	2029	17752	2110	18463	2300	20125	2271	19875	2291	20050	2368	20722	800×800品牌地砖或大理石（含波打线，局部造型、踢脚）。
客厅房间	壁纸、壁布或高档涂料	200	m²		65	13000	62	12400	53	10585	55	11009	60	12000	59	11851	60	11955	62	12356	
	地砖或花岗岩、大理石地面	25	m²		261	6522	257	6429	265	6616	275	6881	300	7500	296	7407	299	7472	309	7722	
	窗台板	12.8	m		113	1447	111	1426	115	1468	119	1527	130	1664	128	1643	130	1658	134	1713	
	复合木地板（含踢脚线）	40	m²		207	8279	204	8161	210	8398	218	8734	238	9520	235	9402	237	9485	245	9802	
厨房卫生间阳台	厨房门	1	樘		2565	2565	2529	2529	2602	2602	2706	2706	2950	2950	2913	2913	2939	2939	3038	3038	1.厨柜包括：地柜、吊柜、洗菜盆、水龙头、下水器等；2.洗手台柜包括洗手盆、镜子、水龙头、下水器等。3.卫浴用具
	卫生间花饰造型门	2	樘		2435	4870	2400	4800	2470	4940	2569	5137	2800	5600	2765	5531	2790	5579	2883	5766	
	防潮高档吊顶	14	m²		139	1948	135	1890	141	1976	147	2055	160	2240	158	2212	159	2232	165	2306	
	品牌墙砖	45	m²		142	6379	140	6288	144	6470	150	6729	163	7335	161	7244	162	7308	168	7553	
	品牌300×300防滑地砖	15	m²		131	1969	129	1941	133	1997	138	2077	151	2264	149	2236	150	2256	155	2331	
	品牌厨柜	4.2	m		1892	7946	1865	7832	1919	8060	1996	8382	2175	9137	2:49	9024	2167	9103	2240	9408	

续表

装修分类		工程量		2013年		2014年		2015年		2016年		2017年		2018年		2019年		2020年		备注
		数量	单位	单价	合价	单价	合价	单价	合价	单价	合价	单价	合价	单价	合价	单价	合价	单价	合价	
装饰（高档）	抽油烟机、灶具	1	套	6609	6809	6515	6515	6704	6704	6972	6972	7600	7600	7506	7506	7572	7572	7825	7825	包括：淋浴间、智能坐便、多功能花洒、卫浴五金挂件等。
	消毒柜	1	套	3144	3144	3135	3135	3087	3300	3211	3211	3500	3500	3457	3457	3487	3487	3604	3604	
	卫生间洗手台柜（高档/定制）	2	套	1882	3764	1855	3710	1909	3818	1985	3971	2164	4328	2137	4275	2156	4312	2228	4457	
	浴霸	2	套	800	1600	789	1577	812	1623	844	1688	920	1840	909	1817	917	1833	947	1895	
	卫浴用具（高档）	2	套	5200	10400	5126	10252	5275	10550	5486	10972	5980	11960	5906	11812	5058	11916	6157	12315	
其他安装	灯具（高档品牌）	10	套	157	1565	154	1543	159	1588	165	1651	180	1800	178	1778	179	1793	185	1853	1.开关、插座安装含管线；2.水龙头为阳台、卫生间简易水龙头。
	开关	18	套	48	861	47	849	49	873	50	908	56	990	54	978	55	986	57	1019	
	插座	24	套	52	1252	51	1234	53	1270	55	1321	60	1440	59	1422	60	1435	62	1483	
	水龙头（高档）	4	套	104	417	103	411	106	423	110	440	120	480	119	474	120	478	124	494	
	给水管	79	m	50	3985	50	3928	51	4042	53	4204	58	4582	57	4525	58	4565	60	4718	
	总计	元/100m²		/	115722	/	113620	/	114895	/	119272	/	130010	/	128398	/	129528	/	133867	

说明：1.以建筑面积100平方米三房（双卫）室内精装修工程量为例；2.数量为相应实际户内装修工程量，单位为m²、m、樘、套等；3.门制作及安装，含补墙缝（水泥砂浆）、门锁、五金、门套、门吸、门套线等；4.灯具包括：客厅灯、房间灯、卫生间吸顶灯等；5.开关包括：三位单联开关、二位双联开关、一位开关带二三插、二三插、电视插、电话插、网络等。6.插座包括：一位双联开关、一位开关带二三插、二三插、电视插、电话插、网络等。

2018年长沙市也曾发布过装修价格标准,《长沙市新建商品住宅全装修建设实施细则》规定,"全装修部分应控制在合理的价格内(暂定不得超过2500元/平方米,根据市场成本变化适时调整)"。只是该条款后来被废止,湖南省住房和城乡建设厅在2021年5月25日《关于省十三届人大四次会议第0555号建议的答复》(湘建建复〔2021〕78号)中指出:商品房价格属于市场调节价,由经营者自主定价,充分竞争。对于精装修价格,市住建部门在2021年2月之前对精装修单价进行成本审核,2021年2月后取消成本审核,由房地产开发公司自行定价,并对装修内容进行公示。

(二)合同签订注意事项与风险应对

当前在"房住不炒"的定位下,各地制定了销售限价政策。如果企业开发的项目属于高档住宅项目,毛坯房销售价格已经触及当地备案上限,再进行装修有可能无法通过价格备案。针对这种情况,部分房地产企业为了破解限价政策,通过拆分房价以"捆绑装修"的方式应对,即房地产企业与购房者签订毛坯房销售合同后,再要求购房者与指定的装修公司签订装修合同。如果装修公司与房地产企业属于关联方,且房地产企业售价过低而装修公司售价偏高时,税务机关有权纳税调整。

但实务中也有部分企业既要降低土地增值税又要获取装修业务的利润,但苦于旗下没有装修装饰公司,只能选择由房地产企业兼营装修装饰业务,即把"销售装修房"拆分为"销售毛坯房"+"提供装修服务"两项业务,房地产企业同时与业主签订《商品房买卖合同(毛坯房)》和《装修装饰服务合同》两份合同,需要提醒读者注意的是,税务机关仍将这种业务认定为"销售装修房",参考证据如下:

(1)原广东省国家税务局和广东省财政厅于2017年11月发布的《营业税试点行业纳税遵从指引——房地产业》"2.2.4双合同"规定,房地产开发企业与买房者签订带装修房合同时,将不动产销售价格进行拆分,分别签订销售不动产合同与装修补充合同的,无论发票如何开具,应将收取的全部房价和装修款按"销售不动产"计税。

只有同时符合下述条件的,房地产企业和装修公司才可以分别计算各自应缴增值税:1)装修企业提供装修服务;2)装修企业收取装修款项;3)装修企业承担相关法律责任;4)装修企业向购房者开具装修发票。

（2）《海南省税务局土地增值税清算审核管理办法》（海南省税务局公告2021年第7号）第十六条第（一）项规定，销售已装修的房屋，"签订销售合同时捆绑签订装修合同的"，装修费允许扣除。

（3）《关于贯彻实施契税法若干事项执行口径的公告》（财政部 税务总局公告2021年第23号）第二条第（七）项规定："承受已装修房屋的，应将包括装修费用在内的费用计入承受方应交付的总价款。"

（4）《关于销售不动产兼装修行为征收营业税问题的批复》（国税函〔1998〕53号）明确：纳税人将销售房屋的行为分解成销售房屋与装修房屋两项行为，分别签订两份契约（或合同），向对方收取两份价款。鉴于其装修合同中明确规定，装修合同为房地产买卖契约的一个组成部分，与买卖契约共同成为认购房产的全部合同。因此……对纳税人向对方收取的装修及安装设备的费用，应一并列入房屋售价，按"销售不动产"税目征税。

除了税务风险，企业还应同时关注法律风险。在司法实践中，大多数法院认为"捆绑装修"合同是意思自治的结果，并提出"非法定事由不得对合同效力作否定性评价"。因此，房地产企业签订的"捆绑装修"合同不违反法律、行政法规的强制性规定，如果能证明系双方当事人的真实意思表示，不存在胁迫、欺诈情形，不符合重大误解条件，应属合法有效，购房者一般不能单独解除。例如，河南省高级人民法院在（2020）豫民申3016号"王某胜、某阳碧海置业有限公司装饰装修合同纠纷再审审查与审判监督民事裁定书"中审理认为："案涉的《商品房买卖合同》与《装修合同》系购房者与开发商经协商一致，自愿签订，意思表示真实，内容不违反法律、行政法规的强制性规定，且两份合同在同一天签订，其中存在权利义务交合，故生效判决认定案涉房屋是带装修出售、需整体履行并无不当。"

不违法并不意味着不违规，《住房和城乡建设部等8部门关于持续整治规范房地产市场秩序的通知》（建房〔2021〕55号）规定，"利用不公平格式条款侵害消费者权益"是国家未来三年房地产专项整治工作的重点，企业仍然需要防范相应的风险。

第六章

房地产三大主税的管理

20世纪初，意大利统计学家、经济学家维尔弗雷多·帕累托通过大量事实发现，社会上20%的人占有80%的社会财富，由此指出：在任何特定群体中，重要的因子通常只占少数，而不重要的因子则占多数，因此只要能控制少数重要的因子即能控制全局，这就是著名的"二八定律"。

该定律同样适用于房地产税收管理，房地产企业要缴纳的税费多达十余种，但其中最重要的只有三种，即增值税、土地增值税、企业所得税（以下简称三大主税），房地产企业若能有效管控三大主税，税收筹划即成功了80%。三大主税各自有独立的政策和运行规则，但又相辅相成，房地产企业只有熟谙三大主税的规则，方能从容掌控税收。

第一节　增值税的税务管理

一、预缴税款的管理

（一）预缴税款的方法

在商品房预售模式下，房地产企业收到的所有预收款[①]，均应根据《房地产开发企业销售自行开发的房地产项目增值税征收管理暂行办法》（国家税务总局公告2016年第18号）第十条规定预缴增值税；应预缴税款按照以下公式计算：

应预缴税款 = 预收款 ÷（1+适用税率或征收率）× 3%

由于此时尚未达到增值税纳税义务发生时间，原则上不得开具增值税应税发票，否则预缴的同时应按照发票税率申报缴纳增值税。

但是，自2022年下半年开始，房地产业一时陷入了困境。房地产企业为了

[①] 包括定金、首付款、分期付款、一次性付款和银行按揭贷款、住房公积金贷款及其他形式的购房款等。

回笼资金纷纷下调销售价格，导致开发项目增值率大幅下降，甚至出现部分项目增值税实际税负率低于预征率的情形。为了帮助企业临时纾困，国家税务总局货物和劳务税司在2022年5月16日专门召开网络会议做出安排：房地产企业在收到预收款时，如果已经开具增值税应税发票的，可以不预缴增值税而直接申报缴纳；各地税务机关可根据当地情况自行选择是否适用。

由于以上通知内容属于临时性纾困政策，当地是否执行、期限为多久，需要企业向所在地主管税务机关确认，以避免误用政策产生滞纳金。

（二）预缴税款的特殊处理

1. 预缴税款的混抵。

房地产企业一般纳税人销售自行开发的房地产项目，按照规定的纳税义务发生时间，以当期销售额和适用税率汇总计算当期应纳税额。纳税人预缴的增值税，可以在当期增值税应纳税额中抵减。

如果房地产企业同时存在多个开发项目，预缴的增值税税款可以在不同项目间抵减，无需对应项目，也不区分适用一般计税方法还是简易计税方法；未抵减完的预缴税款可以结转下期继续抵减。

案例分析：

某房地产企业有甲、乙、丙三个项目，其中甲项目适用简易计税方法，乙、丙项目适用一般计税方法。2021年5月，三个项目分别收到不含税销售价款30亿元、10亿元、10亿元，分别预缴增值税9000万元、3000万元、3000万元，共预缴增值税15000万元。

2022年5月，甲项目首先到达了纳税义务发生时间，当月计算出应纳税额为27000万元，此时抵减全部预缴增值税后，应当补缴增值税12000万元。

2. 与留抵税额的抵减。

实务中有些房地产企业收到预售款后，为了规避预缴增值税减轻资金压力，以增值税留抵税额抵减预缴税款，笔者认为相关操作存在风险，理由是预缴税款和增值税留抵税额两者属于不同的会计科目，预缴的增值税在"应交税费—未缴增值税"科目借方记载，而增值税留抵税额在"应交税费—应缴增值税（进项税额）"专栏记载，因此不能相互抵减。

房地产企业一般计税项目需要缴纳增值税时，如果存在增值税进项留抵税额的，根据《关于增值税一般纳税人用进项留抵税额抵减增值税欠税问题的通知》（国税发〔2004〕112号）规定，可以用增值税进项留抵税额抵减增值税欠税。

二、增值税应税行为的确定

根据《营业税改征增值税试点实施办法》（财税〔2016〕36号附件1）第四十五条第（一）项规定，增值税纳税义务发生时间为，"纳税人发生应税行为并收讫销售款项或者取得索取销售款项凭据的当天；先开具发票的，为开具发票的当天"。

营业税改增值税后，国家之所以规定收到预收款的当天不是房地产企业销售不动产的纳税义务发生时间，有以下两点考虑：

第一，房地产企业采取预售制度，在收到预收款时，大部分进项税额尚未取得，如果规定收到预收款就要按照适用税率计提销项税，可能会发生进项和销项不匹配的"错配"问题，导致房地产企业前期销项税额大而缴纳了大量税款，后期进项税额大、大量的留抵税额得不到抵扣，甚至出现企业在注销时进项税额仍然没有抵扣的现象。

第二，要解决从销售额中扣除的土地价款与实现的收入匹配的问题。为此，《营业税改征增值税试点实施办法》（财税〔2016〕36号附件1）规定将销售不动产的纳税义务发生时间后移，收到预收款的当天不再是销售不动产的纳税义务发生时间。同时，为了保证财政收入的均衡入库，又规定了对预收款按照3%预征税款的配套政策。

笔者认为，除提前开具发票的情形外，纳税人发生应税行为是纳税义务发生的前提，而《销售服务、无形资产、不动产注释》（财税〔2016〕36号附件1之"附"）规定"销售不动产，是指转让不动产所有权的业务活动"，因此，销售商品房的应税行为，是指商品房所有权发生转移的行为，换句话说，商品房所有权转移时点是判断应税行为是否发生的关键。对于房地产企业销售现房的，目前各地税务机关普遍以不动产交付给买受人的当天作为应税行为发生的时间；而对于预售期房的，则存在争议。

（一）当前各地口径

综合各地政策，对于增值税应税行为发生时间的认定，目前存在三种口径：

1.按照合同约定和实际交付孰先原则。

该观点认为，"发生应税行为"是指《商品房买卖合同》约定交付时间；若实际交付时间早于合同约定时间的，则以实际交付时间为准，代表性的省市有湖北、内蒙古、安徽。原安徽省国家税务局在2017年1月3日发布的房地产营改增热点难点问题中规定：

"增值税纳税义务确定的前提是纳税人是否已发生应税行为。对以买卖方式转让的不动产，应对照《商品房买卖合同》上约定的交房时间，房地产开发企业与购买方在合同约定的最迟交房时间之前完成房屋交付手续的，以实际交付时间作为纳税义务发生时间。

因房地产开发企业原因造成延迟交房的，以实际交房时间作为纳税义务发生时间；

因购买方原因未按合同约定完成不动产交付手续的，以合同约定的最迟交房时间作为纳税义务发生时间。

对以投资、分配利润、捐赠、抵债等方式转让的不动产，房地产开发企业应以不动产权属变更的当天作为纳税义务发生时间。"

由于当前房地产企业销售放缓、外部融资困难，资金原因直接影响项目开发进度，导致房地产企业延迟交房较为普遍，如果此种情况下仍然以《商品房买卖合同》上约定的交房时间为准计算缴纳增值税，会给企业的资金链雪上加霜。而如果"发生应税行为"以实际交房时间为准，则可以延缓纳税、减轻企业资金压力。因此，"因房地产开发企业原因造成延迟交房的，以实际交房时间作为纳税义务发生时间"，可以说对企业十分友好。

2.按照实际交付时间。

原广东省国家税务局和广东省财政厅于2017年11月发布的《营改增行业纳税遵从指引——房地产业》明确，由于房地产开发企业在实际交房时，其销售开发产品的风险已经转移，符合确认收入的条件，因此"发生应税行为"是指房地产企业实际交房的时间。

3.按照产权登记时间。

山东、福建规定,"发生应税行为"是指办理产权登记的时间,其实笔者更支持以产权登记时间作为增值税纳税义务发生时间,理由如下:

(1)按照房地产开发业务流程,一般是合同约定交付在前,其次是实际交付,最后是产权登记,相对而言,以产权登记时间作为增值税纳税义务发生时间可以延迟纳税。

(2)《民法典》第二百零九条规定,"不动产物权的设立、变更、转让和消灭,经依法登记,发生效力"。据此可以看出销售商品房的所有权转移是登记实现,不动产权证书办理时间稳定不变,可查询、可监控,因而以房地产企业为买受人办理不动产权证书的当天作为纳税义务发生时间更具可操作性。

(二)可行性建议

为了降低企业纳税风险,如果项目所在地有明确规定增值税"应税行为"的,笔者建议企业从其规定。当地没有相关规定的,企业可以结合项目的增值情况并征询主管税务机关意见,房地产项目增值存在两种可能性:

一是开发项目为高增值项目,增值税税负率高于预征率,增值税纳税义务发生时企业需要补足增值税。此种情形下,增值税纳税义务发生时间越晚对企业越有利。如果以产权登记时间为"应税行为",可以最大限度地延迟纳税、减轻企业资金压力。尤其是拆迁还房业务,企业不但不能从拆迁户处取得销售收入,还需要缴纳增值税。

二是开发项目为低增值项目,增值税税负率低于预征率,增值税纳税义务发生时需要退税。此种情形下,增值税纳税义务发生时间越早对企业越有利。如果以合同约定时间为"应税行为",可以尽早享受退税,减少企业资金的占用,另外现房销售时不再需要预缴增值税,也能减轻企业资金的压力。

需要注意的是,近年来,各地政府为了提升不动产登记服务水平,纷纷推进"交房即办证",如果房地产企业能够按照合同约定时间交房,买受人收房当天办出不动产权证,则合同约定、产品交付、产权登记三个时点达成了统一,届时

"应税行为"的争议将不复存在。

三、增值税的计算申报

（一）销售额的确认

房地产企业一般纳税人销售自行开发的房地产项目，适用一般计税方法时，按照取得的全部价款和价外费用，扣除当期销售房地产项目对应的土地价款后的余额计算销售额。销售额的计算公式如下：

销售额=（全部价款和价外费用−当期允许扣除的土地价款）÷（1+税率）

此处的销售额，是指房地产企业发生应税行为取得的全部价款和价外费用；价外费用，是指价外收取的各种性质的费用，但不包括企业代为收取的政府性基金或者行政事业性费用和以委托方名义开具发票代委托方收取的款项。在实践中，房地产企业收取的特殊收入处理如下：

第一，诚意金，企业在办理预售许可证前收取的诚意金，签订正式合同后应转为房款计入销售额。

第二，违约金，当商品房买卖合同履行时，企业因买受人延迟付款而收取的利息、滞纳金等，作为价外费用；企业在合同终止时收取的违约金，属于赔偿款，不属于增值税应税范围。

第三，代收费用，企业在交房时代收转付的契税、印花税、办证费、住房专项维修基金不属于价外费用；以委托方名义开具发票代委托方收取的水、电、暖、燃气、广电初装费，也不属于价外费用。

（二）土地价款的扣除

根据《房地产开发企业销售自行开发的房地产项目增值税征收管理暂行办法》（国家税务总局公告2016年第18号）规定，支付的土地价款，是指房地产企业向政府、土地管理部门或受政府委托收取土地价款的单位直接支付的土地价款，扣除时应当取得省级以上（含省级）财政部门监（印）制的财政票据。

对此，《关于明确金融 房地产开发 教育辅助服务等增值税政策的通知》（财税〔2016〕140号）第七条补充规定，《营业税改征增值税试点有关事项的规定》

(财税〔2016〕36号附件2)第一条第三款第（十）项中"向政府部门支付的土地价款"，包括土地受让人向政府部门支付的征地和拆迁补偿费用、土地前期开发费用和土地出让收益等；实践中房地产企业为取得土地使用权支付的费用主要包括土地出让金、拆迁补偿费、征收补偿款、城市基础设施配套费、开发规费等，具体如下：

1.土地出让金，通常是指各级政府土地管理部门将土地使用权出让给土地使用者，按规定向买受人收取的土地出让的全部价款。

按照《关于将国有土地使用权出让收入、矿产资源专项收入、海域使用金、无居民海岛使用金四项政府非税收入划转税务部门征收有关问题的通知》（财综〔2021〕19号）文件规定，自2022年1月1日，土地使用金全面划转给税务部门负责征收，税务部门开具财政部统一监（印）制的非税收入票据；另外，因土地容积率调整、土地使用性质变更等原因补缴的土地出让金也可以在计算销售额时扣除。

2.拆迁补偿费，通常是指房地产企业依照规定标准支付的与拆迁相关的各种补偿金。

不论是支付给政府，还是支付给其他单位或个人，都可以在计算销售额时扣除；房地产企业扣除拆迁补偿费用，应提供拆迁协议、拆迁双方支付和取得拆迁补偿费用凭证等能够证明拆迁补偿费用真实性的材料。

3.征收补偿款，通常是指政府先将土地拍卖出让，再由政府出面征收拆迁但由房地产企业承担，并通过政府向被拆迁房屋的所有权人或使用人支付的款项。其票据为政府财政部门出具的非税收入票据。

4.城市基础设施配套费，是指按城市总体规划要求，为筹集城市市政公用基础设施建设资金所收取的费用，其专项用于建设项目规划红线外与城市主干网衔接的城市基础配套设施和城市公用设施建设，包括城市道路、桥梁、公共交通、供水、燃气、污水处理、集中供热、园林、绿化、路灯、环境卫生等；它是市政基础设施建设资金的补充，与各项城市建设资金统筹安排使用，其票据一般为省级财政部门印制的财政票据。城市基础设施配套费与大市政配套费有本质的不同，差异见表6.1。

表 6.1　大市政配套费与城市基础设施配套费差异对比

序　号	项　　目	大市政配套费	城市基础设施配套费
1	费用性质	七通一平费用	政府性基金
2	计算依据	按照土地面积	按照建筑面积
3	征收时点	土地权属登记时	办理规划许可时
4	征收单位	土地管理部门	建设或者规划部门

5.开发规费，通常是指在房地产开发过程中，房地产企业按照项目所在地的收取标准向政府多个部门缴纳若干项的各种规费，其票据为政府部门出具的非税收入票据。

综上，房地产企业一般纳税人选择适用一般计税方法时，可以计入土地价款从销售中扣除的有土地出让金、拆迁补偿费、征收补偿款；规费不属于"向政府部门支付的土地价款"，不可以在计算销售额时扣除。而城市基础设施配套费目前尚存在争议，例如，2018年12月5日深圳市税务局发布《深圳市全面推开"营改增"试点工作指引（之四）——房地产业》，其中第二条"土地价款扣除"明确："可以扣除的土地价款是指土地受让人向政府部门、土地管理部门或受政府委托收取土地价款的单位直接支付的土地价款，包括征地和拆迁补偿费用、土地前期开发费用和土地出让收益等……城市配套设施费及不在上述范围的其他项目不得在计算销售额时扣除。"但也有部分地区的税务机关在回复城市基础设施配套费能否计入土地价款扣除时，直接引用了企业所得税的政策——《房地产开发经营业务企业所得税处理办法》（国税发〔2009〕31号）第二十七条第（一）项规定，认为土地征用费及拆迁补偿费包含大市政配套费，然后得出"可以计入土地价款扣除"的结论，但笔者认为依据有些牵强，建议企业谨慎处理以免错误扣除。

土地价款扣除时，房地产企业应关注以下情形：

情形一　是否存在分期开发。如果房地产企业一次性购地，分期开发，可供销售建筑面积无法一次全部确定的，按照均衡配比的原则，按以下顺序计算当期允许扣除的土地价款：

（1）首先，计算出已开发项目所对应的土地价款：已开发项目所对应的土地价款=支付的土地总价款×（已开发项目占地面积÷开发用地总面积）

（2）其次，再按照以下公式计算当期允许扣除的土地价款：当期允许扣除的土地价款=（当期销售房地产项目建筑面积÷当期已开发房地产项目可供销售建筑面积）×已开发项目所对应的土地价款。

其中，当期销售房地产项目建筑面积，是指当期进行纳税申报的增值税销售额对应的建筑面积；房地产项目可供销售建筑面积，是指房地产项目可以出售的总建筑面积，不包括销售房地产项目时未单独作价结算的配套公共设施的建筑面积；以上面积均是指计容积率地上建筑面积，不包括地下车位建筑面积。

情形二　房地产企业获取土地后是否转让过股权。如果房地产企业受让土地向政府部门支付土地价款后，由项目公司开发，一旦项目公司股权发生转让，使得项目公司的股权不再全部由房地产企业所持有，按照《关于明确金融 房地产开发 教育辅助服务等增值税政策的通知》（财税〔2016〕140号）文件第八条规定，则不同时符合财税〔2016〕140号第八条所规定的三个条件，不得扣除土地价款。

情形三　土地取得方式。如果土地是房地产企业通过二级土地市场取得，包括土地使用权或者在建工程，应凭增值税专用发票抵扣进项税额而不是计入土地价款。

第二节　企业所得税的税务管理

企业所得税是房地产企业的三大主税之一，由于当前房地产投资信心不足和消费降级，地下车位等非必要设施严重滞销，企业所得税完工结转时已售产品可能需要补缴巨额所得税，当前情形下有可能成为"压死骆驼的最后一根稻草"，因此企业所得税亟须重视。

一、企业所得税的纳税申报

为了保证税款均衡入库，房地产企业所得税征管实行"按期预缴，年度汇算，完工结算"的模式。

（一）企业所得税预缴

企业预售未完工开发产品取得预售收入时，因为不能准确核算计税成本，因此应先按预计计税毛利率分季（或月）计算出预计毛利额，计入当期应纳税所得额。

"计税毛利率"由各省、自治区、直辖市税务局确定。由于产品增值率不同，因此出现了同一个省内位于不同城市的开发项目计税毛利率不同；同一个项目中开发产品不同，计税毛利率可能存在差异，如商品房的计税毛利率和经济适用房的不同，因此应分别核算销售收入，并按照对应的计税毛利率计算预计利润。

填报预缴申报表时，《企业所得税月（季）度预缴纳税申报表（A类）》（国家税务总局公告2021年第3号）文件填报说明中明确：实际缴纳且在会计核算中未计入当期损益的土地增值税等附加税费可以填报至第4行"特定业务计算的应纳税所得额"扣除，其计算公式为：

纳税调整金额=未完工销售收入（不含税）×计税毛利率－实际缴纳且会计未计入当期损益的土地增值税等附加税费

此次填报说明不但规范了填报、减少了税企争议，更重要的是切实降低了企业所得税的预缴额，减轻了企业的资金压力。至此，房地产企业所得税预缴扣除项目口径与年度汇算清缴的口径保持了一致。

（二）年度申报

1.预售收入。

企业销售未完工开发产品取得的预售收入，在年度纳税申报时，应先按照规定的预计计税毛利率计算出预计毛利额，通过填报A105010《视同销售和房地产开发企业特定业务纳税调整明细表》、A105000《纳税调整项目明细表》等相关附表进行纳税调整，计入当期应纳税所得额。

企业发生的税金及附加、土地增值税准予当期按规定扣除。企业销售未完工产品按预售收入预征缴纳，且在会计核算中未计入当期损益的税金及附加和土地增值税，应通过填报A105010《视同销售和房地产开发企业特定业务纳税调整明细表》相应栏次进行税前扣除的纳税调整。

2.开发产品完工年度。

《房地产开发经营业务企业所得税处理办法》（国税发〔2009〕31号，以下简称31号文件）规定，开发产品完工后，房地产企业应在完工年度企业所得税汇算清缴前选择确定计税成本核算的终止日；应及时结算其计税成本并计算此前销售收入的实际毛利额，同时将其实际毛利额与其对应的预计毛利额之间的差额，计入当年度企业本项目与其他项目合并计算的应纳税所得额。

填写企业所得税年度汇算申报表时，企业通过填报A105010《视同销售和房地产开发企业特定业务纳税调整明细表》对应栏次，对此前已申报纳税的预计毛利额进行结转，实现将企业会计利润总额中已申报确认的实际毛利额与转回的预计毛利额之间的差额，计入当年度应纳税所得额。

企业将预售收入结转确认为销售收入以及销售完工开发产品后，在会计处理时已体现在主营业务收入、主营业务成本中，相应销售收入的实际利润额已计入会计利润总额，税会处理无差异，不需要进行纳税调整。填表时应直接填入A101010《一般企业收入明细表》、A102010《一般企业成本支出明细表》以及A100000《企业所得税年度纳税申报表（A类）》对应栏次。

当存在同一个企业同时开发多个项目的情形时，如果不同项目的完工进度不同，在一个纳税年度内，可能既需要对完工前取得预售收入计算纳税调增金额，又需要结转以前年度预售收入计算纳税调减金额，相关特定业务纳税调整额的综合计算可通过同步填报A105010《视同销售和房地产开发企业特定业务纳税调整明细表》对应栏次完成。

另外，预售产品完工后年度纳税申报时，须出具开发产品实际毛利额与预计毛利额之间差异调整情况的报告以及税务机关需要的其他相关资料，内容包括但不限于以下：

（1）房地产企业基本情况，包括企业资质等级、资质有效期、从业人数、法人代表、出资方、关联方有关情况等；

（2）开发项目基本情况，包括开发项目名称、地理位置及概况、占地面积、容积率、绿化率、开发用途、初始开发时间、完工时间、销售情况、销售方式、销售费用（含佣金或手续费，尤其是委托境外机构销售费用结算情况）、配套设施的归属及核算、停车场所的核算、企业的融资情况（包括企业境外融资）、利息的核算及支付情况等；

（3）《房地产开发企业本年共同（间接）成本分摊明细表》《房地产开发项目完工对象会计成本、计税成本调整计算明细表》《房地产开发企业预提费用明细表》。

二、收入的税务处理

1.收入的确认。

根据31号文件第六条的规定，企业通过正式签订《房地产销售合同》或《房地产预售合同》所取得的收入，应确认为销售收入的实现，具体按以下规定确认：

（1）采取一次性全额收款方式销售开发产品的，应于实际收讫价款或取得索取价款凭据（权利）之日，确认收入的实现。

（2）采取分期收款方式销售开发产品的，应按销售合同或协议约定的价款和付款日确认收入的实现。付款方提前付款的，在实际付款日确认收入的实现。

（3）采取银行按揭方式销售开发产品的，应按销售合同或协议约定的价款确定收入额，其首付款应于实际收到日确认收入的实现，余款在银行按揭贷款办理转账之日确认收入的实现。

（4）采取委托方式销售开发产品的，应按31号文件第六条第（四）项规定确定的原则确认收入的实现，具体可参见表6.2。

表6.2 委托销售模式下收入确认原则

序号	委托方式	签约主体	收入确认	确认时点
1	佣金模式	企业+购房者	约定价格	收到销售清单之日
2	视同买断	企业+购房者或者三方	约定价、买断价孰高原则	收到销售清单之日
3	基价+超额分成	企业+购房者或者三方	约定价、基价孰高原则	收到销售清单之日
		受托方+购房者	基价+企业分成	
4	包销方式	企业+购房者	期内已售，参照前3种规定	收到销售清单之日
			包销期内未售，约定价格	根据合同具体约定

开发产品销售收入的范围为销售开发产品过程中取得的全部价款，包括现金、现金等价物及其他经济利益。企业代有关部门、单位和企业收取的各种基金、费用和附加等，凡纳入开发产品价内或由企业开具发票的，应按规定全部确认为销售收入；未纳入开发产品价内并由企业之外的其他收取部门、单位开具发票的，可作为代收代缴款项进行管理。

2.视同销售。

企业将开发产品用于捐赠、赞助、职工福利、奖励、对外投资、分配给股东或投资人、抵偿债务、换取其他企事业单位和个人的非货币性资产等行为,应视同销售,于开发产品所有权或使用权转移,或于实际取得利益权利时确认收入(或利润)的实现。确认收入(或利润)的方法和顺序为:(1)按本企业近期或本年度最近月份同类开发产品市场销售价格确定;(2)由主管税务机关参照当地同类开发产品市场公允价值确定。

3.租金收入。

企业新建的开发产品在尚未完工或办理房地产初始登记、取得产权证前,与承租人签订租赁预约协议的,自开发产品交付承租人使用之日起,出租方取得的预租价款按租金确认收入的实现。

4.营改增的影响。

营业税改征增值税后,房地产企业增值税一般纳税人适用一般计税方法时,预售收入或销售收入均为不含增值税的收入,计算公式如下:

不含税收入=预售/销售取得的全部价款÷(1+适用税率)

根据《财政部关于印发〈增值税会计处理规定〉的通知》(财会〔2016〕22号)文件"差额征税的账务处理"相关规定,土地价款从销售额中扣除后企业所得税账务处理为,借记"应交税费——应交增值税(销项税额抵减)",贷记"主营业务成本"等科目。

即计算企业所得税时,收入按照不含税收入计算,但土地成本要调减,这与土地增值税的处理存在明显的差异。企业在测算税负时,只有厘清各个税种下各项收入和成本的基数,测算结果才有可能准确。

三、成本费用与计税成本的处理

(一)成本、费用扣除

《企业所得税法》第八条规定:"企业实际发生的与取得收入有关的、合理的支出,包括成本、费用、税金、损失和其他支出,准予在计算应纳税所得额时扣除。"企业在进行成本、费用的核算与扣除时,必须按规定区分期间费用和开发产品计税成本、已销开发产品计税成本与未销开发产品计税成本。

企业发生的期间费用、已销开发产品计税成本、税金及附加、土地增值税准予当期按规定扣除。提示注意的是，这里的"土地增值税"是指当期实际发生额，预提的土地增值税应在企业所得税汇算清缴时作为税会差异纳税调整。

对于房地产企业经常发生的其他费用，税务处理如下：

1. 借款费用。

房地产开发属于资本密集型行业，开发过程中需要投入大量资金，如果企业发生融资借款，则需要关注以下问题：

（1）借款费用应区分收益性支出和资本性支出。企业为建造开发产品借入资金而发生的符合税收规定的借款费用，可按企业会计准则的规定进行归集和分配，其中属于财务费用性质的借款费用，可直接在税前扣除；符合资本化条件的，应当作为资本性支出计入有关资产的成本，不得在发生当期直接扣除。

（2）应关注扣除限制。按照税法规定，非金融企业向非金融企业借款的利息支出，不超过按照金融企业同期同类贷款利率计算的数额的部分准予扣除，超出的部分不得扣除。此外，关联方借款超过债资比限制且不符合独立交易原则部分的利息，投资者在规定期限内未实缴到位的注册资本对应的利息，向自然人无合同借款的利息支出，特别纳税调整补征税款而发生的利息支出等，均不得扣除。

2. 销售佣金。

当房地产行情下行时，房地产企业为了促进销售会委托专业代理机构进行销售，向其支付销售佣金时，需要注意扣除比例的限制：境内代理机构不得超过销售收入的5%，境外不得超过10%。

3. 业务招待费、广告费和业务宣传费。

计算业务招待费、广告费和业务宣传费等费用扣除限额时，计算基数包括主营业务收入、其他业务收入、视同销售收入。其中，企业发生的与生产经营活动有关的业务招待费支出，按照发生额的60%扣除，但最高不得超过当年销售（营业）收入的5‰；企业发生的符合条件的广告费和业务宣传费支出，除国务院财政、税务主管部门另有规定外，不超过当年销售（营业）收入15%的部分，准予扣除；超过部分，准予在以后纳税年度结转扣除。

（二）计税成本的核算

计税成本是指企业在开发、建造开发产品过程中所发生的按照税收规定进行核算与计量的应归入某项成本对象的各项费用。

1. 计税成本的具体内容。

开发产品计税成本支出的内容是指房地产开发六大成本，即土地征用费及拆迁补偿费、前期工程费、建筑安装工程费、基础设施建设费、公共配套设施费、开发间接费等。

（1）土地征用费及拆迁补偿费，指为取得土地开发使用权（或开发权）而发生的各项费用，主要包括土地买价或出让金、大市政配套费、契税、耕地占用税、土地使用费、土地闲置费、土地变更用途和超面积补交的地价及相关税费、拆迁补偿支出、安置及动迁支出、回迁房建造支出、农作物补偿费、危房补偿费等。

（2）前期工程费，指项目开发前期发生的水文地质勘察、测绘、规划、设计、可行性研究、筹建、场地通平等前期费用。

（3）建筑安装工程费，指开发项目开发过程中发生的各项建筑安装费用。主要包括开发项目建筑工程费和开发项目安装工程费等。

（4）基础设施建设费，指开发项目在开发过程中所发生的各项基础设施支出，主要包括开发项目内道路、供水、供电、供气、排污、排洪、通讯、照明等社区管网工程费和环境卫生、园林绿化等园林环境工程费。

（5）公共配套设施费，指开发项目内发生的、独立的、非营利性的，且产权属于全体业主的，或无偿赠与地方政府、政府公用事业单位的公共配套设施支出。

（6）开发间接费，指企业为直接组织和管理开发项目所发生的，且不能将其归属于特定成本对象的成本费用性支出。主要包括管理人员工资、职工福利费、折旧费、修理费、办公费、水电费、劳动保护费、工程管理费、周转房摊销以及项目营销设施建造费等。

2. 成本对象的归集原则。

上文提到的"成本对象"是指为归集和分配开发产品开发、建造过程中的各项耗费而确定的费用承担项目，计税成本按照"先归集、后分摊"的处理顺序。

由于房地产行业开发产品的特殊性、多样性、差异性，成本对象作为开发产品开发建造过程中各项耗费的承担者，成本对象的合理确定对于正确划分成本费用的归属、准确核算成本费用、应纳税所得额等方面有着重要意义，由于不同产品之间的土地、建安、配套设施、各项费用所占比例不同，实现利润差异较大，计税成本对象划分直接影响企业所得税的征管，房地产企业一般按照开发项目、综合开发期数并兼顾产品类型等确定成本对象。

成本对象的具体确定原则如下：企业应当根据计税成本对象的可否销售、分类归集、功能区分、定价差异、成本差异、权益区分六条原则，结合实际情况，从开发地点、开工时间、完工时间、产品归属、产品结构、产品类型、产品功能、产品用途、产品成本、产品售价等方面对成本对象进行合理划分，建立健全成本对象管理制度，合理区分完工、在建、未建成本对象，收集、整理、保存证据材料备查。

尽管国家取消了"房地产开发企业开发产品成本对象事先备案"的审批事项，但并不意味着对房地产成本对象放松了管理；根据《关于房地产开发企业成本对象管理问题的公告》（国家税务总局公告2014年第35号）规定，在开发产品完工当年申报年度企业所得税时，对已完工开发产品的成本对象专项报送税务机关，并不得随意调整或混淆成本对象。

3.计税成本的核算程序。

企业计税成本核算的一般程序如下：

（1）对当期实际发生的各项支出，按其性质、经济用途及发生的地点、时间进行整理、归类，并将其区分为应计入成本对象的成本和应在当期税前扣除的期间费用。同时还应按规定对有关预提费用和待摊费用进行计量与确认。

（2）对应计入成本对象中的各项实际支出、预提费用、待摊费用等合理地划分为直接成本、间接成本和共同成本，并按规定将其合理地归集、分配至已完工成本对象、在建成本对象和未建成本对象。

（3）对期前已完工成本对象应负担的成本费用按已销开发产品、未销开发产品和固定资产进行分配，其中应由已销开发产品负担的部分，在当期纳税申报时进行扣除，未销开发产品应负担的成本费用待其实际销售时再予扣除。

（4）对本期已完工成本对象分类为开发产品和固定资产并对其计税成本进行结算。其中属于开发产品的，应按可售面积计算其单位工程成本，据此再计算已销开发产品计税成本和未销开发产品计税成本。

已销开发产品的计税成本，按当期已实现销售的可售面积和可售面积单位工程成本确认。可售面积单位工程成本和已销开发产品的计税成本按下列公式计算确定：

可售面积单位工程成本＝成本对象总成本÷成本对象总可售面积

已销开发产品的计税成本＝已实现销售的可售面积×可售面积单位工程成本

对本期已销开发产品的计税成本，准予在当期扣除，未销开发产品计税成本待其实际销售时再予扣除。

（5）对本期未完工和尚未建造的成本对象应当负担的成本费用，应分别建立明细台账，待开发产品完工后再予结算。

4. 共同（间接）成本的分摊。

企业开发、建造的开发产品应按制造成本法进行计量与核算。其中，应计入开发产品成本中的费用属于直接成本和能够分清成本对象的间接成本，直接计入成本对象，共同成本和不能分清负担对象的间接成本，应按受益原则和配比原则分配至各成本对象，具体分配方法一般情况下可以参照表6.3：

表6.3 房地产开发成本项目的分配标准

序 号	成本项目	分配标准
1	土地征用及拆迁补偿费	占地面积
2	前期工程费	建筑面积
3	建筑安装工程费	建筑面积/预算造价
4	基础设施费	建筑面积
5	公共配套设施费	建筑面积
6	开发间接费	直接费用、预算造价

由于房地产企业中各开发产品增值率不同，实现利润差异较大，成本分摊直接影响着企业所得税的税负。为了降低税负，实务中成本分摊时可以参考如下原则：

（1）谁受益谁分摊原则，即哪个业态受益，成本就往哪里分摊。

部分地方税务机关提出的"成本对象化"原则与之类似，单独签订主体建筑、安装工程施工合同且单独办理工程结算发生的成本，可以对象化到具体的业态；其中已明确对象化的设施、设备、装修等支出应直接计入对应房产的房地产开发成本。

（2）高附加值产品优先原则，即为了降低高附加值产品的税负、均衡各产品间的利润，成本尽量向高增值产品倾斜，低附加值产品少分摊或者不分摊。

（3）可租售原则，成本分摊时，成本优先分摊给规划用于销售或取得租金回报的业态，对于不能或者短期不能取得收益的业态尽量按照配套处理，如根据31号文件第三十三条精神，利用地下基础设施形成的停车场所，作为公共配套设施进行处理，其成本由可售面积分摊。

四、完工年度的票据处理

企业所得税的成本处理分为完工年度和以后年度两种情形，具体如下：

1.完工年度。

按照31号文件第三条的规定，开发产品符合下列条件之一的，应视为已经完工：（1）开发产品竣工证明材料已报房地产管理部门备案；（2）开发产品已开始投入使用；（3）开发产品已取得了初始产权证明。据此判定，企业所得税完工标准应按照以上三者孰先原则。

前文曾提到，当前部分房地产企业因资金链出现问题导致项目烂尾，业主经自救续建后达到交付条件，业主自行投入使用，根据《关于房地产开发企业开发产品完工条件确认问题的通知》（国税函〔2010〕201号）规定，无论开发项目是否通过验收，或是否办理竣工（完工）备案手续以及会计决算手续，当企业开始办理开发项目交付手续（包括入住手续），或已开始实际投入使用时，为开发产品开始投入使用，应视为开发产品已经完工。

开发产品完工以后，企业可在完工年度企业所得税汇算清缴前选择确定计税成本核算的终止日，不得滞后。由于目前企业所得税年度汇算清缴结束日期为次年5月31日，因此"完工年度企业所得税汇算清缴前"无须限定于完工当年的12月31日前，而是指次年5月31日前的任意时间。

企业在结算计税成本时，尽管31号文件第三十二条规定针对列明的项目可以预提费用，但并不是可以无限期缺失发票，根据《企业所得税税前扣除凭证管理办法》（国家税务总局公告2018年第28号）第十五条规定，汇算清缴期结束后，税务机关发现企业应当取得而未取得发票、其他外部凭证或者取得不合规发票、不合规其他外部凭证并且告知企业的，企业应当自被告知之日起60日内补开、换开符合规定的发票、其他外部凭证。

当前部分企业为了把有限的资金投入到项目中，有意选择延迟结转成本，税务机关一旦发现，企业将涉及补缴滞纳金的风险。例如，上市公司广州珠某实业开发股份有限公司2020年8月22日发布《关于补缴税款的公告》，内容显示该公司收到当地税务局稽查局出具的《税务处理决定书》（穗税稽处〔2020〕12号），由于旗下某开发项目在2012年至2016年度汇算清缴时未按税法规定确认收入和结转成本，产生企业所得税滞纳金34795481.63元。

31号文件第三十五条同时规定："凡已完工开发产品在完工年度未按规定结算计税成本，主管税务机关有权确定或核定其计税成本，据此进行纳税调整，并按《中华人民共和国税收征收管理法》的有关规定对其进行处理。"例如福州某华房地产开发有限公司开发的文华富邑大楼（台江广场）项目因未按规定结转企业所得税收入、成本，其主管税务机关于2022年8月24日通过公告送达榕台税二通〔2022〕173号税务事项通知书，对该司核定企业所得税应税所得率为30%。

2. 以后年度。

完工年度后每年新取得成本发票的，原则上应再次分配，但是房地产业不同于其他行业，31号文件第二十八条第（三）项规定："对期前已完工成本对象应负担的成本费用按已销开发产品、未销开发产品和固定资产进行分配，其中应由已销开发产品负担的部分，在当期纳税申报时进行扣除，未销开发产品应负担的成本费用待其实际销售时再予扣除。"按照上述规定，应由已销开发产品负担的部分原则上在当期纳税申报时进行扣除，不能进行追溯调整。

原河北省国家税务局《关于印发〈企业所得税若干政策问题解答〉的通知》（冀国税函〔2013〕161号）规定如下：

二十二、房地产开发经营企业在竣工结算以后年度取得成本发票应如何处理？

根据国家税务总局《关于印发房地产开发经营业务企业所得税处理办法的通知》（国税发〔2009〕31号）第三十四条规定，"企业在结算计税成本时其实际发生的支出应当取得但未取得合法凭据的，不得计入计税成本，待实际取得合法凭据时，再按规定计入计税成本。"及《关于企业所得税应纳税所得额若干税务处理问题的公告》（国家税务总局公告2012年第15号）第六条第一款规定，"对企业发现以前年度实际发生的、按照税收规定应在企业所得税前扣除而未扣除或者少扣除的支出，企业做出专项申报及说明后，准予追补至该项目发生年度计算扣除，但追补确认期限不得超过5年。"因此，对于房地产开发企业在竣工结算以后年度取得成本发票的应进行追溯调整。

尽管原河北省税务局曾专门发文明确"可追溯调整"，但更多的税务机关认为，31号文件是规范房地产开发业务的特殊规定，而国家税务总局公告2012年第15号和2018年第28号均属于一般性规定。按照《立法法》第一百零三条规定："同一机关制定的法律、行政法规、地方性法规、自治条例和单行条例、规章，特别规定与一般规定不一致的，适用特别规定……"，即特别法优于普通法，因此31号文件相关规定层级优先。房地产企业在以后年度取得发票的，如果后续没有其他开发项目或者待结转的开发产品，那么多缴纳的企业所得税将成为沉没成本。

另外，当前许多地方明文规定，土地增值税的"竣工验收"应以企业所得税完工为标志，竣工备案后发生的成本不得计入土地增值税扣除项目。因此，为了合法降低企业的相关税负，房地产企业应在所得税完工前，务必对成本、费用票据应取尽取，不得滞后。

案例分析：预提成本无票影响所得税

某房地产企业有一个项目，工程合同成本不含税价为10亿元，2021年12月18日全部交房，2022年5月税务机关通知企业对完工产品进行汇算清缴，但是截至汇算清缴日，企业取得发票金额不含税成本只有8亿元（不含质保金）。

按照《房地产开发经营业务企业所得税处理办法》（国税发〔2009〕31号）第三十二条第（一）项规定："出包工程未最终办理结算而未取得全额发票的，在证明资料充分的前提下，其发票不足金额可以预提，但最高不得超过合同总金额的10%。"

此时金额成本合计为8+10×10%=9亿元，成本差额1亿元，将导致企业多缴纳企业所得税2500万元。

五、所得税特殊业务应对

（一）核定征收难实现

根据现行规定，企业所得税征收方式有核定征收和查账征收两种方式。在《税收征收管理法》中，与核定征收相关的条款如下。

第三十五条　纳税人具有下列情形之一的，税务机关有权核定其应纳税额：

（一）依照法律、行政法规定的规定可以不设置账簿的；

（二）依照法律、行政法规的规定应当设置但未设置账簿的；

（三）擅自销毁账簿或者拒不提供纳税资料的；

（四）虽设置账簿，但账目混乱或者成本资料、收入凭证、费用凭证残缺不全难以查账的；

（五）发生纳税义务，未按照规定的期限办理纳税申报，经税务机关责令限期申报逾期仍不申报的；

（六）纳税人申报的计税依据明显偏低，又无正当理由的。

税务机关核定应纳税额的具体程序和方法由国务院税务主管部门规定。

需要说明的是，针对《税收征收管理法》第三十五条规定的几种情形，营业税改征增值税后，房地产企业一般纳税人适用一般计税方法时，会计核算和账簿更加规范，不设置账簿、未设置账簿、账目混乱的情形将不复存在；如属于房地产企业支付建筑企业工程款或者供应商材料款后，对方拒不开具发票或走逃或破产等原因，这种情况下税务机关一般要求企业借助司法途径解决，也不属于核定征收的理由。综上，只有房地产企业符合"未按照期限申报纳税"或者"计税依据明显偏低"其中的一种情形时，才有可能核定征收。

国家税务总局在《关于印发〈企业所得税核定征收办法〉（试行）的通知》（国税发〔2008〕30号）第三条原文引用了《税收征收管理法》第三十五条的规定，并特别强调"特殊行业、特殊类型的纳税人和一定规模以上的纳税人不适用本办法。上述特定纳税人由国家税务总局另行明确"。而房地产业就属于该文件规定的特殊行业，根据《房地产开发经营业务企业所得税处理办法》（国税发〔2009〕31号）第四条规定："企业出现《中华人民共和国税收征收管理法》第三十五条规定的情形，税务机关可对其以往应缴的企业所得税按核定征收方式进行征收管理，并逐步规范，同时按《税收征收管理法》等税收法律、行政法规的规定进行处理，但不得事先确定企业的所得税按核定征收方式进行征收、管理。"

当前房地产企业查账征收是原则，核定征收是例外。如果企业计划变更为核定征收，应先将企业变动的具体情况进行申报由税务机关调查核实；税务机关在确定核定征收前，应实施有效的检查并获取确凿的证据；需要说明的是，税务机关只能事后确定以往年度是否适用核定征收方式，而不能在年度中途确定当年能否适用核定征收。

例如，在"江西某置业有限公司和当地经济技术开发区地方税务局税务行政管理（税务）纠纷案"中，（2016）赣03行终62号行政判决书显示，企业在账目健全、有账可查、可以计算企业所得税的前提下，对名下开发项目申请核定征收企业所得税。尽管一时得到了主管税务机关的书面核准，但在该市地税局介入后，企业被要求改为查账征收。虽然企业提起了行政复议，又经历了多轮诉讼，最后均没能改变查账征收的结局。

如果房地产企业希望借助"未按照期限申报纳税"创造条件争取核定征收，最后有可能换来的是企业所得税应税所得率超高的结果，如前文提到的福州某华房地产开发有限公司开发的文华富邑大楼（台江广场）项目，税务机关核定其企业所得税应税所得率为30%，导致其实际税负率高于一般的房地产企业，因此可以说核定征收不但没有帮助该企业节税，反而加重了税收负担。

（二）基金避税有风险

一般情况下，房地产企业结转收入后会产生巨额利润，如果不用于滚动投资，将出现资金闲置的问题。实务中部分房地产企业会通过银行购买银行产品赚取投资收益，但无意中忽略了税务风险。

1. 增值税风险。

主要表现为部分企业对应税投资收益未申报增值税，笔者认为根本原因是银行产品繁多，主要产品就分为银行存款、结构性存款、基金和理财产品，而企业不能准确区分产品性质和收益类型，无法准确适用税收政策。例如，2022年4月13日，嘉兴市税务局向嘉兴某房地产开发有限公司公告送达《税务处罚决定书》

（嘉税二稽罚〔2022〕49号），企业受处罚的原因是其曾购买过交通银行发行的"蕴通财富定期型结构性存款（黄金挂钩）"理财产品，取得收益后未按照贷款服务申报缴纳增值税。

笔者认为，可以根据银行产品的特点加以辨别：银行存款的特点是收益固定利率较低、客户有权提前支取、存款当日起息，基本无风险，投资前无需签署相关投资协议；结构性存款不属于银行理财产品，而属于银行存款类业务但又不是普通存款，结构性存款保障本金但收益浮动，流动较差客户无权提前支取，购买前需进行风险评估，购买后设置投资冷静期。而理财产品和基金均有投资风险，例如信用风险、市场风险和流动性风险等，因此投资者购买前应签署相关投资协议。因此，企业可以通过"银行是否要求签订投资协议"判定产品性质，如果是办理的银行存款，根据《营业税改征增值税试点有关事项的规定》（财税〔2016〕36号附件2）第一条第（二）项第2目规定，银行存款利息不征收增值税。

如果购买的是基金，企业取得基金收益又分为两种情形：一是出售基金获得增值收益，二是基金分红收益。

企业在基金持有到期前赎回转让，属于《销售服务、无形资产、不动产注释》（财税〔2016〕36号附件1之"附"）第一条第（五）项第4目规定的"金融商品转让"行为，应缴纳增值税。如果基金持有到期，根据《关于明确金融 房地产开发 教育辅助服务等增值税政策的通知》（财税〔2016〕140号）第二条规定，纳税人购入基金、信托、理财产品等各类资产管理产品持有至到期，不属于金融商品转让，不需要缴纳增值税。

如果属于基金分红收益，则需要进一步区分是否属于保本收益。如果属于保本收益，则属于《销售服务、无形资产、不动产注释》（财税〔2016〕36号附件1之"附"）第一条第（五）项第1目所称的贷款服务，应按照贷款服务缴纳增值税。"保本收益、报酬、资金占用费、补偿金，是指合同中明确承诺到期本金可全部收回的投资收益。"

需要说明的是，税务上强调的"保本"是指合同设立时是否承诺偿还本金，到期有无偿还本金的义务，并非有无偿还本金的能力。如果在合同设立时，合同中明确承诺到期偿还本金，金融商品持有期间取得的投资收益即属于保本收益，与合同到期后本金是否实际偿还无关。因此，金融商品违约风险的高低以及为降低违约风险所做的增信措施并不影响保本与否的认定。若合同中未明确承诺期本金可全部收回，则不认为是"保本"，无须再实质判断合同内容。

《关于明确金融 房地产开发 教育辅助服务等增值税政策的通知》（财税〔2016〕140号）第一条进一步补充规定，金融商品持有期间（含到期）取得的非保本收益，不属于利息或利息性质的收入，不征收增值税。

综上，投资者可以根据如下流程处理：首先确认是否签订了投资协议以判定办理的是银行存款还是购买基金；如果属于基金，其次再对照合同确认基金持有是否到期；如果自然到期，最后再审核合同判定是否保本。

2.企业所得税风险。

如果企业购买的是基金，《关于企业所得税若干优惠政策的通知》（财税〔2008〕1号）第二条第（二）项规定，"对投资者从证券投资基金分配中取得的收入，暂不征收企业所得税"。但需要说明的是，财税〔2008〕1号文件适用时需要符合一定条件：

（1）购买的必须是公募基金。原因有两点：其一，从政策出台时间考虑，《证券投资基金法》（2003版）颁布时明确仅包含公募基金，2008年国家发布财税〔2008〕1号文件，但直到2012年修订《证券投资基金法》时才增加了非公开募集资金设立证券投资基金（以下简称私募基金），因此从时间顺序上判断优惠条款仅限公募基金适用。其二，私募基金操作方式灵活，且其投资者多为高净值人群，税务机关为了维护社会公平，默认投资者从私募基金取得的分红暂不享受免税政策。例如，2022年4月26日上海绿庭投资控股集团股份有限公司（600695.SH）发布了《上海绿庭投资控股集团股份有限公司关于前期会计差错更正的公告》，相关内容印证了上述观点，具体摘录如下：

一、更正事项的性质及原因

公司全资子公司上海仁晖实业有限公司（以下简称上海仁晖）和上海绿庭丰蓉投资管理有限公司（以下简称绿庭丰蓉）于2019—2020年从证券投资基金"绿庭泽禾二号私募投资基金"分配取得的收入不适用于暂不征收企业所得税的优惠政策，需征收企业所得税。上海仁晖和绿庭丰蓉及时对2019年及2020年汇算清缴进行更正申报，补缴企业所得税4960416.18元及滞纳金652294.73元。[①]

（2）需要在公告分红前买入。如果企业是在基金公司分红公告前买入，全部投入资金均可计入投资成本；但如果是在分红公告后买入，则已宣告未分配的红利，应单独确认为应收项目，不作为基金投资成本计入当期损益，即投资成本＝购买金额－未分配红利。如果企业在基金公司公告分红后买入公募基金，则不适用财税〔2008〕1号优惠政策，企业如误用优惠将产生滞纳金。

（3）不得突击买入用于避税。凡事均有两面性，基金理财也概莫能外。一是购买基金理财不能将避税作为最终目的，如果企业在基金分红前突击买入，取得分红享受免税优惠，可能被税务机关认定为"恶意避税"行为，属于税务机关打击的范围；二是房地产业不景气也导致了股市的萧条，理财非存款，产品有风险，如企业投资人员不够专业，有可能出现"赔了夫人又折兵"的局面。

第三节　土地增值税的税务管理

土地增值税属于地方税种，各地税务机关基于税源管理的需要制定了地方口径，由于各地经济发展不均衡，导致各地口径各不相同。

营业税改征增值税后，由于增值税和土地增值税均是对增值征税，房地产企业一直希望取消土地增值税。但《土地增值税法（征求意见稿）》的发布，预示着土地增值税短期内取消的可能性为零；2021年国家税务总局网络安全和信息化领导小组办公室发布了《关于做好土地增值税管理模块上线试点准备工作的通知》（税总信息办便函〔2021〕185号），要求自2021年11月起在北京、江苏、广东、云南、青岛5省市开展土地增值税模块试点，意在推动土地增值税全国范围内管理规范化、统一化。

近三年来，各地税务机关纷纷修订土地增值税清算口径或政策，如山东（含青岛）、贵州、海南、宁波等地。以上种种动作，都预示着土地增值税进入了严

[①]《上海绿庭投资控股集团股份有限公司关于前期会计差错更正的公告》，载上海证券交易所官网http://www.sse.com.cn/disclosure/listedinfo/announcement/c/new/2022-04-26/600695_20220426_15_YDw1C44f.pdf，最后访问时间为2023年6月8日。

征管时期，企业应对形势有清醒的认识，充分重视土地增值税的管理，未雨绸缪，以合法降低土地增值税风险。

一、土地增值税的前期管理

当前土地增值税征收采取"先预征、后清算、多退少补"的方式，即房地产企业在土地增值税清算申报前，转让房地产取得销售收入先按预征率申报缴纳税款，办理清算后再多退少补。

《国家税务总局关于印发〈土地增值税纳税申报表〉的通知》（国税发〔1995〕90号）[①]规定，房地产企业取得项目开工许可证[②]后，应根据税务机关确定的时间，向主管税务机关报送《土地增值税项目登记表》，并在每次转让（预售）房地产时，依次填报表中规定栏目的内容。湖北省税务局进一步要求：在办理土地增值税项目信息报告时，应同时填报"项目开发计划，包含开发时间、竣工时间、分期开发计划、项目分期的方法及理由等"[③]。为了做好房地产税收征管工作，当前税务部门的管理已经做到了与项目开发进度同步：按项目分别建立档案、设置台账，对项目立项、规划设计、施工、预售、竣工验收、工程结算、项目清盘等房地产开发全过程实行跟踪监控。

良好的开端，是成功的一半。笔者结合多年的土地增值税清算经验，建议企业在项目立项前，应着手模拟测算项目的土地增值税，然后根据最优方案进行报建。需要提前厘清或筹备的工作内容如下：

（1）确定清算单位；

（2）确定普通标准住宅免征适用情况；

（3）确定产品类型划分方法；

（4）明确公共配套设施的用途；

（5）确定共同成本费用计算和分摊方法；

---

① 根据《关于公布全文和部分条款失效废止的税务规范性文件目录的公告》（国家税务总局公告2022年第24号）规定，本法规自2022年11月27日起全文废止。
② 山东和湖北是在施工许可证取得后30日内。
③ 依据是《湖北省税务局财产和行为税处关于印发〈土地增值税征管工作指引（试行）〉的通知》（鄂税财行便函〔2021〕9号）。

（6）明确当次清算范围和最佳的清算面积；

（7）做好土地增值税税负测算。

（一）清算单位的划分

实践证明，同一个开发项目由于清算单位划分方法不同，项目的土地增值税税负差异巨大。如果企业在前期能够主动合理规划清算单位和分期，就存在合法降低土地增值税的可能。

《关于房地产开发企业土地增值税清算管理有关问题的通知》（国税发〔2006〕187号）第一条"土地增值税的清算单位"规定："土地增值税以国家有关部门审批的房地产开发项目为单位进行清算，对于分期开发的项目，以分期项目为单位清算……"由于各地税务机关对"国家有关部门"理解不一，所以各地清算单位划分的依据不同，实务中大致分为四类，其中以发展和改革委员会立项备案和工程规划许可证为主，具体如下：

1.发展和改革委员会立项。

目前依据发展和改革委员会立项的代表省市有北京、江苏、厦门、江西、贵州等地。

例如，《贵州省土地增值税清算管理办法》（贵州省税务局公告2022年第12号）第四条规定，"土地增值税以发改部门立项批复确定的房地产开发项目为清算单位"；《江西省税务局关于土地增值税若干征管问题的公告》（江西省税务局公告2018年第16号）第一条关于"土地增值税清算单位的确定"规定，房地产开发项目的土地增值税清算单位应依据发展和改革委员会审批或核准的项目文件确定。

类似的规定还有《厦门市房地产开发项目土地增值税清算管理办法》（厦门市税务局公告2023年第1号）第七条，《北京市地方税务局土地增值税清算管理规程》（北京市地方税务局公告2016年第7号）第六条；《江苏省地方税务局公告关于土地增值税若干问题的公告》（苏地税规〔2015〕8号）第一条；《浙江省地方税务局关于土地增值税若干政策问题的公告》（浙江省地方税务局公告2014年第16号）第一条等。

2.工程规划许可证。

工程规划许可证目前是土地增值税清算分期的主流依据，代表省市有山东、海南、四川、福建等地。以山东为例，《山东省税务局土地增值税清算管理办法》（山东省税务局公告2022年第10号）第七条规定，"土地增值税以政府规划部门核发的《建设工程规划许可证》确认的房地产开发项目为单位进行清算"。

类似的规定还有《宁波市税务局关于土地增值税清算若干政策问题的公告》（宁波市税务局公告2023年第3号）第一条，《海南省税务局土地增值税清算工作规程》（海南省税务局公告2023年第3号）第五条，《四川省税务局关于土地增值税清算单位等有关问题的公告》（四川省税务局公告2020年第13号）第一条，《福建省税务局关于土地增值税若干政策问题的公告》（福建省税务局公告2018年第21号）第三条等。

3. 建设用地规划许可证。

目前以建设用地规划许可证作为分期依据的代表省市主要有青岛、深圳、广西、重庆等地，相关条款如下：

（1）青岛，《青岛市税务局房地产开发项目土地增值税清算管理办法》（青岛市税务局公告2022年第6号）第六条第一款规定，"土地增值税清算单位原则上以政府规划部门颁发的《建设用地规划许可证》确认的项目来确定"。

（2）深圳，因深圳城市面积有限，可以用于房地产开发的国有建设用地少，现在主要通过城市更新和"土地整备利益统筹"两类方式获取开发用地，因此《深圳市税务局关于发布〈土地增值税征管工作规程〉的公告》（深圳市税务局公告2019年第8号）第四条第一款规定："纳税人进行房地产开发，以规划部门审批的建设用地规划许可证中的项目名称办理项目登记。城市更新项目可结合城市更新项目批复、社会投资项目备案证等情况办理项目登记。"

（3）广西，《广西壮族自治区房地产开发项目土地增值税管理办法（试行）》（广西壮族自治区地方税务局公告2018年第1号）第七条第二款规定："清算单位应以县（市、区）级（含）以上发展改革部门下达项目立项（核准、备案）文件或建设规划主管部门下达的《建设用地规划许可证》为依据。"

（4）重庆，《重庆市地方税务局关于土地增值税若干政策执行问题的公告》（重庆市地方税务局公告2014年第9号）第一条规定，"房地产开发以规划主管部门审批的用地规划项目为清算单位"。

4. 其他。

除以上依据外，还有少数地方依据其他的标准划分清算单位。例如，《天津市土地增值税清算管理办法》（天津市地方税务局公告2016年第24号）第五条第一款规定："土地增值税以纳税人与国土房管部门签订的土地出让合同所列范围内的房地产开发项目为单位进行清算。"

一般情况下，房地产项目开发周期较长，短则两三年，长则数年，房地产企业可能在开发期间由于某种原因，如企业开发资质、项目资金短缺等，不得不把同一个清算单位再次分期，原青岛市地方税务局在《关于贯彻落实〈山东省地方税务局土地增值税"三控一促"管理办法〉若干问题的公告》（青岛市地方税务局公告2018年第4号）[①]第一条规定："原则上对于不属于'同期规划、同期施工、同期交付'的房地产项目，应分期进行清算。"

尽管各地清算单位划分依据差异较大，但是当企业分期清算时，以《建设工程规划许可证》为分期依据的占绝大多数，包括上述以发展和改革委员会立项或者建设用地规划许可证为依据确认清算单位的省市。例如：

（1）贵州，《贵州省土地增值税清算管理办法》（贵州省税务局公告2022年第12号）第四条规定："土地增值税以发改部门立项批复确定的房地产开发项目为清算单位。对于分期开发的房地产项目，以房地产开发企业取得的《建设工程规划许可证》确定的分期项目为单位进行清算。"

（2）安徽，《安徽省税务局关于修改〈安徽省土地增值税清算管理办法〉的公告》（安徽省税务局公告2018年第21号）第十条规定："本办法所称房地产开发项目是指经国家有关部门审批、备案的项目。对于分期开发的项目，以分期项目为单位清算。上述国家有关部门是指发展改革部门，或者履行项目备案职能的经信委、计经委等部门。上述分期开发的项目，是指规划部门下发的《建设工程规划许可证》中确认的项目。"

（3）浙江，《浙江省地方税务局关于土地增值税若干政策问题的公告》（浙江省地方税务局公告2014年第16号）第一条规定："土地增值税以国家有关部门审批的房地产开发项目为单位进行清算，对于分期开发的项目，一般以城市建设规划部门颁发的《建设工程规划许可证》所审批确认的分期项目为清算单位。"

（4）重庆，《重庆市地方税务局关于土地增值税若干政策执行问题的公告》

---

① 本文件已经于2022年9月20日到期。

（重庆市地方税务局公告2014年第9号）第一条规定，"房地产开发以规划主管部门审批的用地规划项目为清算单位。用地规划项目实施开发工程规划分期的，可选择以工程规划项目（分期）为清算单位"。

此外，部分省市以其他的证照为分期依据，还有少数省市判定分期时结合多个证照、资料。例如：

（1）北京，《北京市地方税务局关于土地增值税清算管理若干问题的通知》（京地税地〔2007〕325号）第四条规定："对于一个房地产开发项目，在开发过程中分期建设、分期取得施工许可证和销售许可证的，主管税务机关可以根据实际情况要求纳税人分期进行清算。"

（2）天津，《天津市土地增值税清算管理办法》（天津市地方税务局公告2016年第24号）第五条第二款规定："对于分期开发的项目以区级（含）以上发展改革部门备案的项目为单位进行清算，各期的清算方式和扣除项目金额的计算分摊方法应保持一致。"

（3）广东，《广东省税务局土地增值税清算管理规程》（广东省税务局公告2019年第5号）第十九条规定，"对于分期开发的项目，以分期项目为单位清算。具体结合项目立项、用地规划、方案设计审查（修建性详细规划）、工程规划、销售（预售）、竣工验收等确定……"

综上所述，房地产企业报批报建前一定要厘清政策，结合税负测算选择有利的清算单位划分方案；由于同一清算单位内同一产品类型下开发产品间增值额可以相互调剂从而通过削峰填谷降低增值率，根据笔者的经验，在同一个开发项目中，原则上清算单位越大、清算分期越少，土地增值税税负越低。而工程规划许可证是大多数省市税务机关判定自行分期的依据，因此原则上尽量减少工程规划许可证的办理数量。

实务中，也不排除项目开发过程中，由于当地土地增值税政策的调整，导致清算单位发生变化。以山东省为例，山东省税务局公告2022年第10号与山东省地方税务局公告2017年第5号两个文件中清算单位的划分依据截然不同，导致企业在不同的时间进行清算，土地增值税税负明显不同。

即使项目所在地税收政策没有发生调整，但企业在土地增值税清算前发现清算单位或分期划分过多且明显对企业不利时，可以尝试引证相关政策争取对多个分期进行合并以减少清算次数，具体政策可以参考如下：

（1）山东，《山东省税务局土地增值税清算管理办法》（山东省税务局公告2022年第10号）规定：

"第七条　土地增值税以政府规划部门核发的《建设工程规划许可证》确认的房地产开发项目为单位进行清算，对连续24个月内规划、施工的房地产开发项目，可将相关《建设工程规划许可证》确认的房地产开发项目合并为一个单位进行清算。"

例如，某房地产开发项目立项后，取得建设用地规划许可，后续报建取得《建设工程规划许可证》，以《建设工程规划许可证》确认的房地产开发项目为单位进行清算，如果连续24个月取得多个《建设工程规划许可证》，并进行施工建设的，可将多个《建设工程规划许可证》确认的房地产开发项目合并为一个单位进行清算。

（2）湖北，《土地增值税征管工作指引（试行）》（鄂税财行便函〔2021〕9号）第七条第二款规定：

"对连续开发、滚动开发的房地产项目，经向主管税务机关申报后，允许纳税人在同一房地产开发项目内选择相关的建设工程规划许可证，作为一个清算单位合并清算"。

（3）安徽，《安徽省税务局关于修改〈安徽省土地增值税清算管理办法〉的公告》（安徽省税务局公告2018年第21号）规定：

"第十一条　房地产开发项目中，符合下列情形的，应当认定为同一分期开发项目：

（一）取得多个《建设工程规划许可证》，只取得一个《建筑工程施工许可证》的；

（二）取得多个《建设工程规划许可证》，且由若干个《建筑工程施工许可证》确定组织施工，经主管税务机关调查核实该多个《建设工程规划许可证》所确定的项目未利用本分期项目回笼资金开工建造的。"

（二）普通标准住宅的认定

相对其他税种而言，房地产企业土地增值税可以适用的优惠政策较少，为数不多的条款有《土地增值税暂行条例》第八条第（一）项，即"纳税人建造普通标准住宅出售，增值额未超过扣除项目金额20%的"，可以免征土地增值税。

《土地增值税暂行条例实施细则》第十一条补充规定："条例第八条（一）项所称的普通标准住宅，是指按所在地一般民用住宅标准建造的居住用住宅。高级公寓、别墅、度假村等不属于普通标准住宅。普通标准住宅与其他住宅的具体划分界限由各省、自治区、直辖市人民政府规定。"

按照《国务院办公厅转发建设部等部门关于做好稳定住房价格工作意见的通知》（国办发〔2005〕26号）规定，"享受优惠政策的住房原则上应同时满足以下条件：住宅小区建筑容积率在1.0以上、单套建筑面积在120平方米以下、实际成交价格低于同级别土地上住房平均交易价格1.2倍以下。各省、自治区、直辖市要根据实际情况，制定本地区享受优惠政策普通住房的具体标准。允许单套建筑面积和价格标准适当浮动，但向上浮动的比例不得超过上述标准的20%"。

企业在模拟测算土地增值税税负时，判定所述住宅是否属于"普通标准住宅"，可参照如下流程：

1.确定容积率是否达标。

企业判定容积率是否符合标准时，应以项目整体为单位。当项目容积率存在争议时，可以参考《海南省税务局土地增值税清算工作规程》（海南省税务局公告2023年第3号）文件第九条规定，即清算项目的容积率按以下顺序确定：

（1）按建设工程规划许可证上标明的容积率确认；

（2）按建设用地规划许可证上标明的容积率确认；

（3）按土地出让合同上标明的容积率确认；

（4）按其他合理的方式确认。

案例分析：统一规划、整体报建，容积率应统一

1.案例背景。

海南某博房地产开发有限公司（以下简称为企业）获取开发用地一宗，土地用途为旅游、商住用地，项目建设包括住宅、酒店等，规划指标为：土地使用面积118400平方米，计容面积94719平方米，容积率0.8，建筑密度19.8%，绿地率51.8%。企业开发了"博鳌·某郡"项目。

该项目系统一规划、整体报建，2010年6月11日当地规划建设局向企业核发的296号许可证和建设用地规划许可证均未标明容积率，但在2013年向市国土环境资源局作出的《关于博鳌某郡项目的规划意见》（海规建函〔2013〕25号）显示，该项目居住用地容积率1.067，酒店用地容积率0.92。因此，企业在销售住宅过程中，按照普通标准住宅预缴了土地增值税。

但是税务机关作出税务处理决定书，要求企业应按照非普通住宅预缴土地增值税11938518.09元，已缴纳土地增值税8204198.01元，应补缴土地增值税3734320.08元。随后税企双方围绕容积率展开了系列的法律诉讼。

2.事件经过。

2015年12月1日，税务稽查局向企业送达《税务检查通知书》，对其2012年1月1日至2014年12月31日涉税情况进行检查。2016年6月13日，税务稽查局作出税务处理决定书。

企业收到税务处理决定书后向税务局申请行政复议，随后税务局认为税务稽查局作出的处理决定中认定容积率问题的事实不清、证据不足，予以撤销并责令税务稽查局重新作出行政行为。2017年1月23日，税务稽查局向规建局致函，次日收到87号回函，确认涉案项目容积率为0.8。2017年3月9日，税务稽查局对企业重新作出税务处理决定书，认定案涉项目为非普通住宅，应按照非普通住宅预缴土地增值税。

企业不服，于2017年5月5日向税务局提起行政复议，并提供证据：规建局于2017年4月5日出具的《关于重新协助核实"博鳌·某郡"项目容积率的函》（海规建函〔2017〕276号），该函将该项目容积率分为了居住用地和酒店用地两部分，居住用地容积率1.067，酒店用地容积率0.92，同时作废了87号复函。

2017年6月14日，税务局分别向海南省住房和城乡建设厅、规建局去函商请确认项目容积率，7月14日规建局再次复函（海规建函〔2017〕639号），确认该项目的容积率为0.8。税务局据此在2018年5月15日作出复议决定维持了8001号处理决定书。企业收到后不服，提起法律诉讼。

被上诉人税务局答辩称：在项目建设工程规划（临时）许可证和建设用地规

划许可证均没有标明容积率的情况下，规建局对该项目容积率的确认将直接影响到该项目房屋是否属于普通住宅的认定，进而影响到土地增值税预征率的认定。鉴于规建局曾多次回函确认"博鳌·某郡"项目的容积率，且回函内容前后不一致，致使税务局在复议过程中无法查清容积率的真实情况，而该项目容积率问题也一直是案件的争议焦点所在。……最终海南省海口市中级人民法院以诉请没有事实和法律依据，并以（2018）琼01行初139号行政判决驳回企业的诉讼请求。

企业不服提起上诉。二审法院经审理认为，规建局虽未在296号许可证和建设用地规划许可证中标明容积率，但在296号许可证中已对土地使用面积和计容面积进行核定，已实际实施建筑容积率控制。规建局最后又明确"博鳌·某郡"项目的容积率为0.8，实际上是根据296号许可证中已核定的计容面积和土地使用面积而对该许可证容积率的明确，该项目住房不符合普通住房标准，不属普通住宅。海南省高级人民法院以（2018）琼行终1078号判决驳回上诉，维持原判。

企业仍然不服，向最高人民法院申请再审。最高人民法院经审理认为：案涉项目系统一规划、整体报建，规建局亦对整个项目颁发了建设工程规划临时许可证，海南省税务稽查局以整体项目为单位预征土地增值税，并无不当。因项目容积率低于1.0，故该项目内的房屋均不符合普通住房标准。最高人民法院最终以（2019）最高法行申7713号裁定书驳回了再审申请。

2. 房屋测绘面积是否符合标准。

一般情况下，普通标准住宅面积以单套建筑面积在144平方米（含）以下为准，但是部分省市如北京、四川、河北规定，"普通标准住宅单套建筑面积应在140平方米（含）以下"，因此企业在住宅户型设计和施工建设时均需要对面积上限加以关注，避免规划的普通住宅因为测绘面积超标，即使增值率未超过20%也需要缴纳土地增值税，从而加重了企业的税收负担。

3. 确定成交价格是否达标。

政策规定"实际成交价格低于同级别土地上住房平均交易价格1.2倍以下"，需要说明的是，尽管每一套住宅的实际成交价格是固定不变的，但由于报告期是一个时段，所以同样的价格相对于不同的时段，可能会影响普通标准住宅价格的认定。判定住宅的实际成交价格时，适用时间以商品房销售合同签订日期为准，相关政策有《关于土地增值税若干政策问题的公告》（黑龙江省地方税务局公告2016年第1号），《天津市税务局关于土地增值税征管有关事项的公告》（天津市税务局公告2019年第13号），《四川省土地增值税征管工作指引》（2023年版），《国家税务总局上海市税务局 上海市财政局 上海市住房和城乡建设管理委员会 上海市房屋管理局 上海市规划和自然资源局公告》（2024年1号）等。

所谓"住房平均交易价格"，按照《关于加强房地产税收管理的通知》（国税发〔2005〕89号）第二条第一款规定，是指报告期内同级别土地上住房交易的平均价格，经加权平均后形成的住房综合平均价格。由市、县房地产管理部门会同有关部门测算，报当地人民政府确定，每半年公布一次。各级别土地上住房平均交易价格的测算，依据房地产市场信息系统生成数据；没有建立房地产市场信息系统的，依据房地产交易登记管理系统生成数据。对于"住房平均交易价格"，实务中地方政府有两种处理方法：

第一，未发布相关数据。

尽管当地有明文规定，政府应及时发布当地住房平均交易价格，以河北为例，《河北省土地增值税管理办法》（冀地税发〔2006〕37号）第二十一条规定，"住房平均价格以当地市、县政府发布的同期数据为准"，但现实中少数市、县政府却没有及时发布相关数据，以至于基层税务机关在执行政策时左右为难。

例如，石家庄市鹿泉区税务局2022年12月29日在《对政协石家庄市鹿泉区第三届委员会第二次会议第004号提案的最新会办意见》中回复政协委员"关于解决房地产住宅项目普通住宅认定的价格依据、依法依规落实国家税法优惠政策"提案时曾表示：

"《河北省土地增值税管理办法》（冀地税发〔2006〕37号）第二十二条规定：纳税人建造销售普通标准住房的，应于取得预售房许可证10日内，持有关证明资料向房地产项目所在地主管地方税务机关办理普通标准住房的认定手续，并按规定填报《普通标准住房审核表》。纳税人未按第二十一条的规定进行普通住房标准认定的，不得享受《暂行条例》第八条第一款的优惠政策。

由于房地产行业纳税人无法通过公开渠道获取我区住房平均价格的相关信息，我局在普通标准住宅认定业务中缺乏依据，难以为纳税人办理相关手续。建议有关部门每年定期公布我区'住房平均价格'相关信息。我局将严格按照规定为符合条件的纳税人办理普通标准住宅认定，减免土地增值税款，确保纳税人享受税收优惠政策，进一步优化我区营商环境。"[①]

还有一部分税务机关为了提高工作效率，简单地把所有住宅统统认定为非普通标准住宅，导致的后果是企业预缴土地增值税时被迫提高预缴率，土地增值税清算时普通住宅没有机会适用免税优惠，该行为事实上违背了《关于加强纳税人权益保护工作的若干意见》（税总发〔2013〕15号）规定，没有把"征纳双方法律地位平等"作为税收法律关系的基本准则，没有合法、合理、适度地行使裁量权。在实际工作中没有依法有效地保护纳税人的合法权益，没有依法行政规范税收执法行为，损害了纳税人的合法权益。

其实税务机关完全可以依据国税发〔2005〕89号文件第二条规定通过政府部门间的数据交换取得当地当期"住房平均交易价格"；但如果因为政府部门没有履行职责的原因，导致企业利益受到实质侵害的，企业可以通过行政复议或者司法诉讼等法律手段维护合法权益。

第二，限定销售单价。

部分城市为了配合房价调控，对普通标准住宅销售价格进行了限制，如北京市住房和城乡建设委员会等五部门发布的《关于调整优化本市普通住房标准和个人住房贷款政策的通知》（京建发〔2023〕425号）规定："一、调整普通住房标准。自2024年1月1日起，本市享受税收优惠政策的普通住房，应同时满足以下条件：……（三）5环内住房成交价格在85000元/平方米（含）以下、5-6环住房成交价格在65000元/平方米（含）以下、6环外住房成交价格在45000元/平方米（含）以下。"

（三）产品类型的划分

土地增值税清算时，由于不同的开发产品增值率不同，因此对于同一个清算单位适用不同的产品类型划分方法，对应的土地增值税税负有所不同甚至有天壤

[①]《对政协石家庄市鹿泉区第三届委员会第二次会议第004号提案的最新会办意见》，载石家庄市鹿泉区人民政府官网 http://www.sjzlq.gov.cn/col/1637135531925/2022/12/29/1672293677754.html，最后访问时间2023年6月8日。

之别。

  2016年以前，我国土地增值税产品类型划分方法可以说精彩纷呈，从"一分法"到"五分法"应有尽有。国家税务总局为了统一标准、公平各地房地产企业间的税负，2014年下发了《关于印发〈全国县级税务机关纳税服务规范（1.0版）〉相关表证单书的通知》（税总发〔2014〕109号），修订了《土地增值税清算纳税申报表》，要求纳税人在清算时应按普通住宅、非普通住宅、其他三种房地产类型分别计算增值额和增值率；2016年又发布了《关于修订土地增值税纳税申报表的通知》（税总函〔2016〕309号），在"土地增值税纳税申报表"中将房地产类型明确划分为三类：普通住宅、非普通住宅和其他类型房地产，自此确定了"三分法"的主流地位，目前执行"三分法"的省市不完全统计如表6.4所示。

表6.4 "三分法"省市不完全统计

区　　域	相关政策文号
湖南	湖南省地方税务局公告2014年第7号
新疆	新疆维吾尔自治区地方税务局公告2014年第1号
重庆	重庆市地方税务局公告2014年第9号
山西	山西省地方税务局公告2014年第3号
江苏	苏地税规〔2015〕8号
江西	江西省税务局公告2018年第16号
福建	福建省税务局公告2018年第21号
广西	广西壮族自治区地方税务局公告2018年第1号
山东	山东省税务局公告2022年第10号
海南	海南省税务局公告2023年第2号
宁波	宁波市税务局公告2023年第3号

  由于土地增值税四级超率累进税率的特点，如果普通标准住宅不符合免税的情形，原则上产品类型分类越少，同一产品类型中不同产品间越能通过削峰填谷控制增值额、平抑增值率，从而降低土地增值税税负。基于此，部分省市考虑到地方招商引资、发展经济、加速城镇化进程的需要，主动精简产品划分类型。例如，北京、上海、广东（不含深圳）、浙江（不含宁波）、贵州、西藏、厦门等地

区，主要采用"二分法"；而深圳、安徽两地房地产企业可以根据需要选择采用"一分法"或"二分法"。

综上，目前土地增值税产品类型划分形成了"三分法"为主，"一分法""二分法"共存的局面。但不论税收政策要求房地产企业按照几分法，只要项目所在地土地增值税政策长期稳定、产品类型划分方法不变，企业均可以从容应对、提前规划。如果税收政策发生变化导致产品类型划分方法被动调整的，企业仓促应对之下有可能导致土地增值税税负增加。

举例说明，某住宅项目中，开发产品包括经济适用房、洋房和地下普通车位三类。当企业在项目规划时产品类型划分为两类，即"普通标准住宅"和"其他类型房地产"，此时"非普通标准住宅"应归集至"其他类型房地产"中合并清算。如果项目中地下普通车位参与清算，且收入和成本倒挂时，车位的负增值可以有效拉低洋房的正增值，从而降低"其他类房地产"项的土地增值税；但如果政策临时调整为将产品类型划分为三类，则"非普通标准住宅"对应的产品应单独列示计算，则车位和洋房的增值额将无法相互调剂，从而抬高了项目的土地增值税税负。

为此，2022年6月2日，贵州省税务局发布《关于公开征求〈贵州省土地增值税清算管理办法〉（征求意见稿）意见的通知》，其在起草说明中明确提到："未采纳贵阳市局、黔南州局三分法的建议。不同划分清算单位的方式直接影响纳税人土地增值税的税收负担，二分法已经使用多年，为了保持前后房开纳税人的税负一致，不宜作修改。"[①]

当然，并不是说明产品类型划分越少越好，事实上每一个项目中产品业态不尽相同，不同产品面积占比不同，拿地方式和投入的成本以及产品售价不同，即使产品类型划分方法一致，不同的项目间土地增值税税负率也存在差异。因此，如果企业有选择机会时，如深圳或安徽的房地产企业，则应根据税负测算结果决定产品类型划分方法。

需要说明的是，尽管《关于土地增值税一些具体问题规定的通知》（财税

[①] 国家税务总局贵州省税务局关于公开征求《贵州省土地增值税清算管理办法（征求意见稿》意见的通知，《〈贵州省土地增值税清算管理办法〉（征求意见稿）的起草说明》见附件2，载贵州省税务局官网 https://guizhou.chinatax.gov.cn/trsigi/collect/view.html?siteId=502424&id=11538，最后访问时间为2023年6月8日。

〔1995〕48号）第十三条规定，"对纳税人既建普通标准住宅又搞其他房地产开发的，应分别核算增值额。不分别核算增值额或不能准确核算增值额的，其建造的普通标准住宅不能适用条例第八条（一）项的免税规定"，但并不是每个企业都有选择的机会，依据如下：

（1）地方有禁止性规定。例如，《贵州省土地增值税清算管理办法》（贵州省税务局公告2022年第12号）第五条规定，房地产开发企业在房地产开发项目中既建造普通标准住宅，又建造其他类型房地产的，在土地增值税清算时，应当按"普通标准住宅"和"其他类型房地产"分别计算增值额、增值率，缴纳土地增值税。《关于贵州省税务局关于发布〈贵州省土地增值税清算管理办法〉的公告的解读》对此补充规定，公告第五条按"普通标准住宅"和"其他类型房地产"分别计算增值额、增值率为强制分类清算，纳税人不得将不同的房地产类型合并进行清算申报。"其他类型房地产"为除普通标准住宅外的其他所有房地产类型的房地产，包括非普通标准住宅、营业用房、其他房地产。

（2）司法实践中有禁止性判例。例如，在"新疆维吾尔自治区巴楚县某联房地产开发有限责任公司与巴楚县税务局房地产增值税征收纠纷案"中，某联房地产开发的项目中同时包含普通标准住宅和非普通住宅，普通住宅增值率较低，该企业希望："以放弃免税权利为代价，来要求合并计算土地增值额，进而合并计算土地增值税"，喀什中级人民法院经审理，在（2018）新31行终5号中认为："财税〔1995〕48号第十三条的规定，是一种惩罚性条款，而非选择性条款，上述规定并没有赋予企业在分别核算增值额和分别计算土地增值税方面具有选择权，而是进一步明确，企业应该分别计算但没有分别核算的，普通标准住宅不得享受免税的规定。"最终法院认定企业的上诉理由与法律原意相悖，系其错误理解法律意思所致，不予采纳。

二、土地增值税预征的管理

（一）土地增值税预征计征依据

营业税改征增值税后，土地增值税预征的计征依据发生了变化。房地产开发企业增值税一般纳税人对于老项目选择简易计税的，土地增值税预征、清算收入均按"含税销售收入/（1+5%）"确认。当前简易计税项目越来越少，而未来主要是一般计税项目，因此，一般计税项目下土地增值税预征计征依据是企业关注的重点。

1. 总局口径。

《关于营改增后土地增值税若干征管规定的公告》（国家税务总局公告2016年第70号）第一条规定，房地产开发企业采取预收款方式销售自行开发的房地产项目，可按照以下方法计算土地增值税预征计征依据：

土地增值税预征的计征依据=预收款－应预缴增值税税款

根据上述公式可以看出总局口径下土地增值税预征额较高，在当前房地产不景气的情况下增加了企业的资金压力。但由于国家税务总局公告2016年第70号文件第一条在行文中使用了"可"字，因此如有可能，企业可以争取选择有利的预缴计算方式。

2. 广州口径。

2016年8月8日，广州市地方税务局发布《关于印发2016年土地增值税清算工作有关问题处理指引的通知》（穗地税函〔2016〕188号），在全国范围内率先明确了与总局不同的土地增值税预征计征依据，因此笔者称为"广州口径"。

《关于印发2016年土地增值税清算工作有关问题处理指引的通知》（穗地税函〔2016〕188号）第一条"营改增后土地增值税相关问题处理"规定，纳税人选用增值税一般计税方法计税的，土地增值税预征计征依据=预收款÷（1+适用税率）。

通过对比可以发现，广州口径下土地增值税预征计征依据低于总局口径，可有效减轻企业压力。为此，2023年5月31日四川省税务局发布《关于土地增值税预征及核定征收有关事项的公告》（四川省税务局公告2023年第3号）文件，列明了两种预征方式，方式一、方式二分别为"总局口径""广州口径"，政策明文规定企业可以从两种预征计税依据中自由选择。

案例分析：不同计算口径下土地增值税预征额比较

假定：某房地产企业一般纳税人，开发某项目时适用一般计税，2022年预售普通标准住宅，预收房款1.09亿元，当地普通标准住宅土地增值税预征率为2%。

（1）总局口径

应预缴增值税税款=预收款÷（1+适用税率）×3%=300万元

土地增值税预征的计征依据=预收款－应预缴增值税税款=1.06亿元

应预缴土地增值税＝土地增值税预征的计征依据×税率＝1.06×2%＝212万元

（2）广州口径

土地增值税预征的计征依据＝预收款÷（1+适用税率）＝1亿元

应预缴土地增值税＝土地增值税预征的计征依据×税率＝1×2%＝200万元

笔者建议，企业可以结合当地税务机关规定和项目情况选择对企业有利的预缴计算方式：如果项目增值率低，土地增值税实际税负率低于预征率，前期希望减少资金占用，可以直接选择广州口径；如果经过测算预计项目未来会亏损，且亏损无法弥补，则可以选择总局口径，通过平时多预缴土地增值税以降低结转成本后的企业所得税。

尽管《土地增值税暂行条例实施细则》第十六条规定："纳税人在项目全部竣工结算前转让房地产取得的收入，由于涉及成本确定或其他原因，而无法据以计算土地增值税的，可以预征土地增值税，待该项目全部竣工、办理结算后再进行清算，多退少补。"但实践中只要开发项目没有进行土地增值税清算，则要一直进行预缴。预缴时应按照当地土地增值税清算产品类型划分方法，对同一清算单位不同类型的开发产品，在预征时应分别适用对应的预征率。未来等到清算时，再对各个产品类型分别计算增值率，计算缴纳土地增值税并多退少补。

（二）保障性房住房范围

根据《关于加强土地增值税征管工作的通知》（国税发〔2010〕53号）第二条规定，除保障性住房外，各地要根据不同类型房地产确定适当的预征率。由于各类保障性住房增值率较低，国家为了减轻房地产企业资金压力，对其销售取得的收入暂不预征土地增值税。

需要注意的是，国家税务总局并没有统一规定保障性住房的范围，而房地产企业一般默认为"保障性住房包括廉租住房、公共租赁住房、经济适用房、限价房等"，但事实上各地税务机关规定的保障房范围存在较大出入。举例如下：

（1）重庆，《重庆市地方税务局关于土地增值税若干政策执行问题的公告》（重庆市地方税务局公告2014年第9号）规定，不预征土地增值税的产品包括棚户区或危旧房改造安置房项目；经济适用房项目；政府实施的征地（拆迁）安置房项目；符合国家规定的其他保障性住宅项目。

（2）江苏，《关于调整土地增值税预征率的公告》（苏地税规〔2016〕2号）规定，公共租赁住房、廉租住房、经济适用房、城市和国有工矿棚区改造安置住房等保障性住房，仍暂不预征。

（3）湖北，《关于土地增值税预征率和核定征收率有关事项的公告》（国家税务总局湖北省税务局公告2018年第6号）规定，房地产开发项目中，对建造的政府廉租房、公共租赁住房等保障性住房、以及建造的限套型、限房价、限销售对象等"双限""三限"房屋，暂停预征土地增值税。

（4）大连，《关于保障性住房土地增值税有关事项的公告》（大连市地方税务局公告2018年第4号）规定，公共租赁住房、经济适用住房、棚户区改造安置住房等保障性住房暂不预征土地增值税。

综上，不同的地方保障性住房范围差异较大，房地产企业应以相关部门的规划条件或纳入保障性住房的计划为准；需要明确的是，保障性住房只是不预征土地增值税，仍然要参与土地增值税的清算。

以上内容主要是土地增值税的前期税务管理，土地增值税清算环节的税务管理请参见本书"第七章　土地增值税清算环节"。

第七章

土地增值税清算环节

《荀子·富国》有云,"明主必谨养其和,节其流,开其源,而时斟酌焉",大意是说,开源与节流必须同时进行,两者同样重要。

房地产企业也是如此,当前房地产投资信心不足,开发项目低利润率将成为常态。房地产企业经过前期多个环节的惨淡经营、公司上下齐心协力的配合,销售了部分畅销的产品,在支付高额的融资利息后,企业的利润取决于企业的税务管理水平,而土地增值税清算是关键。

第一节 土地增值税清算前的准备

土地增值税清算是房地产税务管理中最为复杂的工作之一,也最需经验和技巧;如果企业清算经验欠缺或技巧不足,清算后面对的有可能是亏损的报表和销售不出去的尾盘。

笔者多年的实践经验证明,在开发项目销售收入和成本保持不变的前提下,土地增值税税负的高低取决于以下因素:土地增值税清算单位的划分、清算时点的选择、公共配套设施和尾盘的处理、成本分摊方法的合理选择与适用。

一、土地增值税清算时点

房地产土地增值税清算可以分为主动清算和通知清算两种情形,在当前资金紧张的背景下,企业主要面临的是通知清算的情形,根据《土地增值税清算管理规程》(国税发〔2009〕91号)第十一条规定,"对于确定需要进行清算的项目,由主管税务机关下达清算通知,纳税人应当在收到清算通知之日起90日内办理清算手续"。

《关于房地产开发企业土地增值税清算管理有关问题的通知》(国税发〔2006〕187号)第二条第(二)项规定:

符合下列情形之一的,主管税务机关可要求纳税人进行土地增值税清算:

1.已竣工验收的房地产开发项目,已转让的房地产建筑面积占整个项目可售建筑面积的比例在85%以上，或该比例虽未超过85%，但剩余的可售建筑面积已经出租或自用的；

2.取得销售（预售）许可证满三年仍未销售完毕的；

3.纳税人申请注销税务登记但未办理土地增值税清算手续的；

4.省税务机关规定的其他情况。

房地产企业根据上述政策，在判断是否达到土地增值税清算时点时，应把握以下关键指标：

首先，上文所称的"已竣工验收"，目前有两种判定标准：

其一是按照工程竣工备案节点，如《天津市土地增值税清算管理办法》（天津市地方税务局公告2016年第24号）第九条明确，"是指除土地开发外，房地产开发项目已取得《天津市建设工程竣工验收备案书》"；再如《四川省土地增值税征管工作指引》（2023年版）第三十四条第一款规定："竣工验收（备案）以住建部门盖章确认的时间为准，如竣工验收（备案）前已交付使用的，以交付时间为准。"

其二是参照企业所得税完工标准，即按照"开发产品竣工证明材料已报房地产管理部门备案；开发产品已开始投入使用；开发产品已取得了初始产权证明"三者孰先原则，目前越来越多的税务机关以此作为判定标准，如四川、山东、海南、贵州等地。

其次，上文中的"85%"，计算公式为：（已转让可售建筑面积+出租或自用可售建筑面积）÷总可售建筑面积≥85%。

房地产企业将开发产品用于职工福利、奖励、对外投资、分配给股东或投资人、抵偿债务、换取其他单位和个人的非货币性资产等视同销售的房地产面积，应一并计入已转让房地产建筑面积计算销售比例。

最后，上文中的"销售（预售）许可证满三年"的起始时间，为同一清算单位最后一张销售（预售）许可首次取得时间。

根据土地增值税清算的特点，主管税务机关出具土地增值税清算结论后，房地产企业再对外销售取得的转让房地产收入，应按月区分普通住宅和非普通住宅分别计算增值额、增值率，缴纳土地增值税，即使属于同一产品类型，分别发生在土地增值税清算和尾盘销售两个不同时期的盈亏也不能互抵，因此分次计算缴纳土地增值税有可能加重企业的税收负担。

当房地产业产品去化缓慢，已售面积迟迟不能达到总可售面积占比的85%时，销售（预售）许可证取得时间将成为判定开发项目是否达到清算条件的优先标准。为此在不触发清算单位自动分期的前提下，房地产企业可以尝试通过调节销售（预售）许可证办理时间，以达到控制土地增值税清算时间的目的。

以2020年8月为界点，当时随着"三道红线"融资政策的实施，房地产企业受资金紧张和投资信心不足影响，全国商品房平均交易价格由此前的一路上扬转为掉头下跌，房价的剧烈变化导致同一产品类型在不同时间增值率差异明显，可能会出现类似如下情况：8月前开发项目中普通标准住宅增值率高于20%，清算时需要缴纳土地增值税；8月后由于房价下调，尾盘中普通标准住宅增值率远低于20%，不需要缴纳土地增值税。在这种情况下如果企业能够通过运作实现通盘清算，则整体的普通标准住宅增值率有可能低于20%，从而适用免税优惠。但需要注意的是，如果开发项目属于"土地增值税预征率较高，清算时需要退税但不能退回"的情形，则需要早日启动清算程序。

总之，如果企业管理层和财务部门具备税收思维和全盘意识，则可以有意识地规划调整土地增值税清算时点；即使企业收到土地增值税清算通知书后也并非待宰的羔羊，通过统筹安排尾盘销售同样可以合法降低土地增值税。

案例分析：项目清算时间不同，税负有差异

A房地产开发有限公司于2016年1月通过"招拍挂"方式取得建设用地一宗，支付土地出让金3亿元，项目经济技术指标如下：土地面积为33333.5平方米，地上可售面积为10万平方米，产品包括洋房4万平方米、临街商铺2万平方米、保障房4万平方米，地下车位根据住宅户数1：1配置。

土地出让合同中约定：该项目为现房销售；保障房竣工后全部由政府按8400元/平方米分批回购；项目竣工后车位作为公共配套设施全部移交全体业主所有。

项目于2019年1月竣工验收，企业共支付了开发成本3.5亿元。当月现房开始销售，销售价格分别为保障房8400元/平方米、洋房12600元/平方米、商业21000元/平方米。2019年完成销售面积占可售面积的85%，具体为：保障房38000平方米、洋房37000平方米、商业10000平方米。

2020年，当地房地产业受到各种不利因素冲击，该项目也受到影响，企业为

了回笼资金决定除保障房销售价格执行政府限价标准外，其他尾盘均按照原价7折销售，于当年年底售罄。

已知当地土地增值税清算时，土地成本、开发成本均按照建筑面积法分摊，现在有两种清算方案：一是企业在销售85%时清算、尾盘计算缴纳；二是企业全部销售后一次性清算。假定附加税合计为10%，请通过税负测算比较方案优劣。

分析：

测算过程略，测算结果分别见表格7.1，表7.2，表7.3：

表7.1　土地增值税清算测算（85%清算）

单位：元

项目	普通住宅	非普通住宅	其他类房地产
一、转让房地产收入总额	304000000.00	444000000.00	200000000.00
二、扣除项目金额合计	327066000.00	319199000.00	86670000.00
1.取得土地使用权所支付的金额	117420000.00	114330000.00	30900000.00
2.房地产开发成本	133000000.00	129500000.00	35000000.00
3.房地产开发费用	25042000.00	24383000.00	6590000.00
4.与转让房地产有关的税金等	1520000.00	2220000.00	1000000.00
5.财政部规定的其他扣除项目	50084000.00	48766000.00	13180000.00
三、增值额	−23066000.00	124801000.00	113330000.00
四、增值额与扣除项目金额之比（%）	−7.05%	39.10%	130.76%
五、适用税率（%）	0	30%	50%
六、速算扣除系数（%）	0	0	15%
七、应缴土地增值税税额	0	37440300.00	43664500.00

表7.2　土地增值税尾盘清算测算

单位：元

项目	普通住宅	非普通住宅	其他类房地产
一、转让房地产收入总额	16000000.00	25200000.00	140000000.00

续表

项　　目	金　　额		
	普通住宅	非普通住宅	其他类房地产
二、扣除项目金额合计	17214000.00	25827000.00	86370000.00
1.本次清算后尾盘销售的销售面积	2000.00	3000.00	10000.00
2.单位成本费用	8567.00	8567.00	8567.00
3.本次与转让房地产有关的税金	80000.00	126000.00	700000.00
三、增值额	−1214000.00	−627000.00	53630000.00
四、增值额与扣除项目金额之比（%）	−7.05%	−2.43%	62.09%
五、适用税率（核定征收率）（%）	0	0	40%
六、速算扣除系数（%）	0	0	5%
七、应缴土地增值税税额	0	0	17133500.00

表7.3　土地增值税整体清算测算

单位：元

项　　目	金　　额		
	普通住宅	非普通住宅	其他类房地产
一、转让房地产收入总额	320000000.00	469200000.00	340000000.00
二、扣除项目金额合计	344280000.00	345026000.00	173040000.00
1.取得土地使用权所支付的金额	123600000.00	123600000.00	61800000.00
2.房地产开发成本	140000000.00	140000000.00	70000000.00
3.房地产开发费用	26360000.00	26360000.00	13180000.00
4.与转让房地产有关的税金等	1600000.00	2346000.00	1700000.00
5.财政部规定的其他扣除项目	52720000.00	52720000.00	26360000.00
三、增值额	−24280000.00	124174000.00	166960000.00
四、增值额与扣除项目金额之比（%）	−7.05%	35.99%	96.49%
五、适用税率（%）	0	30%	40%
六、速算扣除系数（%）	0	0	5%
七、应缴土地增值税税额	0	37252200.00	58132000.00

结论：从表格中可以看出，达到清算时点时，该企业需要缴纳土地增值税

81104800元，尾盘清算时需要补交17133500元，合计金额为98238300元；而整体清算时只需要缴纳95384200元，两相对比，整体清算可以节省2854100元；因此，如果企业能够合理规划并控制清算时点，就有可能合理降低土地增值税税负。

二、建筑面积间的计算逻辑

前文曾提到：房地产企业为了控制开发项目的税收成本，需要建立动态的税负测算模型，实时监测成本动态，以保证税负在合理范围内波动。

但实务中，由于部分房地产企业财务人员不能准确理解各个建筑面积数据间的逻辑关系，对各证照中建筑面积数据存在的差异而无所适从，导致税负测算不够准确，因此不能为企业战略决策提供有效的数据支持。

根据笔者的经验，房地产开发项目的建筑面积原则上以规划部门的批复文件（详细规划总平面图等）为准，对于项目最终测绘面积与规划部门批复文件不相符的，经规划等政府部门确认后，应以测绘面积为准；房地产开发项目的可售面积原则上以测绘面积为准，没有测绘面积的，以规划部门的批复文件为准。

为了帮助读者理解面积逻辑关系，笔者通过公式整理如下：

1.项目总建筑面积=各类型房地产建筑面积（普通标准住宅面积+非普通标准住宅面积+其他类房地产面积）+公共配套设施面积

各类型房地产建筑面积=销售面积+自用面积+出租面积

总可售建筑面积=各类型房地产建筑面积之和

2.某一类型房地产应分摊的公共配套设施费=项目公共配套设施费×（该类型房地产总建筑面积÷各类型房地产总建筑面积）

3.地下车位面积。车位分为有产权车位和无产权车位两种。

（1）地下有产权车位。

地下车库整层销售的，"可售建筑面积"与"已售建筑面积"以《房屋面积测量成果报告书》记载的"建筑面积"为准；

地下车库分割车位销售的，"可售建筑面积"应为《房屋面积测量成果报告书》记载的每个可售车位的"套内建筑面积"之和与车位"另共有面积"的合计数。

可售建筑面积=车位"套内建筑面积"+车位"另共有面积"

已售车位建筑面积=已售车位"套内建筑面积"+已售车位"另共有面积"

车位"另共有面积"分摊份额按照如下顺序确定：①由企业提供土地、房管部门出具的分摊证明；②企业按每个已售车位的"套内建筑面积"之和占每个可售车位"套内建筑面积"之和的比例确定。即"另共有面积"分摊份额=每个已售车位"套内建筑面积"之和÷每个可售车位"套内建筑面积"之和×车位"另共有面积"。

（2）地下无产权车位。

由于无产权车位在项目竣工验收时不强制要求测量具体面积，整层销售时则以建设工程规划许可证记载的"建筑面积"为准。当分割销售时，"可售建筑面积"应以房地产企业与购买人签订的车位使用权购买合同上注明的使用面积为准，若合同上未注明使用面积，则以房地产企业提供的车位面积明细表上注明的使用面积为准。

无产权车位分摊地下建筑成本时，首先按可转让车位实际面积计算出单位成本；在计算土地增值税时，再按已转让车位面积乘以单位成本，作为该部分成本扣除。

地下车位的单位成本=地下车位总成本÷可转让车位实际面积

地下车位应分摊的建筑成本=已转让车位面积×地下车位的单位成本

需要指出的是，土地增值税属于地方税种，各地土地增值税清算口径存在差异，为了保证测算结果准确且有指导意义，企业在测算开发项目土地增值税税负时，应当结合当地规定对上述公式进行适当调整。

三、土地增值税成本分摊方法的适用

概括地说，成本分摊方法在土地增值税中的作用十分重要，在扣除项目金额一定的前提下，适用不同的分摊方法土地增值税税负不同，可以说是降低土地增值税的最后一个撒手锏，正因如此，土地增值税成本分摊方法的选择与适用一直是税企争议的焦点。

（一）成本分摊方法选择的技巧

在企业所得税中，《房地产开发经营业务企业所得税处理办法》（国税发〔2009〕31号）文件第二十九条列示了企业所得税中共同成本和间接成本四种常用的分摊

方法，即占地面积法、建筑面积法、直接成本法和预算造价法；而土地增值税政策中，与成本分摊的相关政策主要有以下三个：

第一，《土地增值税暂行条例实施细则》第九条规定："纳税人成片受让土地使用权后，分期分批开发、转让房地产的，其扣除项目金额的确定，可按转让土地使用权的面积占总面积的比例计算分摊，或按建筑面积计算分摊，也可按税务机关确认的其他方式计算分摊。"

第二，《关于房地产开发企业土地增值税清算管理有关问题的通知》（国税发〔2006〕187号）第四条第（五）项规定："属于多个房地产项目共同的成本费用，应按清算项目可售建筑面积占多个项目可售总建筑面积的比例或其他合理的方法，计算确定清算项目的扣除金额。"

第三，《土地增值税清算管理规程》（国税发〔2009〕91号）第二十一条第（五）项规定："纳税人分期开发项目或者同时开发多个项目的，或者同一项目中建造不同类型房地产的，应按照受益对象，采用合理的分配方法，分摊共同的成本费用。"

从上述政策可以看出，国家并未明确土地增值税成本分摊的适用方法，只是强调方法合理即可。实务中，土地增值税扣除项目金额一般按照如下思路进行处理：

（1）房地产企业同时分期开发项目或者同时开发多个项目时，如果扣除项目金额能按不同清算单位直接归集的，先直接归集；不能直接归集的部分，再按各清算单位的建筑面积分摊。

属于多个房地产清算单位（包括分期）的土地成本，按清算单位的占地面积占总占地面积的比例计算分摊；无法划分占地面积的，按照清算单位建筑面积占总建筑面积的比例计算分摊。此处的"土地成本"，包括"取得土地使用权所支付的金额"和"土地征用及拆迁补偿费"。

其他开发成本，按建筑面积占比法在不同清算项目中进行合理分摊。此处的"开发成本"包括"前期工程费、基础设施费、建筑安装工程费、公共配套设施费、开发间接费用"。

需要注意的是，如果房地产企业分期开发项目或者同时开发多个项目时，分别签订主体建筑、安装工程施工合同且单独办理工程结算的，实际发生的成本按照受益原则可以对象化到分期项目进行扣除。

（2）同一清算单位内，扣除项目金额能按不同受益对象直接归集的，可按照直接成本法归集，如已明确对象化的设施、设备、装修等；单独签订合同、独立结算成本并且能够按照业态单独记账、准确核算的，也可直接归集至受益对象。

对于不能直接归集的部分再按照受益对象分摊，其中土地成本可选择按照土地面积占比法或者建筑面积占比法计算分摊；但如果清算单位中同时包含多种业态，且占地相互独立的，如包含别墅和多层或高层建筑，应先按照别墅区的独立占地面积占清算项目总占地面积的比例，计算别墅区应分摊的土地成本；对剩余的土地成本，按照剩余产品类型的建筑面积比例计算分摊。

其他开发成本，按建筑面积占比法在各产品类型中进行合理分摊；与转让房地产有关的税（费）金按不同类型房地产的收入比例计算分摊；对同一类事项，应当采取相同的会计政策或处理方法。会计核算与税务处理规定不一致的，以税务处理规定为准。

（3）对同一清算单位内存在不同类型房地产或已售、未售区分的情形，扣除项目金额能按不同受益对象直接归集的，先直接归集；不能直接归集的部分，第一步在已售与未售之间按建筑面积分摊，第二步在各产品类型之间按建筑面积分摊。

《孙子兵法·谋攻篇》曰："知彼知己者，百战不殆"，这同样适用于企业土地增值税清算业务，只有企业了解税务机关的审核重点后，应对时方可有的放矢。根据《土地增值税清算管理规程》（国税发〔2009〕91号）第二十一条相关规定，税务机关在分期开发项目清算审核时，除了审核清算当期的分摊方法是否合理还会关注分摊方法是否具有一致性，如《天津市土地增值税清算管理办法》（天津市地方税务局公告2016年第24号）第五条第二款明确规定："……各期的清算方式和扣除项目金额的计算分摊方法应保持一致。"

"不谋全局者，不足谋一域"，土地增值税分摊方法的选择也是如此，企业在选择成本归集和分摊方法时，要以战略思维和全局的高度考虑问题：在同一清算单位内，不应仅考虑已售产品的土地增值税税负最低，而应优先考虑全部产品处置后税负最低；分期开发时，不应仅谋划当前清算单位内税负最低，更要规划企业全部分期合计缴纳的土地增值税税负最低。

为了实现上述战略目标，企业应根据开发项目的特点结合地方口径预先模拟清算，最后再比对测算结果，筛选出税负相对较低且成本分摊合理的分摊方法。

对于分期开发的项目，有时需要企业放弃局部利益以换取项目整体清算的胜利。

（二）成本分摊典型案例

土地增值税属于地方税种，各地税务机关本着"维护税收公平、减少税企争议、合理调节土地增值收益"的目的，会结合当地经济形势发布地方口径以统一成本分摊方式，如江苏省的"收入权重法"、河北省的"占地面积法"、海南省的"可售面积百分比法"以及应用较为广泛的"层高系数法"。

由于立场不同，企业在土地增值税清算报告中采用的分摊方法与税务机关在清算审核中采用的分摊方法难免会发生冲突；即使相同的分摊方法，各地在执行时也可能存在差异，以层高系数法为例：（1）层高系数法仅适用于建筑安装工程费的分摊，如《关于明确土地增值税相关问题的公告》（新疆维吾尔自治区地方税务局公告2016年第6号）规定"六、关于清算单位中住宅与商业用房的建筑安装工程费扣除问题。清算单位中既有住宅又有商业用房的，商业用房建筑安装工程费可以按照层高系数予以调整，其余扣除项目成本不得按层高系数调整"。（2）有的地方层高系数是据实计算，如内蒙古，而有的地方则为赋予的固定系数，如浙江、广州。

因此企业要关注当地通用的分摊方法和分摊规则，以避免清算方案申报后主管税务机关不予认可而导致分摊方法被动调整，以致土地增值税税负被迫抬升，届时企业将无力回天。如以下两个司法案例中案涉项目均存在类似情形。

1. 土地成本分摊纠纷案。

据中国裁判文书网显示，在"贵州安顺某城房地产开发有限公司、安顺市平坝区地方税务局税务行政管理（税务）纠纷案"中，贵州安顺某城房地产开发有限公司（以下简称某城公司）整体开发了"紫金名门"项目，达到清算条件后委托当地事务所出具了《土地增值税清算鉴证报告》，其中"土地出让金及拆迁补偿费按土地级别和基准地价为权重进行成本分摊计算"，结论显示该公司应缴纳土地增值税4534217.67元。

某城公司于2016年1月5日申报，税务局于2016年2月2日受理，经审核后于3月18日作出《税务事项通知书》（平地税通〔2016〕01号）：对某城公司的分摊方式不予采纳，并根据《土地增值税暂行条例实施细则》第九条规定，在清算审核中按建筑面积法计算分摊土地成本,《土地增值税清算结论通知书》[平地税清税(结)〔2016〕01号]显示某城公司应缴纳土地增值税6165280.46元。

而某城公司认为,项目属于整体开发不属分期分批开发、转让房地产的行为,不适用《土地增值税暂行条例实施细则》第九条规定的建筑面积法,而应依据《土地增值税清算管理规程》第二十一条第(五)项的规定,区分受益对象,合理分摊扣除项目金额。因此,向安顺市地方税务局提起行政复议,市税务局于2016年8月12日作出行政复议决定,维持原行政行为。

某城公司不服,遂提起法律诉讼;安顺市西秀区人民法院经审理认为:

《中华人民共和国土地增值税暂行条例实施细则》第九条规定:"纳税人成片受让土地使用权后,分期分批开发、转让房地产的,其扣除项目金额的确定,可按转让土地使用权的面积占总面积的比例计算分摊,或按建筑面积计算分摊,也可按税务机关确认的其他方式计算分摊。"

税务机关有权依据上述规定确定计算分摊的方法,并据此计算应纳税额。税务局适用《中华人民共和国土地增值税暂行条例实施细则》第九条规定的按建筑面积计算分摊的方法,审定原告某城公司应缴纳土地增值税税额,符合税收法定原则和《中华人民共和国土地增值税暂行条例》规定"合理调节土地增值收益,维护国家利益"的要求及本案实际情况,适用法律正确。

因《土地增值税清算管理规程》是依据《中华人民共和国土地增值税暂行条例》和《中华人民共和国土地增值税暂行条例实施细则》制定,《土地增值税清算管理规程》第二十一条规定税务机关在土地增值税清算工作中对扣除项目的审核要求,而非计算方法。其中第(五)项虽然规定"应按照受益对象,采用合理的分配方法,分摊共同的成本费用",但并未明确合理的方法,故对于原告"紫金名门"房地产开发项目一次性整体开发的情形也应适用《中华人民共和国土地增值税暂行条例实施细则》第九条的规定。

2016年12月,一审法院西秀区人民法院(2016)黔0402行初72号判决驳回了某城公司的诉讼请求。某城公司不服安顺市,又向安顺市中级人民法院提出上诉。

二审法院经审理认为,税务局依法审核土地增值税资料后,适用《土地增值税暂行条例实施细则》第九条规定的按建筑面积计算分摊的方法,符合法律规定。"原判认定事实清楚，适用法律正确，程序合法，处理并无不当，应予维持。"2017年5月（2017）黔04行终24号判决驳回某城公司上诉。

某城公司不服，再次向贵州省高级人民法院申请再审，贵州高院审查后认为，某城公司项目虽系整体开发，但税务局依据《土地增值税暂行条例实施细则》第九条规定，适用按建筑面积计算分摊的方法，审定某城公司应缴纳土地增值税税额，符合法律规定，并无不当。最终以（2017）黔行申218号行政裁定驳回了某城公司的再审申请。

2. 开发成本分摊纠纷案。

据中国裁判文书网显示，"国家税务总局海口市税务局、国家税务总局海南省税务局与海南华某房产开发有限公司其他行政行为纠纷案"中，海南华某房产开发有限公司（以下简称为华某公司）在开发的"财富广场"项目《土地增值税鉴证报告》中，采用了"售价比例分摊法"。

由于当时海南省土地增值税清算普遍适用的文件相关条款为：《土地增值税征管与清算工作简报第4期》（土地增值税清算工作领导小组办公室2011-11-3）"（十四）对普通住宅与非普通住宅分摊房地产开发成本，我省的现行做法是根据《国家税务总局关于房地产开发企业土地增值税清算管理有关问题的通知》（国税发〔2006〕187号）第四条第（五）项的规定，按清算项目中普通住房或非普通住房的可售建筑面积占总可售建筑面积的比例或其他合理方法，计算分摊房地产开发成本"。因此，海口市税务局委托的事务所在清算审核时采用了"可售面积百分比法"，并出具了《土地增值税清算税款缴纳通知书》（海口市地税清结〔2014〕030号），要求华某公司补税。

华某公司提起行政复议，海南省税务局复议决议维持了市税务局的意见；华某公司不服，遂向海口市美兰区人民法院提起法律诉讼。一审法院以涉案项目属单一开发项目为由认定市税务局的普通住宅和非普通住宅成本分摊的计算方法"显属错误"，故支持华某公司的诉请，要求税务局撤销030号通知书并重新审核。

而市税务局认为，"一审判决书关于市税务局普通住宅和非普通住宅成本分摊的计算方法'显属错误'的观点，无事实依据及法律依据。海口市税务局采用'可售面积百分比法'对普通住宅和非普通住宅成本进行分摊合法、合规"。因此，市税务局不服海口市美兰区人民法院（2017）琼0108行初12号行政判决，遂向海口市中级人民法院提起上诉。

二审法院经审查后认为，目前，海南省范围内适用《国家税务总局关于房地产开发企业土地增值税清算管理有关问题的通知》，在全省土地增值税清算中统一采用"可售面积百分比法"既有据可依，又保证了依法征税的标准统一，一审判决以涉案项目属单一开发项目为由认定市税务局的普通住宅和非普通住宅成本分摊的计算方法"显属错误"，明显于法无据，本院对该认定不予支持。判决维持税务局030号通知书和复议决议，撤销一审判决。

而华某公司认为，海口市中级人民法院作出（2018）琼01行终273号行政判决中分摊方法违反《国家税务总局关于房地产开发华某公司土地增值税清算管理有关问题的通知》第四条第（五）项规定，系适用法律错误，故向海南省高级人民法院申请再审。

再审时省税务局答辩称："海口市税务局对普通住宅和非普通住宅按照可售面积百分比法有据可依，且全省土地增值税清算中统一采用此方法，保证了征税的标准统一。华某公司在不同的时间提出多个'合理的分配方法'，但未讲明市税务局使用的计算方法有何错误。多年来，我省土地增值税清算无论是单一开发项目，还是属于多个房地产项目共同的成本费用均采用'可售面积百分比法'计算。华某公司提出在本项目使用新的、有别于全省通行计算方法的要求既无正当理由，也不利于我省的税赋统一，造成执法不公平。"

海南省高级人民法院审查后认为，"海南省范围内适用《国家税务总局关于房地产开发企业土地增值税清算管理有关问题的通知》在全省土地增值税清算中统一采用可售面积百分比法，据此市税务局并无不当"，最后以（2020）琼行申51号行政裁定驳回了华某公司的再审申请。

以上两个案例中，尽管案涉企业终审中均以败诉结束、申请再审也被驳回，但两个案例还是能够给房地产企业以启示：相同的是，两个企业都采用了个性化的分摊方法；不同的是，第一个案例中案涉项目所在地对税务机关对分摊方法并没有统一的口径，但由于企业前后采用的分摊方法不够统一，被税务机关作为证据驳回。第二个案例中开发项目所在地始终有明确统一的执行口径并且开发公司在一审中胜诉。笔者认为，当前由于各地口径不同，项目发生地不同，有可能存在不同的结局。

笔者建议，企业在设计税负测算模型时，应与税务机关充分沟通，了解税务机关认可的分摊方法；如果税务机关有统一的分摊口径时，应优先按照税务机关确定的分摊口径报建、规划；如果当地没有统一标准时，企业应尝试使用各种合理的成本分摊方法，以把握各方法之间的税负差异，但不得"标新立异"创新分摊方法；提交的清算方案应分摊合理、政策充分、证据扎实，与主管税务机关沟通时应有理、有据、有节，同时留有备选方案，以保证税企双方最终能达成一致。

整体来说，土地增值税清算是个复杂的系统工程，企业在清算前应未雨绸缪，做好充分的准备。清算中应兼顾清算技术和沟通艺术，通过各种努力协调、说服税务机关认可企业的分摊方案，在合理的税负率范围内实现项目完美收官。

四、地下建筑的成本分摊与税务处理

在房地产开发项目中，地下建筑（包括地下车库、车位）是其重要的组成部分，在成本一定的前提下，地下建筑是否分摊成本以及如何分摊，对项目税负影响重大。

（一）增值税和所得税的成本分摊

当开发产品用于销售时，不同的成本分摊方法对增值税和企业所得税的影响，是纳税义务发生时间的问题即何时纳税的问题。目前税法对增值税和企业所得税的成本分摊均有所规定。例如：

1. 增值税。

结合《房地产开发企业销售自行开发的房地产项目增值税征收管理暂行办法》（国家税务总局公告2016年第18号）第五条和《关于土地价款扣除时间等增值税征管问题的公告》（国家税务总局公告2016年第86号）第五条规定可以得知：

当期允许扣除的土地价款 =（当期销售房地产项目建筑面积÷房地产项目可供销售建筑面积）× 支付的土地价款

其中，"当期销售房地产项目建筑面积"，是指当期进行纳税申报的增值税销售额对应的建筑面积；"房地产项目可供销售建筑面积"，是指房地产项目可以出售的总建筑面积，不包括销售房地产项目时未单独作价结算的配套公共设施的建筑面积，以上面积均是指计容积率地上建筑面积，不包括地下车位建筑面积。

2. 企业所得税。

公共配套设施的成本分摊应按照《房地产开发经营业务企业所得税处理办法》（国税发〔2009〕31号）第十七条规定处理，即属于非营利性且产权属于全体业主的，或无偿赠与地方政府、公用事业单位的，可将其视为公共配套设施，其建造费用由可售面积分摊，其他的情形，应当单独核算其成本。

如果属于地下车位，则应按照《房地产开发经营业务企业所得税处理办法》（国税发〔2009〕31号）第三十三条规定："企业单独建造的停车场所，应作为成本对象单独核算。利用地下基础设施形成的停车场所，作为公共配套设施进行处理。"

（二）土地增值税地下建筑土地成本的分摊

成本分摊方法对土地增值税税负的影响之大、关系之密切，是增值税和企业所得税无法企及的，不同的成本分摊方法下土地增值税税负差异明显，究其原因，是因为成本分摊不但能够直接决定"其他类房地产"的增值率，还能决定普通标准住宅能否免税。

迄今为止，国家税务总局对于地下建筑成本如何分摊，未发布过相关规定，以至于土地增值税清算审核时税企存在较多争议。如果说税企双方对开发成本的分摊尚能达成一致，那么土地成本分摊就始终难以协调，如前文提到的"贵州安顺某城房地产开发有限公司土地成本分摊纠纷案"和"湖北恩施市某大房地产开发有限公司拆迁补偿费分摊案"就是例证。

针对以上情况，部分税务机关对土地成本分摊方法出台了地方标准。除参照地上可售建筑面积正常分摊土地成本外，目前地下建筑是否分摊土地成本，主要依据如下因素：

1. 是否计容。

依据容积率判定是否分摊土地价款时，主流观点是建筑面积不计入容积率则不分摊土地成本，如《厦门市土地增值税清算管理办法》（厦门市地方税务局公告2016年第7号）[①]第三十四条第二款规定："同一个清算项目，可以将取得土地使用权所支

[①] 该文件已被厦门市税务局公告2023年第1号文件废止，1号公告第二十三条第（九）项第二款规定：如果土地出让合同、协议对土地价款未作具体约定，且不计入容积率的车位等房屋，纳税人可选择是否参与土地成本计算分摊。

付的金额全部分摊至计入容积率部分的可售建筑面积中,对于不计容积率的地下车位、人防工程、架空层、转换层等不计算分摊取得土地使用权所支付的金额。"

此外还有重庆,《关于印发土地增值税等财产行为税政策执行问题处理意见的通知》(渝财税〔2015〕93号)第一条第(五)项第1目规定,"不计算房地产项目容积率的地下车库不分摊'土地成本'"。

但事情并不是绝对的,如紧邻重庆的四川则适用相反的规则,《四川省土地增值税征管工作指引》(2023年版)第五十五条第(五)项规定:"地上、地下可售建筑面积,无论是否计容、能否办理产权,均属于土地受益对象,应按规定分摊取得土地使用权所支付的金额。"如果企业把容积率作为处理依据时,应了解当地的通行规则。

2.有无产权。

国家税务总局财产和行为税司在《财产行为税工作周报》(2020年第32期)"政策指导"中曾经指出,"无产权地下车位原则上应分摊土地成本"。

但是实务中,当前主流的观点是无产权不分摊土地成本,代表省市如下:(1)江苏,《关于土地增值税若干问题的公告》(苏地税规〔2015〕8号)第二条"关于土地成本分摊问题"规定:"土地成本仅在能够办理权属登记手续的建筑物及其附着物之间进行分摊。"(2)新疆,《关于明确土地增值税相关问题的公告》(新地税公告2016年第6号)第四条第(三)项规定,"关于无产权车位分摊土地成本问题,土地成本仅在可售面积中分摊,无产权的地下车位不分摊土地成本"。(3)青岛,《房地产开发项目土地增值税清算管理办法》(青岛市税务局公告2022年第6号)第二十八条规定:"无产权的地下室(储藏室)、地下车库(位)等地下设施,在土地增值税清算时不分摊土地成本,为办理产权缴纳的土地出让金可直接计入受益对象。"

3.是否受益。

《民法典》第三百四十五条规定:"建设用地使用权可以在土地的地表、地上或者地下分别设立。"根据《土地增值税清算管理规程》(国税发〔2009〕91号)第二十一条第(五)项规定,纳税人分期开发项目或者同时开发多个项目的,或者同一项目中建造不同类型房地产的,应按照受益对象,采用合理的分配方法,分摊共同的成本费用。

据此,《山东省税务局土地增值税清算管理办法》(山东省税务局公告2022年第10号)第三十条第(六)项规定:"对于清算项目能够提供独立的土地出让合同、划拨协议、投资协议的,土地成本可直接归集到受益对象"。《广东省税务局土地增值税清算管理规程》(广东省税务局公告2019年第5号)第二十九条第(二)项也曾规定:"土地出让金是否按照以下方式分摊:国有土地使用权出让合同或其补充协议注明,地下部分不缴纳土地出让金或者地上部分与地下部分分别缴纳土地出让金的,土地出让金应直接归集到对应的受益对象(地上部分或地下部分)。"

综上对比可以发现,受当地经济发展水平影响,各地的土地成本分摊规定差异明显甚至截然相反。

总之,房地产企业在土地增值税清算时为了达到降低税负的目的,如果在成本分摊方法上存在选择空间,应优先把握"高附加值产品多分摊""不可租售产品不分摊"的原则,合理选择分摊方法。

第二节 公共配套设施的税务处理

在房地产开发业务中,公共配套设施问题一直是税务争议的焦点,原因如下:一是公共配套设施的处置方法不同,土地增值税清算时税务处理有根本性的差异;二是公共配套设施的成本处理方法不同,所有权归属也存在巨大的差异,因此公共配套设施始终是房地产企业无法绕开的问题。

一、公共配套设施的分类与风险

公共配套设施是指根据《城乡规划法》《城市居住区规划设计标准》(GB 501080—2018)规定,新建住宅小区必须配套建设的公共服务配套设施,《住宅建筑规范》(GB 50368—2005)第4.2.1条规定:"配套公共服务设施(配套公建)应包括:教育、医疗卫生、文化、体育、商业服务、金融邮电、社区服务、市政公用和行政管理等9类设施。"

例如,上海发布的《关于本市城市基础设施配套费征收标准和使用范围等有关事项的通知》(沪住建规范联〔2021〕8号)第三条第三款规定,"公建配套包括为住宅项目配套的中、小学和幼儿园等教育用房;街道、居委会等地区管理用房,社区卫生、文化、为老等社区公共服务用房,环卫、公交等市政公用管理用房以及公益性室内菜市场等内容"。

(一)公共配套设施的分类

各种公共配套设施的用途不同,决定了处置方法不同,如果按照产权归属划分,可以分为如下三类。

1.非经营性公共配套设施。

非经营性公共配套设施是指权属归全体业主所有的公共配套设施,建成后应移交全体业主,经营收益归全体业主支配,法律上也称为"业主共有"。

常见的非营业性公共配套设施,如建筑区划内的道路、绿地等,《民法典》第二百七十四条规定:"建筑区划内的道路,属于业主共有,但是属于城镇公共道路的除外。建筑区划内的绿地,属于业主共有,但是属于城镇公共绿地或者明示属于个人的除外。建筑区划内的其他公共场所、公用设施和物业服务用房,属于业主共有。"

此外还有物业用房,《物业管理条例》(2018版)第三十七条规定:"物业管理用房的所有权依法属于业主。未经业主大会同意,物业服务企业不得改变物业管理用房的用途。"

对于权属归全体业主所有的公共配套设施,《不动产登记暂行条例实施细则》(国土资源部令第63号)第三十六条规定:"办理房屋所有权首次登记时,申请人应当将建筑区划内依法属于业主共有的道路、绿地、其他公共场所、公用设施和物业服务用房及其占用范围内的建设用地使用权一并申请登记为业主共有。业主转让房屋所有权的,其对共有部分享有的权利依法一并转让。"其办理产权时,可以参照《淄博市人民政府办公室关于印发淄博市新建房地产开发项目公共服务配套设施建设管理办法的通知》(淄政办发〔2020〕9号)第二十五条规定:"产权归全体业主所有的公共服务配套设施,由开发建设单位申请不动产登记,登记机构在不动产登记簿上予以记载,不颁发不动产权证。"

2.公益性公共配套设施。

公益性配套设施是指根据政府有关规定和土地出让文件的约定,建成后应无偿移交给政府或公用事业单位,用于非营利性社会公共事业的公共配套设施,包括居委会办公和活动用房、派出所或警务室、公共消防服务基础设施、学校、幼儿园和其他市政公用设施用房等。

参照《淄博市人民政府办公室关于印发淄博市新建房地产开发项目公共服务配套设施建设管理办法的通知》（淄政办发〔2020〕9号）文件规定，公共服务配套设施中的教育设施、社区服务设施产权归政府所有的，产权单位由区县政府确定；开发建设单位应当按照约定向产权单位进行产权移交，并配合产权单位申请办理不动产登记。以幼儿园为例，《国务院办公厅关于开展城镇小区配套幼儿园治理工作的通知》（国办发〔2019〕3号）要求，"确保小区配套幼儿园如期移交。已建成的小区配套幼儿园应按照规定及时移交当地教育行政部门"。

一般情况下，产权归政府所有的公共服务配套设施，自然资源部门依据《房地产开发项目建设条件意见书》，将由开发建设单位建成无偿移交作为土地出让或划拨供地的条件，并在土地出让合同或划拨决定书中载明具体的公共服务配套设施，如生活垃圾转运站、公共厕所、环境卫生站以及变电站等市政公用设施，产权无偿移交归口管理部门。

3.经营性公共配套设施。

经营性公共配套设施是指房地产企业根据规划要求统一建设，竣工移交后纳入小区统一管理；房地产企业有处置权但不能擅自改变规划用途的公共配套设施。

常见的包括按照规划要求在住宅小区内配套建设的会所、健身房、菜市场、便利店、超市等，以上均属于便民商业服务设施，其由房地产企业投资建设，建成后由商务主管部门监督建设单位或买受人按规划确定的用途进行经营，其权属一般按下列方法和顺序确认：

（1）如属法律法规及政府文件规定应当配建、且明确产权归属的，从其规定；

（2）如果没有规定，但商品房销售合同或者补充协议约定归属的，从其约定；

（3）没有规定或约定的，但公共配套设施计入了小区公摊面积范围，则其产权属于全体业主所有；

（4）除上述外，产权归建设单位或买受人所有，按照"谁投资，谁所有"的原则确定。

（二）公共配套设施常见风险

由于公共配套设施在竣工移交后能带来经济利益，实务中经常在房地产企业、物业公司和业主委员会之间引发权属纠纷。笔者从中国裁判文书网中摘录两个公共配套设施归属权纠纷的代表性案例，以提示企业和读者在实务中规避风险。

1. 幼儿园权属纠纷案。

公开资料显示，"常州市某开发项目业主委员会与常州市国土资源局、常州市物价局等行政登记纠纷案"中，常州市某房地产开发有限公司（以下简称开发公司）于2003年12月通过公开挂牌出让方式取得国有土地使用权开发了某住宅小区，小区配建有诉争幼儿园一座。

（1）案例背景。

《关于新建住宅小区公建配套设施权属界定与管理的有关规定》（常房发〔2004〕116号）第六条规定："……价格行政主管部门在核定商品房预（销）售价格和委托成本认证机构进行成本认证时，应对新建住宅小区公建配套设施的成本进行认定；房产行政主管部门在为新建住宅小区办理权属初始登记时，按公建配套设施的性质区分登记。"但是，开发公司在2007年申请幼儿园初始登记时，市建设局并没有注明其公建性质、未认定幼儿园为公益性公建配套设施。

需要补充的是，企业分别于2004年至2005年对小区一期至三期住宅商品房开发成本进行了成本认证；2007年6月29日相关部门审批通过的项目公建配套设施核定意见书认定该幼儿园公建性质为公益性。此外，常州市价格认证中心于2008年4月出具了《关于某住宅小区开发项目配套幼儿园成本认证情况说明》（常价证认字〔2008〕36号），内容显示认定涉案幼儿园纳入了项目总可销售建筑面积参与土地成本分摊，且其开发建设成本由开发建设单位承担，未计入住宅商品房建设成本中。

2008年，常州市建设局、常州市教育局形成会议纪要，明确涉案幼儿园为营业性公共配套设施。

2011年，开发公司依据上述材料申请办理涉案幼儿园的房屋初始登记，市国土局依法为其办理了登记。

该项目业主委员会（以下简称业委会）认为，2006年和2007年开发公司已经通过国有土地使用权分割转让合同分别将全部土地依法转让给小区全体业主，并非涉案土地的实际权属人，没有申请登记的主体资格，因此展开了一系列的法律诉讼。

（2）诉讼历程。

业委会以开发公司"并非涉案土地的实际权属人，没有申请登记的主体资格"为由，向钟楼区人民法院提起诉讼，法院经审理后以（2016）苏0404行初45号行政判决驳回诉请。

业委会不服，故提起上诉；中级人民法院经审理后以（2018）苏04行终362号驳回上诉，维持原判。

业委会又以2008年4月30日的会议纪要违法为由，提起上诉，2018年9月13日，钟楼区人民法院作出（2017）苏0404行初3号行政判决，驳回诉请。

业委会以"成本认证情况说明无效"为由，向常州市新北区人民法院提起诉讼，法院经审理后认为，价格认定局作出的常价证认字〔2008〕36号文件系依申请的单方行为，并不存在合意，故业委会的诉请无事实与法律依据，法院（2017）苏0411民初4000号民事判决不予支持，驳回诉请。

业委会不服，又向中级人民法院提起上诉；二审法院经审理认为，不属于合同纠纷，以（2018）苏04民终1623号裁定驳回诉请。

2. 会所权属纠纷案。

在"南京市某住宅小区业主委员会与南京某开发有限公司建筑物区分所有权纠纷"一案中，业主委员会诉称，房地产企业在其售楼的广告宣传彩页和房屋买卖契约中均明确小区配套设施中包括诉争的会所，因此应归属全体业主所有。

一审人民法院经审理认为，购房合同中约定交付作为公共配套设施的会所，但原、被告提供的购房合同中均未将会所计入业主共同所有范围之内，故关于会所交付的约定应理解为房地产企业负有使小区内会所作为配套设施保证业主使用的义务，并非所有权的交付。业主委员会并无证据证明该小区内会所及会所内相关设施设备的所有权属于全体业主，故（2013）玄民初字第1134号判决书驳回诉请。

业委会不服，向该市中级人民法院提出上诉，请求改判并支持其原审诉请。

二审法院经审理认为，购房合同中约定交付作为公共配套设施的会所，并未明确产权归全体业主共有，房产管理局颁发的商品房预售许可证的明细表中也未明确会所为全体业主共有共用部分，仍属于公共配套建筑，开发商享有使用、收益权利，因此上诉人主张享有会所及游泳池所有权并要求交付，没有事实和法律依据，以（2015）宁民终字第28号判决书驳回上诉，维持原判。

另外，在"宜兴市某置业有限公司与其开发项目业主委员会财产损害赔偿纠纷案"中，双方诉争的也是会所。该市中级人民法院经审理后认为：房地产企业与小区业主对房地产企业在小区内建造的配套设施发生权属争议时，应由房地产企业承担举证责任。如房地产企业无充分证据证明系其所有，且其已将建设成本分摊到出售给业主的商品房中，则该配套设施应当属于小区全体业主所有。房地产企业在没有明确取得业主同意的情况下，自行占有使用该房屋，不能视为业主默示同意由房地产企业无偿使用，应认定房地产企业构成侵权。该案例被作为经典判决，（2017）苏02民终5565号判决书被收录进《最高人民法院公报》（2018年第11期）。

从上述案例中可以看出，司法机关在判定经营性公共配套设施权属时，主要依据"谁投资，谁所有"的原则，前两个案例中案涉房地产企业未将诉争的公共配套设施成本由可售面积分摊，因此取得了诉争配套设施的所有权，而第三个案例中由于其成本已经由可售面积分摊，最终认定为属于业主共有。

为了减少公共配套设施的产权纠纷，国家开始从源头上发力，2020年9月9日自然资源部在《对十三届全国人大三次会议第3226号建议的答复》（自然资人议复字〔2020〕089号）中指出："二、关于全体业主共有的不动产登记问题。《物权法》《不动产登记暂行条例实施细则》对建筑物中全体业主共有部分办理不动产登记的要求、申请材料等进行了明确规定。按照'物权法定、权利设定和登记确权'的原则和程序，全体业主共有的不动产范围应当在建设工程规划中予以明确，在建设工程规划审批和实施时严格落实，避免开发商留有部分房产、出现产权模糊，在此基础上，依法开展登记，明确产权归属、定纷止争。"各地政府纷纷响应，陆续发布政策，要求自然资源部门出让住宅用地时在土地交易文件中明确公共服务设施建设内容、建设标准、产权归属、产权移交方式。

二、公共配套设施的税务处理

根据前面的案例可以看出，公共配套设施的权属不同，成本分摊方法不同：经营性公共配套设施应计入总可售面积分摊成本，而非经营性和公益性公共配套设施属于不可售产品不计入可售面积，开发产品总可售建筑面积按以下方法确定：

总可售建筑面积＝总建筑面积－不可售建筑面积

不可售建筑面积包括产权属于全体业主所有的建筑面积和无偿移交给政府、公用事业单位用于非营利性社会公共事业的建筑面积；实践中，企业经常无法准确区分人防车位是否属于不可售建筑面积。笔者认为，应参照当地对其权属的认定进行判断，以广西、广东、重庆为例：

广西壮族自治区税务局于2023年3月1日纳税答疑时指出：由于人防工程属于国防设施和社会公益设施[①]，人防工程地下车位不能进行买卖，因此实质上房地产企业只是转让了人防工程地下车位的永久使用权，未发生产权转移行为，应根据《广西壮族自治区房地产开发项目土地增值税管理办法（试行）》（广西壮族自治区税务局公告2018年第1号）第三十四条的规定进行土地增值税处理，即如果产权未发生转移，不征收土地增值税，在税款清算时不列收入，不扣除相应的成本和费用，其面积计入相应房产类型可售建筑面积。

而广东省根据人防车位用途和权属登记判定是否属于可售面积，《广东省税务局土地增值税清算管理规程》（广东省税务局公告2019年第5号）第三十一条第（四）项规定："建成后产权属于全体业主所有或无偿移交给政府的，其成本、费用予以扣除；有偿转让且能办理权属转移登记手续的，应计算收入，并准予扣除成本、费用；不能办理权属转移登记手续的，不计算收入，不予扣除相应成本、费用。"

而重庆市则明确规定人防车位可以出售和办理产权，属于可售面积。重庆市人民政府官网于2018年5月25日发布《重庆市民防办关于我市人防车位产权办理的说明》[②]，第一条明确指出："根据《重庆市国土房管局关于人防工程权属登记有关问题的通知》（渝国土房管发〔2009〕51号）规定：对结建式人防工程依法初始登记后，兼作停车场的，政府允许参照普通地下停车库的方式出售，且同意购房人对所购的兼有停车库功能的人防工程拥有产权。所以，人防车位是可以出售

[①]《北海市税务局在受理房地产企业土地增值税清算时人防车位认定为可售面积，而非公共配套设施》，载广西自治区税务局官网 http://guangxi.chinatax.gov.cn/nsfw/bszx/nszx_detail.html?metadataid=205，最后访问时间为2023年6月8日。

[②]《重庆市民防办关于我市人防车位产权办理的说明》，载重庆市人民政府官网 http://www.cq.gov.cn/zwgk/zfxxgkml/zcjd_120614/bmjd/201805/t20180525_8804943.html，最后访问时间为2023年7月15日。

和办理产权的。"

前文提到,成本分摊对增值税和企业所得税的影响主要是纳税的时间,对土地增值税的影响却是税负的多少,因此,成本分摊中土地增值税处于核心地位。

(一)土地增值税的处理

非经营性公共配套设施、公益性公共配套设施和经营性公共配套设施的土地增值税处理,分别对应《关于房地产开发企业土地增值税清算管理有关问题的通知》(国税发〔2006〕187号)第四条第(三)项规定,具体分析如下:

1.业主共有。

非经营性公共配套设施符合下列情形之一,即属于"产权属于全体业主所有",其成本、费用可以扣除:

(1)法律法规或政府相关文件明确规定属于全体业主所有;

(2)经人民法院裁判属于全体业主共有;

(3)商品房销售合同、协议或合同性质凭证中注明有关公共配套设施归业主共有。

有的税务机关还有些个性化规定,如海南省税务局公告2023年第2号第十七条规定,"商品房销售合同中未明确有关公共配套设施归属,但相关公共配套设施移交给业主委员会,或业主委员会尚未成立,无法办理移交手续,纳税人能提供书面说明及代管情况的",或者"商品房销售合同中注明有关公共配套设施归出卖人所有,纳税人在向主管税务机关反馈清算初审意见前与不少于已售房产户数三分之二的业主签订确认有关公共配套设施归全体业主共有的补充协议的",其成本、费用允许扣除。

2.无偿移交。

建成后无偿移交给政府、公用事业单位用于非营利性社会公共事业的,其成本、费用可以扣除:

(1)纳税人建设的公共配套设施产权无偿移交给政府、公用事业单位用于非营利性社会公共事业的,应当提供政府、公用事业单位书面接收文件。

(2)纳税人建设的公共配套设施应由政府、公用事业单位接收,但因政府、公用事业单位原因不能接收或未能及时接收的,经接收单位或者政府主管部门出具书面材料证明相关设施确属公共配套设施，且说明不接收或未及时接收具体原因的，经主管税务机关审核确定后，其成本、费用予以扣除。

需要说明的是，这里的无偿移交不包括"限地价、竞配建"供地模式下的无偿移交。

3. 有偿转让。

（1）建成后有偿转让的，应计算土地增值税收入，并准予扣除成本、费用，其相应的面积计入其他类型房地产可售面积。需要说明的是，这里不区分有无产权，国家税务总局财产和行为税司在《财产行为税工作周报》（2020年第32期）"政策指导"中指出，"转让无产权地下车位永久使用权，应纳入土地增值税清算范围，计算收入，并扣除相应成本费用"。

例如，原海南省地方税务局在《关于房地产开发中对会所架空层地下室（含人防）等设施成本扣除问题的批复》（琼地税函〔2013〕2号）规定："在土地增值税清算时，对房地产开发项目中所建造的会所、架空层、地下室（包括地下人防）等设施，对纳税人能提供规划、房管等相关部门有关设施属规划建造和不能有偿转让的证明资料，且通过合同、协议或其他方式约定（人防除外），将该设施实际提供全体业主共同使用的，其成本支出可作为公共配套设施费，予以扣除，否则，将该设施建筑面积视为可售建筑面积处理。"

（2）应移交未移交的公共配套设施，和公共配套设施被房地产企业实际占有、使用、收益的，不予扣除相应的成本、费用，其相应的面积均应计入其他类型房地产可售面积。

需要说明的是，如果规划条件中认定为配套设施属于非营业性公共配套设施或者公益性公共配套设施的，其成本计入小区商品房建设成本后，原则上房地产企业不得用于销售、不得变更为经营性公共配套设施，也不得以任何方式处置其使用权。

但笔者在实务中发现，有些房地产企业为了降低土地增值税，利用税务机关和业主的信息不对称大打"擦边球"：在清算时，先打着"全体业主所有"的名义，把非营业性公共配套设施或者公益性公共配套设施成本费用计入扣除项目，清算后又将其中部分建筑面积变相转让或者出租，收益收入囊中。当前各地税务机关强化了清算后再转让房地产的管理，加上金税工程大数据功能已经足够强大，税务机关很容易发现其中的猫腻，因此需要注意其中的涉税风险。

例如，《海南省税务局土地增值税清算审核管理办法》（海南省税务局公告2023年第2号）第十七条第（八）项规定："土地增值税清算时已将公共配套设施费计入房地产开发成本，清算后对外转让公共配套设施的，应按规定征收土地增值税，且其单位建筑面积成本费用额确认为零。"《厦门市房地产开发项目土地增值税清算管理办法》（厦门市税务局公告2023年第1号）第二十四条第（三）项中也是类似规定。

（二）企业所得税的处理

除了土地增值税，企业所得税和增值税同样涉及成本分摊。

在企业所得税中，国税发〔2009〕31号文件第二十七条第（五）项规定："公共配套设施费：指开发项目内发生的、独立的、非营利性的，且产权属于全体业主的，或无偿赠与地方政府、政府公用事业单位的公共配套设施支出。"

根据国税发〔2009〕31号文件第十七条规定，企业在开发区内建造的会所、物业管理场所、电站、热力站、水厂、文体场馆、幼儿园等配套设施，按以下规定进行处理：

1.属于非营利性且产权属于全体业主的，或无偿赠与地方政府、公用事业单位的，可将其视为公共配套设施，其建造费用按公共配套设施费的有关规定进行处理。

2.属于营利性的，或产权归企业所有的，或未明确产权归属的，或无偿赠与地方政府、公用事业单位以外其他单位的，应当单独核算其成本。除企业自用应按建造固定资产进行处理外，其他一律按建造开发产品进行处理。

从上述规定可以看出，企业所得税与土地增值税的处理方法基本一致，即非营利性公共配套设施，其建筑面积计入不可售建筑面积，而营利性公共配套设施，其建筑面积需要计入可售面积。不同的是，邮电通信、学校、医疗设施需要单独核算成本。

（三）增值税的处理

在增值税中，只要是企业为开发项目配套建设的公共配套设施，不论其用途，只要取得增值税专用发票，其进项税额均可以抵扣，例如，物业用房、幼儿园、会所等。

至于是否需要缴纳增值税需要具体分析，以幼儿园为例，2019年国务院办公厅发布《关于开展城镇小区配套幼儿园治理工作的通知》（国办发〔2019〕3号）文件要求："确保小区配套幼儿园如期移交。已建成的小区配套幼儿园应按照规定及时移交当地教育行政部门。"但该文件发布前审批的开发项目中幼儿园性质并不统一，有的属于公益性配套设施，也有的属于经营性公共配套设施，如前面提到的"幼儿园权属纠纷案"中诉争的幼儿园即属于经营性公共配套设施。

如果幼儿园属于公益性配套设施，企业按照规划条件和土地交易文件无偿移交给政府，无需视同销售；如果幼儿园属于经营性公共配套设施，无偿移交后用于公益事业或者以社会公众为对象，根据《营业税改征增值税试点实施办法》（财税〔2016〕36号附件1）第十四条第（二）款规定，也无需视同销售；但如果移交时需要开具应税发票，则需要缴纳增值税，如福建省沙县自然资源局于2020年11月5日发布《关于拍卖出让沙县金沙园龙湖北片区A地块国有建设用地使用权的公告》[①]，第三条第（二十三）项要求："受让人须在地块指定位置配建一所独立幼儿园……；受让人须将幼儿园整体无偿提供给沙县教育局并负责开具办理不动产登记的发票，开票及办证的有关税费全部由受让人承担，开票价格参照开票时的市场价格确定。"该公告明确要求受让人需要参照市场价格开具发票，因此移交幼儿园视同企业转让不动产。

三、公共配套设施建造时间的影响

《城市居住区规划设计标准》（GB50180—2018）规定，"居住区应根据其分级控制规模，对应规划建设配套设施和公共绿地，新建居住区，应满足统筹规划、同步建设、同期投入使用的要求"，但实务中，由于公共配套设施尤其是非营利性公共配套设施不能用于销售，有的房地产企业会从资金占用的角度考虑滞后建

[①] 《沙县自然资源局 沙县公共资源交易中心关于拍卖出让沙县金沙园龙湖北片区A地块国有建设用地使用权的公告》，载三明市人民政府官网http://www.sm.gov.cn/zw/zfxxgkzdgz/tdsyqcr/crgg/202011/t20201105_1585873.htm，最后访问时间为2023年7月15日。

设，企业应关注滞后建设对税收的影响。

企业所得税支持预提成本，国税发〔2009〕31号文件第三十二条第（二）项规定："公共配套设施尚未建造或尚未完工的，可按预算造价合理预提建造费用。此类公共配套设施必须符合已在售房合同、协议或广告、模型中明确承诺建造且不可撤销，或按照法律法规规定必须配套建造的条件。"

但土地增值税不同，国税发〔2006〕187号文件第四条第（四）项规定："房地产开发企业的预提费用，除另有规定外，不得扣除。"土地增值税清算时，企业预提的公共配套设施费也不允许扣除；企业分期开发但公共配套设施滞后建设的，在部分公共配套设施已实际建设、成本费用已实际发生并且已取得合法有效凭证的情况下，清算单位可根据建筑面积占比法计算清算据实扣除。

在部分分期项目已完成清算后发生的，但属于全体项目共同受益的公共配套设施费，只在未完成清算的分期项目之间计算分摊，已完成清算的分期项目不再参与分摊。

综上所述，房地产企业对于公共配套设施的建造时间，应该结合税收成本统筹规划；对于经营性公共配套设施的权属，也应提前安排；对有意留作自用的设施，应在商品房买卖合同中进行提示性约定并分摊成本，以避免企业中意的物业因日后业主维权而"拱手送人"。

第三节 车位的分类与税务处理

随着人们生活水平的提高，私家汽车已经成为个人家庭生活中不可或缺的交通工具，因此《城市居住区规划设计标准》（GB50180—2018）规定，机动车车库、车位是新建住宅项目必须配建的公共服务配套设施。

车位有多种分类方式：按照有无产权，可以划分为产权车位和无产权车位；按照空间分布，可以划分为地上车位和地下车位。

近年来，由于土地成本不断上涨，项目容积率不断加大，同时为了提升开发项目档次和业主居住品质，房地产企业更多地将无产权车位设置在地下。无产权车位按照性质又分为普通车位、机械车位、人防车位，车位分类示意图如图7.1所示。

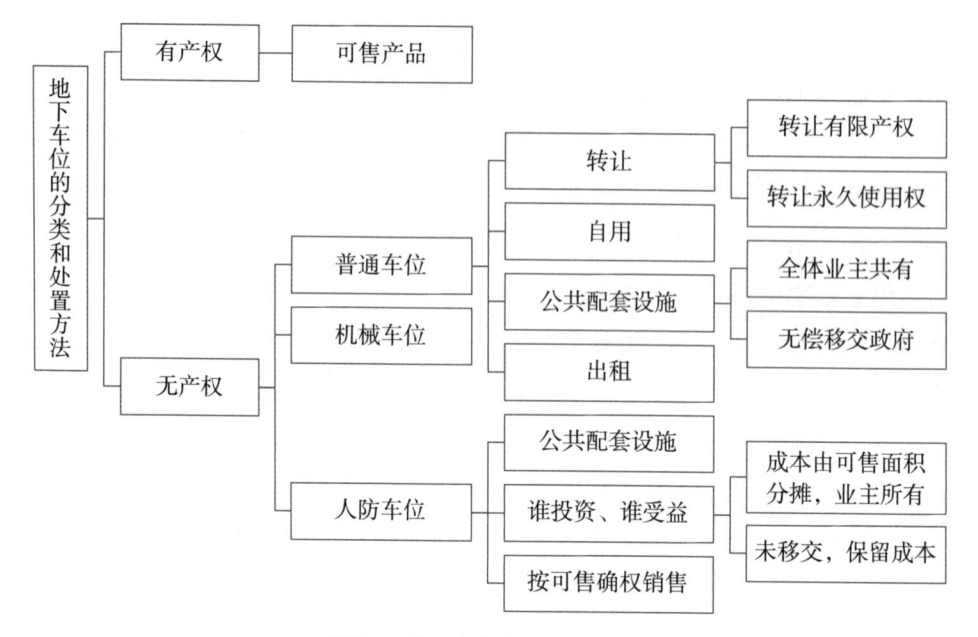

```
┌─ 有产权 ── 可售产品
│
地下车位的分类和处置方法 ┤                    ┌─ 转让 ──┬─ 转让有限产权
│                                              │         └─ 转让永久使用权
│           ┌─ 普通车位 ─┤─ 自用
│           │            ├─ 公共配套设施 ──┬─ 全体业主共有
└─ 无产权 ──┤            │                 └─ 无偿移交政府
            ├─ 机械车位  └─ 出租
            │
            └─ 人防车位 ──┬─ 公共配套设施 ──┬─ 成本由可售面积分摊，业主所有
                          ├─ 谁投资、谁受益 └─ 未移交，保留成本
                          └─ 按可售确权销售
```

图 7.1 地下车位分类和处置方法

在房地产开发项目众多公共配套设施中，一般情况下车位面积占比最大，又由于车位分类繁多，当前法律法规规定尚不够明晰，车位自然就成为房地产企业、物业公司和业主委员会之间间利益纷争的核心，自然也是税企争议的焦点。

一、普通车位权属的影响因素与风险应对

（一）规划内车位

所谓"建筑区划内规划车位"是指房地产企业经建筑规划部门批准，在建筑区划内按照配置比例要求设计、建造的用于停放汽车的车位，此处的车位不包含人防车位。

对于规划内车位的权属，《民法典》第二百七十五条第一款规定："建筑区划内，规划用于停放汽车的车位、车库的归属，由当事人通过出售、附赠或者出租等方式约定。"

1. 地下规划车位。

判断地下规划车位权属时，可以依据如下顺序：

首先依据《民法典》第二百三十一条"因合法建造、拆除房屋等事实行为设

立或者消灭物权的，自事实行为成就时发生效力"之规定，房地产企业因合法建造行为取得了规划车位的原始权利。

最高人民法院民法典贯彻实施工作领导小组主编的《中华人民共和国民法典理解与适用》[①]一书也认为："规划内的车位，是建设单位在开始建造之初经规划部门批准，并于建造完成后可以办理产权登记的车位。按惯常做法，初始登记时，整个项目的权属证明是整体办理至建设单位名下的，即建设单位因建设事实行为而享有这部分车位、车库的所有权。"

进一步判断时，应依据《城市地下空间开发利用管理规定》（建设部令第108号）第二十五条规定的"谁投资、谁所有，谁受益、谁维护"的原则。《中华人民共和国民法典理解与适用》进一步指出，"如果建设单位与业主之间没有就车位、车库的归属达成明确的合意或约定不明的，应当如何处理？我们倾向性认为，如果车位、车库的建设成本未分摊至业主购房费用中，而是建设单位自行负担的，权属归建设单位；反之，如果建设成本已经分摊至建筑区划内众多业主身上的，即使彼此无约定，权属也应当归全体业主"。

即使认定权属属于房地产企业，企业在处置时仍应符合《民法典》第二百七十六条之规定，即"建筑区划内，规划用于停放汽车的车位、车库应当首先满足业主的需要"。《最高人民法院关于审理建筑物区分所有权纠纷案件适用法律若干问题的解释》（法释〔2020〕17号）第五条补充规定，建设单位按照配置比例将车位、车库，以出售、附赠或者出租等方式处分给业主的，应当认定其行为符合《民法典》第二百七十六条有关"应当首先满足业主的需要"的规定。

实务中，在"深圳市某实业有限公司与深圳市某物业管理有限公司车位纠纷"一案中，最高人民法院（2018）最高法民再263号认为：

> 房地产企业投资建设地下车位，但是相应的车位并未办理产权登记，房地产企业在房屋销售初始并未与业主约定地下车位的归属或者使用，亦无法证明地下停车场的建设款项列入由业主分摊的涉案小区的建设成本时，地下车位由房地产企业建设、投资的，仍归房地产企业所有。因地下车位在没有计入容积率即并未

[①] 最高人民法院民法典贯彻实施工作领导小组主编：《中华人民共和国民法典理解与适用》，人民法院出版社2020年7月版。

占用小区土地的使用权，不宜认定地下车位已随小区项目土地使用权的转让，一并转移给全体业主所有。

另外，在"深圳市志某佳实业有限公司、深圳市志某佳物业管理有限公司等物权确认纠纷案"中，深圳市中级人民法院在（2020）粤03民终23521号中进一步认为：

对于建筑区划内符合规划建设的车位的归属，属于当事人约定的范围。关于车位的约定，如果开发商要保留车位所有权，需要明确且一致的约定，具体表现在：（1）明确保留车位、车库所有权；（2）在销售时对于车位数量予以公示；（3）开发商明示的对象应当是全体购房者，而不仅仅是部分购房者，开发商是作为投资建造者面向将来的国有土地使用权人就车位、车库做出的表态；（4）开发商的态度必须前后一致、贯穿销售全过程。

综上，判定规划车位属于房地产企业还是全体业主所有时，一是要关注其是否纳入小区容积率、是否纳入公用分摊、是否摊入建筑成本；二是要关注合同条款的约定。

2.地面规划车位。

所谓"地面规划车位"是指房地产企业经过规划部门批准占用业主共有的道路或者其他场地，所设置的地面车位。

目前法律与行政法规并未对原始规划建设、不能办理产权登记的地面车位的归属作出具体的规定，未明确规定如果双方没有约定或者约定不明时该车位应当归谁所有，由此导致各地司法机关在审判地面规划车位权属时意见相左。例如：

在"北京市石景山区某小区业主委员会所有权确认纠纷"一案中，（2015）高民申字第00413号中裁定，"建筑区划内的道路及绿地属于业主共有，但属于城镇公共道路、城镇公共绿地或者明示属于个人的除外。经过规划许可的位于建筑区划内用于停放汽车的车位，所有权应属于开发商"。

而在"柳州市某钧房地产开发有限责任公司、柳州市某钧房地产开发有限责任公司恭城分公司车位纠纷"一案中，桂林市中级人民法院（2017）桂03民终3208号认为：

《总平面图》虽标示有露天停车位，但仅凭该标示的内容不足以认定涉案露天停车位归房地产企业所有，即"规划内"不足以区分建筑物实体的专有及共有。因为在本案中涉案露天车位并未计入建筑面积和容积率，开发商并未向业主出售或赠与，亦未进行不动产物权登记，利用上难以独立排他使用，而应当优先满足业主的需要，其性质应认定为住宅小区全体业主共同所有，故房地产企业对涉案露天车位主张所有权的主张，本院不予支持。

2017年最高人民法院应请审理了"重庆市某运房地产开发有限公司与重庆市九龙坡区某苑业主委员会车位纠纷"一案，其在（2017）最高法民申2817号裁定如下：

《最高人民法院关于审理建筑物区分所有权纠纷案件适用法律若干问题的解释》第二条第一款关于"建筑区划内符合下列条件的房屋，以及车位、摊位等特定空间，应当认定为民法典第二编第六章所称的专有部分：（一）具有构造上的独立性，能够明确区分；（二）具有利用上的独立性，可以排他使用；（三）能够登记成为特定业主所有权的客体"之规定，地面车位不能办理产权登记，因此其不能成为享有专有权的专有部分。

即使开发企业在建造小区时支付了建筑区划内的土地使用权出让金，成为建设用地使用权人，但是开发项目建设完成后，随着房屋的出售，小区建筑区划内的土地使用权也随之转移至业主，小区的共有部分土地使用权归业主共有。不能办理产权登记成为特定业主所有权的客体的地上车位，不能成为享有专有权的专有部分，该部分占用业主共有的道路或者其他场地用于停放汽车的车位，属于业主共有。

开发商建设的小区经验收合格，是开发商的基本义务，绿化是否超过规划面积对认定停车位是否占用业主共有场地没有必然联系。

为了统一评判标准，最高人民法院将其收录至《最高人民法院公报》（2021年第2期）中作为有代表性的案例。《〈关于案例指导工作的规定〉实施细则》（法〔2015〕130号）第九条规定："各级人民法院正在审理的案件，在基本案情和法律适用方面，与最高人民法院发布的指导性案例相类似的，应当参照相关指导性案例的裁判要点作出裁判。"

此案例判决以后，地方法院在审理地面规划车位权属时开始倾向于认定全体业主所有，如在"武汉某泽物业服务有限公司、某业（武汉）有限公司等物业服务合同纠纷案"中，武汉市中级人民法院在（2022）鄂01民终6900号判决书中，即认定地上停车位的权利人应当为小区业主。

（二）规划外车位

所谓"规划外车位"，是指房地产企业为满足业主日常生活及公共使用需要，未经有关部门规划，占用业主共有的道路或者其他场地改造而成的车位。

《民法典》第二百七十五条第二款规定："占用业主共有的道路或者其他场地用于停放汽车的车位，属于业主共有"；《最高人民法院关于审理建筑物区分所有权纠纷案件适用法律若干问题的解释》（法释〔2020〕17号）第六条补充规定："建筑区划内在规划用于停放汽车的车位之外，占用业主共有道路或者其他场地增设的车位，应当认定为民法典第二百七十五条第二款所称的车位。"

例如，"某汉城市花园业委会诉某汉置业有限公司车库纠纷"案中，就涉及规划外车位。由于规划外车位属于全体业主所有，其收益权与企业无关，相应的道路或者场地改造、维护费用应由全体业主承担。土地增值税清算时，不计清算收入，不允许扣除改造支出的成本、费用，但道路或绿地对应的公共配套设施费允许扣除。

知识链接：地下车库权属纠纷案

1998年，南京某汉置业有限公司（以下简称置业公司）经规划许可开发某小区，小区土地使用权面积为7697.60平方米，均共用分摊。地下车库的建筑面积为2794.46平方米，规划核准为36个车库，实际建设59个车库，车库办理了备案但未取得独立销售许可证。2000年时企业出售车库永久使用权，按照10万元/个售出35个，剩余24个由业主委员会委托物业公司出租，收益归全体业主。

业委会向人民法院提起诉讼，要求确认其对小区全部车库均有占有、使用、收益、处分的权利。

2003年11月12日法院进行公开开庭审理，一审判定地下停车库归全体业主所有，置业公司应向业委会移交全部地下车库。

随后，置业公司提起上诉，中级人民法院审理后，裁定"撤销原判，发回重审"。

2013年一审人民法院再次审理认为：（1）建筑区划内在规划用于停放汽车的车位之外，占用业主共有道路或者其他场地增设的车位，归业主共有，故超规划建设的23个车库应属业主共有。（2）规划核准的36个车库中，按照2004年12月15日南京市《商品房附属房屋转让等问题的若干规定（试行）》第六条的规定，应有不低于15%（最低6个）的车库为业主保留，业主实际有权取得的车库为29个。

法院最后认定：企业应向业委会移交23+6-24=5个车库。因车位已售，移交车位的请求实际无法履行，因此应支付5个车库对应的出售价款50万元。

（2013）鼓民初字第1656号判决作出后，双方均未再提起上诉。

二、人防车位权属的影响因素与风险应对

人防工程，是指为保障战时人员与物资隐蔽、人民防空指挥、医疗救护而单独修建的地下防护建筑，以及结合地面建筑修建的战时可用于防空的地下室，《人民防空法》第二十二条规定："城市新建民用建筑，按照国家有关规定修建战时可用于防空的地下室。"

又根据《人民防空法》第十八条"人民防空工程包括为保障战时人员与物资掩蔽、人民防空指挥、医疗救护等而单独修建的地下防护建筑，以及结合地面建筑修建的战时可用于防空的地下室"之规定，人防工程可以分为两种，一种是单独建设的人防工程，简称单建人防工程；另一种是结合地面建筑修建的人防工程，简称结建人防工程，房地产开发项目中建设的主要是第二种。[①]

而人防车位，是指利用人防工程而设置，平时可用于停车的车位。人防车位是人防工程的组成部分，即人防车位是平时可以用于停放车辆的人防工程。《人民防空法》第二条规定："人民防空是国防的组成部分。……人民防空实行长期准备、重点建设、平战结合的方针，贯彻与经济建设协调发展、与城市建设相结合的原则。"以上规定说明了人防车位与普通车位的修建目的不同。

---

① 贺小荣主编：《最高人民法院第二巡回法庭法官会议纪要（第一辑）》，人民法院出版社2019年版，第121页。

《民法典》物权编虽然规定了财产归属和利用关系，但对结建人防车位的所有权归属并没有明确规定，以致于实务中人防车位权属判定时常常出现裁判尺度不统一的现象，司法实践中人防车位权属判定目前大致分为三类，具体分类及判定依据如下。

（一）权属归国家所有

由于《民法典》第二百五十四条规定"国防资产属于国家所有"，因此有人据此得出了"人民防空工程属于国家所有"的结论。其实《国防法》第四十条明确了"国防资产属于国家所有"的前提，即"国家为武装力量建设、国防科研生产和其他国防建设直接投入的资金、划拨使用的土地等资源，以及由此形成的用于国防目的的武器装备和设备设施、物资器材、技术成果等属于国防资产。国防资产属于国家所有"，换句话说，国家投入资源形成的国防资产才属于国家。根据《人民防空工程建设管理规定》第十五条第（三）项"防空地下室工程，由有关单位或者个人负责组织建设。其建设经费由建设单位或者个人筹措，列入建设项目总投资"之规定，房地产开发项目所需资金属于房地产企业自筹，因此房地产开发项目中的结建人防工程不属于国防资产。

但是，在司法实务中，笔者经常见到法院认定房地产企业结建人防工程属于国家所有，具体如下：

（1）山东，济南市市中区人民法院在审理"周某与张某等买卖合同纠纷案"中，鲁0103民初5695号判决书认为：根据《人民防空法》的规定，人民防空是国防的组成部分……国防资产属于国家所有。禁止任何组合或者个人破坏、侵占人民防空设施。由于涉案车位为人防车位、人防设施，不得进行买卖，因此双方签订的车位买卖合同为无效合同。

二审时法院以（2017）鲁01民终8946号维持了一审判决结果。该案例还被山东省国防动员办公室收录在官方网站[①]。

（2）辽宁，大连"高某与大连万某城置业有限公司、大连万某物业服务有限公司等确认合同无效纠纷"一案中，在（2017）辽02民终9819号认为：

[①]《人防车位属于国家所有——济南市市中区人民法院判决一起"人防车位买卖合同案"》，载山东省国防动员办公室官网 http://rfb.shandong.gov.cn/art/2018/12/16/art_13230_4143753.html，最后访问时间为2023年6月8日。

《中华人民共和国人民防空法》第五条规定，人民防空工程平时由投资者使用管理，收益归投资者所有。根据大连市人民防空办公室于2017年1月25日向高某出具的《大连市人民防空办公室政府信息公开告知书》（2017第1号）载明的内容，案涉车位所在的大连某小区地下人防工程属于人民防空国有资产，产权归国家所有，开发建设单位万某城置业公司可优先租赁使用，且该公司已办理人防工程使用证，用途为地下停车场。

还有的地方通过行政法规对房地产企业的权限进行限制，如《江苏省物业管理条例》（2021年修正）第六十七条第二款规定："物业管理区域内依法配建的人民防空工程平时用作停车位的，应当向业主开放，出租的租赁期限不得超过三年，不得将停车位出售、附赠。"

（二）权属归房地产企业所有

根据《民法典》第三百五十二条"建设用地使用权人建造的建筑物、构筑物及其附属设施的所有权属于建设用地使用权人"之规定，房地产企业按照规划办理完合法的建设手续、完成结建人防工程建设任务后，即依据该事实行为原始取得人防工程的所有权。《广州市人民防空管理规定》第二十五条第一款规定，"人民防空工程所有权归属的确定依据《中华人民共和国民法典》和有关法律、法规的规定，适用与建设用地使用权相一致的原则。人民防空工程可以依照有关规定办理产权登记"。

另外，《商品房销售面积计算及公用建筑面积分摊规则（试行）》（建房〔1995〕517号）第九条第一款规定："凡已作为独立使用空间销售或出租的地下室、车棚等，不应计入公用建筑面积部分。作为人防工程的地下室也不计入公用建筑面积。"并且，《房产测量规范》（GB/T17986—2000）附录B3.1明确"作为人防工程的地下室都不计入共有建筑面积"，因此商品房面积（含专有建筑面积及公摊建筑面积）并未包含地下人防工程面积，其销售价格自然也不包含地下人防工程建设成本。根据《人民防空法》第五条第二款"国家鼓励、支持企业事业组织、社会团体和个人，通过多种途径，投资进行人民防空工程建设；人民防空工程平时由投资者使用管理，收益归投资者所有"之规定，如果房地产企业没有把人防车位面积列为公摊面积分摊到地上可售面积中，则依据"谁投资，谁受益"的原则，人防车位权属归房地产企业所有。

在"成都某投资管理有限公司、金牛区某城第二届业主委员会物权纠纷"一案中，（2020）川01民终1635号判决书即认为：法定结建的人防地下室的投资人不因建设单位出售商品房而转变为专有部分的业主，除建设单位法定变更的，投资人的身份恒定。

根据《人民防空法》第二十二条"城市新建民用建筑，按照国家有关规定修建战时可用于防空的地下室"之规定，房地产企业按照规定修建结建人防工程首要目的是"战时防空"，而非满足建筑区划内业主的公共用途。人防工程用作车位使用是平时利用人防工程的方式之一，应当属于专有部分而非建筑物区分所有权中的共有部分，不属于法律规定属业主共有的车位。不能因此将人防工程直接等同于车位，也不能用建筑区划内普通车位权属的规范来确定人防地下室的权属。

司法实践中，"绍兴市某业主委员会、绍兴市某集团有限公司物权保护纠纷"一案很有代表性，（2021）浙06民终92号认为：

首先，目前的现行法律法规对于人防工程的所有权规定并不明确。对于公共建筑配套设施的所有权当然归属于全体业主共有的观点也缺乏充分的法律依据。根据《房产测量规范》（国家标准GB/T17986—2000）附录B3.1的规定，作为人防工程的地下室都不计入共有建筑面积。案涉项目住宅、营业用房的合同及测绘建筑面积中未包含地下划框车位的公摊面积，销售合同收入中也未包含地下划框车位销售的价格。业委会也未提供充分证据证明建设开发公司向业主销售房屋时约定地下车库使用权归业主所有。因此，业委会仅以从税务机关调取的造价审计及土地增值税清算税款申报事项等材料据以主张人防地下室属全体业主所有，尚缺乏充分的事实和法律依据。

其次，根据《人民防空法》第五条规定，国家鼓励、支持企业事业组织、社会团体和个人，通过多种途径，投资进行人民防空工程建设；人民防空工程平时由投资者使用管理，收益归投资者所有。业委会要求确认人防地下室的使用权收益属于小区全体业主所有亦缺乏相应的事实及法律依据。

（三）权属归业主共有

在实践中，还有部分法院认为：由于房地产企业合法建设了人防车位，所以原始取得了其所有权，但是随着开发产品的出售，按照"谁投资，谁受益"的原则，投资主体自然转移为全体业主。

代表性案例有"江西省抚州市某旭房地产开发有限公司、江西某物业管理有限公司侵权责任纠纷案"，该企业在《商品房买卖合同》中对人防车位约定为，"地下停车场（人防车位）[①]由出卖人出资建设，其所有权、使用权、处置权和收益权归出卖方所有"。当地中级人民法院在（2020）赣10民终991号中观点摘录如下：

地下人防车位的性质和特点有：其是依附结建式人防工程修建而来，是住宅建筑必备的附属公用配套设施，属于从物依附于住宅建筑，不占有土地容积率，所占空间属于住宅建筑物地表使用权的合理适度延伸使用范围。

房地产权的形式和特点较为特别，房依地存，地为房载，地转房随，房转地随，房地一体。结建式人防工程所依附的土地与相关建筑物占用范围内的建设用地同一，也具有以上特点。开发商出售了地面建筑物之后，其占用范围内的土地使用权一并处分，该土地使用权适度的延伸附着物（业主共有的地下人防车库）也理应一并处分转移给全体业主。

……

综上，本院认为，因案涉地下人防车位固有的性质和特点，其投资主体会随着房屋的售出而实际发生转移，其后续的实际投资者以及平时使用管理和收益者应是全体业主。

开发商最初投资修建案涉地下人防车位时，其已经将修建成本纳入了建设项目的总成本之中。在业主支付对价购买了开发商建造的地面住宅建筑之后，地下人防车位因其特定的性质和特点，其投资主体也相应地发生了变化，业主成了地下人防车位法律意义上的投资者。

案涉人防车位理应首要为全体业主利益而建，为全体业主服务，且认定其开发商的初始投资者身份会随着房屋售出发生转移，转移给平时使用管理的主体即

[①] 括号中内容"人防车位"为本书作者所补充。

全体小区业主，也符合法定的"人民防空工程平时由投资者使用管理，收益归投资者所有"的要求。

此外，上述江西某旭房地产一案还提示企业应防范合同风险。《民法典》规定，采用格式条款订立合同的，提供格式条款的一方应采取合理的方式提示对方注意免除或者减轻其责任等与对方有重大利害关系的条款，按照对方的要求，对该条款予以说明。如提供格式条款一方不合理地免除或者减轻其责任、加重对方责任、限制对方主要权利的，该格式条款无效。据此，该案法院相关观点如下：

一审：该条款虽然约定了地下人防车位的所有权、收益权、使用权归房地产企业所有，但该条款属于格式条款，且该条款明确排除了业主对地下人防车位的收益权，在签订合同时并没有对该条款予以明示，该条款应属于无效。

二审：该条款一方面是没有具体指出是对案涉人防车位的相关权益进行约定，属于约定不明条款。另一方面即便认为该条文约定涵盖了案涉人防车位，但是开发商隐瞒了案涉车位的人防工程属性，买受人并不知情，且开发商以这种格式条款的方式约定相关权益，甚至欲将依附属于国家资产的人防工程而建的人防车位的所有权直接约定为开发商所有，违反了相关法律的强制性规定，故该条款也是无效条款。

三、各种车位的税务处理与应对

根据《土地增值税暂行条例》及其实施细则有关规定，土地增值税是对"转让国有土地使用权、地上的建筑物及其附着物并取得收入"的行为进行征税，由于土地增值税侧重于"权属转移"，在房地产开发项目中，除地面车位外，不论车位有无产权、是否属于人防车位，原则上只要权属发生转移，都属于土地增值税征税对象，均应参与土地增值税清算。

由于产权车位可以办理权属登记、清算时计入可售建筑面积，税务处理比较简单：企业有偿转让的，在土地增值税清算时，应按照"其他类型房地产"确认收入，其发生的成本费用允许扣除；转为自用或用于出租等商业用途时，产权未发生转移，不征收土地增值税，在税款清算时不列收入，不扣除相应的成本和费用。笔者以下重点分析普通无产权车位和人防车位的税务处理。

（一）普通无产权车位的税务处理

房地产企业按照政府规划进行合法建设，完成项目开发后，即依据事实行为原始取得了普通无产权车位的所有权，尽管不能办理权属登记，但是房地产企业对其有权处置。房地产企业除留足自用的车位外，出于回笼资金或者降低土地增值税税负的目的，主要通过转让有限产权和出租两种方式来进行处置。

1.转让有限产权的税务处理。

实务中，房地产企业转让无产权车位时，一般和买受人签订《转让地下车位有限产权协议》或者《转让地下车位永久使用权协议》，业界也称之为"转让有限产权"或"转让永久使用权"。

2014年4月28日原湖南省地方税务局曾发布《关于进一步规范土地增值税管理的公告》（湖南省地方税务局公告2014年第7号）；随后原湖南省地方税务局财产和行为税处发布了《关于〈湖南省地方税务局关于进一步规范土地增值税管理的公告〉的解读》，其中第三条对转让永久使用权进行了解释，内容如下："关于'转让永久使用权'可以理解为：（1）以销售名义转让不可售地下车库（位）；（2）签订无租期的租赁合同；（3）签订20年以上的长期租赁合同；（4）签订20年以下租赁合同，但约定承租人享有占有、使用、收益或处分该地下车库（位）的权利；（5）其他可以确认为转让永久使用权的情形。"

对于"转让有限产权"或"转让永久使用权"，增值税处理可以按照《销售服务、无形资产、不动产注释》（财税〔2016〕36号附件1之"附"）第三条"销售不动产"第三款规定："转让建筑物有限产权或者永久使用权的，转让在建的建筑物或者构筑物所有权的，以及在转让建筑物或者构筑物时一并转让其所占土地的使用权的，按照销售不动产缴纳增值税。"

对于土地增值税，国家税务总局曾在2011年2月11日答复纳税人提问"根据转让人防设施如何缴纳土地增值税？"时提到，"房地产企业出售的地下停车位，以转让有限产权或永久使用权方式销售建筑物，视同销售建筑物。对取得销售收入应缴纳营业税、土地增值税、企业所得税"。2020年时，国家税务总局财产和行为税司在《财产行为税工作周报》（2020年第32期）"政策指导"中明确，"根据《关于房地产开发企业土地增值税清算管理有关问题的通知》（国税发〔2006

187号）第四条第（三）款规定，转让无产权地下车位永久使用权，应纳入土地增值税清算范围，计算收入，并扣除相应成本费用"。

但现实并非如此，由于当前房地产销售形势不容乐观，除了一二线城市外，其他城市中车位成本和销售收入出现了"倒挂"现象，如果无产权车位参与清算将拉低"其他类型房地产"的土地增值税增值率，从而降低项目土地增值税的税负；另外由于车位销售困难，如果纳入清算范围，短期内房地产企业不符合"已售面积占总可售面积的85%以上"的清算前提，导致企业清算延宕。以上两种情形均将影响土地增值税的征管工作。综合分析各地政策可以发现，土地增值税清算时税务机关对企业转让有限产权车位有以下三种规定：

第一种，计算收入、扣除成本费用。

以江、浙为例，当地税务机关严格执行国家税收政策。例如，（1）江苏，《关于土地增值税若干问题的公告》（苏地税规〔2015〕8号）第四条第（二）项规定："不能办理权属登记手续的车库（车位、储藏室等），按照《国家税务总局关于房地产开发企业土地增值税清算管理有关问题的通知》（国税发〔2006〕187号）第四条第（三）项的规定执行。"（2）浙江，《关于土地增值税若干政策问题的公告》（浙江省地方税务局公告2014年第16号）规定，"五、让渡无产权的车库（车位）、储藏室等使用权的征收。对房地产开发企业以转让使用权或提供长期使用权的形式，有偿让渡无产权车库（车位）、储藏室（以下简称无产权房产）等使用权的，其取得的让渡收入应按以下规定计算征收土地增值税……"

第二种，不计收入、不扣除成本。

尽管企业销售了无产权车位，但是由于当地车位销售收入和成本倒挂，所以政策规定不允许相应车位参与清算，即不计算收入，其成本、费用也不允许扣除。例如，（1）贵州，《贵州省土地增值税清算管理办法》（贵州省税务局公告2022年第12号）第三十四条第二款规定："房地产开发企业单独销售无产权的车库（位）等不能办理产权的其他房地产的，不确认土地增值税计税收入，不扣除相应的成本和费用。"（2）海南，《土地增值税清算审核管理办法》（海南省税务局公告2023年第2号）第十七条规定，"（十）……转让或出租无产权的地下车库使用权的，其收入不计入清算收入，同时不允许扣除其应分摊的成本费用。其他无产权的公共配套设施比照执行"。

第三种，全部作为公共配套设施。

代表城市有深圳。2013年深圳市蛇口某小区发生车位销售纠纷，随后深圳官方明确表态："为避免进一步纠纷，一律要求开发企业停止出售停车位的行为。尽管2019年8月29日深圳修订通过了《深圳经济特区物业管理条例》，根据其第八十六条第二款规定，住宅物业的车位、车库约定归建设单位所有的，其所有的车位、车库只能出售、附赠、出租给本物业管理区域的业主。"但目前绝大多数开发项目中，车位仍然为全体业主共有。

在无产权车位参与清算的前提下，即使当地没有强制移交的要求，企业也可以根据项目情况主动选择把无产权车位中全部或者部分"移交全体业主共有"或者"无偿移交给政府、公用事业单位用于非营利性社会公共事业"，土地增值税清算时，所移交车位的成本、费用可以扣除。如果企业可以合理地利用车位负增值的特点，则可以合法地降低项目税负。

2.出租的税务处理。

当车位滞销时，企业为了减轻资金压力，一般会通过出租的方式处置车位，此时车位有限产权未发生转移，不征收土地增值税，在税款清算时不列收入，不扣除相应的成本和费用。

出租车位时，企业需要注意合同约定，《民法典》第七百零五条规定："租赁期限不得超过二十年。超过二十年的，超过部分无效。租赁期限届满，当事人可以续订租赁合同；但是，约定的租赁期限自续订之日起不得超过二十年。"

如果一次性出租超过二十年的，原则上应遵循"实质重于形式"的原则判定，届时有可能引起业务性质发生变化，即由出租车位变为转让有限产权，土地增值税处理有可能需要做相应的调整，例如：

《土地增值税征管工作指引》（试行）》（鄂税财行便函〔2021〕9号）第二十八条第（四）项第2目规定："（1）纳税人与承租人签订地下车位租赁合同（一般合同租期为20年及以上），如约定承租人可以自行选择无偿或仅以象征性价款在合同租期期满后延续租期，实际情况也表明到期后承租人有理由或动因会选择继续续期，或约定承租人拥有任意时刻通过转让获取收益的权利。土地增值税计算时，应视同不动产转让，计算土地增值税收入，允许扣除相应的建筑等其他成本。"

除了土地增值税，企业所得税税务处理也要相应调整，实务中也有类似司法案例。例如，发生在广东佛山的（2015）佛顺法行初字第53号"佛山某城房地产有限公司与当地税务稽查局处罚类纠纷"一案[①]，原来企业按照出租处理，企业所得税根据权责发生制按年确认租金收入；税务机关在税务检查时发现该问题，最终认定为"销售行为"，要求企业一次性确认销售收入，因此合同性质不同，税务处理方法大有不同。

但需要补充说明的是，各地税务机关认识并非完全一致，原甘肃省地方税务局在《关于土地增值税清算审核有关问题的通知》（甘地税政一便函〔2017〕24号）第二条第二款中认为："根据《土地增值税暂行条例》及其实施细则的有关规定，土地增值税是对出售或者以其他方式有偿转让国有土地使用权、地上的建筑物及其附着物的行为所征收的税。因而无论是配建的地下车库或利用地下人防工程改建的地下车库，只要未获得销售许可或产权移交，其成本、费用均不予扣除。即使开发商与业主签订了车位销售合同，但因事实上只是转让车库的使用权，并未发生权属转移，应视为租赁行为。不论租赁期长短，均不纳入土地值税征税范围，开发商取得无产权地下车库的租金收入，应按有关规定缴纳营业税（2016年5月1日起缴纳增值税）房产税等。"

如果认定为出租业务，企业还应按照《关于房产税 城镇土地使用税有关政策规定的通知》（国税发〔2003〕89号）第二条第四款"房地产开发企业自用、出租、出借本企业建造的商品房，自房屋使用或交付之次月起计征房产税"之规定，缴纳房产税。

知识链接：合同约定决定车位处置方式

据中国裁判文书网显示，在"佛山某城某房地产有限公司与当地税务稽查局处罚类纠纷"一案中，稽查局在企业所得税涉税检查时发现，企业与业主签订了《人防工程车位使用合同》，并对收到的车位使用费按"租金收入"分20年结转营业收入。

税务机关审核合同发现，其关键条款约定如下："车位的使用期限与交付。该车位的使用期限为二十年，自甲方交付该车位之日起算。使用期限届满，甲方同意将该车位继续无偿提供给乙方使用至2077年11月04日，之后乙方将该车位无条件归还"，"车位使用费及付款方式。使用费为该车位自交付使用起二十年，总金额人民币壹拾

---

① 截至2023年9月19日，经查中国裁判文书网，本案无再审和终审。

柒万元（RMB170000元），乙方须于2010年11月28日支付定金贰万元，余款须于2010年12月5日前支付。该车位的使用费为固定对价，不能分割，不按年限分摊"。

据此税务机关认为，企业虽然名义上规定为该车位自交付使用起二十年，但因合同中"车位的使用期限与交付"规定20年后继续无偿提供给乙方使用至2077年11月4日，实际上使用期限与产权车位相同。20年后也不是无偿使用，实质上已由原告在所谓20年的使用费中一次性收取。没有前面一次性收足的使用费，就不会有后面免费使用的特权。因此，从合同支付的价款来看，该使用费实质上是转让人防车位的对等价值，上述合同应为让渡财产使用权的合同。据此认定上述合同性质为"财产使用权转让合同"或"财产转让合同"，企业出租人防车位的行为属于"销售行为"，所取得的收入为"销售收入"，应一次性确认收入。

企业不服，先是提起了行政复议，税务局通过复议决议维持了稽查局的观点，企业随后又向当地法院提起行政诉讼。

法院经审理认为，投资人开发建成的人民防空工程车位，实行产权与使用权、经营权分离的原则，投资人的投资收益体现为投资人对人防工程车位平时使用管理，享有使用权、经营权，可以有偿出租、转让。根据《人防工程车位使用合同》约定的人防工程车位一次性支付总费用接近或者稍低于完整产权车位销售的费用、交定金后一次性支付余款的付款方式、车位约定的实际使用期限与主体建筑物土地使用权出让期限完全相同即接近70年的使用期限、使用方式、权利的处分方式等权利义务内容以及直接使用了"使用权转让"字眼，应当认定《人防工程车位使用合同》的真实意思表示符合人防工程车位使用权转让合同的性质，参照国税发〔1993〕149号《营业税税目注释（试行稿）》第九条第（一）项"以转让有限产权或永久使用权方式销售建筑物，视同销售建筑物"的规定，讼争依云水岸人防工程车位使用权的转让，可视同于有限产权或永久使用权的转让，应当视同销售建筑物。

最后，法院以（2015）佛顺法行初字第53号判决[①]驳回了企业的诉讼请求。

（二）机械车位的税务处理。

机械车位全称是机械式停车库，是采用机械式停车设备存取、停放汽车的停

[①] 截至2023年9月19日，经查中国裁判文书网，本案无再审和终审。

车库。随着土地成本不断上涨、项目规划容积率不断增加，越来越多的房地产企业开始配建机械车位以符合车位配置比例。

需要注意的是，机械停车位与普通车位不同的地方是它在一个移动的非独立空间，它必须依靠机械的整体运行和空间交换来达到个体车位使用的目的，因此其成本由开发项目建造成本（共同成本）和专属的机械设备成本（专属成本）两部分组成，因为成本复杂，目前一般不能办理权属登记。

机械车位是否应参与土地增值税清算，目前实务中还存在争议，原江苏省地方税务局认为：房地产开发企业根据项目建设规划建造的地下机械车位，具备停车场（库）同样的功能，属于清算项目的配套设施。因此，纳税人经依法批准建设的地下机械车位，属于《关于房地产开发企业增值税清算管理有关问题的通知》（国税发〔2006〕187号）第四条第（三）项"停车场（库）"的范围。

而《广州市地方税务局关于印发2016年土地增值税清算工作有关问题处理指引的通知》（穗地税函〔2016〕188号）第二条第（四）项规定明确了机械车位的成本分摊方法，"对出租、自用的机械车位，土地增值税清算时，不计入清算收入，不允许扣除对应的成本、费用。其中，机械车位的成本、费用涉及项目共同成本、费用的，按机械车位建筑面积占项目总建筑面积的比例分摊剔除"。言外之意是说，机械车位用于出售的，也要参与清算。

（三）人防车位的税务处理

前文曾分析，由于当前法律法规对人防车位的权属规定不明，有的司法机关认为，人防车位属于国防资产，属于国家所有；有的根据"谁投资，谁受益"原则认定为属于房地产企业所有或者业主共有。权属的不确定性传导到税务处理中，以致于根据《关于房地产开发企业土地增值税清算管理有关问题的通知》（国税发〔2006〕187号）第四条第（三）项规定，人防车位土地增值税处理分为以下三种情形。

1. 无条件扣除。

前文介绍的江西某旭房地产一案中，法院认定，地下人防投资主体会随着房屋的售出而实际地发生转移，其后续的实际投资者以及平时使用管理和收益者应是全体业主，因此按照《关于房地产开发企业土地增值税清算管理有关问题的通知》（国税发〔2006〕187号）第四条第（三）项第1目规定，建成后产权属于全

体业主所有的,其成本、费用可以扣除,代表性的政策如下:

(1)江西,《关于土地增值税若干征管问题的公告》(江西省税务局公告2018年第16号)第五条第(二)项规定:"对利用地下人防设施改造成地下车库(位)的,其成本费用归集到公共配套设施费中一次性扣除。"

(2)海南,《土地增值税清算审核管理办法》(海南省税务局公告2023年第2号)第十七条第(九)项规定:"依法配建人防部门规划的人防工程,其建造发生的成本费用允许扣除。按规定向建设部门缴纳的人防工程易地建设费,取得合法有效凭证的,允许扣除。"

(3)江苏,《关于土地增值税若干问题的公告》(苏地税规〔2015〕8号)第三条规定,"依法配建并经验收合格的人防工程,允许扣除相关成本、费用"。

2.有条件扣除。

也有的地方税务机关规定,只有人防车位符合一定的前置条件时,其成本、费用才可以扣除。例如:

(1)广东,《广东省税务局土地增值税清算管理规程》(广东省税务局公告2019年第5号)第三十一条第一款第(四)项规定,"……建成后产权属于全体业主所有或无偿移交给政府的,其成本、费用予以扣除;有偿转让且能办理权属转移登记手续的,应计算收入,并准予扣除成本、费用;不能办理权属转移登记手续的,不计算收入,不予扣除相应成本、费用"。

(2)内蒙古,《内蒙古自治区土地增值税清算管理办法》(内蒙古自治区税务局公告2023年第7号)第三十三条第(五)项规定:依法配建的人防设施等公共配套设施转为其他用途,但全体业主或业主委员会实际享有其全部使用权、收益权的,可以认定公共配套设施建成后产权归全体业主所有,其成本费用予以扣除;按规定缴纳的人防工程易地建设费,取得合法有效凭证的,予以扣除;纳税人处置人防设施(改建为车位、车库、储藏室等)取得的收入,不确认收入,其成本、费用不予扣除。

3.不可以扣除。

前文提到,山东省司法机关认为人防车位属于国家所有,那么按照《关于房地产开发企业土地增值税清算管理有关问题的通知》(国税发〔2006〕187号)第四条第(三)项第2目规定:"建成后无偿移交给政府、公用事业单位用于非营利性社会公共事业的，其成本、费用可以扣除。"但笔者在山东省先后服务了三十多家房地产企业，鲜见人防车位成功移交的案例，所以《山东省税务局土地增值税清算管理办法》（山东省税务局公告2022年第10号）规定：

第三十二条　房地产开发企业处置利用地下人防设施建造的车库（位）等设施取得的收入，不征收土地增值税，在清算时不列收入，不扣除相应的成本。

房地产开发企业将地下人防设施无偿移交给政府、公用事业单位用于非营利性社会公共事业的，其成本、费用可以扣除。

广西壮族自治区税务局在2023年3月1日回复纳税人时也提到，由于人防工程属于国防设施和社会公益设施，因此人防车位不能进行买卖，房地产企业转让人防车位实质上是转让永久使用权，未发生产权转移行为，根据《广西壮族自治区房地产开发项目土地增值税管理办法（试行）》（广西壮族自治区税务局公告2018年第1号）第三十四条规定，"如果产权未发生转移，不征收土地增值税，在税款清算时不列收入，不扣除相应的成本和费用，其面积计入相应房产类型可售建筑面积"。

基于山东和广西两地人防车位都面临着收入和成本倒挂的现实，如果转让的人防车位能够参与土地增值税清算，则可以有效降低"其他类房地产"的增值率、从而降低土地增值税税负。但现实是既认可其国有资产的属性又不让扣除，房地产企业难免有抵触情绪。因此，以山东、广东、青岛为代表的税务机关规定不予扣除的成本仅为建筑安装工程费，计算公式如下：

不予扣除的成本＝测绘报告确定的地下人防设施建筑面积÷测绘报告确定的总建筑面积×建筑安装工程费（不包含有明确受益对象的室内精装修成本）

（四）车位的其他税种相关处理

房地产企业在转让车位时，除了要关注土地增值税，还应同步关注其他税种的处理。

1. 企业所得税。

一般情况下，房地产开发项目中产品增值率不均衡，商品房增值率高、车位增值率低甚至负增值。当前经济下行的形势下，消费者投资房地产更加谨慎，房地产企业去化难成为普遍现象，车位不再是"必购品"，甚至有的项目中车位更是少有人问津。当车位不能搭配销售，项目中容易出现一种怪相，即"项目整体不盈利，但前期交房后还需要缴纳大量企业所得税"。

针对此类情况，国税发〔2009〕31文件第三十三条规定："企业单独建造的停车场所，应作为成本对象单独核算。利用地下基础设施形成的停车场所，作为公共配套设施进行处理。"

2011年3月21日国家税务总局答疑时曾指出："利用地下基础设施形成的停车场所，作为公共配套设施进行处理。同时，该文件第二十七条规定，公共配套设施费包括在开发产品计税成本支出中。因此，利用地下基础设施形成的停车场所应计入开发成本，待停车场所出售时，一次性确认收入，同时不再结转成本。"

因此，笔者建议企业应合理利用税收规则，把地基形成的车位作为公共配套设施处理，以减轻前期税收负担同时降低后期的亏损。

需要说明的是，实务中也有部分税务机关出于税收征管的需要而出台地方性规定，例如：地基形成的车位是否分摊成本应结合产权判断，如果能够办理权属登记则认定为营利性设施，未售的部分，则应保留成本。但笔者认为类似地方规定其实违背了国税发〔2009〕31文件第三十三条立法的本意，原因在于当前国家正大力促成车位权属登记，并先后发布了如下政策：

（1）自然资源部曾于2019年10月8日发布《关于公开征求〈自然资源部关于城镇住宅小区地下车位（库）确权登记若干问题的意见（征求意见稿）〉意见的通知》，内容显示："八、本意见实施前，经依法批准建设，符合相关规划许可条件、建设标准，不计算容积率、不计土地出让价款的配建地下车位，可按本意见相关要求办理不动产登记。"

（2）2021年5月7日国务院办公厅转发《国家发展改革委等部门关于推动城市停车设施发展意见的通知》（国办函〔2021〕46号），文件第六条第（十九）项进一步要求："健全停车管理法规体系……出台停车设施不动产登记细则，明确不同类型停车设施的产权归属，做好不动产登记。"

（3）2023年8月，郑州市住房保障和房地产管理局等多个部门联合发布《关于进一步促进我市房地产市场平稳健康发展的通知》（郑房〔2023〕98号）规定：

"十五、试行地下停车位办理预售。房地产开发项目非人防工程地下停车位、车库整体验收合格的，可与商品房同步办理预售许可证。"

上述文件实施后，则地基形成的车位同样能够办理权属登记，如此一来，国税发〔2009〕31文件第三十三条的税收优惠政策将不复存在。

2.增值税。

根据《销售服务、无形资产、不动产注释》（财税〔2016〕36号附件1之"附"）规定，转让建筑物有限产权或者永久使用权的，转让在建的建筑物或者构筑物所有权的，以及在转让建筑物或者构筑物时一并转让其所占土地的使用权的，按照销售不动产缴纳增值税。

3.印花税。

转让车位有限产权不需要缴纳印花税。依据有二：

其一，《国家税务局关于印花税若干具体问题的解释和规定的通知》（国税发〔1991〕155号）[①]第十条规定："'财产所有权'转移书据的征税范围是：经政府管理机关登记注册的动产、不动产的所有权转移所立的书据，以及企业股权转让所立的书据。"企业转让车位有限产权时，由于不需要到房管局办理产权登记，因此不属于印花税征税范围。尽管该文件已经废止，但是文件精神仍然可以继承。

其二，印花税属于正列举征税，而《印花税法》"印花税税目税率表"中的"产权转移书据"项下不包含"转让有限产权"或者"转让使用权"协议，因此不涉及印花税。

4.契税。

《关于房屋附属设施有关契税政策的批复》（财税〔2004〕126号）曾规定，"对于不涉及土地使用权和房屋所有权转移变动的，不征收契税"。

但是《契税法》实施后，《关于贯彻实施契税法若干事项执行口径的公告》（财政部 税务总局公告2021年第23号）废止了财税〔2004〕126号文件，并在第二条第（六）项规定，"房屋附属设施（包括停车位、机动车库、非机动车库、顶层阁楼、储藏室及其他房屋附属设施）与房屋为同一不动产单元的，计税依据为

[①] 该文件已经被《关于实施〈中华人民共和国印花税法〉等有关事项的公告》（国家税务总局公告2022年第14号）废止。

承受方应交付的总价款,并适用与房屋相同的税率;房屋附属设施与房屋为不同不动产单元的,计税依据为转移合同确定的成交价格,并按当地确定的适用税率计税",因此不论车位有无产权,买受人均应缴纳契税。

四、地方特殊政策的合理运用

部分地方税务机关为了帮助企业降低税收负担,曾专门针对车位出台过一些税收优惠措施,如果企业能够加以利用,则有减轻企业资金压力、降低项目土地增值税的可能。

(一)买房赠车位

以河北为例,《河北省地方税务局关于对地方税有关业务问题的解答》第三条明确,"对于赠送地下室、车库的情形,按购买房地产的金额一并核算,收入不再区分类型,其成本费用归集到购买的房地产类型进行扣除"。

1.适用的情形。

如果当地企业开发的项目符合以下情形之一,则可以利用以上规定合理降低税负:

情形一 开发项目属于纯住宅项目,即产品仅包含普通标准住宅、非普通标准住宅和地下车位三类;

情形二 开发产品除了包括第一类产品外,还包括商业,但是商业不用于出售;

情形三 开发项目中普通标准住宅占项目主力,且增值率接近20%的优惠临界点。

2.收入的处理。

房地产企业销售住房赠送车位,作为房地产开发企业的一种营销模式,其主要目的为销售住房,因此以售房合同记载的总金额确认销售收入即可,车位无须视同销售,如《贵州省土地增值税清算管理办法》(贵州省税务局公告2022年第12号)规定:"第三十四条 房地产开发企业销售房地产时向购买方附赠的同一房地产开发项目车库(位)或其他开发产品并在售房合同(协议)中注明的,以售房合同记载的总金额确认销售收入。"详细的税务处理,可以参见本书第五章第二节(促销方式与售楼处的税务处理)内容。

3. 成本的处理。

买房赠车位时，车位的成本可以扣除，如《安徽省税务局关于修改〈关于若干税收政策问题的公告〉的公告》(安徽省税务局公告2019年第3号)规定："四、纳税人在销售房地产的同时向买受方附赠地下车库（车位），凡在售房合同中明确且直接在发票上注明附赠的，该地下车库（车位）相关的成本、费用等在计征土地增值税时允许按规定计算扣除。"

4. 风险的防范。

企业采用"买房赠车位"促销方式时，需要注意规避法律风险。当前国家为了加大房地产市场秩序整治力度，切实维护人民群众合法权益，住房和城乡建设部等8部门曾于2021年7月13日发布了《关于持续整治规范房地产市场秩序的通知》（建房〔2021〕55号），"利用不公平格式条款侵害消费者权益；捆绑销售车位、储藏室"将是本次房地产买卖领域整治的重点，因此企业在促销时，需要利用智慧让客户愉快地接受捆绑销售方案。

（二）车位随主产品销售

当前除部分城市外，房地产企业普遍存在销售难度大、回款周期长的现象，房地产企业应尽力降低资金流出以维系资金正常周转，而降低土地增值税预缴税额，是有效的方法之一。

国内部分省市出台了土地增值税优惠政策，如果开发项目运作符合相应要求，则可以合法降低预缴税额。以河南为例，《河南省地方税务局关于调整土地增值税核定征收率有关问题的公告》（河南省地方税务局公告2011年第10号）第三条第一款规定："房地产开发企业对购房者随房屋一并购买的地下室、车库，在预征收土地增值税时，采用随房确定的原则：即销售房屋为普通标准住宅的，地下室、车库按照普通标准住宅确定；销售房屋为非普通标准住宅或其他房地产项目的，地下室、车库按照非普通标准住宅或其他房地产项目确定。待清算时，应将地下室、车库收入并入除住宅以外的其他房地产项目。"

根据《河南省地方税务局关于明确土地增值税若干政策的通知》（豫地税发〔2010〕28号）第一条精神，河南省土地增值税预征率按不同项目分别确定：普通标准住宅1.5%；非普通标准住宅3.5%；其他房地产项目4.5%。

假定：郑州某企业开发一纯住宅项目，其中普通标准住宅800套，非普通标准住宅200套，车位按照1∶1配置，即1000个，车位销售不含税价格为150000元/个。

如果企业采用单独销售车位的模式，则车位应预缴土地增值税=150000×1000×4.5%=6750000元。

如果采用一并销售车位的模式，则车位应预缴土地增值税=150000×800×1.5%+150000×200×3.5%=2850000元。

对比发现，仅此一项企业可以少预缴土地增值税390万元。需要说明的是，一并销售车位的模式不仅适用于资金紧张的企业，土地增值税实际税负率[①]低于预征率且预缴后难以退回的企业同样适用。

但需要注意的是，(1)实务中企业应结合项目情况灵活处理，选择对企业有利的方案执行。例如，《河南省地方税务局关于调整土地增值税预征率、核定征收率的公告》（河南省地方税务局公告2017年第3号）第一条规定，"房地产开发企业转让房地产项目，对价格在20000元/平方米（含）以上的单套房屋，预征率为6%。"[②]如果此时企业仍然选择捆绑销售，则预缴的土地增值税不降反升。(2)河南的政策不同于河北的政策，河南仅是针对预缴的优惠措施，清算时仍然要按照三分法执行。

第四节　土地增值税清算实战博弈

土地增值税清算是指房地产企业开发项目符合土地增值税清算条件后，依照法律法规和土地增值税相关规定办理土地增值税清算手续，结清开发项目土地增值税税款的行为。

土地增值税清算由于程序复杂、工作烦琐、业务综合度高、涉税风险大、税负变量大，属于房地产开发涉税业务中含金量最高的工作之一，笔者结合多年的实践经验通过本节内容，对土地增值税清算程序和实务问题中，企业需要重点关注或容易出现争议的问题进行梳理、分析。

[①] 土地增值税税负率=清算应当缴纳土地增值税税额/清算转让房地产收入总额。
[②] 根据《河南省税务局关于公布一批全文失效废止和部分条款废止的税务规范性文件目录的公告》（河南省税务局公告2021年第2号），本条款废止。

一、清算审核与鉴证的关系

按照《土地增值税清算管理规程》（国税发〔2009〕91号）规定，土地增值税清算的程序是：开发项目符合清算条件后，由主管税务机关下达清算通知，企业应当在收到清算通知之日起90日内办理清算手续；对开发项目符合清算条件、但报送的清算资料不全的，税务机关将要求在规定限期内补报；税务机关已受理的清算申请，企业无正当理由不得撤销；税务机关受理后应当在规定期限内完成清算审核，出具清算审核结论。

2014年国家税务总局发布《关于规范涉税鉴证服务严禁强制代理的通知》（税总函〔2014〕220号），文件要求取消超出税务总局规范性文件规定范围的鉴证，自那时起土地增值税清算鉴证不再属于法定业务，税务机关不得要求纳税人付费进行清算鉴证或指定中介机构实施清算鉴证。

当然，纳税人可以自行办理清算手续，也可以委托税务师事务所等中介机构实施土地增值税清算鉴证，但中介机构出具的《土地增值税清算税款鉴证报告》不能代替税务机关的清算审核，仅作为税务机关清算审核的参考。

从税务机关的角度，税务机关可以根据工作需要，决定自行审核或通过政府采购委托专业服务机构（以下简称第三方）审核。当前税务机关自行审核时，为了公平税负降低执法风险，一般采取"分段审核、集体审议"的方式开展土地增值税清算审核。"分段审核"是指清算审核组设若干小组，分别对收入、成本、费用、税金等进行专业审核，"集体审议"是指对清算审核中的重大事项上会讨论集体决议。

土地增值税清算审核程序包括案头审核和实地审核，由于审核时，时间紧、任务重、工作量大，税务机关也可以依法招标采购服务委托第三方进行审核。以北京市朝阳区税务局为例，该局2022年10月18日在其官网发布《国家税务总局北京市朝阳区税务局土地增值税清算审核服务项目采购需求》[1]，其中"九、项目报价"显示：第三方的审核服务费用由两部分构成，第一部分是通过清算项目总建筑面积，以及清算项目扣除成本、费用总金额确定的固定费用，固定费用上限为10万元；第

---

[1]《国家税务总局北京市朝阳区税务局土地增值税清算审核服务项目采购需求》，载北京市税务局官网 http://beijing.chinatax.gov.cn/bjswj/c104539/202210/c466c40861fa466db485a5a3f98df3b0.shtml 最后访问时间为2023年6月8日。

二部分是浮动费用，按照供应商调增企业应补缴土地增值税实际入库金额的2%计算。由于利益的驱使，第三方清算审核时把握的标准比税务机关更为严格。

另外，在土地增值税清算审核中，如果税务机关发现开发项目中存在明显线索或确凿证据可能导致税收违法行为的，可作为案源移交税务稽查部门；对纳税人土地增值税自行清算后申报退税的项目，主管税务机关审核时发现重大疑点的，也会移交税务稽查部门进行稽查。

一般情况下，房地产企业土地增值税清算时，由于涉及退补的税款金额大、涉税风险高，所以工作难度和强度都相当大。

综上所述，企业人员为了胜任清算工作需要同时具备以下素养：精通土地增值税规律，熟悉土地增值税清算规则；具有丰富的清算经验，良好的沟通能力。而现实是，企业天然的弱势地位和财务人员长期形成的谨小慎微的性格，决定了其无法游刃有余地应付税务机关或者第三方的审核，清算时自然无法占到上风，更遑论主导清算进程。

这种情况下，为了达到"合法维护企业权益，合理降低企业税负"的目标，企业可以在清算审核时委托经验丰富的咨询机构介入，助力企业以实现项目完美收官。

二、土地增值税清算收入

税务机关在收入审核时，将根据纳税人报送的清算资料，结合测绘成果资料、商品房销售明细表、发票等核实房地产转让收入，重点审核纳税人申报的应税收入是否真实、准确、完整，销售价格是否明显偏低，销项税额抵减处理是否正确。

（一）清算收入的组成

清算收入是指房地产企业有偿转让国有土地使用权、地上建筑物及其附着物取得的全部价款及有关的经济利益，包括货币收入、实物收入、视同销售收入和其他经济利益。

实务中，房地产开发企业经常发生将开发产品用于职工福利、奖励、对外投资、赞助、分配给股东或投资人、抵偿债务、拆迁安置和换取其他单位和个人的非货币性资产的行为，开发产品所有权发生转移时应视同销售房地产，视同销售确认的收入以双方所签合同或协议时的市场价格为准；无论房地产企业是否与受让方办理了房地产权属证书转移或变更登记手续，只要取得了相应的经济利益和合同、收据、发票、判决书、裁定书等凭据，受让方享有占有、使用、收益或处分该房地产的权利，则应当视其为转让行为实质发生。

土地增值税清算时，收入确认根据《关于土地增值税清算有关问题的通知》（国税函〔2010〕220号）第一条规定，已全额开具商品房销售发票的，按照发票所载金额确认收入；未开具发票或未全额开具发票的，以交易双方签订的销售合同所载的售房金额及其他收益确认收入。销售合同所载商品房面积与有关部门实际测量面积不一致，在清算前已发生补、退房款的，应在计算土地增值税时予以调整。特殊业务的收入处理列举如下：

1.代收费用。

对于县级及县级以上人民政府要求房地产企业在售房时代收的各项费用，代收费用已计入房价中向购买方一并收取的，视同销售房地产所取得的收入计税；代收费用未计入房价中，而在房价之外单独收取的，不确认为销售房地产所取得的收入。

2.按揭保证金。

房地产企业采取银行按揭方式销售开发产品的，凡约定为购买方的按揭贷款提供担保的，其销售开发产品时向银行提供的保证金（担保金）不得从销售收入中减除，也不得计入扣除项目；实际发生的损失，作为房地产开发费用处理。

3.违约金。

房地产企业因销售房地产向购买方收取的违约金、赔偿金、滞纳金、分期（延期）付款利息、更名费[①]以及其他各种性质的经济利益，无论会计如何核算，均应确认为土地增值税的计税收入；因销售行为未成立收取的订金、定金、违约金、赔偿金等，不计入收入。

4.佣金。

房地产企业作为委托方以支付代销费、包销费等费用方式委托第三方代销、包销房地产，委托方与受托方之间没有发生房地产产权转移的，房地产企业在确认收入时不得扣除相应的代销费、包销费等费用。

目前部分地区税务机关在清算审核中为了打击避税，对于房地产企业委托第

---

① 这里的更名费是指房地产企业向购房人收取的情形；如果向弃购人收取，则不计入土地增值税收入。

三方代销、包销，由购房者在购房款之外另行向第三方机构支付中介手续费、服务费等，如存在明显不具有合理商业目的；或支付的手续费金额超过包括手续费在内的购房款总额5%的；或第三方机构与纳税人存在关联关系，则不论以何机构、名义收取，一概确认为房地产企业的土地增值税计税收入。如《四川省土地增值税征管工作指引》第五十三条第（四）项相关规定。

（二）营改增后收入确认

营业税改征增值税后，房地产企业适用增值税简易计税方法的，土地增值税预征、清算收入均按"含税销售收入÷（1+5%）"确认；房地产企业适用增值税一般计税方法时，由于土地价款扣减销售额而减少的销项税金影响到土地增值税，实务中处理方法不同，如果以执行相关政策的省市为代表，可以整理为以下三种情形：

（1）广州口径[①]，收入调整，土地价款不变；
（2）江苏口径，收入不变，土地成本不变；
（3）福建口径，收入不变，调减土地成本。

以上三个处理方法中，在开发项目收入与成本均相同的前提下，土地增值税税负从低到高依次是江苏＜广州＜福建。

而《关于营改增后契税 房产税 土地增值税 个人所得税计税依据问题的通知》（财税〔2016〕43号）规定："土地增值税纳税人转让房地产取得的收入为不含增值税收入"。即适用增值税一般计税方法的纳税人，其转让房地产的土地增值税应税收入不含增值税销项税额，公式推导如下：

$$
\begin{aligned}
土地增值税清算收入 &= 含税销售收入 - 增值税销项税额 \\
&= 含税销售收入 - （含税销售收入 - 土地价款）÷（1+税率）\times 税率 \\
&= 含税销售收入 ÷（1+税率）+ 土地价款 \times 税率 ÷（1+税率）\\
&=（含税销售收入 + 土地价款 \times 税率）÷（1+税率）
\end{aligned}
$$

[①] 即《广州市地方税务局关于印发2016年土地增值税清算工作有关问题处理指引的通知》（穗地税函〔2016〕188号）第一条第一款第（二）项规定。

对比发现，根据公式推导的结果和广州口径一致，因此可以得出如下结论：房地产企业一般纳税人适用一般计税方法时，土地价款抵减销售额而减少的销项税金，应调增土地增值税清算收入；计算土地增值税扣除项目时，土地价款不再做特殊处理。为了降低土地增值税，建议企业实务中以广州口径为执行底线，争取执行江苏口径，避免执行福建口径。

案例分析：销项税额抵减调增土地增值税清算收入

甲房地产开发企业为一般纳税人，增值税选用一般计税方法，甲企业预售一套房产，取得含税销售收入1090万元，假设对应允许扣除的土地价款为400万元。则甲企业预售房产时土地增值税预征收入为1090÷（1+9%）=1000万元。甲企业按照财税〔2016〕36号文规定，到期申报应交增值税为（1090−400）÷（1+9%）×9%=56.97万元，则甲企业土地增值税结算收入为1090−56.97=（1090+400×9%）÷（1+9%）=1033.03万元。

三、土地增值税扣除项目

在土地增值税清算时，土地增值税扣除项目是税务机关审核重点。结合《土地增值税清算管理规程》（国税发〔2009〕91号）第二十一条的规定，当前税务机关审核的原则可以总结为"业务是否真实，款项是否支付，凭证是否取得，备注是否正确，分摊是否合理，方法是否一致"，笔者简称为"六个是否原则"。此外，税务机关还关注合同是否真实、业务单位是否存在关联、单位成本是否偏高，材料水电和其他费用有无重复计入，成本与费用是否混淆，会计核算是否规范等问题。

知识链接：取得票据并不一定能扣除

由于土地增值税四级超率累进税率的特点，税企双方对于扣除项目金额"锱铢必较"。基于此，《关于房地产开发企业土地增值税清算管理有关问题的通知》（国税发〔2006〕187号）第四条第（一）项明确规定，"除另有规定外，扣除取得土地使用权所支付的金额、房地产开发成本、费用及与转让房地产有关税金，须提供合法有效凭证；不能提供合法有效凭证的，不予扣除。"

但是对于未实际支付的合法凭证能否计入扣除项目，实务中一直存在争议。

2023年12月29日，国家税务总局内蒙古自治区税务局发布了《内蒙古自治区土地增值税清算管理办法》(内蒙古自治区税务局公告2023年第7号)，与此同时，官方发布了关于《国家税务总局内蒙古自治区税务局关于发布〈内蒙古自治区土地增值税清算管理办法〉的公告》的政策解读，其中第三条第（九）项涉及到上述问题，节选如下：

（九）清算时未支付的地价款和建筑安装工程费能否扣除？

根据《中华人民共和国土地增值税暂行条例实施细则》(财法字〔1995〕6号)第七条第一项"取得土地使用权所支付的金额，是指纳税人为取得土地使用权所支付的地价款和按国家统一规定交纳的有关费用"和第二项"建筑安装工程费，是指以出包方式支付给承包单位的建筑安装工程费，以自营方式发生的建筑安装工程费"的规定，取得土地使用权所支付的金额和以出包方式支付给承包单位的建筑安装工程费，清算时作为扣除项目应同时具备以下条件："实际发生"、取得"合法有效凭证"、实际"支付"。

（一）土地价款

"取得土地使用权所支付的金额"简称为土地价款，是指纳税人为取得土地使用权所支付的地价款和按国家统一规定交纳的有关费用。实务中，房地产企业获取土地时，发生的费用与土地价款的关系，大致可以分为三种情形：

1. 允许计入。

房地产企业为取得土地使用权所支付的土地登记费、契税，视同"按国家统一规定交纳的有关费用"，计入"取得土地使用权所支付的金额"中扣除；对纳税人因容积率调整等原因补缴的土地出让金及契税，可以计入予以扣除。

2. 不能计入。

房地产企业因逾期支付土地出让金等原因产生的罚款、滞纳金、利息和因逾期开发支付的土地闲置费等款项，不予扣除；土地出让合同中约定出让土地为净地的，取得土地后发生的拆迁补偿、青苗补助费等支出不得作为土地成本。

3. 争议项目。

常见争议项目有两个：一是"土地竞拍佣金与手续费"，目前大多数税务机关不允许计入，但《海南省税务局土地增值税清算审核管理办法》(海南省税务局公告2023年第2号）和《四川省土地增值税征管工作指引》（2023年版）均规定土地拍卖佣金可以视为按国家统一规定交纳的有关费用扣除。二是"分期缴纳土地出让金的利息"，相关业务在本书第三章第一节"分期付款利息"中已经专门介绍，这里不再赘述。

另外，税务机关在审核"取得土地使用权所支付的金额"时，会重点关注土地出让金返还。当前税务机关对土地出让金返还的主流观点是，房地产开发企业从政府部门取得各种形式的返还款，在土地增值税清算时直接冲减土地成本，不允许计入扣除项目。更有甚者，如《安徽省土地增值税清算管理办法》（安徽省税务局2018年第21号）第三十八条规定，"依据有关土地转让、出让合同、协议及其补充协议，政府或有关单位、部门以扶持、奖励、补助、改制或其他形式返还、支付、拨付给纳税人或其控股方、关联方的金额应从取得土地使用权所支付的金额中剔除"。

（二）开发成本

税务机关审核开发成本时，一般会重点关注如下内容：

第一，审核土地征用及拆迁补偿费时，重点比对内外部信息以核实拆迁协议是否真实，费用是否真实支付。

第二，审核前期工程费时，结合招标公告、招标文件中标文书、评估报告、设计合同、施工合同以及付款凭证、发票等资料，审核清算项目发生的前期工程费是否符合规定。重点关注隐蔽工程是否虚增成本，开发费用是否计入前期工程费。

第三，审核基础设施费时，结合国有土地出让（转让）合同、国有土地使用证或不动产权证书、建设用地规划许可证、建设工程规划许可证、招标公告、招标文件、中标文书、施工合同、结算报告等资料，审核清算项目发生的基础设施费是否符合规定。重点关注绿化工程费用是否真实合理，多个（或分期）项目共同发生的基础设施费是否分摊合理，代收费用处理是否合理。

第四，审核建筑安装工程费时，与工程概预算成本、招投标合同、决算报告、工程结算报告、工程施工合同、发票、支付凭证等进行比对；重点关注发票是否合规，单位建安成本是否偏高，是否存在关联关系；是否存在虚构业务、虚签合同、虚构成本、虚开发票；是否重复列支材料、水电，是否存在预提、暂估入账。

第五，审核公共配套设施费时，结合国有建设用地出让合同、出让用地条件、房地产开发项目建设条件意见书、建设工程规划许可证、房地产开发项目公建配套建设计划表、房地产开发项目公建配套完成情况通知单、售楼说明书、售房合同、移交协议等资料对公共配套设施费进行审核；移交给政府的公共配套设施（如学校、幼儿园等），是否取得与之相关的经济补偿（包括货币或其他经济利益）或补贴。重点关注企业是否按照要求建设，移交是否规范。

此外税务机关还会重点审核分摊大额发票是否真实，分摊方法是否合理，分摊的费用是否相关、收益、真实发生。

（三）开发间接费和开发费用

对于同样一项费用，如果能够计入开发间接费则可以加计扣除，如果计入开发费用则只能按照比例或者据实扣除。对于存在模糊空间的费用，房地产企业为了降低土地增值税，会想方设法地优先计入开发费用。因此，开发间接费也是税务机关清算审核的重点。根据《土地增值税暂行条例实施细则》第七条第（二）项"开发间接费用，是指直接组织、管理开发项目发生的费用，包括工资、职工福利费、折旧费、修理费、办公费、水电费、劳动保护费、周转房摊销等"之规定，税务机关在审核开发间接费时，重点核实费用是否与项目的现场组织管理直接相关，业务是否真实，一般会结合建设工程施工许可证、工程竣工决算报告、直接组织或管理开发项目相关人员名单、劳务合同、职责分工、工资明细表、考勤情况记录、自然人电子税务局申报情况等资料，审核清算项目发生的开发间接费用是否符合规定。

此外，费用核算是否规范也是审核重点。开发间接费用与开发费用应严格按照企业会计准则和企业会计制度规定的要求进行区分，分别核算、分别归集；对于费用核算混乱、划分不清的项目，一律作为房地产开发费用扣除。审核开发费用时，结合支付利息凭证、发票、借款合同，以及与信托公司有关的委托贷款合同等资料，审核清算项目发生的开发费用是否符合规定。

由于开发费用又分为管理费用、财务费用、销售费用，三者代表性费用举例如下：企业行政管理部门（总部）为组织和管理生产经营活动而发生的费用，包括向母公司或总公司交纳的管理费，为房地产开发项目购买的商业保险，为办理抵押贷款而支付的资产评估、测绘、抵押权登记等费用，转让房地产过程中发生的诉讼费，属于管理费用；利息支出属于财务费用；营销设施建造费属于销售费用。另外，税务机关要求：企业在项目建设过程中向各类市场主体支付的咨询费、管理费、服务费，如房屋测绘费、空气检测费、招标代理服务费、前期物业费、开荒保洁费、亮化工程费、档案装订费、产权登记手续费等支出，均应计入房地产开发费用扣除。

在开发间接费审核中，争议较大的是代建管理费和工程监理费。

1.代建管理费。

实务中，代建业务可以分为商业代建、政府代建和资本代建三种形式，这里主要是指商业代建。目前商业代建国内代表企业如蓝城房产建设管理集团有限公司，具体运作模式是，委托方提供土地及资金，蓝城集团输出品牌和管理，派驻专业团队，承担工程建造和销售等任务，提供房地产开发的全过程管理，依据项目销售额或利润总额收取佣金的代建模式。对于代建管理费的税务处理，目前有两种完全不同的观点，举例如下：

（1）不得计入，《山东省税务局土地增值税清算管理办法》（山东省税务局公告2022年第10号）第二十九条第（二）项规定，"房地产开发企业委托代建支付的代建管理费，不得作为开发间接费用予以扣除"。

（2）可以计入，《广州市地方税务局关于印发2014年土地增值税清算工作有关问题的处理指引的通知》（穗地税函〔2014〕175号）第二条规定，"房地产开发企业委托第三方公司进行房地产项目开发管理，支付的有关项目管理费用，能证明直接属于该开发项目、贯穿于工程开发建设的全过程，且在财务核算时与行政管理部门、财务部门及销售部门发生的管理费用、财务费用及销售费用分开核算的，经主管税务机关审核后，允许作为开发间接费用予以扣除"。

在房地产"低利润时代"，中小型房地产企业去化困难，通过委托代建换取品牌溢价是理想的选择，不分情况一概否定的观点值得商榷，因此笔者更支持广州的观点。

2.工程监理费。

《建筑法》第三十条第一款规定，"国家推行建筑工程监理制度"。第三十二条第一款规定,"建筑工程监理应当依照法律、行政法规及有关的技术标准、设计文件和建筑工程承包合同,对承包单位在施工质量、建设工期和建设资金使用等方面,代表建设单位实施监督"。笔者据此认为,工程监理费应当作为房地产开发成本计入扣除项目。但税务机关在土地增值税清算审核时,有以下三种处理方法:

第一种,计入建筑安装工程费,相关文件有《山东省税务局土地增值税清算管理办法》(山东省税务局公告2022年第10号)、《海南省税务局土地增值税清算审核管理办法》(海南省税务局公告2023年第2号)。

第二种,计入开发间接费,相关文件有《内蒙古自治区土地增值税清算管理办法》(内蒙古自治区税务局公告2023年第7号)。

第三种,计入开发费用。以湖南为例,原湖南省地方税务局发布的《关于进一步规范土地增值税管理的公告》(湖南省地方税务局公告2014年第7号)第六条"关于开发间接费用问题"规定:"六、开发间接费用,是指直接组织、管理开发项目发生的费用,包括工资、职工福利费、折旧费、修理费、办公费、水电费、劳动保护费、周转房摊销、工程监理费、安全监督费等。"

但是2018年6月15日,湖南省税务局发布的《关于土地增值税若干政策问题的公告》(湖南省税务局公告2018年第7号)第二条"关于土地增值税开发间接费用问题"规定:"开发间接费用的扣除按照《中华人民共和国土地增值税暂行条例实施细则》第七条规定执行。《湖南省地方税务局关于进一步规范土地增值税管理的公告》(湖南省地方税务局公告2014年第7号)第六条停止执行。"自此,湖南省各地税务机关在土地增值税清算时,要求工程监理费计入开发费用。

需要说明的是,住房城乡建设部2018年发布的《关于修改〈建筑工程施工许可管理办法〉的决定》(住房和城乡建设部令第42号)文件,删除了"按照规定应当委托监理的工程已委托监理"的相关内容,随后各地陆续发文不再强制要求进行工程监理、部分项目可实行工程自行监理,因此工程监理费的争议会逐渐消除。

实务中,纳税人还经常对工程造价咨询费、工程审核费等费用能否计入土地增值税扣除项目产生疑惑。福建省税务局曾在2021年9月15日发布的《2021年8月12366咨询热点难点问题集》中第7点答复:"鉴于开发项目支付的工程造价咨询费、工程审核费性质属于房地产开发项目实际发生的成本,在土地增值税清算时可按规定计算扣除",因此房地产企业遇到类似费用时,可以参考上述思路。

知识链接:开发间接费中"等"字如何理解

开发间接费是在土地增值税清算审核时,税企双方最容易发生分歧的项目之一。

《土地增值税暂行条例实施细则》第七条第(二)项规定,"开发间接费用,是指直接组织、管理开发项目发生的费用,包括工资、职工福利费、折旧费、修理费、办公费、水电费、劳动保护费、周转房摊销等"。与国税发〔2009〕31号第二十七条第(六)项中列举的开发间接费对比,缺少了"工程管理费"和"项目营销设施建造费"。一般认为,项目营销设施建造费与营销紧密相关,计入房地产开发费用无可厚非,但工程管理费能否计入土地增值税扣除项目,存在争议。

另外,《内蒙古自治区地方税务局关于印发〈房地产开发企业土地增值税预征和清算管理暂行办法〉的通知》(内地税字〔2005〕116号)第二十条规定:"土地增值税的计算扣除项目采取正列举的办法,凡本办法第十九条未列举的项目支出,均不得在计算土地增值税予以扣除。"其第十九条"土地增值税扣除项目"中开发间接费直接引用了《土地增值税暂行条例实施细则》中开发间接费的定义。换句话说,原内蒙古自治区地方税务局对"等"字的理解为完全列举,那么,纳税人在实务中对于"等"字究竟应如何把握呢?

《最高人民法院关于印发〈关于审理行政案件适用法律规范问题的座谈会纪要〉的通知》(法〔2004〕96号)第四条"关于法律规范具体应用解释问题"中规定:"法律规范在列举其适用的典型事项后,又以'等'、'其他'等词语进行表述的,属于不完全列举的例示性规定。以'等'、'其他'等概括性用语表示的事项,均为明文列举的事项以外的事项,且其所概括的情形应为与列举事项类似的事项。"

根据上述相关规定,笔者认为,开发间接费定义中的"等"字为不完全列举,内地税字〔2005〕116号第二十条有待商榷,其他类似的业务应该可以计入开发间接费。

（四）政府性基金和行政事业性收费

1. 处理原则。

土地增值税清算时，房地产企业缴纳的政府性基金和行政事业性收费的处理，可以参照《南宁市地方税务局关于土地增值税清算有关政策问题的公告》（南宁市地方税务局公告2016年第3号）第二条规定，并结合当地口径综合处理，其中代表性的项目归集方向见表7.4：

《南宁市地方税务局关于土地增值税清算有关政策问题的公告》（南宁市地方税务局公告2016年第3号）

二、房地产开发企业缴纳的政府性基金和行政事业性收费按以下原则扣除：

（一）凡与房地产开发直接相关或是房地产行业特有的，符合国家政策导向且缴纳环节在项目竣工验收前的政府性基金和行政事业性收费，收取后不再退还的，在清算时应计入房地产开发成本予以扣除。

（二）凡属房地产行业及其他行业普遍缴纳的政府性基金和行政事业性收费，在清算时应计入房地产开发费用并按规定比例扣除。

（三）县级及县级以上人民政府要求房地产开发企业在售房时代收的各项费用扣除按《财政部 国家税务总局关于土地增值税一些具体问题规定的通知》（财税字〔1995〕48号）第六条规定执行。判断某项行政事业性收费是否属代收费用应以县级（含）以上人民政府相关收费文件为依据，文件明确费用在售房时收取且由购房人实际负担的，认定为代收费用，否则不能视为代收费用。

表7.4　房地产企业常见的政府性基金和行政事业性收费归集方向

序　号	费用名称	费用类别	归集方向
1	土地登记费	行政事业性收费	取得土地使用权所支付的金额
2	土地复垦费	行政事业性收费	房地产开发成本
3	城市基础设施配套费	政府性基金	房地产开发成本
4	人防易地建设费	行政事业性收费	房地产开发成本
5	工程抗震设计审查费	行政事业性收费	房地产开发成本

续表

序 号	费用名称	费用类别	归集方向
6	建筑安全监督管理费	行政事业性收费	房地产开发成本
7	土地闲置费	行政事业性收费	不得扣除
8	地方教育附加	政府性基金	税金

2. 城市基础设配套费的处理。

在房地产企业涉及的诸多政府性基金和行政事业性收费中，争议最大的是城市基础设施配套费。实务中有的税务机关认为其属于代收费用，不可以计入土地增值税扣除项目，如北京。而有的税务机关允许计入扣除项目，但是会计科目适用上又存在分歧，从以下省、市相关政策中可以看出：

江苏，《江苏省地方税务局关于土地增值税有关业务问题的公告》（苏地税规〔2012〕1号）第五条第五款第（一）项规定，"市政公用基础设施配套费、人防工程异地建设费不得加计扣除，也不作为房地产开发费用扣除的计算基数"。

南宁，《南宁市地方税务局关于土地增值税清算有关政策问题的公告》（南宁市地方税务局公告2016年第3号）附件《政府性基金、行政事业性收费土地增值税清算扣除项目归集明细表》显示，城市市政建设配套费、人防易地建设费均可计入开发成本，并可以加计扣除。

江西，《江西省税务局关于土地增值税若干征管问题的公告》（江西省税务局公告2018年第16号）第四条第二款第（一）项规定："纳税人向建设部门缴纳市政配套设施费并取得相应专用收据的，作为公共配套设施费计算扣除。

厦门，《厦门市房地产开发项目土地增值税清算管理办法》（厦门市税务局公告2023年第1号）第二十四条第（三）项规定，纳税人按规定向建设部门缴纳的市政配套设施费、人防工程异地建设费以及按照我市相关规定应由纳税人承担并缴纳的首期专项维修资金，并取得合法有效票据的，计入公共配套设施费。

宁波，《宁波市税务局关于土地增值税清算若干政策问题的公告》（宁波市税务局公告2023年第3号）第三条第（一）项规定："政府有关部门直接向房地产开发企业收取的城市基础设施配套费，房地产开发企业取得相应财政票据的，按国家统一规定交纳的有关费用列入取得土地使用权所支付的金额扣除。"

笔者更支持宁波的观点，即城市基础设施配套费在土地增值税清算时可以计入"土地征用费及拆迁补偿费"并加计扣除，理由如下：

第一，财政部已经在《关于城市基础设施配套费性质的批复》（财综函〔2002〕3号）文件中明确了城市基础设施配套费的性质：城市基础设施配套费是城市人民政府有关部门强制征收的城市基础设施建设的专项资金，在性质上不属于行政事业性收费，而属于政府性基金；其征收管理工作由政府建设行政主管部门负责，建设单位按建设项目核准的建筑面积计征，在办理建筑工程施工许可证或建设工程规划许可证时缴纳。

而《关于土地增值税一些具体问题规定的通知》（财税〔1995〕48号）第六条所称的"代收费用"是指"县级及县级以上人民政府要求房地产开发企业在售房时代收的各项费用"，征收对象为开发产品买受人；因此城市基础设施配套费不属于"代收费用"。

第二，根据《山东省财政厅关于进一步规范城市基础设施配套费有关事项的通知》（鲁财税〔2023〕1号）第一条"政策边界"规定："城市基础设施配套费是各市人民政府向城镇规划建设用地范围内的新建、扩建和改建工程项目强制征收的，用于建筑区划红线外城市道路、桥梁、绿化、环卫、供水、供气、供暖等相关城市基础设施建设的政府性基金。根据国办函〔2020〕129号文件规定，建筑区划红线内供水供电供气供暖管线及配套设备设施的建设安装费用统一纳入房屋（工程）开发建设成本。"

据此可以看出，城市基础设施配套费收益者与征收对象，即房地产企业以及房地产开发项目没有必然的联系，由于"基础设施费"和"公共配套设施费"两个科目主要核算项目红线内成本费用，因此城市基础设施配套费在会计处理时不宜计入上述科目。

第三，财综函〔2002〕3号文件已经明确指出"各地征收的市政基础设施配套费应统一归并为城市基础设施配套费"，税务机关在征管实务中也已经把城市基础设施配套费等同于大市政配套费，依据有二：

其一，目前征收契税时，城市基础设施配套费已经完全继承了大市政配套费的衣钵，不再区分"净地"出让还是"毛地"出让，《关于贯彻实施契税法若干事项执行口径的公告》（财政部 税务总局公告2021年第23号）第二条第（五）项规定，出让土地契税计税依据包括城市基础设施配套费；

其二，江苏、四川、山西等税务机关在回复纳税人在线提问"向政府部门支付的大市政配套费是否可计入土地价款，在增值税计税销售额中扣除"时，直接引用了如下条款："《房地产开发经营业务企业所得税处理办法》（国税发〔2009〕31号）规定：（一）土地征用费及拆迁补偿费。指为取得土地开发使用权（或开发权）而发生的各项费用，主要包括土地买价或出让金、大市政配套费……"，从该条款可以看出，大市政配套费计入了"土地征用费及拆迁补偿费"科目，因此，笔者建议企业缴纳城市基础设施配套费后也计入"土地征用费及拆迁补偿费"科目。

（五）税金中常见的争议

营业税改征增值税后，增值税属于价外税，因此"与转让房地产有关的税金"不包括增值税，房地产企业实际缴纳的城市维护建设税、教育费附加，凡能够按清算项目准确计算的，允许据实扣除；如果涉及多个清算单位或者分期的，或者同一清算单位内分为不同的成本对象的，税金应按不含增值税收入的占比计算分摊；如果不能按清算项目准确计算的，则按该清算项目预缴增值税时实际缴纳的城建税、教育费附加扣除。不属于清算范围或者不属于转让房地产时发生的税金及附加，不应作为清算项目扣除。

此外，"与转让房地产有关的税金"还涉及两个争议项目，即印花税和地方教育附加。

尽管印花税和地方教育附加均为小税种，涉及的税额不大，但是当土地增值税增值额处于税率级差的临界点时，小税种也可以发挥重要作用：税法规定，普通标准住宅增值额未超过扣除项目金额20%时，可以享受免税；但是一旦超过20%，则需要按照30%的税率缴纳土地增值税，因此企业应尽力争取依法计入扣除项目。

1.印花税。

《土地增值税暂行条例实施细则》第七条第（五）项规定，"与转让房地产有关的税金"包括印花税。但《关于土地增值税一些具体问题规定的通知》（财税〔1995〕48号）第九条补充规定，"细则中规定允许扣除的印花税，是指在转让房地产时缴纳的印花税。房地产开发企业按照《施工、房地产开发企业财务制度》

的有关规定，其缴纳的印花税列入管理费用，已相应予以扣除。其他的土地增值税纳税义务人在计算土地增值税时允许扣除在转让时缴纳的印花税"。所以不论是在原来的《土地增值税纳税申报表》中，还是在财产和行为税合并申报表附带的《土地增值税税源明细表》中，房地产企业清算适用的申报表中"与转让房地产有关的税金等"均没有附列印花税。

事实上，全面试行营业税改征增值税后，《增值税会计处理规定》（财会〔2016〕22号）规定："营业税金及附加"科目名称调整为"税金及附加"科目，该科目核算企业经营活动发生的消费税、城市维护建设税、资源税、教育费附加及房产税、土地使用税、车船使用税、印花税等相关税费。换句话说，印花税不再列入管理费用予以扣除。

22号文件发布后，部分地方税收政策随之调整，如《广东省税务局土地增值税清算管理规程》（广东省税务局公告2019年第5号）第三十七条规定：根据会计制度规定，纳税人缴纳的印花税列入"管理费用"科目核算的，按照房地产开发费用的有关规定扣除，列入"税金及附加"科目核算的，计入"与转让房地产有关税金"予以扣除。再如，《山东省税务局土地增值税清算管理办法》（山东省税务局公告2022年第10号）第二十九条第（四）项也明确规定，"与转让房地产有关的税金"包含印花税。又如，在官方发布的《国家税务总局内蒙古自治区税务局关于发布〈内蒙古自治区土地增值税清算管理办法〉的公告》的政策解读中，第三条第（十二）项明确指出，"与转让房地产有关的税金"中的印花税，即是指房地产销售环节的印花税。

2.地方教育附加。

地方教育附加和教育费附加同属于政府性基金，《关于城市维护建设税计税依据确定办法等事项的公告》（财政部 税务总局公告2021年第28号）明确，"教育费附加、地方教育附加计征依据与城市维护建设税计税依据一致"。至于地方教育附加能否参照教育费附加计入"与转让房地产有关税金"予以扣除，目前存在以下两种观点：

第一种，不允许扣除。不允许扣除的省市的观点一般散见于税务机关的答疑中。例如，甘肃省地方税务局于2015年9月25日发布的12366问题汇编中，在回复"土地增值税清算时规定可以扣除的'与转让房地产有关的税金'，是否包括

'地方教育附加'"提问时答复如下：

《土地增值税暂行条例实施细则》第七条第（五）项规定："与转让房地产有关的税金，是指在转让房地产时缴纳的营业税、城市维护建设税、印花税。因转让房地产交纳的教育费附加，也可视同税金予以扣除。"按规定，允许扣除的是教育费附加，不是地方教育附加。

另外，合肥市地方税务局"劳财税处"于2015年2月3日在合肥市地方税务局网上咨询中心，针对"因转让房地产交纳地方教育附加，在土地增值税清算时可否视同税金予以扣除"问题，回复"按相关文件规定，地方教育附加不允许扣除"。

第二种，允许扣除。目前越来越多的地方性土地增值税政策明文规定地方教育附加可以计入土地增值税扣除项目，代表性省市有北京、山东、广东、海南、四川、贵州等。

例如，贵州省税务局于2022年12月1日发布了《关于发布〈贵州省土地增值税清算管理办法〉的公告的解读》，其中关于地方教育附加的解释十分具有说服力：

因地方教育附加与教育费附加的性质相同，两者在开征目的、征收机关、计征依据（费基）、使用管理制度等方面均一致，且同时在房地产交易过程中附征；从会计处理角度看，根据现行企业会计准则，教育费附加与地方教育附加计入相同会计科目"税金及附加"，实务处理方法也一致。为此，地方教育附加可比照教育费附加在土地增值税税前扣除。[①]

也许有读者会说，地方教育附加在土地增值税清算申报税源信息采集表中无法填列。这里仍然以内蒙古自治区为例，在官方发布的《国家税务总局内蒙古自治区税务局关于发布〈内蒙古自治区土地增值税清算管理办法〉的公告》的政策解读中，第三条第（十一）项明确指出："《办法》第三十五条规定，与转让房地产有关的税金，包括纳税人缴纳的营业税、城市维护建设税、教育费附加、地方教育附加、水利建设基金、印花税。以上税费中按照现行的土地增值税清算申报

---

① 关于《国家税务总局贵州省税务局关于发布〈贵州省土地增值税清算管理办法〉的公告》的解读载贵州省税务局官网https://guizhou.chinatax.gov.cn/wjjb/zcjd/202212/t20221201_77289694.html，最后访问时间2023年6月8日。

税源信息采集表设置，地方教育附加、水利建设基金以及印花税无对应填列栏次，目前暂定填列至教育费附加栏次。"

以上只是内蒙古自治区税务局一家的意见，纳税人在土地增值税清算时，至于地方教育附加和印花税具体如何填列，建议征询主管税务机关的意见。

（六）清算截止日与"二次清算"

一般情况下，土地增值税不支持预提成本费用，《关于房地产开发企业土地增值税清算管理有关问题的通知》（国税发〔2006〕187号）第四条第（四）项规定，"房地产开发企业的预提费用，除另有规定外，不得扣除"。即使项目质保金也不例外，《关于土地增值税清算有关问题的通知》（国税函〔2010〕220号）第二条"房地产开发企业未支付的质量保证金，其扣除项目金额的确定问题"规定："房地产开发企业在工程竣工验收后，根据合同约定，扣留建筑安装施工企业一定比例的工程款，作为开发项目的质量保证金，在计算土地增值税时，建筑安装施工企业就质量保证金对房地产开发企业开具发票的，按发票所载金额予以扣除；未开具发票的，扣留的质保金不得计算扣除。"

广西自治区税务局更是在《广西壮族自治区房地产开发项目土地增值税管理办法（试行）》（广西壮族自治区地方税务局公告2018年第1号）第四十条第（四）项规定，在清算截止日未取得发票的，扣留的质保金不得计算扣除。因此，扣除项目金额归集截止时间（简称清算截止日）影响着土地增值税扣除项目金额，进而影响到土地增值税税负。实务中清算截止日大致分为以下三种情形：

第一种，以工程竣工验收日为标准，代表性的政策有《四川省地方税务局关于土地增值税清算单位等有关问题的公告》（四川省地方税务局公告2014年第4号）第三条"关于扣除项目准予扣除的截止时间"规定："清算项目自完成竣工验收备案手续之日起，后续发生的成本费用一律不得在清算时扣除"。[①]

第二种，以清算申报日为标准，代表性的政策有《海南省税务局关于修改〈国家税务总局海南省税务局土地增值税清算工作规程〉的公告》（海南省税务局

---

① 本文件已经被《四川省地方税务局关于土地增值税清算单位等有关问题的公告》（2015年第5号）废止，自2016年1月1日起失效。

公告 2023 年第 3 号）规定："第十七条　纳税人办理清算时，应以清算申报当日为确认清算收入和归集扣除项目金额的截止时间"。类似的还有安徽省税务局公告 2018 年第 21 号第二十六条规定。

第三种，纳税人可以选择确定，代表性的政策有《北京市地方税务局土地增值税清算管理规程》（北京市地方税务局公告 2016 年第 7 号）规定 "第十六条　纳税人应以满足应清算条件之日起 90 日内或者接到主管税务机关清算通知书之日起 90 日内的任意一天，确认为清算收入和归集扣除项目金额的截止时间（以下简称清算截止日），并将清算截止日明确告知主管税务机关。"类似的还有厦门市税务局公告 2023 年第 1 号第十三条规定。

对比而言，由于工程竣工验收日早于其他两个标准发生，以此作为清算截止日最为严格。原则上，房地产企业只有在工程质量缺陷责任期结束后才会付清所有预留的质量保证金，并取得质保金发票；因此如果企业在质保金未支付到位的情况下进行清算，由于开发成本票据不足，可能加重企业的土地增值税税收负担。

部分税务机关为了减轻房地产企业的税收压力，结合企业取得票据的现实情况，对政策进行了完善，例如《四川省土地增值税征管工作指引》（2023 年版）规定："第三十四条　纳税人办理清算手续时，以取得竣工验收（备案）手续的日期作为归集扣除项目金额的截止时间。竣工验收（备案）以住建部门盖章确认的时间为准，如竣工验收（备案）前已交付使用的，以交付时间为准。

竣工验收（备案）前已实际发生并签订（取得）有效法律文书、且已支付全部或部分款项，但尚未取得合法凭证的，在清算审核结束前取得凭证且实际支付的支出，准许在开发成本中扣除。"

也有一部分税务机关对于土地增值税清算时票据不到位的开发项目，允许房地产企业进行特殊处理：即房地产企业在土地增值税清算后一定时限内可以申请一次补救机会，以调整清算税额、退还多缴纳的土地增值税，业界也称为"二次清算"，以山东省为例：

《山东省税务局土地增值税清算管理办法》（山东省税务局公告 2022 年第 10 号）第四十二条　房地产开发企业自结算缴纳土地增值税清算税款之日起三年内

发生下列情形之一的，可向主管税务机关一次性提出申请，调整清算税额，退还多缴的土地增值税税款：

（一）清算时未取得合法有效凭证而在清算后取得的；

（二）清算时未支付款项而在清算后支付的；

（三）清算时应当分摊但实际未能分摊的共同的成本费用，清算后能够按照受益对象、采用合理的分配方法分摊的。

目前明文规定可以"二次清算"的还有湖北、安徽、广西等地。需要提示企业注意的是，"二次清算"有一定的限制：（1）房地产企业需要在收到土地增值税清算审核结论后三年内提出申请，逾期机会自动作废。（2）在申请"二次清算"时，企业应保证所有成本、费用已发生完毕，二次清算后，纳税人不得再要求进行土地增值税清算。（3）房地产企业申请后能否真正启动二次清算，主动权在税务机关，而实践中往往是"理想很丰满，现实很骨感"。

即使税务机关允许企业"二次清算"，企业也应关注其隐形成本：一是"二次清算"前多缴税款造成资金占用的利息成本；二是参与清算的财务人员不能发生变动造成的人事成本；三是日常维系税企关系的时间和精力成本，以及二次清算造成税企关系紧张后的修复成本。

综上，笔者建议：（1）企业在日常运用中加强票据管理，如财务制度中增加如下要求："在开发项目土地增值税清算成本截止日前，各个部门应就所有支付款项，取回发票或其他合法的税前扣除凭证。"（2）企业在土地增值税清算时秉持务实的态度，本着一次清算一劳永逸的原则，争取成本费用和其他凭证一步到位。

四、核定征收适用与风险应对

尽管核定征收与查账征收一样，属于土地增值税的法定征收方式之一，但是国家税务总局在《关于加强土地增值税征管工作的通知》（国税发〔2010〕53号）文件中专门对核定征收提出要求："严禁在清算中出现'以核定为主、一核了之'、'求快图省'的做法"，所以税务机关一般不主动对房地产企业的土地增值税核定征收。

另外，由于当前全球经济形势变差、我国也受到波及，传导到房地产业，房地产市场信心缺失、房地产业税收和其他行业税收一样呈现下降趋势，土地出让受阻、土地财政难以为继，各级政府财政压力开始显现。土地增值税作为有征收潜力的税种，目前清算的项目主要针对以前高价出售的楼盘。为了公平税负，税务系统强化了土地增值税清算的执法力度，提高了核定征收的门槛，在对开发项目核定征收时，一般需要集体审议并报上一级税务机关备案。

尽管91号文件第三十四条规定了土地增值税适用核定征收的五种情形，但笔者在实务中遇到的核定项目，主要是因为"未按规定期限进行土地增值税清算"或"申报的开发成本明显偏高且无正当理由"。实务中，核定征收在实务中又分为核定扣除项目和核定征收率两类。

（一）核定四项扣除标准

税务机关在清算审核时，一般会结合企业取得的凭证和账载成本，审定与清算项目有关的扣除项目金额，但当企业所附送的前期工程费、建筑安装工程费、基础设施费、开发间接费用等四项成本的"凭证资料不符合清算要求或不实"的，为了防止税款流失，税务机关有权按照《关于房地产开发企业土地增值税清算管理有关问题的通知》（国税发〔2006〕187号）第四条第（二）项规定，核定上述四项开发成本的单位面积金额标准，简称"核定四项成本扣除标准"。

当前越来越多的税务机关制定了"四项成本扣除标准"，代表性的省市及相关政策有：（1）福建省，《福建省房地产开发项目工程造价计税成本标准（2019—2021）》（福建省税务局公告2023年第1号）；（2）广东省各地级市，如佛山市——《关于发布佛山市2018年土地增值税扣除项目金额标准的公告》（佛山市税务局公告2020年第1号），珠海市——《关于发布珠海市2000—2018年土地增值税扣除项目金额标准的公告》（珠海市税务局 珠海市住房和城乡建设局公告2022年第1号）；（3）其他的还有北京、青岛、安徽等地。

主管税务机关在清算审核扣除项目时，如发现房地产企业申报的清算资料不符合要求或者不实的，按照清算审核流程，应发出税务事项通知书要求纳税人补正资料或进行说明。各地税务机关对"凭证资料不符合清算要求或不实"标准不一，但大致包括以下情形：

（1）不能完整提供工程竣工、工程结算、工程监理等方面资料的，或未按国家有关规定、程序、手续进行工程结算的。

（2）工程结算项目建安造价高于可参照的当地单位建安造价且无正当理由的。

（3）挡土墙、桩基础、户内装修、玻璃幕墙、干挂石材、园林绿化等工程造价支出明显偏离合理区间，且无正当理由，并不能提供完整的工程施工图、竣工图、工程量清单、材料苗木清单（总平面乔灌木配置图）的。

（4）装修装饰、园林绿化工程由无资质企业、个体工商户或者个人施工，建安工程单价高于当地单位平均造价以上的。

（5）房地产开发企业与工程承包企业互为关联企业，未按照独立企业之间的业务往来支付价款，或者建安造价高于可参照的当地建安造价平均水平的；或者建安造价在正常范围内，但是存在资金回流的。

（6）大额工程款采取现金支付或支付资金流向异常的。

如果房地产企业收到了税务事项通知书要求补正资料或说明，一定要充分重视，及时补充提供可以说明或者证明其合理性的相关佐证材料。如果企业置之不理、逾期未补正或者补正后仍不符合要求的，或者四项扣除金额高于税务机关掌握的"四项成本扣除标准"一定比例且无正当理由的，税务机关可以按照核定扣除标准扣除。

例如，2021年12月27日，浙江省温岭市税务局第二税务所向温岭某置业有限公司送达温二所税通〔2021〕1号税务事项告知书。内容显示，该企业已达到土地增值税清算条件，但单位开发成本与同类同期项目相比相差较大，未提供正当理由。因此，税务机关根据《土地增值税清算管理规程》（国税发〔2009〕91号）第三十四条规定，决定对开发成本核定扣除。

需要说明的是，开发项目四项成本扣除金额高于核定扣除标准的，企业应当提供相关证明材料，经税务机关审核确认后，可据实扣除；上述相关证明材料包括但不限于设计变更、现场签证、设计（施工）图、工程量清单、定案表等。另外，属于以下情形之一的一般认定为有正当理由，企业应提供证据并做好沟通解释工作：

（1）地质勘察不充分造成实际地基承载力与设计的结构物不符、施工过程中发现地下溶洞造成结构物基础类型改变，或者造成安全事故。

（2）设计原因、工程变更、材料价格上涨造成工程造价大幅增加。

（3）因风、火、水、地震等严重自然灾害或其他不可抗力因素造成已建工程及工程材料、设备的毁损。

（4）主管税务机关认可的其他情形。

2021年，国家税务总局网络安全和信息化领导小组办公室发布《关于做好土地增值税管理模块上线试点准备工作的通知》（税总信息办便函〔2021〕185号）要求，自2021年11月中下旬起在北京、江苏、广东、云南、青岛5省市开展总局土地增值税模块试点。笔者在试点的管理模块中发现，土地增值税清算审核底稿已经包含工程造价审核表，预示着企业通过查账征收土地增值税开发项目时，如果工程造价过高但没有合理理由的，税务机关随时可以转为核定"四项成本扣除标准"。

核定"四项成本扣除标准"时，扣除标准适用的时间一般以工程竣工验收报告中注明的开工、竣工时间为准。当年完工的项目，采用当年的工程造价指标计算适用扣除标准；对于跨年度的项目，按照所占当年的月份数占总月份数的比例，乘以相应年度的指标加权综合计算适用扣除标准。

需要注意的是，除企业办理清算手续时凭证或资料不符合清算要求或不实可以核定四项成本外，《土地增值税清算管理规程》（国税发〔2009〕91号）第三十四条第（四）项规定"符合土地增值税清算条件，企业未按照规定的期限办理清算手续，经税务机关责令限期清算，逾期仍不清算的"；税务机关也可以通过核定四项扣除标准计算征收。整体而言核定扣除标准时，税务机关确认的扣除项目金额一般远远低于企业的合同成本或账载成本，所以企业缴纳的土地增值税税负往往较重。

例如，2022年9月5日，福州市台江区税务局第二税务分局向福州某房地产开发有限公司送达《税务事项通知书》（榕台税二通〔2022〕177号），因企业未在规定期限内提供会计账簿资料，未按规定期限进行土地增值税清算申报。税务机关拟对其开发项目土地增值税采取核定征收方式，核定土地增值税征收率为19%，该征收率在业界也是少见的标准。因此，在实务中企业应该尽力避免核定四项扣除标准。

需要注意的一个现象是，近年福建开始试行土地增值税成本和企业所得税联动核定征收，《关于土地增值税清算中工程造价成本核定扣除等问题的公告》（福建省税务局公告2019年第12号）规定："六、税务机关在土地增值税清算审核时，调整清算项目工程造价成本扣除金额的，应当按规定相应调整企业所得税计税成本。"该条款一旦实施，两大主税成本联动核定征收，将导致企业所得税税负大幅提高。仍然以上述福州某房地产开发有限公司为例，该企业在收到榕台税二通〔2022〕177号文书的同时，还收到了榕台税二通〔2022〕173号税务事项通知书，内容显示该企业该项目未按规定结转企业所得税收入、成本等，拟对企业所得税核定应税所得率为30%。

（二）核定征收率

在房地产企业管理层和财务人员传统的认识中，可能会误认为土地增值税核定征收率可以降低土地增值税税负。事实上核定征收率分为两种，第一种是通过税负测算确定征收率，以下简称测算征收率；第二种是直接核定征收率，简称核定税率。在核定征收率的前提下，无论选择上述哪一种方法，原则上应遵循《关于加强土地增值税征管工作的通知》（国税发〔2010〕53号）"核定征收率原则上不得低于5%"之规定，但各地税务机关在执行中存在差异，企业在清算前应掌握当地的核定规则以便"对症下药"。

1.测算征收率。

税务机关为了公平税负、规范执法，按照"一项一核"的原则，逐项核定销售收入和扣除项目金额。分项目分产品类型计算土地增值税，然后根据产品类型测算出征收率后并核定，计算公式如下：

核定的征收率=（测算的土地增值税额÷测算的收入）×100%。

目前越来越多的省市通过测算确定征收率，代表性省市及政策有：（1）海南，《海南省税务局土地增值税清算工作规程》（海南省税务局公告2023年第3号）第二十五条；（2）山东，《山东省税务局土地增值税清算管理办法》（山东省税务局公告2022年第10号）第三十七条；（3）湖北，《土地增值税征管工作指引（试行）》（鄂税财行便函〔2021〕9号）第八章；（4）广东，《广东省税务局土地增值税清算管理规程》（广东省税务局公告2019年第5号）第四十一条。

测算征收率的结果是同一企业开发的不同项目，即使产品类型相同，征税率也有可能存在差异。例如，2022年11月29日，平潭综合实验区税务局第三税务所向平潭某实业集团有限公司公告送达《土地增值税清算审核结论通知（核定征收）》，内容显示，税务机关对其开发的不同项目通过测算方式确定征收率，核定的征收率见表7.5。

表7.5 同一企业不同项目核定征收率对比

文书编号	项目名称	普通住宅	非普通住宅	其他类房地产
岚综实税三税通〔2022〕4号	环球花园公寓楼	0	6.08%	6.08%
岚综实税三税通〔2022〕7号	西航住宅楼5期	0	3.00%	3.00%
岚综实税三税通〔2022〕8号	海坛名街	0	5.50%	6.00%
岚综实税三税通〔2022〕11号	海滨城龙山别墅	0	20.68%	0

需要补充说明的是，税务机关通过测算确定项目征收率时，扣除项目均采用的是核定四项扣除标准。

2.核定税率。

具体是指税务机关发布政策，规定当地各产品类型分别适用的税率，因此同一地区不同企业间相同的产品类型间适用的税率一致。需要注意的是，除少数地方外，一般情况下只有无法通过测算确定征收率时才可以核定税率。按照核定征收率征收土地增值税的，应当区分产品类型分别核定，计算公式如下：

土地增值税应纳税额=转让房地产收入（不含增值税）×核定征收率。

代表性政策如下：

（1）山东省，《山东省税务局土地增值税清算管理办法》（山东省税务局公告2022年第10号）第三十八条规定："按照本办法第三十七条规定[①]无法计算土地增值税的，可采取核定征收率方式核定征收。核定征收率：普通住宅5%；非普通住宅、其他类型房地产6%。"

（2）四川省，《四川省税务局关于土地增值税预征及核定征收有关事项的公告》（四川省税务局公告2023年第3号）第二条第（三）项规定："扣除项目无

---

① 指分别核定收入或者扣除项目金额。

法核定的，根据销售收入与核定征收率核定征收土地增值税（转让土地使用权除外）。"

市、州名称	核定征收率		
	普通住宅	非普通住宅	其他类型房地产
成都市	5.00%	7.00%	8.00%
其他市、州	5.00%	6.00%	7.00%

知识链接：由于核定征收率，导致企业多缴税

2023年3月28日，惠州市惠城区税务局第二税务分局向惠州市某尚实业发展有限公司公告送达《税务事项通知书》（惠城二税税通〔2023〕723号），以交换土地增值税清算审核意见。内容显示，税务机关根据《土地增值税清算项目核定征收工作指引（试行）》（穗税财行便函〔2021〕16号）要求，参考第三方数据和参照当地扣除项目金额标准核定了该项目的开发成本，然后结合查账征收程序进行了税负测算："该项目普通住宅税负率为2.01%，其他类型房地产税负率高于6%。"但由于惠州市地方税务局公告2010年1号附件三规定，"土地增值税核定征收率统一为：普通住宅不低于5%，其他项目不低于6%"，最后税收机关决定对不同的产品类型分别采用不同的核定方法：普通住宅按照核定税率计算，税率为5%；其他类型房地产征收率按照测算数据核定。

综上分析，三种核定征收方式中，核定税率可以简化工作流程，如果开发项目拿地较早、土地成本较低或者开发产品增值额较高且各产品类型实际税负率均超过5%，有可能降低税负。而核定四项扣除标准和测算确定征收率两种方式实质是查账征收，尤其是测算确定征收率时，不但没有降低土地增值税税负，也没能简化查账征收的工作流程，相反在上述惠州市某尚实业发展有限公司一案中，普通住宅核定时还被迫适用了高税率，增加了企业的税收负担。因此，企业争取核定征收时，一定要厘清概念和核定规则，避免因混淆概念最后产生不确定性的结果。

"不谋全局者，不足谋一域"，企业能否采用核定征收率需要综合考虑：

第一，项目自身情况，不仅包括当期的成本和税负情况，还要兼顾同一楼盘中未清算的其他各期，这是因为《土地增值税清算管理规程》第三十六条规定：

"对于分期开发的房地产项目，各期清算的方式应保持一致。"该规定有两层意思，一是同一期中尾盘计征方式和清算时保持一致；二是同一开发项目中各期清算方式保持一致。

如果清算方式没有前瞻性，清算时难免会顾此失彼，最后落得"偷鸡不成蚀把米"。当前房价一路下行，如果第一期采用核定征收率方式，有可能出现后续各期清算时土地增值税核定征收率高于查账征收的实际税负率，企业被迫多缴纳土地增值税的情形，如此一来反而加重了企业的税收负担。

第二，当地的税收环境，如《河南省地方税务局关于调整土地增值税预征率、核定征收率的公告》（河南省地方税务局公告2017年第3号）第三条曾规定，"土地增值税核定征收率调整为15%"。这种情况下核定征收很有可能高于企业查账征收的税负率。

因此，企业在每个开发项目第一期土地增值税清算时，应综合评估风险和税负，提前测算各期的土地增值税税负率，慎重选用清算方式。

五、清算后尾盘管理与退税

（一）"审核期内"销售不动产

此处的"审核期内"是指房地产企业自土地增值税清算申报之日起至取得清算审核结论的期间。实务中，主管税务机关自收到企业清算资料后进行初步审核，对符合清算条件且报送的清算资料完备的项目予以受理；直至作出清算结论，中间需要一定的时间。

根据时限长短不同，"审核期"可以分为两种：（1）90日内，如深圳、山东、四川、贵州；（2）180日内，如广东、西藏。以上时限不包括房地产企业按照税务机关要求说明情况、补充资料的时间；如因清算审核过程中需补正资料未补正、房地产开发企业在清算期间停产停业或存在税企分歧等特殊情形无法在规定时限内完成审核的，须经县级以上地方税务局（分局）局长批准可以延长审核期限。

由于房地产企业还要正常经营，在"审核期"内转让剩余房地产取得的收入，土地增值税有以下两种不同的申报缴纳方式：

第一种，继续预缴土地增值税，直至收到清算审核结论，再按照清算后再转让的规定汇总申报缴纳土地增值税，多退少补。支持该观点相关的文件有《西藏自治区土地增值税清算管理规程（试行）》（西藏自治区税务局公告2022年第2号）、《广东省税务局土地增值税清算管理规程》（广东省税务局公告2019年第5号）、《关于房地产开发企业土地增值税清算管理有关问题的公告》（浙江省地方税务局公告2015年第8号）等。

第二种，直接按照尾盘申报缴纳，计算时按照申报时的"单位建筑面积成本费用"标准，直至收到清算审核结论后，再于次月纳税申报期内按清算审核结论确定的"单位建筑面积成本费用"进行尾盘更正申报，如《青岛市税务局房地产开发项目土地增值税清算管理办法》（青岛市税务局公告2022年第6号）、《宁波市税务局关于土地增值税清算若干政策问题的公告》（宁波市税务局公告2023年第3号）等。

正常情况下"审核期"最短为90日，从降低预缴税款减轻资金压力的角度考虑：如果项目土地增值税实际税负率高于预征率，采用第一种申报方式较为有利；如果项目土地增值税实际税负率低于预征率，采用第二种申报方式更为有利。如果税务机关未规定"审核期"内转让房地产如何征税，企业可以选择适用有利的申报缴纳方式。

（二）清算后再转让

在土地增值税清算时未转让的房地产，清算后转让的，房地产企业应依据税务机关审核确定的单位成本费用，区分产品类型、按期汇总，分别计算增值额、增值率，并按尾盘销售计算申报缴纳土地增值税。其中：

清算后转让扣除项目金额＝单位建筑面积成本费用×本期转让面积＋本期转让房产有关的税金

单位成本费用＝清算时税务扣除项目总金额÷清算的总建筑面积

上述公式中，"清算时的扣除项目总金额"不包括房地产开发企业进行清算时扣除的与转让房地产有关的税金，"本期转让房产有关的税金"是指尾盘销售当期实际缴纳的城建税、教育费附加等。

需要说明的是，如果清算时是采用核定税率方式的，剩余房地产再转让时仍应按税务机关清算时确定的税率，按照产品类型计算申报土地增值税。

（三）清算后退税

由于房地产滚动开发的特点，尤其是开发项目土地增值税实际税负率高于预征率时，投资人为了实现资金价值最大化，一般会延迟清算土地增值税，这种情况下房地产企业可能会面临如下局面：土地增值税清算时企业已无可售产品、不能实现销售收入，土地增值税清算完成当年，企业所得税汇算清缴出现亏损。

如果开发项目出现上述情形，且没有正在开发以及中标的项目，可以根据《关于房地产开发企业土地增值税清算涉及企业所得税退税有关问题的公告》（国家税务总局公告2016年第81号）有关规定，计算出该项目各个开发年度由于土地增值税原因导致的多缴纳的企业所得税，并申请退税。

房地产企业在申请退税时，应按照规定向主管税务机关提供书面材料——《房地产开发企业土地增值税清算涉及企业所得税退税计算过程说明》，说明应退企业所得税款的计算过程，如以下案例所示。

案例分析[①]：土地增值税清算后企业所得税退税的计算

某房地产企业开发有一楼盘，2011年开始预售，2015年销售完毕，2016年项目全部竣工。

项目实现的销售收入分别为2011年1065400089元，2012年740494145元，2013年0元，2014年-87000元，2015年658000元。

缴纳的企业所得税分别为2011年92971715.49元，2012年30669957.27元，2013年2310203.30元，2014年0元，2015年850989.38元。

2016年12月进行土地增值税清算，整个项目共缴纳土地增值税186113159.66元，其中，分年度预缴土地增值税分别为，2011年31686349.47元，2012年140182834.35元，2016年清算后补缴土地增值税14243975.84元。

该企业2016年度汇算清缴出现亏损，应纳税所得额为-14651689.54元，企业没有后续开发项目，拟申请退税，计算见表7.6。

---

① 《房地产开发企业土地增值税清算涉及企业所得税退税计算过程说明》，来源于国家税务总局深圳市税务局网站"表证单书下载"栏目，载深圳市税务局官网 https://shenzhen.chinatax.gov.cn/sztax/nsfw/xzzx/bzds/202005/1c200d6dfeff4d6e90dd83022954e539.shtml，最后访问时间2023年6月8日。

表7.6 房地产开发企业土地增值税清算涉及企业所得税退税计算

金额单位：人民币元（列至角分）

一、基本情况

企业名称	×××	纳税人识别号	×××		
开发项目名称	×××	宗地地址	×××		
预售许可证批准日期	×××	预售许可证号	×××	完工年度	2016	计税成本核算终止日		土地增值税清算申报日	2017.5.20		2016.12.21
是否存在后续开发项目	是□ 否■			经办人及联系电话	×××

二、退税计算

项目年度	项目年度销售收入总额①	分摊比例 2=1÷①	应分摊的土地增值税 3=2×②	当年已税前扣除的预缴（清算）土地增值税 4	当年亏损额 5	当年应纳税所得额调整 6=4-3-13	适用税率 7	当年应退企业所得税 8 第6列<0时填报 第8列=第6列的绝对值×7	当年已缴纳的企业所得税 9	当年实际可退企业所得税 10 第8列≤第9列时，第10列=第8列；第8列>第9列时，第10列=第9列	当年不足退税可结转下年弥补的亏损额 11 第8列>第9列时填报 第11列=(8-9)÷7	因以前年度退税不足结转本年弥补的亏损额 12 按上一年第11列填报	当年应补企业所得税 13 (第5列+第6列)>0时填报 第13=(5+6)×7	应退税款抵扣应补缴税款后余额 14 本列只填报合计栏 15=11-14	累计退税额超过项目开发各年度累计实际缴纳企业所得税时可结转弥补的亏损额 15 本列只填报合计栏，第10列>(第9列+第13列)时填报 15=(10-9-13)÷7	项目清算年度可结转弥补的亏损额 16 本列在清算年度填报，16=(5+6-15)
项目销售收入总额①	1806465234.00					项目缴纳土地增值税总额②			186113159.66			土地增值税清算当年亏损金额③	−14651689.54			−14651689.54
2011	1065400089.00	58.98%	109764070.26	31686349.47	—	−78077720.79	25%	19519430.20	92971715.49	19519430.20	0.00	—	0.00	—	—	—
2012	740494145.00	40.99%	76290261.47	140182834.35	—	63892572.88	25%	0.00	30669957.27	0.00	0.00	0.00	15973143.22	—	—	—
2013	0.00	0.00%	0.00	0.00	—	0.00	25%	0.00	2310203.30	0.00	0.00	0.00	0.00	—	—	—
2014	−87000.00	0.00%	−8963.28	—	−8963.28	8963.28	25%	0.00	—	0.00	0.00	0.00	2240.82	—	—	—
2015	658000.00	0.04%	67791.21	—	67791.21	−67791.21	25%	16947.80	850989.38	16947.80	0.00	0.00	0.00	—	—	—
2016	0.00	0.00%	14243975.84	14243975.84	−14651689.54	14243975.84	25%	—	—	—	—	—	—	—	—	−407713.70

续表

合计	1806465234.00	100.00%	186113159.66	−14651689.54	—	25%	19536378.00	1268022865.44	19536378.00	0.00	0.00	1597538404	3560993.96	0.00	−407713.70

填表说明：
1. 后续开发项目，是指正在开发以及中标的项目。
2. 本表填报的销售收入包括视同销售房地产的收入，但不包括企业销售的增值额未超过扣除项目金额20%的普通标准住宅的销售收入。
3. 本表"土地增值税清算当年亏损金额③"及第5列"当年亏损"、第9列"当年已缴纳的企业所得税"填报金额应与企业所得税年度纳税申报表附表A106000《企业所得税弥补亏损明细表》对应年度当年亏损额栏次填报。
4. 本表第4列"当年已税前扣除的预缴（清算）土地增值税"当年已缴纳税费（缴款）凭证一致。

第八章

开发产品运营环节

近年来，房地产业供求关系发生了深刻的变化：企业融资成本高企、销售速度放缓，经营模式从"高杠杆、高周转、高利润"逐渐回归，低利润将成为新常态；2022年12月，中共中央、国务院印发《扩大内需战略规划纲要（2022—2035年）》指出房地产业发展方向，即"促进居住消费健康发展、遏制投资投机性需求，加强房地产市场预期引导、探索新的发展模式"。以上种种变化都预示着住房将回归居住属性，房地产业经营模式将从开发为主转向"开发与物业运营并重"。

由于持有物业的主体无法参照项目公司短期内注销，因此其经营目标也将从"追求短期利润最大化"过渡至"企业安全"，企业安全包括经营和税务两个层面，这里主要分析税务层面。

一、自持物业的处理与运营

（一）自持物业持有主体的选择

对于前景较好、未来能贡献现金流的非住宅产品，房地产企业投资人一般会规划用于自持运营。以底商为例，常见的自持方式有：房地产企业自持或转移至关联方持有，关联方又包括自然人股东和关联资产管理公司两种。

从税收的角度考虑：（1）如果房地产企业直接持有、产权未发生转移不涉及税收；结转为固定资产后，可以折旧扣除。（2）如果产权转移至自然人股东或者关联公司，转移环节如不通过并购重组模式应视同销售缴纳税款，而接收方不论是个人股东还是资产管理公司，均需要缴纳契税和印花税。不同的是，资产管理公司作为企业法人，如能取得合法凭证，则可以折旧扣除；如资产管理公司为增值税一般纳税人，当取得增值税专用发票时则进项可以抵扣；另外资产管理公司经营资产时，如前期运营出现亏损可以在未来五年内弥补；自然人股东的好处是，经营资产产生利润时，所得税税率低于企业法人。

但实务中不仅要考虑税收，还要考虑经营风险和运营模式，尽管产权转移至关联方时房地产企业税负较重，但是房地产企业实现了资产剥离，未来如有必要可以快速注销。

另外，房地产企业将资产转移至关联方时应注意交易价格，一般情况下可以参照《全国法院贯彻实施民法典工作会议纪要》（法〔2021〕94号）"转让价格达不到交易时交易地的指导价或者市场交易价百分之七十的，一般可以视为明显不合理的低价"之规定，但是也有地方有特殊处理，如《江西省税务局关于财产行为税若干征管问题的公告》（江西省税务局公告2018年第15号）第四条"房地产转让申报价格明显偏低的处理规则问题"规定，对关联方之间的交易，在申报价格低于市场价格时，无论是否达到明显偏低的标准，均应按照公允价值和营业常规进行调整。

（二）自持物业运营模式的选择

由于房地产企业的管理团队特长在于开发，商业运营的经验相对欠缺，因此往往对客户消费洞察力不足，无从把握核心消费群体；叠加电商冲击、经济形势下行、消费降级，自持物业只有在专业的运营团队管理下才有可能实现保值增值、保持长期繁荣。

如果房地产企业自行持有底商，一般情况下运营方式有两种选择，一种是房地产企业组建专门的运营部门，另一种是单独成立商业管理公司（以下简称商管公司）并委托其运营。

当底商面积较大时，从风险隔离的角度来考虑，可以单独成立商管公司；此时房地产企业与商管公司的合作模式又分为两种：

第一种，直租模式，即房地产企业将商铺直接出租给商户并收取租金，商管公司向商户提供运营管理服务，收取运营管理费。

第二种，转租模式，即房地产企业将商铺出租给商管公司，商管公司转租给商户，并向其提供运营管理服务，同时收取租金和运营管理费。

实务中，房地产企业选择转租模式的居多，原因有二：

其一，根据《房产税暂行条例》第二条"房产税由产权所有人缴纳"之规定，商管公司转租房产不需要缴纳房产税，因此转租可以降低房产税和增值税。

其二，由于电商的冲击和经济形势处于下行态势，底商前期招商困难，商管公司亏损运营的居多，转租模式可以把"底商经营的全部风险转移至商管公司"，不但维护了房地产企业开发产品保值增值的良好声誉，更重要的是可以利用转租调节关联方利润。

但需要注意的是，如果出租价格明显偏低，主管税务机关可以依法实施反避税：(1)《关于加强出租房屋税收征管的通知》(国税发〔2005〕159号)第五条"合理确定出租房屋的应纳税额"规定，"对房屋出租人不申报租金收入或申报的租金收入低于计税租金标准又无正当理由的，可按计税租金标准计算征税"。(2)极少数地区对转租差额进行征税，如《吉林省地方税务局关于明确房产税土地使用税有关政策的通知》(吉地税发〔2006〕42号)[①]第二条规定：承租人转租的房屋，按转租人取得的租金收入减去支付租金后的余额计算缴纳房产税。

综上分析，房地产企业选择自持物业的商业模式时，笔者建议企业预先进行税负和利润测算，根据测算结果和运营中其他相关因素综合安排。

二、开发产品转为自用

当开发产品出现滞销时，房地产企业常见做法是将开发产品转为自用，用于租赁或投资等其他经营活动。开发产品转为自用具体是指将其房地产开发项目通过办理权属登记，作为不动产登记在自己名下。

开发产品转为自用时，鉴于所有权未发生转移，不属于《销售服务、无形资产、不动产注释》(财税〔2016〕36号附件1之"附")规定"销售不动产，是指转让不动产所有权的业务活动"之情形，因此不属于增值税的应税行为，无法开具发票；同时也不需要缴纳土地增值税和企业所得税、印花税。

(一)转为自用后的税务处理

开发产品转自用后，房地产企业再次销售时，税务处理与销售新房有所不同：

1.增值税。

如果房地产企业将开发产品转为自用并办理权属登记后，再用于销售时增值

[①] 根据吉林省税务局2018年6月15日发布的《关于公布继续执行的税收规范性文件目录的公告》(国家税务总局吉林省税务局2018年第3号)规定，吉地税发〔2006〕42号继续执行。

税应当按照《纳税人转让不动产增值税征收管理暂行办法》（国家税务总局公告2016年第14号）的规定进行税务处理，而不再适用《房地产开发企业销售自行开发的房地产项目增值税征收管理暂行办法》（国家税务总局公告2016年第18号），其对应的土地价款不得扣除。

2.土地增值税。

《关于土地增值税一些具体问题规定的通知》（财税〔1995〕48号）文件规定："凡是已使用一定时间或达到一定磨损程度的房产均属旧房。使用时间和磨损程度标准可由各省、自治区、直辖市财政厅（局）和地方税务局具体规定。"各地税务机关对旧房的界定标准差异很大，代表性省、市见表8.1，开发产品符合旧房标准的，企业再次销售时按照销售旧房计算土地增值税。

表8.1 各地旧房标准对比表

序号	区域	相关文号	具体规定
1	中央	财税〔1995〕48号	已使用一定时间或达到一定磨损程度
2	浙江	浙地税〔95〕第38号	连续使用一年以上或未使用三年以上
3	上海	沪地税地〔1995〕38号	使用在一年以上或达到磨损程度3%左右
4	江苏	苏财税〔2007〕45号	1.已建成并办理房屋产权证； 2.或取得购房发票的房产； 3.或虽未办产权证但已建成并交付使用的房产
5	湖南	湘财税〔2015〕13号	1.新建非商品房取得房屋所有权证； 2.新建商品房实现销售（含视同），产权登记或办证
6	重庆	重庆市地税局公告2014年第9号 渝财税〔2015〕93号	1.单位和个人对外取得的房产； 2.房地产企业以外的其他单位和个人建造的房产； 3.房企建造房产已转为固定资产或投资性房地产5年以上
7	安徽	安徽省税务局公告2019年第10号	1.新建成的房产使用时间满一年； 2.购买新房再转让的； 3.个人新建房产转让

按照《关于土地增值税若干问题的通知》（财税〔2006〕21号）文件规定，旧房的土地增值税征缴方法按如下顺序确认：能取得评估价格的，依据评估价格；

不能取得评估价格，但能提供购房发票的，依据发票；既没有评估价格，又不能提供购房发票的，实行核定征收。

需要说明的是，由于旧房属于房地产企业原来自行开发的产品，所以无法提供发票；且房地产开发属于特殊行业，税务机关一般不允许房地产企业核定征收；因此，房地产企业转让旧房时，税务机关一般要求先按照评估价格确认扣除项目，然后再通过查账征收计算缴纳土地增值税。

此处的"评估价格"，按照《土地增值税暂行条例实施细则》第七条第（四）项规定，"是指在转让已使用的房屋及建筑物时，由政府批准设立的房地产评估机构评定的重置成本价乘以成新度折扣率后的价格"。即扣除项目由取得土地使用权所支付的金额、评估价格、评估费用、与转让房地产相关的税金等四部分组成。

3.企业所得税。

国税发〔2009〕31号文件第二十四条规定："企业开发产品转为自用的，其实际使用时间累计未超过12个月又销售的，不得在税前扣除折旧费用。"

如果应计提折旧但未计提的，当年发现后可以一次性补提计入当期损益；如果发生跨年的，应依据《关于企业所得税应纳税所得额若干税务处理问题的公告》（国家税务总局公告2012年第15号）第六条规定，通过"以前年度损益调整"追补至发生年度处理。

（二）转为自用后的法律应对

待未来行情好转，房地产企业可以再次销售固定资产，已经办理抵押权登记的开发产品可以"带押过户"。"带押过户"是指依据《民法典》第四百零六条"抵押期间，抵押人可以转让抵押财产。当事人另有约定的，按照其约定"的规定，在申请办理已抵押不动产转移登记时，无须提前归还旧贷款、注销抵押登记，即可完成过户、再次抵押和发放新贷款等手续，实现不动产登记和抵押贷款的有效衔接。

2023年3月3日，自然资源部、原中国银行保险监督管理委员会联合发布《关于协同做好不动产"带押过户"便民利企服务的通知》（自然资发〔2023〕29号），决定深化不动产登记和金融便民利企合作，协同做好不动产"带押过户"。"带押过户"主要适用于在银行业金融机构存在未结清的按揭贷款,且按揭贷款当前无逾期。根据《自然资源部关于做好不动产抵押登记工作的通知》(自然资发〔2021〕54号),不动产登记簿已记载禁止或限制转让抵押不动产的约定,或者《民法典》实施前已经办理抵押登记的,应当由当事人协商一致再行办理。

如果房产有未到期租约合同的,房地产企业需要提前征询承租人意见,确认是否行使优先购买权。《民法典》第七百二十八条规定:"出租人未通知承租人或者有其他妨害承租人行使优先购买权情形的,承租人可以请求出租人承担赔偿责任。"

带租约过户后,依据"买卖不破租赁"的原则,租赁合同依然有效,承租人需要向新业主按期支付租金。

三、免租期的合同与税务处理

近年来,由于电商、网络直播等新业态迅速发展,实体商业受到冲击,以至于商业地产出租业务陷入困境,有时只能通过提供"免租期"或者"装修期"(以免租期为例)等优惠政策以招徕商家进场经营。免租期的处理也大有学问。

1.增值税

赠送免租期是房地产企业商铺招商常见的营销模式,免租期不属于税法中所称的无偿赠送,《关于土地价款扣除时间等增值税征管问题的公告》(国家税务总局公告2016年第86号)第七条规定:"纳税人出租不动产,租赁合同中约定免租期的,不属于《营业税改征增值税试点实施办法》(财税〔2016〕36号附件1)第十四条规定的视同销售服务。"

2.房产税

需要注意的是,租赁合同免租期除了涉及增值税,还涉及房产税。《关于安置残疾人就业单位城镇土地使用税等政策的通知》(财税〔2010〕121号)第二条规定"关于出租房产免收租金期间房产税问题"规定:"对出租房产,租赁双方签订的租赁合同约定有免收租金期限的,免收租金期间由产权所有人按照房产原值缴纳房产税"。

根据以上规定,房地产企业在免租期内没有收到租金,但是仍然需要缴纳房产税,导致企业发生资金损失。

针对这种情况，为了降低企业的房产税负担，可以考虑优化《商铺租赁合同》约定，取消"免租期"或者"装修期"，把租金均匀分摊至整个合同期。

案例分析：合同措辞需注意，用心斟酌能节税

某房地产开发有限公司2021年开发有一楼盘，目前尾盘有100间规格相同的底商未售，为了回笼资金企业决定临时出租，每间商铺房产原值均为100万元，企业要求财务对租赁合同进行审核。

（1）招商部门拟定的《商铺租赁合同》文本中涉税条款为：承租方租赁商铺12个月，租金30000元/月/间，租期期满无偿获赠3个月免租期，年租金含税价为36万元。

此时应缴房产税=[36÷（1+9%）×12%+100×（1-30%）×1.2%×3÷12]×100=417.33万元

（2）财务部门建议把上述条款修改为：承租方租赁商铺15个月，租金24000元/月，共计36万元，出租方提供9%税率的专票，其中增值税税额为2.97万元。

此时应缴房产税：36÷（1+9%）×12%×100=396.33万元

对比发现，通过优化调整合同约定，企业每年可以节省房产税21万元。

3. 印花税。

由于上述合同属于不动产租赁合同，还涉及印花税，税率为千分之一。根据《印花税法》第五条第（一）项规定："应税合同的计税依据，为合同所列的金额，不包括列明的增值税税款。"该条规定的意思是，如果应税合同、产权转移书据明确列明增值税税额，则印花税计税依据不含列明的增值税。如果只是列明含税或者税率等，则仍以合同所列金额为计税依据进行申报，而不是换算为不含增值税金额。

针对上面招商部门的合同文本，企业每年应缴纳印花税=36×100×0.1%=3.6万元；如果按照财务修改后的文本，企业每年应缴纳印花税=36÷1.09×100×0.1%=3.3万元，节省印花税为0.3万元。

困难时期，企业不仅要开源，还要节流，而合法降低税收成本是企业明智的选择。

四、"售后返租"模式风险

"售后返租"是指，房地产企业将房屋出售给买受人，然后再由房地产企业直接或者指定运营公司（以下简称运营方）租回，交由运营方整体运营。这里的"售后返租"不包括融资租赁的情形。

当前"售后返租"的开发产品主要为商业用房或经营性用房，如商铺、产权式公寓、养老地产、旅游地产等。由于这些产品不属于刚需，房地产企业为了免除消费者购入后空置的后顾之忧，同时实现加速销售、快速回笼资金的目的，房地产企业引入了售后返租的销售模式。毕竟"售后返租"不同于常规销售模式，虽然看上去很美，但涉及的风险也大、税务处理也相对复杂。

（一）"售后返租"的法律风险

房地产企业预售期房时不允许采取售后返租模式，《商品房销售管理办法》（建设部令第88号）规定："房地产开发企业不得采取售后包租或者变相售后包租的方式销售未竣工商品房。"

2006年，国务院办公厅曾发布《关于进一步整顿规范房地产交易秩序的通知》（国办发〔2006〕37号）要求"加强房地产广告发布管理"。对房地产企业未取得预售许可证发布预售广告的，承诺售后包租、返本销售的，予以严肃处理。

当前房地产企业融资困难，"售后返租"的销售模式中，如果房地产企业在销售房产时，明知自己所售房屋不具备交付条件，或根本达不到交付的标准时，仍然采取"售后返租"的方式，最终导致购房人在交付房款后不能取得房产，这种情形有可能被认定企业以非法占有为目的，如果具备了非法占有的犯罪故意，依据《刑法》第二百二十四条的规定，有可能被认定为合同诈骗罪。

"售后返租"还有可能涉嫌"非法吸收公众存款或者变相吸收公众存款"，《关于审理非法集资刑事案件具体应用法律若干问题的解释》（法释〔2022〕5号）规定："不具有房产销售的真实内容或者不以房产销售为主要目的，以返本销售、售后包租、约定回购、销售房产份额等方式非法吸收资金的"，将有可能"以非法吸收公众存款罪"定罪处罚，如广东省中山市中级人民法院作出的（2014）中中法民一终字第168号判决书中显示，涉案房地产公司法定代表人涉嫌通过售后返租非法吸收公众存款罪、合同诈骗罪被追究刑事责任。

综上，投资人和房地产企业在确定售后返租销售模式后，须征询律师意见以把控风险，避免触犯法律底线。

（二）"售后返租"税务风险

根据《关于从事房地产开发的外商投资企业售后返租业务所得税处理问题的批复》（国税函〔2007〕603号）规定，售后返租应分解为销售和租赁两项业务分别进行税务处理，每项业务都涉及税费。

1. 交易价格偏低的风险。

房地产企业为了降低销售环节的税负，有可能与买受人协调要求双向降低交易价格，即企业销售时降低不动产销售价格、返租时买受人降低租金，笔者在实践中还遇到过零租金返租的现象。

按照税收征收管理法规定，纳税人申报的计税依据明显偏低，又无正当理由的，税务机关有权核定房地产企业和买受人的应纳税额。另外，如果销售中存在企业以无偿返租为前提降低销售价格的，其实质是买受人以租金抵顶部分购房款，依据《关于个人与房地产开发企业签订有条件优惠价格协议购买商店征收个人所得税问题的批复》（国税函〔2008〕576号）规定："购买者个人少支出的购房价款，应视同个人财产租赁所得，按照'财产租赁所得'项目征收个人所得税。"

2. 合同包税的税务处理。

企业为了加速销售，还有可能签订包税合同，即运营方承诺：不动产出租产生的税费由运营方承担，在出租环节买受人的身份变成了出租人。

需要说明的是，我国税收法律、法规均明确了各税种的纳税义务人，并对税种、税率和应纳税额的计算方式等作了规定，但对于税款由谁实际承担，税法并没有作出强制性或禁止性规定。而包税合同并非改变纳税义务人，而是约定实际承担人，这种约定是一种履约的条件，是缔约双方利益分配的方式，与税法并不抵触。因此，只要"包税条款"是双方当事人的真实意思表示，在不造成国家税款流失、不违反国家法律规定的前提下，应属有效约定，法院也普遍认可"包税条款"的民事法律效力。

但是具体到"售后返租"业务中，运营方代为承担的税款属于税负转嫁，其不属于《企业所得税法》第八条规定的"企业实际发生的与取得收入有关的、合理的支出"，无法凭借开具给出租人的完税凭证进行税前扣除；如果运营方售后返租的房屋众多，代为承担的税费将是一笔沉重的负担。为了减轻运营方税收负担、便于税前扣除，建议返租协议中将出租方的税后净得换算为含税价，这里的税不仅包括增值税，还应包括房产税、个人所得税和印花税。

（三）出租环节税负分析

如果按照出租人的身份划分，可以分为自然人、法人和非法人组织，由于售后返租实务中自然人居多，因此这里以自然人为例进行税务分析。

1.增值税。

自然人出租商业用房时，不适用税收优惠，应按照5%的征收率计算增值税应纳税额；如果采取一次性收取租金形式出租不动产的，租金收入可在对应的租赁期内平均分摊，分摊后的月租金收入未超过10万元的，可以免征增值税；自然人可以根据需要委托税务机关代开增值税普通发票或专票。

2.房产税。

自然人出租非住房，房产税税率为12%，根据《关于营改增后契税 房产税 土地增值税 个人所得税计税依据问题的通知》（财税〔2016〕43号）第二条规定，计征房产税的租金收入不含增值税。

3.个人所得税。

自然人出租房屋，个人所得税应税收入不含增值税，按"财产租赁所得"项目计算缴纳个人所得税，税率为20%。每次收入不超过4000元的，减除费用800元；4000元以上的，减除20%的费用。如果租金低于4000元/月，因为个税扣除标准为800元且为固定金额，此时租金越高，个人所得税税负越高。

需要说明的是，依据《关于个人转租房屋取得收入征收个人所得税问题的通知》（国税函〔2009〕639号）第三条规定，有关财产租赁所得个人所得税前扣除税费的扣除次序调整为：（1）财产租赁过程中缴纳的税费；（2）向出租方支付的租金；（3）由纳税人负担的租赁财产。

4.印花税。

根据《印花税法》,双方应就租赁合同按"租赁合同"缴纳印花税,税率为1‰。

笔者曾经做过测算,假定出租方按照2000元/月收取租金,包租模式下运营方取得增值税普通发票时,需要代为承担405.33元税款,如果是专票税负更重。

如果运营方希望通过改变商业模式避税,但出租人又不承担经营风险并取得固定回报,根据《关于安徽省若干房产税业务问题的批复》(国税函发〔1993〕368号)文件精神,业务实质仍然属于出租业务。以产权式酒店为例,如果业主提供房产与运营方双方合作经营,但不动产未发生转移登记,根据《关于酒店产权式经营业主税收问题的批复》(国税函〔2006〕478号)规定,业主按照约定取得的固定收入和分红收入均应视为租金收入。因此,以上尝试均不能减少出租环节的税款。

综上,房地产企业尝试"售后返租"模式时,前期一定要进行充分调研,全面论证可行性,切勿为了融资而饮鸩止渴,否则最后只是看上去很美。

五、尾盘的税务处理

为了避免项目开发过程中由于不规范行为事后引发风险,投资人大多希望在开发产品销售完毕后,尽快注销项目公司。但实务中,往往有部分尾盘难以销售,如地下无产权车位、集中商业等。这时投资人就需要利用非常规手段进行快速处置,常见的有大宗资产转让、资产剥离等方式。

(一)大宗资产转让

以地下无产权车位为例,税法规定,房地产企业转让车位时如果符合以下情形,即使价格偏低也视为有正当理由:(1)法院判决或裁定转让;(2)采取政府指导价、限价等非市场定价方式销售;(3)公开竞价拍卖转让;(4)能够证明存在质量问题;(5)市场因素。

除此之外,尾盘销售时房地产企业之所以要降低价格,还有两种可能,一是尾盘产生的利润难以覆盖对应的成本,久拖不决将导致亏损加剧;二是企业快速脱手以便腾出资源转产开发新项目,针对这种情形可以参考四川省国家税务局

《关于印发〈增值税问题解释之四〉的通知》(川国税函发〔1997〕2号)第五条规定:"对企业处理有效期限即将到期的商品、季节性降价销售商品或其他积压、冷背、残次商品;因清偿债务、转产、歇业等按低于成本价或进行降价销售商品,均属正当理由的低价销售行为。"

需要指出的是,当前税务机关对于"计税依据明显偏低",尚无具体标准。如乌鲁木齐市中级人民法院审理的"新疆维吾尔自治区地方税务局稽查局与新疆某成房地产开发有限公司税务行政处罚案",(2014)乌中行终字第95号判决书认定如下:

三、关于某成房产公司向新疆某投资发展有限公司离退休职工让利销售房屋,是否属纳税人申报的计税依据"明显偏低,又无正当理由"的问题。

《中华人民共和国税收征收管理法》第三十五条第(六)项规定,"纳税人申报的计税依据明显偏低,又无正当理由的,税务机关有权核定其应纳税额"。本案中,某成房产公司应其上级主管部门要求,为解决企业老职工住房困难,化解信访突出问题,经上级主管部门批准、某成房产公司董事会研究决定给老职工售房价格让利20%的证据确凿,事实清楚。上述法律规定,虽规定纳税人申报计税依据明显偏低,又无正当理由的,税务机关有权核定其应纳税额,但法律法规对"计税依据明显偏低"没有具体标准,对"无正当理由"亦无没有明确的界定。……税务局简单地将此认定为"明显低于市场价格,无正当理由的",并以此为由对某成房产公司处以营业税罚款显属错误。

《全国法院贯彻实施民法典工作会议纪要》(法〔2021〕94号)规定,"对于民法典第五百三十九条规定的明显不合理的低价或者高价,人民法院应当以交易当地一般经营者的判断,并参考交易当时交易地的物价部门指导价或者市场交易价,结合其他相关因素综合考虑予以认定。转让价格达不到交易时交易地的指导价或者市场交易价百分之七十的,一般可以视为明显不合理的低价"。换句话说,房地产企业面对的是开放的交易市场,尾盘销售时只要成交价格不低于市场公允价格的70%,就应视为合理。

多地税务机关曾发文表示,"纳税人申报的房地产销售价格不低于同期同类房地产平均销售价格30%且有正当理由的,可认定为房地产销售价格合理",相关文件包括《海南省税务局土地增值税清算审核管理办法》(海南省税务局公告2023年第2号)、《贵州省土地增值税清算管理办法》(贵州省税务局公告2022年第12号)、《江西省税务局关于财产行为税若干征管问题的公告》(江西省税务局公告2018年第15号)等。

但是江西省税务局公告2018年第15号文件第四条"房地产转让申报价格明显偏低的处理规则问题"也明文规定,"对关联方之间的交易,在申报价格低于市场价格时,无论是否达到明显偏低的标准,均应按照公允价值和营业常规进行调整"。类似的规定越来越多的出现在各地税务机关发布的口径中,其动向值得房地产企业关注。

对于难以销售的无产权地下车位,根据《民法典》第二百七十六条规定:"建筑区划内,规划用于停放汽车的车位、车库应当首先满足业主的需要。"因此房地产企业应先公示,在小区业主放弃优先购买权后,方可以大宗交易的方式,以优惠的价格转让给资产管理公司或者物业公司;如果车位能够以负增值的方式处置,可以有效降低开发项目的土地增值税。待开发产品处置完毕后,投资人即可启动项目公司注销清算程序。

不论车位有无产权,资产管理公司或者物业公司原则上应按照《关于贯彻实施契税法若干事项执行口径的公告》(财政部 税务总局公告2021年第23号)第二条第(六)项规定缴纳契税。未来,资产管理公司或者物业公司对于名下的车位,可以选择根据业务发展需要进行处置,出售或出租都在其选项范围内。

(二)重组方式资产剥离

一般情况下,房地产业属于滚动开发,项目预售产生的现金流早已投入新的项目,项目尾盘尤其是集中商业(以下以集中商业为例),即使按照市场交易价格的70%进行关联交易,也需要缴纳大量的税费,尤其是当前大多数的房地产企业难以承受其资金压力。

针对这种情况,企业可以通过重组方式进行资产剥离,常用的具体方式又分为资产划转和企业分立两种,由于资产划转政策不够明确,出于安全,笔者更推荐企业分立。具体操作是,投资人对房地产企业进行存续分立,把集中商业分立到新的公司（如商业管理公司），房地产企业投资人持有商业管理公司股权，房地产企业在满足时间要求后注销。具体的政策适用及税务处理如下：

1.增值税。

《营业税改征增值税试点有关事项的规定》（财税〔2016〕36号附件2）规定，在资产重组过程中，通过合并、分立、出售、置换等方式，将全部或者部分实物资产以及与其相关联的债权、负债和劳动力一并转让给其他单位和个人，其中涉及的不动产、土地使用权转让行为，不征收增值税项目。

2.土地增值税。

根据《关于继续实施企业改制重组有关土地增值税政策的公告》（财政部 税务总局公告2023年第51号）规定："三、按照法律规定或者合同约定，企业分设为两个或两个以上与原企业投资主体相同的企业，对原企业将房地产转移、变更到分立后的企业，暂不征土地增值税。"但该优惠不适用于房地产转移任意一方为房地产开发企业的情形。

针对上述规定，房地产企业应对的方法有两种：一种是按照"合理低价转让"给分立公司，如产生增值，则缴纳土地增值税。

另一种是改变房地产企业法律形式达到去地产化的目的，包括变更企业名称、经营范围、取消房地产开发资质。例如，根据建信中关村产业园封闭式基础设施证券投资基金于2021年11月23日发布的招募说明书内容，原始权益人北京中关村某发展有限责任公司，其经营范围中有"房地产开发"业务，并且办理有房地产开发资质。此次为了募集资金，需要以标的基础设施项目的房屋所有权及其对应的土地使用权向项目公司增资，为了规避土地增值税，该企业于2020年11月变更了经营范围、注销了房地产开发资质；为安全起见，该企业又于2021年5月17日取得了北京市海淀区税务局出具的编号为"京海税土增涉〔2021〕120019"的《土地增值税涉税证明》，已获准重组环节不征土地增值税。

实践中，对于通过第二种方式处理能否免征土地增值税，各地税务机关态度不一，为规避涉税风险，建议企业提前征询主管税务机关意见。

3.企业所得税。

根据《关于企业重组业务企业所得税处理若干问题的通知》（财税〔2009〕59

号）文件规定，企业所得税分为一般税务处理和特殊税务处理。房地产企业为了延迟纳税，需要选择特殊税务处理。需要注意的是，选择特殊税务处理需要同时符合以下五个特殊条件：具有合理商业目的，且不以减少、免除或者推迟缴纳税款为主要目的；企业分立后12个月内不改变原来实质性经营活动……

房地产企业作为主导方，应根据《关于企业重组业务企业所得税征收管理若干问题的公告》（国家税务总局公告2015年第48号）第五条规定，逐条说明企业重组具有合理的商业目的。实践证明，是否合理取决于企业与税务机关的有效沟通和良好的税企互动。

4. 印花税。

《关于企业改制过程中有关印花税政策的通知》（财税〔2003〕183号）规定，以合并或分立方式成立的新企业，其新启用的资金账簿记载的资金，凡原已贴花的部分可不再贴花，未贴花的部分和以后新增加的资金按规定贴花。

5. 契税。

《关于继续实施企业、事业单位改制重组有关契税政策的公告》（财政部 税务总局公告2023年第49号）规定："四、公司分立。公司依照法律规定、合同约定分立为两个或两个以上与原公司投资主体相同的公司，对分立后公司承受原公司土地、房屋权属，免征契税。"

需要注意的是，企业分立不得以规避债务纠纷为目的，这是因为《公司法》第二百二十三条规定，"公司分立前的债务由分立后的公司承担连带责任。但是，公司在分立前与债权人就债务清偿达成的书面协议另有约定的除外。"《民法典》第六十七条第二款规定："法人分立的，其权利和义务由分立后的法人享有连带债权，承担连带债务，但是债权人和债务人另有约定的除外。"因此，如果房地产企业存在未清偿的债务，新分立的商管公司原则上应承担连带责任。

在房地产企业资产剥离时，笔者之所以不推荐资产划转模式，是因为目前税务机关对资产划转模式能否适用财政部、税务总局公告2023年第51号政策，还存在分歧。

例如，深圳市税务局在2019年8月16日回复纳税人提问"母公司将房产划转给子公司是否可以免征土地增值税"时指出："根据《土地增值税暂行条例》第二条规定，转让国有土地使用权、地上的建筑物及其附着物并取得收入的单位和个人，为土地增值税的纳税义务人，应当依照本条例缴纳土地增值税。若符合《关于继续实施企业改制重组有关土地增值税政策的通知》(财税〔2018〕57号)[①]规定的，暂不征土地增值税。"

但厦门市税务局2021年3月1日在回复"国有独资企业将不动产按账面净值无偿划转至母公司（100%）是否需要缴纳增值税、土地增值税、印花税"时，明确："根据现行土地增值税规定，纳税人将不动产无偿划转至母公司，属于土地增值税应税行为，应当按视同销售申报缴纳土地增值税。"

笔者认为，房地产并购重组业务影响重大，房地产企业在处理相关业务时应主动规避模糊政策，以免税务机关事后追究给企业带来风险。实践中，企业因误用政策，以致于事后被追征税款、滞纳金甚至并被罚款的案例屡见不鲜。《庄子语录》有云，"谨慎能捕千秋蝉，小心驶得万年船"，当前金税工程不断完善，税务监管能力不断提升，房地产企业只有做到税务合规，方有可能基业长青。

[①] 该文件已经废止，现参见《关于继续实施企业改制重组有关土地增值税政策的公告》(财政部 税务总局公告2023年第51号)。

致 谢

我是一名税务咨询师,主要工作是为房地产企业提供税收筹划,兼职身份是讲师,为高校、培训机构讲授财税课程,为企业提供内部培训。在长期的实践与教学中,我积累了丰富而宝贵的经验和大量鲜活的案例,而这些正是企业财务人员所普遍缺乏的。

当前房地产市场供求关系已经发生深刻变化,房地产业已经回归低利润时代,企业资金普遍偏紧,在此形势下,企业财务人员能向企业申请外出学习需要一定的勇气:学员不仅需要放下正常的工作,还要企业花费真金白银,甚至有些学员需要跨越数千里的距离,听课机会可谓来之不易。

为了回馈学员,我在授课方法上,尽力把政策与实务相结合、通过案例教学,分享实战经验;在课程设计上,尽量安排得内容饱满、时间紧凑、信息丰富。因为以上原因,学员对我的课程普遍评价"信息量大、实用性强、能落地""掌握后可以转化为生产力"。

但正因为我的课程信息量大、实战性强,学员要想在短时间内把课程内容全部消化、吸收,并不是一件容易的事情,况且部分学员还被企业"委以重任",回到单位后还需向同事分享所学内容。因此,他们希望课程结束后能带些资料回去复习巩固、学习深化,于是常常有学员向我问起:"在哪里可以买到您的最新著作?"

正是学员的一次次问询和期待,才让我坚定了把部分经验与课程整理成书的决心,所以这本书能够得以出版,首先应感谢广大的学员!同时也感谢信任我的企业家,和我服务过以及正在服务的房地产企业,为我提供了施展才华的舞台和宝贵的素材。

机缘巧合的是，三年前中国法制出版社的编辑刘悦老师向我约稿。签约后的三年时间里，刘老师从图书选题到组稿，再到校对、出版，全程付出了宝贵的心血。由于我目前是自主创业，为了保证客户服务质量，下企业调研、交流、找寻解决方案、服务落地，凡事都要亲力亲为，只能忙里偷闲整理书稿，以至于拖慢了书稿进度。刘老师总是不厌其烦地督促进度、分享写作经验、指导图书写作。对于刘老师的包容、鼓励与支持，请容我在此说一声"谢谢！"还要感谢责任编辑赵雅菲老师，她积极协调排期，认真地审书稿；感谢北京九章文化有限公司的孙老师及其团队在图书排版中付出了辛勤的劳动。正是因为他们的辛苦付出，图书才能得以早日面市。

在图书的写作过程中，许多财税领域、房地产领域的老师或朋友为我提供了大力支持：十余位知名的财税专家、房地产专家、资深税官、业界资深人士热情帮我推荐图书（详见推荐语名单）；王浩鹏老师、陈斌才教授、郑晓东律师在图书写作过程中给予了宝贵意见；好友梁金泉审核了整个书稿，并从财税角度提出了宝贵的修改意见；吴建新律师、北京市炜衡（沈阳）律师事务所安庆芳律师以及北京盈科（沈阳）律师事务所刘丽丽律师从法律角度为我进行把关。神州九鼎财税咨询（北京）有限公司李春婷、牛鲁飞带领咨询部全体人员对图书案例进行了细致的复核，并负责全书的校对工作。房地产会计网和九鼎财税微信群中众多好友为我提供了素材，《飞狼财税通》与北京中税答疑软件科技有限公司旗下的《税税查》为我查询税收政策提供了便利与支持。

我要特别感谢以下四位老师或领导的栽培：第一位是我的大学老师程化光老师，自第一次上课时结识后至今，一直给我支持和鼓励，让我勇往直前不敢懈怠；第二位是蔡昌老师，也是我的第一任老板，他引领我进入财税咨询行业，指导我为人处世的方法与处理工作的技能，使之成为我毕生的财富，此次他还为本书倾情做序；第三位是我的第二任老板李明俊老师，他博学睿智，让我学到了很多先进的理念，我也由此和深圳深度结缘；第四位是徐朝华老师，徐老师作为战略管理咨询领域的大家，大公无私、不求回报地传授管理咨询知识与实战经验，而这些正是税收筹划顶层设计中不可或缺的内容。

感谢信任我的企业家和房地产企业，感谢众多的培训机构，金旭红、金穗源、明源、聚航、中华会计网校、税屋网、房地产会计网……，为我提供施展才华的舞台。

此外，还要感谢众多财税界好友长期以来的支持与帮助，包括刘玉章、王浩鹏、景志伟、巴特、徐晓东、翟巨顺、安庆芳、梁金泉、胡海义、耿鸿江、姚家焕、黄超、罗彬、李彦锋……

最后感谢我的家人，一直在生活与工作中、写作时给我支持和陪伴。

牛鲁鹏

推荐语

（排名不分先后　按姓氏笔画为序）

牛老师长期从事房地产开发业务的税务研究和操作实践。本书是作者多年的心血结晶。本书既系统分析了房地产全程的税务处理，又很好地阐述了如何应对税收风险，是一本难得的税收筹划实务指南。

所得税专家　巴特

"不积跬步，无以至千里；不积小流，无以成江海。"牛老师潜心研究房地产财税业务十多年，是我学习的榜样。在长期从事房地产税收筹划的工作中，牛老师将理论与实践相互融合，积累了丰富的实操经验与工作心得，并将多年的真知灼见系统归纳、整理、成书。该书系统地分析了房地产开发流程各环节的重要涉税问题，并通过翔实的案例让我们加深对房地产行业税收筹划的理解。相信《房地产全流程税收筹划与风险应对》一书是您解决房地产财税问题、应对税收风险的明智选择。

房地产财税专家　王浩鹏

成功的房地产企业有四大秘籍：团队、市场、土地和融资。牛老师以专业财税人员的视角，以国家法律法规为依据，以房地产市场为导向，以土地使用权为根基，以资金筹集运营为保障，对房地产开发经营业务全过程精心分析、全面规划，提供了实务操作指引，写出了一本可圈可点的好书，值得房地产开发经营的实务工作者、学员以及从事房地产行政管理的公务人员学习和借鉴。

财税专家　刘玉章

税务管理是地产投资的重要一环，税负高低直接决定着最终利润的实现。税务管理不应仅对问题作出应激性反应，更应深入前端、躬身入局，对税务环境作出预判和应对调整，从源头安排合规策略解决税务问题，实现税务的管理价值。牛老师这本书立足于开发项目的全生命周期，将税务管理深入整合到立项、开发、销售、清盘等整体运营的各个环节，提纲挈领，从本源处解决税务问题，可作为房企业务重整及价值逻辑重塑过程中的指路明灯。

某知名多元化集团税务总监　刘永生

这本书是作者集多年房地产财税研究及教学的大成之作。近年来，房地产业管理模式、业务模式、融资模式均发生了很大的变化，导致税收处理上也面临很多新风险与难题。本书与时俱进地进行了分析总结，给出了解题方法与思路；同时，本书聚焦房地产全流程税务筹划和风险处理，知识全面精练。房地产企业财务人员熟读本书，可对房地产业的财税知识有全面认识和了解，可有效地指导工作，为企业创造最大化的税收价值。

融创中国东南区域集团财务管理中心副总经理　邢夏阳

房地产开发企业的业务形态复杂，涉及税种多，税收负担重。房地产开发企业的税务处理一直是困扰企业财务人员、中介服务机构等从业人员的固疾问题。牛老师长期以来从事房地产开发的税务咨询和教学工作，既有丰富的实践经验，也有深厚的理论功底，对房地产开发企业的税务处理有独到的见解。本书以房地产开发的业务流程为逻辑主线，全面、系统地介绍了房地产开发各环节的税务筹划方法，有利于房地产开发企业降低税收负担，系统地化解涉税风险。

国家税务总局税务干部学院教授　陈斌才

房地产企业具有鲜明的行业特点，如经营链条长，涉及税种多。税收成本已是房地产企业的重要成本。牛老师深耕地产财税多年，以其深厚的实践积累和敏锐的行业洞察力，选择税收筹划和涉税风险应对两个维度，对房地产企业全业务流程的涉税问题进行了详尽阐述，祝贺他写出了一本贴合实务的好书！

中国建筑财税深耕者　何广涛博士

初识牛老师是经常拜读他在公众号"九鼎财税说"写的房地产行业税收文章，数年来他持之以恒坚持撰写原创文章，让我惊讶于他的执着与专注。我国的税法较为复杂、政策浩如烟海，房地产领域由于各地经济形势的差异，使得税收问题争议更多；但牛老师能十六年如一日，深耕房地产税收，做精做透；且牛老师服务过很多大型的房地产企业，具有丰富的实战经验。他这本书就是税收理论与实践经验的结晶，通用政策与个性案例的结合，值得我们学习。

兰州市税务局　姜新录

房地产项目开发业务涉及多种直接影响利润且税率不同的成本费用，涉及大量的数据、算法以及动态调整的税法，因此围绕房地产利润保卫战开展的税务筹划就像是打超高难度的移动靶。越来越多地产有识之士一方面正在通过数字化技术实现收支利税的可视可控；另一方面通过前瞻性的全程税务规划与设计，实现现金流及利润表现最佳。这就要求既要懂税法，又要懂房地产全流程业务，尤其是要懂交易结构设计，而牛老师的这本书很好地融合了三者之间的关系，从顶层设计角度，相信能给房地产的税收筹划、利润保卫提供非常好的启发。

明源不动产微学院院长　钟钦焕

《房地产全流程税收筹划与风险应对》一书系统阐述了房地产企业各环节的风险识别和应对、重要涉税事项的税务筹划思路，内容深入浅出，贴近实务，对房产企业的财税管理工作具有指导意义。本书凝结了作者十六年财税咨询工作的心得和智慧，感谢鲁鹏老师把其宝贵的经验分享给我们。

邢台市税务局稽查局　景志伟

图书在版编目(CIP)数据

房地产全流程税收筹划与风险应对 / 牛鲁鹏著. — 北京：中国法制出版社，2023.12（2024.1重印）
ISBN 978-7-5216-3764-9

Ⅰ.①房… Ⅱ.①牛… Ⅲ.①房地产企业－税收筹划－中国－指南 Ⅳ.①F812.423-62

中国国家版本馆CIP数据核字（2023）第137754号

策划/责任编辑：刘 悦　　　　　　　　　　　　封面设计：汪要军

房地产全流程税收筹划与风险应对
FANGDICHAN QUANLIUCHENG SHUISHOU CHOUHUA YU FENGXIAN YINGDUI

著者/牛鲁鹏
经销/新华书店
印刷/三河市国英印务有限公司
开本/710毫米×1000毫米　16开　　　　　印张/21.75　字数/353千
版次/2023年12月第1版　　　　　　　　　　2024年1月第2次印刷

中国法制出版社出版
书号 ISBN 978-7-5216-3764-9　　　　　　　　定价：88.00元

北京市西城区西便门西里甲16号西便门办公区
邮政编码：100053　　　　　　　　　　　　　传真：010-63141600
网址：http://www.zgfzs.com　　　　　　　　编辑部电话：010-63141819
市场营销部电话：010-63141612　　　　　　 印务部电话：010-63141606
（如有印装质量问题，请与本社印务部联系。）